suhrkamp taschenbuch
wissenschaft 418

Ausländerfeindlichkeit in der Bundesrepublik; Monopolisierung der Alters- und Gesundheitsversorgung durch die Institutionen des Wohlfahrtsstaates; Ablösung des Systems der Familienkontrolle durch obrigkeitliche Regulierung des Sexualverhaltens im Verlauf der früh-neuzeitlichen Ausbildung einer politischen Zentralmacht; die Idiosynkrasie der niederländischen Bevölkerung gegen öffentliche Gewaltanwendung; das Gefühl der Selbstverständlichkeit, mit dem Angehörige der Unterschicht Leistungen des Sozialstaates in Anspruch nehmen: So disparat diese Themen zunächst erscheinen mögen, ihnen allen ist doch gemeinsam, daß sie als Zivilisationsprozesse analysiert werden können. Die Untersuchungen dieses Bandes dokumentieren, wie sich die zentralen Konzepte der Zivilisationstheorie von Norbert Elias für die gegenwärtigen Gesellschaften fruchtbar machen lassen.
Der Beitrag von Norbert Elias, eine Art intellektueller Autobiographie, geht ausführlich auf sein Verhältnis zu Alfred Weber und Karl Mannheim ein und stellt einen Zusammenhang her zwischen theoretischer Entwicklung und biographischer Erfahrung.
Der Anhang dieses Bandes berichtet von einer Tagung niederländischer Figurationssoziologen, auf der eine Kontroverse über die Frage ausbrach, ob nicht Elias' Zivilisationsbegriff noch in der Perspektive eines europäischen Ethnozentrismus steht. – Schließlich wird die in den *Materialien zu Norbert Elias' Zivilisationstheorie* (Frankfurt/M. 1979) begonnene Bibliographie der Schriften von und über Elias aktualisiert und ergänzt.
Das Werk von Norbert Elias im Suhrkamp Verlag: *Über den Prozeß der Zivilisation* (1976); *Über die Einsamkeit der Sterbenden in unseren Tagen* (1982); *Die höfische Gesellschaft* (1983); *Engagement und Distanzierung. Wissenschaftssoziologische Aufsätze 1* (1983).

Macht und Zivilisation

Materialien zu
Norbert Elias' Zivilisationstheorie 2

Herausgegeben von
Peter Gleichmann, Johan Goudsblom
und Hermann Korte

Suhrkamp

CIP-Kurztitelaufnahme der Deutschen Bibliothek
Materialien zu Norbert Elias' Zivilisationstheorie / hrsg. von Peter Gleichmann ... –
Frankfurt am Main : Suhrkamp
(Suhrkamp-Taschenbuch Wissenschaft ; ...)
NE: Gleichmann, Peter [Hrsg.] Bd. 2. → Macht und Zivilisation

Macht und Zivilisation / hrsg. von Peter Gleichmann ... –
1. Aufl. – Frankfurt am Main : Suhrkamp, 1984.
(Materialien zu Norbert Elias' Zivilisationstheorie ; Bd. 2)
(Suhrkamp-Taschenbuch Wissenschaft ; 418)
ISBN 3-518-28018-X
NE: Gleichmann, Peter [Hrsg.]; 2. GT

suhrkamp taschenbuch wissenschaft 418
Erste Auflage 1984

Satz: Wagner GmbH, Nördlingen
Druck: Nomos Verlagsgesellschaft, Baden-Baden
Printed in Germany
Umschlag nach Entwürfen von
Willy Fleckhaus und Rolf Staudt

1 2 3 4 5 6 – 89 88 87 86 85 84

Inhalt

Einleitung

Als 1978 der von uns herausgegebene Materialienband zur Eliasschen Zivilisationstheorie erschien, war die Rezeption der Eliasschen Arbeiten in der Phase des *take-off*. Mittlerweile hat sie einen selbstbestärkenden Umfang angenommen, was sicher auch damit zusammenhängt, daß Norbert Elias die letzten fünf Jahre weitgehend in Deutschland und damit in seiner Heimatsprache gearbeitet, d. h. gelehrt, diskutiert und publiziert hat. So ist die Zahl seiner Veröffentlichungen in deutscher Sprache stark angestiegen. Gleichzeitig ist das Hauptwerk *Über den Prozeß der Zivilisation* in viele Weltsprachen übersetzt worden. *Die höfische Gesellschaft* und *Was ist Soziologie* haben mittlerweile ebenfalls viele Übersetzungen erfahren, und die neuen Bücher *Über die Einsamkeit der Sterbenden* (1982) und *Engagement und Distanzierung* (1983) finden auch bereits internationale Beachtung.

Die sekundäre und tertiäre Literatur zu Elias hat seit 1978 einen derartigen Umfang angenommen, der eine Wiedergabe in einem gesonderten Abschnitt der Bibliographie verbietet. Wir haben uns daher darauf beschränkt, einige wichtige Nachträge zur frühen Rezeption und Kritik aufzunehmen. Außerdem werden wichtige Verbindungslinien zu anderen soziologischen Klassikern gezogen (Goudsblom) und die Bedeutung für die heutige Soziologie diskutiert (von Ferber). Schließlich haben wir einen Kongreßbericht aufgenommen (Wilterdink), der zeigt, daß die Rezeption dort, wo sie am weitesten fortgeschritten ist, nämlich in den Niederlanden, auch zu kritischen und weiterführenden Diskussionen gelangt ist. Im übrigen haben wir uns aber, anders als beim ersten Materialienband, auf einen Themenkreis konzentriert – nicht zuletzt auch deshalb, weil die machtsoziologische Komponente der Eliasschen Zivilisations- und Figurationssoziologie in der Rezeption der letzten Jahre etwas zurückgeblieben ist.

Macht wird bekanntlich von Elias als eine elementare Struktureigentümlichkeit aller menschlichen Beziehungen verstanden, die in der Erklärung sozialer Prozesse immer einbezogen werden soll. Jeder Schub in einem Zivilisationsprozeß ist unter diesem Gesichtspunkt im Zusammenhang sich wandelnder Machtbalancen zwischen Gruppen zu betrachten. Zugleich verdient die Frage

Beachtung, welche Bedeutung die jeweiligen Zivilisationsstandards *für* die verschiedenen Teilnehmer im gesellschaftlichen Konkurrenzkampf haben, d. h., inwieweit diese Standards den verschiedenen Parteien Vorteil oder Nachteil bringen.

Zwei Beiträge in diesem Band, jene von Michael Schröter und Ton Zwaan, beziehen sich hauptsächlich auf Entwicklungen in der Vergangenheit. Die Autoren versuchen, in einer Verbindung von Soziologie und Geschichtswissenschaft langfristigen Prozessen auf die Spur zu kommen, um damit gesellschaftliche Institutionen soziogenetisch – und das heißt ganz spezifisch: aus den sich ändernden Abhängigkeits- und Machtdifferenzen – zu erklären.

Der andere Schwerpunkt dieses Bandes umfaßt Versuche, die figurationssoziologische Perspektive auf Entwicklungen in der heutigen Gesellschaft anzuwenden: auf Probleme der Rüstungskontrolle (van Benthem van den Bergh), auf die Spannungen zwischen etablierten Deutschen und ihren ausländischen Außenseitern (Korte), auf die sich verschiebenden Machtbalancen zwischen Männern und Frauen in Arbeiterfamilien im Wohlfahrtsstaat (Wouters und van Stolk).

Im engen Zusammenhang mit diesem Themenbereich schienen uns auch die »Notizen zum Lebenslauf« von Elias von großem Interesse, und nicht nur die beiden letzten Kapitel, die sich explizit mit Problemen der Erforschung von Macht und Zivilisation befassen, sondern auch die vorausgehenden, mehr autobiographisch angelegten Kapitel. Die »Notizen« sind allerdings darüber hinaus wichtig, weil sie neben der Einsicht in die Verflochtenheit von Biographie und soziologischer Lebensleistung auch interessante Einzelheiten über eine für uns Jüngere schon Geschichte gewordene Zeit vermitteln. Wir sind Norbert Elias sehr dankbar, daß er uns erlaubt hat, dieses Manuskript zu veröffentlichen. Danken müssen wir auch den Autoren und Übersetzern der Beiträge, die einen etwas zähen Produktionsablauf und auch erhebliche Verspätungen beim Erscheinen des Buches klaglos erduldet haben.

Die Herausgeber

Norbert Elias
Notizen zum Lebenslauf

I. Von dem, was ich lernte

Vor vielen Jahren gab es auf einer Tagung englischer Soziologen eine Diskussion über die Schwächen und Stärken der gegenwärtigen Soziologie, aus der mir eine kleine Episode lebhaft in der Erinnerung geblieben ist. Barbara (später Lady) Wootton, die damals Professor der Soziologie am Bedford College der Londoner Universität war, rief im Laufe einer etwas erbitterten Rede den versammelten Soziologen zu: »Und Sie sind ja alle keine richtigen Soziologen. Sehen Sie sich um. Sie und Sie und Sie« – dabei zeigte sie auf einige der Anwesenden –, »keiner von Ihnen hat jemals Soziologie studiert! Sie kommen alle von irgendwo anders her!«

Ich war zu dieser Zeit ein verhältnismäßig junger Exilsoziologe ohne Universitätsstellung in England (dem Barbara Wootton übrigens viel geholfen hat mit Gastvorlesungen im Bedford College und dergleichen). Ich stand damals auf und wies darauf hin, daß es bei der bis vor kurzem recht geringen Anzahl soziologischer Lehrstühle und Fachbereiche – in England gab es deren vor dem Zweiten Weltkrieg im ganzen Lande nur zwei – ja gar kein Wunder sei, wenn die wenigen älteren Vertreter der Soziologie selbst noch nicht Soziologie studiert hätten. Die Soziologen der ersten Generation, sagte ich, kämen notwendigerweise von woanders her. Bei neuinstitutionalisierten Naturwissenschaften lasse sich ähnliches beobachten. Die Gründe für die relativ späte Rezeption der Soziologie als normales Studienfach jeder Universität müsse ich Soziologen hoffentlich nicht erklären. Übrigens, fügte ich hinzu, sei es ganz und gar nicht gesagt, daß es für Soziologen notwendigerweise ein Nachteil sei, wenn sie zunächst etwas anderes als Soziologie, also etwa Ökonomie oder Geschichte, studiert hätten und sich Kenntnis der Soziologie und Verständnis für deren Problemstellung aus eigener Kraft erworben hätten. Es sei charakteristisch für ein falsch verstandenes Berufsethos zu postulieren, daß man Soziologie studiert haben müsse und nichts anderes als Soziologie, um ein guter Soziologe werden zu können. Manchmal habe ich den Eindruck, es trage ganz erheblich zur Fülle und Tiefe der soziologischen Vorstellungskraft bei, wenn deren Träger etwas anderes als nur professionelle Soziologie studiert hätten. Das akademische Berufsethos, das den Physiker auf das Studium eines physikalischen Spezialismus beschränke, den Wirtschaftswissenschaftler auf das Studium der Wirtschaft, den Historiker auf bestimmte Perioden der Geschichte, reiche gewiß für viele Anwendungsbereiche der Soziologie im beruflichen Leben aus, aber ganz gewiß nicht für die innovatorische Pionierarbeit der soziologischen Forschung und Lehre an den Universitäten, ohne die eine Disziplin erstarre und deren die Soziologie ganz gewiß immer von neuem bedürfe. Diese Arbeit verlange Fachkenntnisse, gleichgültig ob erworben im normalen Studiengang oder durch eigene Arbeit, nicht allein im Gebiete der Soziologie, sondern auch in dem anderer Menschenwissenschaften und möglichst auch der einen oder der anderen Naturwissenschaft, also Kenntnisse, die erheblich über das als professionell standardisierte soziologische Fachwissen hinausgingen.

Ich weiß nicht, ob mir diese kleine Rede damals viele Freunde unter den anwesenden englischen Berufssoziologen gewann. Ich weiß nicht, ob diese Worte meine Chancen auf Fortsetzung meiner unterbrochnen Universitätslaufbahn in England erhöhten oder nicht. Aber ich verstand damals noch nicht die Weisheit des Schweigens.

Unter denen, die ich kurzweg als »Soziologen der ersten Generation« bezeichnet habe, also unter allen, die sich nach einem anderen Studium, zumeist wohl aufgrund einer besonderen intellektuellen Entscheidung, der Soziologie als ihrem zentralen Forschungs- und Lehrgebiet zuwandten, gibt es viele Beispiele für die Fruchtbarkeit des umfassenderen Wissens für die soziologische Arbeit. Es mag hier genügen, auf Max Weber hinzuweisen. Er war von Haus aus Jurist. Manche seiner Arbeiten, insbesondere seine *Soziologischen Grundbegriffe,* die ja eigentlich ein Gesetzbuch für Soziologen sind, bleiben unverständlich, wenn man Webers juristisches Training nicht vor Augen hat. Aber viele Kenntnisse, insbesondere auch historische Kenntnisse, hat sich Max Weber, wenn er es nötig fand, aus eigener Kraft erworben. Es würde sich vielleicht lohnen, den Erfahrungen genauer nachzugehen, die Max Weber dazu bewogen, sich in einen Soziologen zu verwandeln.

Aber was immer die Erklärung für diesen Übertritt zur Soziologie sein mag, jedenfalls war Max Weber nicht Soziologe auf Grund seines Studiums, sondern auf Grund seiner Wahl. Mit einer ganzen Reihe von Soziologen der zwanziger Jahre verhielt es sich ähnlich. Sie waren Soziologen der ersten Generation.

Ich selbst bin einer davon. Ich hatte Medizin und Philosophie studiert. Jaspers, in dessen Seminar ich mein erstes größeres Referat hielt (über Thomas Mann und die Zivilisationsliteraten), erzählte mir auf einem Spaziergang einiges über Max Weber, den er verehrte. Aber ich kann mich nicht erinnern, vor Abschluß meiner Studien ein einziges soziologisches Buch gelesen zu haben. Als ich am Ende der großen Inflationszeit von 1923 als junger ›Doktor‹ zunächst nach Heidelberg ging, wo es mir als Student gut gefallen hatte, ging ich nicht mehr zu Jaspers, sondern zu Alfred Weber ins Seminar. Ich lernte den Privatdozenten der Soziologie, Doktor Karl Mannheim, kennen und besuchte ebenfalls sein Seminar. Er war wenige Jahre älter als ich, und wir wurden schnell gute Freunde. Er war ebenfalls ein Soziologe der ersten Generation, aber er hatte als ehemaliger Schüler von Lukács und natürlich auch im Zusammenhang mit der intensiven Politisierung seines Heimatlandes eine beträchtliche Kenntnis der marxistischen Literatur, die mir völlig fehlte. Damals, also im Alter von 28 oder 29 Jahren, begann ich mich allmählich mit den Hauptwerken der Soziologie vertraut zu machen.

Mein eigener Bildungsgang hatte ursprünglich eine ganz andere Richtung. Die Grundlage war auf der Schule gelegt worden. Ich hatte Glück mit dem humanistischen Gymnasium, auf das mich meine Eltern schickten. In der Erinnerung, die selektiv und einseitig sein mag, stellt sich mir noch heute meine Schulzeit am Breslauer Johannesgymnasium als eine Zeit dar, die für die Ausrichtung meiner intellektuellen Interessen von großer Bedeutung war. In späteren Zeiten habe ich von vielen Schulen gehört, die das Interesse der jungen Menschen an dem Bildungsgut ihrer Gesellschaft eher abtöteten als anregten. Daher habe ich nie aufgehört, mit besonderer Dankbarkeit an meine Schule zurückzudenken. Aus Gründen, die mir verschlossen sind, gehörte das Breslauer Johannesgymnasium zu der Minorität der städtischen Gymnasien, an denen jüdische Schüler den Druck versteckter oder offener antisemitischer Feindseligkeit von seiten der Lehrer und Mitschüler kaum zu spüren bekamen. Es gehörte zu den wenigen

Gymnasien mit einer kleinen Anzahl jüdischer Oberlehrer. Darüber hinaus gehörten zum Lehrkörper eine Reihe von Männern, die sich später als Universitätslehrer einen Namen machten. Neben dem Mathematiker Jüttner erinnere ich mich mit besonderer Lebendigkeit an den Altphilologen Julius Stenzel, der eine Zeitlang mein Klassenlehrer war, dem ich mein Interesse und gewiß auch einiges Verständnis für die antike Literatur verdanke. Später wurde er als Professor an der Kieler Universität unter seinen Fachgenossen weithin bekannt, und seine Arbeiten sind es bis heute geblieben. Ich erinnere mich an den kleinen Oberlehrer Dr. Ries, dem ich die Grundlagen meiner Kenntnis und meiner Zuneigung zur französischen Sprache und Literatur verdanke, und an Dr. Krüger, der unter anderem für die Organisation einer philosophischen Sondergruppe unter den Schülern meiner Klasse verantwortlich war. Zu ihr gehörten einige meiner brillanten Mitschüler. Mit einzelnen von ihnen war ich befreundet. Wir lasen Kant, und meine spätere Entscheidung, neben Medizin auch Philosophie zu studieren, war nicht zuletzt auf die Anregung zurückzuführen, die ich durch diese Schülergruppe empfing. Dabei erinnere ich mich noch recht lebhaft an die Zweifel, die ich in meiner Selbsteinschätzung hatte – die Zweifel, die der freundschaftlichen Rivalität innerhalb dieser Schülergruppe entsprangen, ob ich mich mit den führenden Köpfen der Gruppe an Kenntnissen und Brillanz der Intelligenz messen könnte.

Es erscheint mir nicht unwichtig, diese Bildungsgrundlage hier zu erwähnen. Sie war noch immer voll und ganz durch das klassische Bildungsideal des deutschen Bürgertums bestimmt. In ihrem Mittelpunkt standen noch immer die Klassiker der griechisch-römischen Antike und die deutschen Klassiker der Schiller- und Goethezeit. Es ist nicht immer ganz leicht, sich in die Gedankenwelt des Kindes zurückzuversetzen, das man vor mehr als siebzig Jahren war. Aber bei der Suche nach Erinnerungen taucht aus dem Halbdunkel eine Episode auf, die für die individuelle wie die soziale Eigentümlichkeit meiner Kindheit nicht wenig bezeichnend ist. Mit dreizehn Jahren wurde man nach jüdischem Brauch aufgrund eines Rituals in der Synagoge und einer darauffolgenden Feier im Hause der Eltern in die Reihe der Erwachsenen aufgenommen. Das entsprach den sozialen Lebensbedingungen einer weit früheren Stufe der Gesellschaftsentwicklung. Die religiösen Gebräuche blieben bestehen. In der eigenen

Gesellschaft war man mit dreizehn Jahren ein Schulkind und noch längst kein Erwachsener. Wenn ich zurückdenke, sehe ich mich selbst zur Zeit dieses rein formellen, aber nicht wirklichen Eintritts in die Reihe der Erwachsenen als ein Kind, als kleinen aufgeweckten Schuljungen. Ein weiter Kreis von Verwandten und Bekannten würde mir, das wußte ich, anläßlich dieser Feier etwas schenken. Die meisten, das wußte ich ebenfalls, würden in eine bekannte Breslauer Buchhandlung gehen, um nach passenden Büchern für mich Umschau zu halten. Vorsorglich ging ich also eine Woche früher zu dieser Buchhandlung und hinterließ dort den Wunsch, allen Leuten, die nach einem geeigneten Geschenk für die Bar-Mitzwah Elias' fragen würden, mitzuteilen, der junge Mann wünsche sich deutsche Klassiker in der Ausgabe des Bibliographischen Instituts. Diese Hilfe der Buchhandlung würde uns das Umtauschen von vielen Büchern ersparen. In der Tat erhielt ich dann zu den gesammelten Werken Schillers, die ich schon besaß, die gesammelten Werke Goethes, Heines, Mörikes, Eichendorffs und anderer Klassiker, in der gleichen Ausgabe.

Noch heute erscheint mir diese Ausrichtung meines frühen Bildungsgangs im Sinne der klassischen deutschen Literatur, die in meinem Stolz auf den Besitz dieser Bücher und in meiner frühzeitigen Vertiefung in diese Literatur zum Ausdruck kam, als recht bezeichnend. Sie blieb mitverantwortlich für die Breite und Tiefe des Zugangs zu menschlichen Problemen, auch als mir allmählich die Unzulänglichkeit dieser philosophisch-idealistischen Orientierung klar wurde und ich schließlich mit dem Übertritt zur Soziologie eine zunehmend kritische Stellung gegenüber dem philosophisch-idealistischen Humanismus dieser Tradition einnahm. Im Kampf gegen ihre Wirklichkeitsfremdheit und deren unverkennbare Nachwirkung in der Soziologie selbst entwickelte sich dann, so scheint es mir, meine eigene soziologische Orientierung. Aber diese radikale Umwandlung war das Ergebnis eines verhältnismäßig langen Prozesses. Eine ganze Reihe von Erfahrungen trugen zu ihr bei. Ich bin nicht sicher, ob mir alle bewußt sind.

Die Kriegserfahrung mag das Ihre zu diesem Prozeß beigetragen haben. Zwar erschütterte sie nicht meine Neigung zum Studium der Philosophie, die ich von der Schule her mitbrachte, als ich aus dem Felde zurückkam. Aber ich war offenbar unentschieden, denn ich entschloß mich, außer Philosophie auch Medizin zu studieren. Wie ich das fertigbrachte, wie ein solches Doppelstudium möglich war, ist mir heute nicht mehr ganz klar. Aber mir ist ganz gegenwärtig, daß beide Studien einen ganz entscheidenden Einfluß auf meine Orientierung und besonders auch auf meine Vorstellung von den Aufgaben wissenschaftlicher Arbeit hatten. Ich habe das Medizinstudium mit sich allmählich verringerndem Interesse bis in die Mitte der klinischen Semester weitergeführt. Dann wurde mir klar, daß ich nicht auf zwei Pferden zugleich reiten könne. Ich entschied mich dafür, das Medizinstudium abzubrechen und auf den Abschluß des Philosophiestudiums hinzuarbeiten. Aber inzwischen hatte ich das Physikum hinter mir. Ich hatte bei dessen Vorbereitung eine nicht unbeträchtliche Kenntnis einiger Naturwissenschaften gewonnen. Wiederum hatte ich Glück mit meinen Lehrern. Anatomie wird oft als langweilig empfunden. Kallius verstand es, das anatomische Studium des menschlichen Körpers, die Arbeit im Seziersaal eingeschlossen, interessant zu machen. Ich habe mir bis heute das Interesse für die Zusammenhänge zwischen Muskeln, Knochen, Nerven und Eingeweiden bewahrt und kann mir noch immer nicht vorstellen, daß man sich als Soziologe ohne Kenntnisse dieser Art ein angemessenes Bild von Menschen zu machen vermag.

Später arbeitete ich einmal an Problemen des Lachens und des Lächelns. Sie, so erschien es mir, zeigen in beispielhafter Form die biologische Abgestimmtheit der Menschen aufeinander, die man nicht aus den Augen verlieren darf, auch wenn man sich vorwiegend mit der durch Lernen erworbenen, also sozialen Abgestimmtheit befaßt. Dank der Kenntnisse, die ich während meiner medizinischen Studienjahre erworben hatte, erschien es mir als ganz selbstverständlich, daß sich die sozialen Aspekte des menschlichen Lächelns und Lachens von dem, was man vielleicht als ihre biologischen Aspekte bezeichnen kann, nicht trennen lassen. Ich kannte die einzigartige Vielfältigkeit der menschlichen Gesichtsmuskeln, stellte fest, wieviel differenzierter diese Muskulatur ist als die der lebenden Menschenaffen, wieviel ausgeprägter zum Beispiel auch der Risorius-Muskel ist, der beim menschlichen Lachen eine nicht unerhebliche Rolle spielt, und wurde also auch von dieser Seite her dessen gewahr, daß die Menschen von Natur auf ein Zusammenleben mit ihresgleichen, auf gattungsspezifische Formen der Kommunikation miteinander abgestimmt sind, die zum Teil, wenn auch nicht ausschließlich, durch den

Einbau erlernter sozialer Muster aktiviert und transformiert werden können und müssen. Ich wollte mit dieser Arbeit unter anderem darauf hinweisen, daß die außerordentlich hohe Individualisierung der menschlichen Gesichter – insbesondere wenn man sie mit der relativen Starre und der vergleichsweise weit geringeren individuellen Differenzierbarkeit der Tiergesichter vergleicht – zum Teil auf der besonderen Bildsamkeit und Vielfältigkeit der menschlichen Gesichtsmuskeln beruht. In den zeitgenössischen Diskussionen über Probleme des menschlichen Körpers vergißt man oft, daß das menschliche Gesicht Teil des menschlichen Körpers ist. Mein Kampf gegen das noch heute dominierende Menschenbild des *homo clausus,* mein noch weithin vergebliches Bemühen, die fundamentale Abgestimmtheit menschlicher Individuen aufeinander, ihre existentielle Gruppenbezogenheit verständlich zu machen, geht unter anderem auch auf Kenntnisse dieser Art zurück. Wir sprechen oft davon, daß ein bestimmtes Muster der Gesichtskoordination der »Ausdruck« eines Gefühls sei, so, als ob das Gefühl die Ursache, das Muster der Gesichtsmuskelbewegung die Folge sei. Aber das ist verkehrt, das ist ein Beispiel für die *homo clausus*-Mentalität, die uns nahelegt zu denken, daß das, was am Menschen nach außen, also besonders auf andere Menschen gerichtet ist, in diesem Falle das Signalfeld seines Gesichts, eine gleichsam zufällige Zutat zu der Einsamkeit seiner inneren Existenz sei. In Wirklichkeit ist das kommunikative Signalisieren von Empfindungen zu anderen Menschen eine primäre Eigentümlichkeit der menschlichen Konstitution. Gesichtssignale und Empfinden verhalten sich zueinander nicht wie die Wirkung zur Ursache. Beide sind ursprünglich Aspekte ein und derselben menschlichen Reaktion. Gefühl und Ausdruck gehören primär zusammen. Erst allmählich schiebt sich je nach den Zivilisationsmustern eine Scheidewand zwischen Gefühlserregung und Gesten oder Gesichtsmuskelbewegung. Erst allmählich lernen Kinder differenzierterer Gesellschaften zu lächeln, ohne zu fühlen. Und dann erst erscheint es den Menschen so, als ob ihr eigentliches Ich in ihrem Innern gefangen sei und von jedem Bezug auf andere Menschen abgetrennt existiere. So klar wurde mir das alles ganz gewiß erst viel später, doch dann wurde es zu einem Hauptpfeiler meiner Zivilisationstheorie und meines soziologischen Denkens überhaupt. Aber ob ich das neue Menschenbild des *homo non-clausus (sive sociologicus)* klar herauszuarbeiten vermocht hätte, ob ich in der Lage gewesen wäre, es später weiterzuentwickeln, ohne die Kenntnisse, die ich beim Medizinstudium erworben hatte, ist mehr als zweifelhaft.

Ohne daß ich mir dessen damals völlig bewußt wurde, hatten die vorklinischen Semester und besonders das Anatomiestudium einen recht tiefgreifenden Einfluß auf meine Grundvorstellungen. Damals wie heute interessierten mich vor allem die Struktur und die Funktionen des integrierenden menschlichen Nervensystems. Ich lernte damals beim Sezieren etwas vom Aufbau und von der Funktionsweise des menschlichen Gehirns verstehen. Noch recht jung im Denken, verglich ich unwillkürlich dieses Wissen von der Natur der Menschen, das ich im Seziersaal und dann beim Medizinstudium überhaupt gewann, mit dem neukantianischen Menschenbild meines verehrten Philosophielehrers Hönigswald (der, wenn ich mich recht entsinne, ebenfalls Medizin studiert hatte). In der Philosophie wurde als selbstverständlich das Postulat von der »Außenwelt« unterstellt, der die »Innenwelt« des Menschen als die Sphäre der Ideen, der transzendentalen Gegebenheiten des *a priori* gegenüberstand. Beim Sezieren fand ich im Inneren des menschlichen Kopfes nichts als dieses außerordentlich komplexe Gebilde des Gehirns, dessen Funktionsweise zwar noch weithin unenträtselt war, das aber in seinem Grundaufbau völlig auf den Komplementärcharakter von Sinneswahrnehmung und Bewegung, auf die ständige Vermittlung zwischen »Innenwelt« und »Außenwelt«, auf die Verbindung von Orientierung und Selbststeuerung in der umfassenderen Welt abgestellt war. Die Diskrepanz zwischen dem philosophisch-idealistischen und dem anatomisch-physiologischen Menschenbild beunruhigte mich für viele Jahre. Ich verbiß mich in dieses Problem, kaute an ihm herum und fand erst, lange nachdem ich mich der Soziologie zugewandt hatte, eine klare Antwort. Die Abwendung von dem herrschenden Menschenbild des hermetisch von außen abgeschlossenen Menschen, des *homo clausus*, der Übergang zu dem Gegenbild des von Grund her auf eine Welt, auf das, was nicht er oder sie selbst ist, auf andere Dinge und besonders auf andere Menschen abgestellten Individuums, das mit der Abwendung von der Philosophie aufs engste zusammenhing, brauchte viel Zeit. Ich erinnere mich daran, daß ich solche ungelösten Zweifel einmal Hönigswald gegenüber andeutete und schnell zurechtgewiesen wurde mit dem Hinweis auf die Unzulänglichkeit des Biologismus und auf die von solchen Befleckungen unberührte Geltung von Urteilen.

Erst allmählich wurde mir klar, daß der Geltungsbegriff keine andere Funktion hatte als die, in der ihn Hönigswald mir gegenüber gebrauchte, nämlich als Bestandteil eines Argumentiersystems, das dazu bestimmt war, das elementare Verfahren der Philosophie, die Reduktion beobachtbarer Prozesse in der Abfolge der Zeit auf etwas Zeitloses, Unbewegliches, der Vergänglichkeit Trotzendes vor kritischen Einwänden zu schützen. Praktizierende Wissenschaftler wissen längst, daß Newtons Gesetze sich als durchaus nicht allgemein gültig, sondern allenfalls als partiell gültig erwiesen haben und daß ein Standardmodell des Universums, das gegenwärtig den Konsens der Physiker gefunden hat, aufgrund erweiterter Beobachtungen korrigiert oder sogar über den Haufen geworfen werden kann.

Daß das Medizinstudium zumindesten eine der Grunderfahrungen bildete, die bei meinem Übertritt von der Philosophie zur Soziologie mitspielten, wurde mir erst später klar. Aber ich hatte noch bis in die sechziger Jahre hinein bei meinen Einführungsvorlesungen für Soziologiestudenten gelegentlich ein zerlegbares Gehirnmodell zur Hand. Das Gröbste über den Aufbau des menschlichen Nervensystems, so schien es mir, müßte man als Soziologiestudent wissen, um sich zum Verständnis des für gesellschaftliche Zusammenhänge unentbehrlichen Menschenbildes vorzuarbeiten, des Bildes des von Grund her auf das Leben unter Menschen, Tieren, Pflanzen und Mineralien abgestellten Menschen.

Übrigens lehrte mich das Studium solcher medizinischer Grundwissenschaften wie Physiologie und Anatomie zugleich auch der Vorstellung zu mißtrauen, daß der Mensch ein Stück Materie sei. Was sich zeigte, war, daß der Mensch eine enorm komplizierte Organisation von Materie ist. Die gesamte Materie, aus der ein Mensch besteht, mag noch beisammen sein – wenn die Organisation der Materie nicht mehr richtig funktioniert oder ganz zusammenbricht, verliert der Organismus die Fähigkeit, sich selbst zu rekonstituieren, und wir sagen dann: der Mensch ist tot.

In diesem Zusammenhang gewann ich auch meine ersten klaren Vorstellungen von dem, was man unter Struktur und Funktion versteht. Ich lernte verstehen, welche Funktionen z. B. das zentrale und periphere Nervensystem innerhalb der Organisation des Menschen hat und wie die Struktur dieses Systems seiner Funktion entspricht. Sozialstrukturen sind von den biologischen substantiell völlig verschieden. Dennoch half mir die Erfahrung, die ich bei der Beschäftigung mit den letzteren gemacht hatte, nicht wenig, als es darum ging, Verständnis für die ersteren zu gewinnen. Sie bewahrte mich davor, die Diagnose existierender Sozialstrukturen durch vorgefaßte, politische Wunsch- oder Furchtvorstellungen korrumpieren zu lassen, die anzeigen, wie die betreffenden Gebilde sein oder nicht sein sollen, aber nicht, wie sie tatsächlich sind und tatsächlich funktionieren.

Weder als Schüler noch als Student hatte ich gelernt, das parteipolitische Leben Deutschlands mit anderen Augen zu betrachten als mit denen eines interessierten, aber nicht allzu beteiligten Zuschauers. Jedes intensive Engagement für eine politische Partei lag mir fern. Ich glaube nicht, daß ich als junger Mensch wußte, warum das der Fall war. Modelle politischen Engagements fehlten im Kreise meiner Eltern und Verwandten so gut wie ganz. Auch unter meinen Mitschülern gehörten Menschen mit starkem politischem Engagement zu den Ausnahmen. Natürlich sprach man über die politischen Tagesereignisse; man diskutierte sie manchmal mit Spannung, manchmal etwas gelangweilt. Aber ihre Akteure, so schien es, gehörten meist zu einer anderen Welt, an der man selbst keinen Anteil hatte. Selbst die Soldatenzeit änderte daran wenig. Der Kaiser, die Generäle, selbst die kommandierenden Offiziere der Division, der man als Angehöriger einer Funkergruppe zugeteilt wurde, waren ferne Gestalten für den einfachen Soldaten. Die zeitweilige Teilnahme an einem Soldatenrat, in den ich von meiner Truppe wahrscheinlich wegen meiner rednerischen Artikuliertheit im Jahre 1918 gesandt wurde, bestätigte nur mein Gefühl, Politik sei viel Gerede um den Gegenstand herum und nicht eben meine Sache. Und das Studium von Medizin und Philosophie vertiefte mein Engagement in anderer Richtung; so eindrucksvolle Modelle wissenschaftlichen Engagements mir einige meiner Universitätslehrer boten – Männer wie Kallius und besonders Hönigswald –, ihre politische Stellungnahme blieb mir völlig unbekannt.

Mag sein, daß meine Erinnerung mir einen Streich spielt. Vielleicht waren schon längst Modelle politischen Engagements zur Hand, und nur ich selbst war blind für sie. Zwar hatte der Einbruch der großen Gesellschaftskrisen mich längst aus dem Elfenbeinturm herausgetrieben – mehr als drei Kriegs- und Soldatenjahre, die Jahre in einem Fabrikunternehmen in der Misere der großen Inflation und vieles andere –, aber ich konnte mich nicht genügend wappnen, konnte mich nicht hart genug machen, um die Einseitigkeiten der Aussagen, die Entstellungen der Tatsachen zu überhören, an die man sich gewöhnen mußte, um sich politisch zu engagieren und um an dem politischen Spiel Freude zu haben. Alle diese großen Worte, diese Halbwahrheiten, diese unerfüllbaren Versprechungen!

Als die große Inflation endlich gestoppt wurde, als meine Eltern sich wieder selbst ernähren konnten, gelang es mir – zum ersten und zum letzten Mal in dieser Zeit –, einen Artikel an eine Zeitung, an die *Berliner Illustrierte*, zu verkaufen. *Stante pede* kündigte ich meinen Job in der Gewißheit, daß ich nun meinen Unterhalt durch journalistische Arbeit verdienen könnte, daß meine Eltern, wenn Not am Mann war, nun auch wieder gelegentlich einspringen könnten, und machte mich auf nach Heidelberg, in der vagen Hoffnung, dort den Zugang zu einer Universitätslaufbahn zu finden. Meine Beziehung zu meinem verehrten Lehrer Richard Hönigswald, der auch mein Doktorvater war, hatte in einem ganz echten und kaum heilbaren Krach geendet. Ich war im Laufe der Arbeit an meiner Doktordissertation allmählich – in ziemlich mühsamen Auseinandersetzungen mit mir selbst – zu der Überzeugung gekommen, daß die Sache mit dem *a priori* nicht stimme. Ich konnte nicht mehr übersehen, daß alles, was Kant als zeitlos und vor aller Erfahrung gegeben hinstellte, sei es die Vorstellung einer Kausalverknüpfung, die der Zeit oder die natürlicher und moralischer Gesetze, zusammen mit den entsprechenden Worten von anderen Menschen gelernt werden müssen, um im Bewußtsein des einzelnen Menschen vorhanden zu sein. Als gelerntes Wissensgut gehören sie also zum Erfahrungsschatz eines Menschen. Und da mir das nun unwiderleglich schien, schrieb ich es in meine Doktorarbeit hinein. Hönigswald erklärte es schlechthin für falsch. Ohne Gründe anzuführen, die ich überzeugend fand, verlangte er, daß ich meine Arbeit ändere. Er könne sie so nicht akzeptieren. Wir bestanden beide auf unserer Meinung – ich selbst bis heute –, bis ich einsehen mußte, daß sein Machtpotential größer war als das meine. Ich strich die ausgesprochensten Passagen weg, dämpfte ein paar andere, schickte ihm das herabgeminderte Produkt, das er stillschweigend akzeptierte, und wurde so zum Dr. phil. der Breslauer Universität ernannt. Das Manuskript der Doktorarbeit ist verlorengegangen.[1] Wegen der schweren Zeiten brauchte ich damals nur einen kleinen Auszug zu drucken. Aber es erschien mir aussichtslos, mich bei Hönigswald wieder als Habilitationskandidat zu melden. Übrigens hat diese Querele weder meine Hochschätzung dieses Mannes noch meine Dankbarkeit für das, was ich von ihm gelernt habe, im geringsten vermindert. Er war autoritär wie viele deutsche Professoren seiner Generation, konnte keinen Unsinn ausstehen, hatte wenig Geduld mit Narren und Metaphysikern; was er als philosophische Spekulationen erkannte, also unter anderem auch Husserls Phänomenologie, lehnte er ab. Heidegger und die Existenzphilosophie überhaupt waren undiskutabel, und er konnte nur schwer seine Verachtung für solche Unsauberkeiten des Denkens verbergen. Von ihm (und von meinem Vater) habe ich denken gelernt. Das ist mehr, als diese knappen Worte auszudrücken vermögen. Ich verdanke ihm ganz besonders, wenn auch nicht ihm allein, ein Gewissen, das mir Unsauberkeiten des Denkens, Affektiertheiten, Posen, falsche Fassaden, kurzum wenig von dem durchgehen läßt, was nicht zur Sache gehört. Wohlverstanden, manchmal schläft das Gewissen. Er war genauso unerbittlich mit sich selbst. Unter den Neukantianern seiner Zeit war er sicherlich einer der originellsten. Wenn ich sage, ich habe von ihm denken gelernt, dann meine ich produktiv denken; ich meine, ich habe von ihm – durch sein Beispiel – das Zutrauen zum Denken gelernt, das Zutrauen, daß man durch Nachdenken etwas Neues und etwas Gewisses herausfinden kann. Das komplementäre Beobachten, die Strategie der empirischen Arbeit habe ich mir dann mehr oder weniger selbst beibringen müssen, als ich das beim Übergang zur Soziologie nötig fand, obgleich wohl auch die Erfahrungen der Kriegs- und Nachkriegszeit und des Medizinstudiums dabei behilflich waren.

Jedenfalls kam ich so gewappnet gegen fragwürdige Denkweisen nach Heidelberg. Von meinem Aufenthalt als Student her hatte ich die kleine lebendige Stadt in bester Erinnerung. Auch sah ich klarer als damals, wo ich eigentlich hinsteuerte, was ich mit meinem Leben anfangen wollte. Das Beispiel meiner Universitätslehrer stand mir vor Augen. Meine Wünsche gingen schon seit langem in diese Richtung; jetzt hatte ich Zutrauen gewonnen, daß ich das konnte: Lehren und Forschen. Ich wußte, daß ich ein guter Lehrer war, hatte schon unter den Mitstudierenden den Ruf, ich könne komplizierte Sachen auf einfache Weise klarmachen. Lehren machte mir Freude. In bezug auf das Forschen hatte ich wenig mehr als meine Doktorarbeit als Beweis meines Könnens. Und das war eine schwere Arbeit gewesen. Ich traute meinem Denkvermögen, und es fehlte mir nicht an Einfällen. Aber die konzentrierte Gedankenarbeit an der Dissertation war sehr schwierig gewesen. Erst viel später wurde mir allmählich klar, daß schätzungsweise neunzig Prozent aller jungen Menschen Schwierigkeiten beim Schreiben ihrer ersten großen Forschungsarbeit haben; und manchmal auch beim Schreiben der zweiten und dritten oder der zehnten, wenn es dazu kommt. Ich wünschte, mir hätte das damals jemand gesagt. Man denkt natürlich: »Nur ich allein habe solche Schwierigkeiten mit dem Schreiben der Dissertation (oder was immer es ist); allen anderen fällt das ganz leicht.« Aber so ist es nicht. Darum sage ich es hier. Die Schwierigkeiten sind ganz normal. Man darf nur nicht lockerlassen. Ich wußte, daß ich Glück mit mir hatte. Die Arbeit war für mich nie ganz leicht, aber ich hatte Ausdauer, ich ließ nie los.

In Heidelberg wurde man schnell genug in den Strudel der akademischen Ereignisse hineingezogen. Heidelberg war damals noch eine vorindustrielle Universitätsstadt alten Stils, das heißt: das Universitätsleben beherrschte die Stadt. Ein beträchtlicher Teil der Einwohner lebte davon, sei es auch indirekt. Studenten spielten im Straßenbild eine große Rolle. Aber die Verwandlung Deutschlands von einem Kaiserreich in eine Republik hatte eine einschneidende Änderung mit sich gebracht. Vor 1918 hatten in Heidelberg die Verbindungsstudenten mit ihren bunten Mützen und Käppis, ihren Bändern und Stöcken, ihren Mensuren und Duellen und dem reichen Bündel ihrer rituellen Formalitäten die beherrschende Rolle gespielt. Nun spielten Freistudenten (wie sie noch immer genannt wurden), also junge Männer und Frauen, die keiner Studentenverbindung angehörten, die ihre eigenen, kaum organisierten Verkehrskreise bildeten und die in Lebenshaltung und Umgangsformen weit informeller waren, im Stadtleben und ganz besonders im intellektuellen Leben der Universität eine weit größere, beinahe schon eine maßgebende Rolle. Zu der Zeit, in der ich in Heidelberg lebte, also von 1924 bis 1929/30, besaß Heidelberg eine große intellektuelle Vitalität, einen Reichtum an ungewöhnlichen Köpfen im Lehrkörper und ein Bildungsniveau, das hohe Anforderungen an den einzelnen Studenten stellte, zumindest in den Kreisen, mit denen ich in Berührung kam.

Das waren vor allem die Kreise der Soziologen. Auch das gehörte zu der Eigenart Heidelbergs in dieser Zeit. Soziologie hatte an dieser Universität einen hohen Status. Die Erinnerung an Max Weber trug viel dazu bei. Alfred Weber verwaltete nicht nur das Erbe, sondern gab in seiner Weise dem Fach neue Impulse. Und die Witwe Max Webers, Marianne, spielte eine wichtige Rolle als Sachwalterin der Tradition, von der noch zu reden sein wird. Max Weber und sein Werk hatten damals gewiß noch nicht die internationale Statur, die sie später gewannen. Aber für den Status der Soziologie in Deutschland und natürlich ganz besonders in Heidelberg war das Auftreten eines exemplarischen Soziologen mit einer weiten Ausstrahlung über das eigene Fach hinaus von höchster Bedeutung. Auch ragte er im Zeitbild der zwanziger Jahre für das Bewußtsein der damals Lebenden längst nicht im gleichen Maße aus der Gruppe der repräsentativen deutschen Gesellschaftswissenschaftler heraus, wie das im Rückblick und kraft der stillschweigenden Auslese der späteren Generationen heute oft der Fall zu sein scheint. Viele Vertreter der alten Garde, deren Werke kaum geringeres Ansehen genossen, Männer wie Tönnies, Sombart, Scheler und Franz Oppenheimer, lebten noch. Die Werke von Troeltsch wie die von Simmel gehörten zum selbstverständlichen Bildungsgut der Soziologen, das ich mir nun, angeregt durch die Heidelberger Atmosphäre, aneignete. Und im Hintergrund stand, wie immer, stillschweigend und beredt, die Kolossalfigur von Karl Marx.

Was immer man sagen mag, wieder und wieder ging das Für und Gegen der soziologischen Diskussionen in hohem Maße um ihn. Aber es wäre unrecht, diese Tatsache zu erwähnen, ohne hinzuzufügen, daß die Dauerrolle, die – ausgesprochen und noch weit häufiger unausgesprochen – die Diskussion für oder gegen die Marxsche Gesellschaftstheorie mit ihren Enkeln und Urenkeln in der zeitgenössischen Soziologie der fortgeschrittenen Industriegesellschaften spielte, aufs engste mit der Dauerrolle der Spannung zwischen Arbeiterschaft und Unternehmerschaft und zwischen den entsprechenden politischen Parteien in diesen Gesellschaften selbst zusammenhing.

Als ich am Anfang der zwanziger Jahre für kurze Zeit in Heidelberg studierte, lebte ich im Kreise von Philosophiestudenten. Ich nahm unter anderem teil an dem Seminar des ehrwürdigen

Rickert. Und der relativ junge Jaspers ermutigte mich, meiner eigenen Neigung folgend den Streit zwischen Thomas Mann und den Zivilisationsliteraten (wie er sie verächtlich nannte) zum Thema eines langen Seminarreferats zu machen. Aber als ich nun geschmückt mit dem Doktortitel und auf der Umschau nach Habilitationsmöglichkeiten im Jahre 1924 zum zweiten Mal nach Heidelberg ging, hatte sich die Richtung meines Interesses geändert. Ich ging zu Vorlesungen und Seminaren von Soziologen. Und die Studenten und Studentinnen, die ich dort kennenlernte, waren in unvergleichbar viel höherem Maße politisiert als die Philosophen. Dabei gab es eine merkliche Scheidung. Zu Alfred Weber, dessen Assistent damals, wenn ich mich recht entsinne, Arnold Bergsträßer war, gingen Studenten aller politischen Schattierungen, die rechtesten Rechten miteingeschlossen, aber doch, wenn ich mich nicht täusche, mit Ausnahme der linkesten Linken. In dem Seminar des jungen Privatdozenten Dr. Karl Mannheim dagegen fehlten die rechten Studenten. Hier reichte das Spektrum der politischen Schattierungen unter den Studenten von Kommunisten über Sympathisanten der Unabhängigen Sozialisten bis hin zu jungen Sozialdemokraten und Demokraten. In deren Kreise fand ich mich schnell zurecht, obgleich ich keinen Hehl daraus machte, daß ich parteilos war und parteilos bleiben wollte. Ich freundete mich schnell mit Mannheim an, und da ich älter war als seine Studenten und um wenige Jahre jünger als er, da ich zugleich weit mehr Kontakte mit Studenten hatte als er, schlüpfte ich unversehens in die Rolle seines inoffiziellen Assistenten. Als er am Ende der zwanziger Jahre, nicht lange nach dem Erscheinen von *Utopie und Ideologie*, einen Ruf auf den Lehrstuhl der Soziologie in Frankfurt am Main erhielt, fragte er mich, ob ich als sein offizieller Assistent mit ihm nach Frankfurt kommen wolle. Ich sagte zu unter der Bedingung, daß ich mich so bald wie möglich habilitieren könne. Mannheim erklärte, er würde bereit sein, mich zu habilitieren, aber nur wenn ich mich verpflichtete, zunächst drei Jahre für ihn als Assistent zu arbeiten. Ich hatte eine Habilitationszusage von Alfred Weber, aber bei ihm stand ich an vierter Stelle in der Reihe der Habilitanden. Das konnte weit mehr als drei Jahre dauern. Bei Mannheim stand ich an erster Stelle. So nahm ich seinen Vorschlag einer dreijährigen Wartezeit bis zur Habilitation an. Das war im Jahre 1930. Drei Jahre später kam Hitler zur Macht. Ich kam dann mit knapper Not durch die Habilitationsformalitäten hindurch (bis auf die Antrittsvorlesung), aber es nützte mir nicht viel. Ich ging ins Exil, zu alt für ein nochmaliges Studium, zu jung für eine Professur.

Aber als ich mich nach 1924 langsam in Heidelberg einlebte, ahnte man von alledem noch wenig. Mannheims Frankfurter Lehrstuhl lag noch in weiter Ferne. Alfred Webers Zusage, mich als Habilitanden in Betracht zu ziehen, machte mir Freude. Aber das konnte noch lange dauern. Mannheim erklärte mir, um sicherzugehen, wäre es wohl unerläßlich und sicherlich nützlich, die Zustimmung Marianne Webers zu einer eventuellen Habilitation zu gewinnen. Sie habe eine Art von Salon, und für einen jungen Soziologen mit Absichten auf eine Universitätskarriere in Heidelberg sei es ratsam, sich dort zu präsentieren. Kurz danach bekam ich eine Einladung zu Marianne Webers Haus. Dort versammelte sich in regelmäßigen Abständen ein Teil der Heidelberger Universitätselite, Männer wie Ernst Robert Curtius, Frauen wie Frau Jaffé, die nach dem Tode ihres Mannes mit Alfred Weber zusammenlebte.

Marianne Weber war eine eindrucksvolle Frau, sie machte auf mich den Eindruck einer robusten intellektuellen Großbäuerin, die fest auf dieser Erde steht, die Haus und Hof zusammenzuhalten weiß, die über das Ihre wacht. Wenn man zu den Ihren gehörte, konnte man sich auf sie verlassen. Ich weiß nicht, ob es stimmt, aber ich hatte die Vorstellung, daß Max Weber ohne diese starke Frau nicht die Durchhaltekraft gehabt hätte, all das zu schaffen, was er fertiggebracht hat. Man muß sich die furchtbare Anspannung, die enorme Konzentration vorstellen, die notwendig war, um so etwas zu schreiben wie *Wirtschaft und Gesellschaft*. Dann kann man auch den Zusammenbruch verstehen und was ihre Hilfe für ihn damals bedeutete, auch daß sie ihn beherrschte und Besitz von ihm nahm und nach seinem Tode von seinem Erbe. Im Umgang mit Fremden war sie freundlich, gemessen und hielt ihre Distanz. Es war gar kein Zweifel, daß sie in der damaligen Zeit zu Heidelbergs intellektueller Landschaft gehörte und, nicht weniger als ihr Schwager Alfred, zum Bilde der Heidelberger Soziologie. Man sagte, daß sie erheblichen Einfluß auf Alfred Weber habe, gerade in bezug auf junge Habilitanden. Ihr Veto mochte tödlich sein. Aber wenn man als junger Mensch in den schönen, etwas altväterlichen Räumen der Weberschen Wohnung umherging und vor allem auf dem großen Balkon mit der

Aussicht auf den Neckar, dann hatte man kaum Gelegenheit, wirklich zu erfahren, was sich in diesem Kreise abspielte.

Eines Tages, nach ein paar freundlichen Worten, lud sie mich ein, einmal an einem ihrer Nachmittage einen kleinen Vortrag zu halten. Das war üblich. Ich hatte es erwartet, aber die Einladung hätte auch ausbleiben können. Daß sie kam, war ein gutes Zeichen. So wurde ein Datum verabredet, und drei Wochen später hielt ich dann bei ihr, wenn ich mich recht entsinne, auf dem Balkon, meinen kleinen Vortrag über die Soziologie der gotischen Architektur. Ich war oft genug mit den Wandergruppen und mit dem Dehio im Rucksack von einem großen Dom zum anderen gezogen, hatte längst von der Romantisierung der zum Himmel strebenden Kathedralen Abschied genommen, wußte, daß diese mächtigen Gebäude weit unmittelbarer als die Feiertagsgotteshäuser unserer Tage ins Alltagsleben der Stadtbürger hineingeragt hatten. An ihren Mauern hatten die Buden der kleinen Händler geklebt. Der Lärm des Marktes war durch die offenen Türen gedrungen und hatte sich in die Töne des Gottesdienstes gemischt. Die hohen Dächer, Wahrzeichen der konkurrierenden Städte, mit ihrem unbändigen Stolz – jede wollte den höheren Kirchturm – und der unsäglichen Not, die zum Himmel schrie. Ich sprach von den Verschiedenheiten im Aufbau der deutschen und der französischen Gesellschaften und deren Widerspiegelung im Aufbau ihrer Kathedralen. Am Ende gab es höflichen Applaus und freundliche Worte. Ein kleiner Schritt auf dem Wege zu einer Universitätslaufbahn. Im Salon der Witwe Max Webers – ich war nicht verworfen worden.

Inzwischen hatte ich mit Alfred Weber das Thema einer Habilitationsschrift besprochen. Er sagte mir, vier bis fünf Jahre würde ich warten müssen. Mehrere junge Leute stünden noch vor mir in der Schlange. Aber mein Themenvorschlag schien ihm zu gefallen: die Bedeutung der Florentiner Gesellschaft und Kultur für die Entstehung der Wissenschaft. Doch der Plan, angeregt durch Olschkys *Geschichte der italienischen Literatur*, hatte mancherlei Schwierigkeiten. Ich konnte zur Not Italienisch lesen, aber mehr auch nicht.

Inzwischen hatte ich mich mit anderen Problemen auseinanderzusetzen. Die außerordentlich hohe Politisierung des gesamten intellektuellen Lebens, mit dem ich in Heidelberg in Berührung kam, stellte für mich eine Herausforderung eigentümlicher Art dar. Diese Politisierung der Intellektuellen war gewiß eine Widerspiegelung der Machtkämpfe, die sich zwischen den verschiedenen Parteien und in zunehmendem Maße zwischen außerparlamentarischen paramilitärischen Organisationen in der weiteren Gesellschaft abspielten. Aber es war eine eigentümlich esoterische Widerspiegelung. Während die Machtkämpfe draußen sich brutalisierten, behielt deren Widerspiegelung unter den Gesellschaftswissenschaftlern, also vor allem unter Soziologen und Nationalökonomen, ihre zivilisierte Form. Es gab unter den Studenten und Assistenten rechte Gesellschaftswissenschaftler und linke Gesellschaftswissenschaftler. Zu den ersteren gehörten Soziologen, die Hans Freyer nahestanden, der später unter Hitler eine Führungsrolle in der Organisation der deutschen Soziologie übernahm und dabei auch gelegentlich die Härten des Nationalsozialismus zu mildern suchte. Ein anderes Integrationszentrum der rechten Gesellschaftswissenschaftler bildete die Zeitschrift *Die Tat.* Ihre Gruppierung wurde bekannt unter dem Namen »Der Tatkreis«. Während die junge akademische Linke sich organisatorisch oder intellektuell an der Arbeiterschaft orientierte, erhielt für Teile der jungen akademischen Rechten und am zentralsten für die Mitglieder des »Tatkreises« die Angestelltenschaft eine analoge Bedeutung. In ihrer wachsenden numerischen und, wie man dort hoffte, bald auch organisatorischen Stärke sahen die Sympathisanten dieses Kreises einen Grund für die Hoffnung, daß die Gesellschaftsentwicklung selbst in der wachsenden Zahl und dem wachsenden Klassenbewußtsein der Angestellten ein Gegengewicht von gleicher Stoßkraft gegen die Massenbewegung und das Klassenbewußtsein der Arbeiterschaft schaffen werde. Auch vereinzelte Nationalsozialisten gab es in der jungen akademischen Rechten. Unter ihnen war ein Assistent Alfred Webers. Als Liberaler war Alfred Weber seiner tief verwurzelten Überzeugung und seinen Prinzipien nach (wenn auch nicht immer seinem leidenschaftlichen Temperament nach, das durch die Kontrollen hindurchschimmerte) tolerant. Er hätte auch einen Kommunisten als Assistenten eingestellt, wenn dieses Problem an ihn herangetreten wäre. Wieviel Selbstüberwindung ihn das auch gekostet hätte: das Prinzip der Toleranz hätte es ihm geboten, und er nahm es damit ernst. Daß er einen Juden unter seine Habilitanden aufnahm, war ein Ausdruck derselben Haltung. Dieselbe Überzeugung gebot ihm, einen Nationalsozialisten unter seine Assistenten aufzunehmen. Man wußte damals noch kaum, welche Saat da einmal aufgehen würde, und als sie aufging, stemmte er sich ihr entgegen, mutig und vergebens. Zuvor, in den späten zwanziger Jahren, stellte er sich jedenfalls als liberaler Professor die Aufgabe, in exemplarischer Weise Toleranz zu zeigen. Seiner Qualität nach verdiente der junge Nationalsozialist die Assistentenstelle, genauso wie der jüdische Elias die Habilitationszusage verdiente. Warum also nicht? Man sagt, daß Alfred Weber im Schatten des großen Bruders stand. Es ist wahrscheinlich, daß er unter diesem Alptraum litt, aber ich habe keine Beweise dafür. Unwillkürlich verglich man und vergleicht man die Brüder. Beide gehörten noch einer Generation an, in der man es sich erlauben konnte, in seinen Büchern das als Hauptthesen vorzustellen, was den eigenen Wünschen und Idealen entsprach. Aber Max Weber hatte diejenige Art von Gewissen, die ihn dazu antrieb, das Erwünschte sehr genau zu überprüfen, sei es im Hinblick auf seine Belegbarkeit durch empirische Evidenz, sei es im Hinblick auf die immanente Schlüssigkeit der Argumente, mit denen es untermauert wurde. Auch Max Weber war im Grunde ein leidenschaftlicher Mensch, aber er erlaubte sich kaum je, seine Passionen in dem, was er schrieb, offen zu zeigen. Man muß sehr genau hinsehen, um zu entdecken, wie oft sie ihm die Feder führten.

Wenn ein Mohammedaner ein Buch schriebe, in dem er andeutete, daß der Geist des Islam für die Entstehung der modernen Welt verantwortlich sei, hätte er vielleicht Schwierigkeiten, seine Abhandlung so zu schreiben, daß sie wenig Raum für den Verdacht ließe, er schreibe *pro domo.* Die durch empirische Belege unterbaute, kühle und schlüssige Darstellung einer analogen Hypothese durch Max Weber schließt einen solchen Verdacht weitgehend aus. Das gleiche gilt für die Funktion dieser Arbeit als Entwurf einer Gegenthese zu der Marxschen Geschichtsauffassung, also für die These, die Religion als solche könne der Wirtschaftsentwicklung Anstöße geben, nicht nur die Wirtschaft der Religionsentwicklung. Auch in dieser Hinsicht war Max Webers Darstellungsweise so kontrolliert, so frei von jedem Zeichen des Engagements, daß zwar die populäre Wirkungskraft der Schrift als Ausdruck der bürgerlichen Antithese zu der materialistischen Geschichtsauffassung nicht geschmälert wurde, daß aber die genaue Lektüre nur ganz selten, nur im Verein mit einer umfassenden Untersuchung Belege für ein solches ideologisches Engagement ans Licht zu bringen vermöchte. Diese Zweideutigkeit war nicht beabsichtigt. Was ich zu sagen versuche, ist nicht der Ausdruck eines Zweifels an Webers intellektueller Integrität. Es ist, wie man noch sehen wird, der Ausdruck für ein Problem der modernen Soziologie, das mich in Heidelberg zu beschäftigen begann und das dann später in meiner nie ganz abbrechenden Beschäftigung mit dem Problem von Engagement und Distanzierung[2] Ausdruck fand. Daß man die mannigfaltigen Aspekte der Menschenwelt in ihrem Zusammenhang miteinander gedanklich nicht zu durchdringen und in den Griff zu bekommen vermag, wenn man, wie es die traditionellen Philosophen tun, von dem vereinzelten Menschen, dem traditionellen »Subjekt der Erkenntnis« ausgeht, so, als ob ein Mensch, ohne mit Anderen zu leben und von anderen Menschen zu lernen, überhaupt ein Mensch werden könne, dessen war ich mir schon im Laufe der Arbeit an meiner Doktordissertation bewußt geworden, und zwar sicherlich im Zusammenhang mit Erfahrungen im gesellschaftlichen Leben selbst, also zum Beispiel mit Kriegserfahrungen, durchaus nicht zentral mit Bucherfahrungen. Es war mir längst klargeworden, daß man auch beim Nachdenken über menschliche Angelegenheiten statt von *dem* Menschen immer von *den* Menschen, also von menschlichen Pluralitäten, von Gruppen von Menschen, von den Gesellschaften, die viele Menschen miteinander bilden, ausgehen muß. In meiner Dissertation selbst[3], die den Umständen entsprechend noch ganz im philosophischen Stil geschrieben war und so auch die Neigung zeigte, selbst die menschliche Geschichte so zu behandeln, als ob sie das Denkprodukt einzelner Menschen sei, hatte ich bereits unzweideutig gesagt, der herkömmliche Begriff des einzelnen Menschen, der Begriff des »Individuums«, bedürfe einer Weiterbildung. Und diese Aufgabe, das Individuum auch in Gedanken aus seiner Vereinzelung herauszuholen und es auch im gedanklichen Modell als Einzelnen in die Kette der Generationen, in die Ordnung des Nacheinander hineinzustellen, ist, so scheint mir, nach wie vor eine der zentralen Obliegenheiten der Soziologie geblieben. Auch war mir im Zuge der Kriegs- und Inflationserfahrungen mit der relativen Machtlosigkeit des Einzelnen im Gesellschaftsgefüge zugleich der eigentümlich esoterische Charakter der philosophischen Grundannahmen bewußter geworden, zu denen ja auch die Vorstellung von der Allmacht des Denkens gehört. Schon damals, schon bei meiner Beschäftigung mit der

Stellung des Individuums in der Geschichte, begann ich diesem Problem der diachronischen Ordnung des Nacheinander, also der langen gesellschaftlichen Prozesse als einer Ordnung *sui generis* auf die Spur zu kommen. Aber ich hatte zunächst kein anderes Handwerkszeug zur Verfügung als das philosophische, um solche Prozesse in den Griff zu bekommen. Ich konnte sie zunächst nur begrifflich anpacken, als ob es sich bei diesen geschichtlich-gesellschaftlichen Prozessen um Denkprozesse handele, um eine Abfolge von Gründen mit Folgen[4], die selbst wieder Gründe von neuen Folgen werden, und so weiter. Aber in dieser Form ging es mir offensichtlich schon damals, schon 1922-24 wie noch heute, um die eigentümliche Ordnung der langfristigen Prozesse und ihre Verschiedenheit von der Gesetzesordnung der physikalischen Natur, als eine Art Gerüst der Menschheitsgeschichte.

II. Alfred Weber und Karl Mannheim (1)

Mit solchen Problemen beschäftigt, war ich also zum zweiten Mal nach Heidelberg gekommen. Und ich fand in der Tat, daß die Probleme, die dort unter Gesellschaftswissenschaftlern an der Tagesordnung waren, recht eng verwandt mit meinen Problemen waren. Auch dort ging es unter anderem um die eigentümliche Ordnung dessen, was man konventionell als Geschichte bezeichnet. Es ging nicht so sehr oder jedenfalls nicht zentral um das, was ich heute vielleicht als die strukturlose Geschichte der Historiker bezeichnen würde, sondern in erster Linie um die strukturierte Geschichte der Soziologen, die im 19. Jahrhundert einen paradigmatischen Ausdruck in den Werken von Marx und Comte gefunden hatte und deren Erforschung in Deutschland vor allem auch durch das Werk Max Webers einen neuen Impetus und eine neue Vitalität gewonnen hatte. In der Nachfolge seines Bruders, aber in seiner eigenen Weise, arbeitete, wie ich bald erfuhr, nun Alfred Weber an soziologischen Problemen dieser Art. Sein Interesse richtete sich vor allem auf die Eigenart der ›Kultur‹ als eines vitalen Aspekts jeder menschlichen Gesellschaft und ihrer Entwicklung. Ihm lag unter anderem daran herauszuarbeiten, daß die Kultur als gesellschaftliches Gebilde sich nicht auf wirtschaftliche

Verhältnisse reduzieren, aus wirtschaftlichen Interessen erklären ließ. Er ging davon aus, daß die Kultur zwar von Menschen geschaffen und so immer auch in der Beziehung auf die gesellschaftlichen Verhältnisse der Menschen verstanden werden müsse. Aber das Entwicklungsmuster der Kultur, also solcher menschlicher Gebilde wie Kunst oder Religion – so sah es Alfred Weber, wenn ich mich recht entsinne –, unterschied sich in höchst charakteristischer Weise von dem Entwicklungsmuster solcher nutzbringender Menschengebilde wie Wirtschaft, Technik und Wissenschaft. Im Bereich der letzteren gab es einen Fortschritt, ob gradlinig oder dialektisch, und ganz gewiß auch Rückschrittsbewegungen. Aber auf Kunst und auch auf Religion und so auf die Kultur ließen sich die Begriffe Fortschritt und Rückschritt im Grunde nicht anwenden. Sie stehen, so sah er es, ganz auf sich, als Selbstzweckgebilde, in denen sich – symbolisch gesprochen – der Geist einer Zeit, die Seele eines Volkes manifestiert. Mir wurde schnell klar, daß hier in Alfred Webers kultursoziologischen Arbeiten eine ältere deutsche Tradition aufgenommen und weitergeführt wurde, die unter anderem ihren Ausdruck in der antithetischen Gegenüberstellung der zwei Begriffe ›Kultur‹ und ›Zivilisation‹ gefunden hatte. Sie war mir bereits bei meinem ersten Heidelberger Aufenthalt begegnet, als ich an meinem Seminarreferat für Jaspers über den Streit zwischen Thomas Mann und den Zivilisationsliteraten arbeitete. Thomas Mann sprach in seinem Buch *Betrachtungen eines Unpolitischen* ausführlich über den Gegensatz zwischen ›Kultur‹ und ›Zivilisation‹. In dieser begrifflichen Antithese fand eine sehr tief verwurzelte, spezifisch deutsche Version des intellektuellen und politischen Konservatismus ihren Ausdruck, die, wie ich an anderer Stelle[5] gezeigt habe, nur im Zusammenhang mit der Besonderheit der deutschen Gesellschaftsentwicklung verständlich ist. Thomas Mann hatte nicht ganz zu Unrecht Eichendorffs *Taugenichts*, den jungen Sänger von volksliedartigen Gedichten, der fern jeder Politik, nur seinem inneren Empfinden folgend und so ohne äußere Zwecke durch die Lande zieht, gleichsam als symbolische Verkörperung dessen vorgestellt, was ihm das Wort Kultur bedeutete. Ihm hatte er gegenübergestellt die Haßfigur des Zivilisationsliteraten, ein zusammengesetztes Bild, das sich sowohl auf seinen Bruder Heinrich Mann wie auf Kurth Hiller und andere linke Intellektuelle bezog, die schon in den Jahren 1914-18 der bestehenden Ordnung kritisch gegenüberstanden und sich für Ideale der westlichen Zivilisation, also unter anderem für Rationalität, Humanität und parlamentarische Demokratie einsetzten.

Nun begegnete ich bei Alfred Weber einem Kulturbegriff, der zwar in hohem Maße sachlich unterbaut war, der aber zugleich auch die Bedeutung eines Gefühlssymbols hatte und als solches ganz in derselben Tradition stand wie der Thomas Mannsche Kulturbegriff. Es hätte einer prophetischen Begabung bedurft, um vorauszusehen, daß aus dem weitverzweigten Erbe der deutschen antizivilisatorischen Tradition auch so etwas wie der Nationalsozialismus hervorgehen könne. Und der bloße Gedanke, man könne den Namen Alfred Webers in einem Atemzug mit dem der Hitlerbewegung nennen, verdient eine vorbeugende Zurückweisung. Alfred Weber gehörte zu den aufrechten Menschen, die den Mut hatten, sich gegen den Strom zu stemmen, als die nationalsozialistische Bewegung auch die Heidelberger Universität überschwemmte. Die Tatsache, daß er im Grunde die zweckrationalen Humanitätsadvokaten der Linken verabscheute, erlaubte ihm durchaus nicht, seinen eigenen Zivilisationsstandard durch ein ›Bündnis mit den Barbaren‹ zu erniedrigen.

Menschen sind ja nicht eindeutig; im Unterschied zu Büchern kann man von ihnen nicht erwarten, daß sie widerspruchslos sind. Ähnlich wie sein Bruder Max war auch Alfred Weber im Grunde ein leidenschaftlicher Mensch. Aber bei Alfred Weber lag eine mindestens ebenso leidenschaftliche Parteilichkeit weit offener im Kampf mit seiner humanen Toleranz, seiner liberalen Rationalität; sie drang weit direkter und unverhohlener in seine wissenschaftlichen Arbeiten ein. Im Gegensatz zu Max Weber, der sich das nie erlaubt hatte (zum großen Nutzen für die Dauerhaftigkeit seiner Arbeiten), ließ er eine Art von persönlicher Metaphysik seine sachbezogenen Untersuchungen durchdringen und sie mitbestimmen. Hier fand sich, wie von alters her, die Gegenüberstellung einer Gruppe von menschlichen Gebilden, die als ganz auf sich selbst gestellt und so als zwecklos hingestellt wurden, und einer von anderen Gebilden, die zweckbestimmt und nützlich sind, mit dem für eine spezifisch deutsche Tradition charakteristischen Wertakzent. Die faktische Unterscheidung ging Hand in Hand mit einer unzweideutigen Verschiedenheit der Bewertung, die die Kultur als eine durch einen besonders hohen Wert ausgezeichnete Gruppe von Gebilden, die Zivilisation als eine Gruppe von weit weniger hohem Wert erscheinen ließ.

Es verhielt sich ganz gewiß nicht so, daß ich diese Sachlage damals mit einem Schlage durchschaute. Aber meine Aufmerksamkeit war durch die Beschäftigung mit der Auseinandersetzung zwischen Thomas Mann und Heinrich Mann einigermaßen geschärft. Auch entging mir zunächst, wie leidenschaftlich das, was sich in der Diltheyschen Manier vielleicht einfach als eine unpersönliche geistige Strömung, als rein ideengeschichtliche Verkettung darstellen ließ, hier in der Person eines Menschen als höchst individuelle, höchst aufrichtige und tief empfundene Überzeugung zutage trat.

Ebensowenig vermochte ich mit einem Schlage zu erkennen, daß der liberal-konservative Kultursoziologe, der Fürsprecher des Geistig-Seelischen, seinen Gegenspieler, den Vertreter alles dessen, was er selbst als bloß zweckbestimmtes und so als flaches Humanitätsideal betrachtete, nicht allein in den relativ anonymen linken Parteiungen und Bewegungen der großen Welt fand. Er fand den Gegenspieler unmittelbar in Heidelberg, in der Person eines anderen Soziologen, in der Person Karl Mannheims.

Karl Mannheim war im Jahre 1924, als ich nach Heidelberg kam, 30 Jahre alt. Er war in diesen Heidelberger Jahren, angespornt von dem klaren Ziel eines Lehrstuhls der Soziologie, auf dem Höhepunkt seines Schaffens. In diesen Jahren schrieb er *Ideologie und Utopie* und eine Reihe von Aufsätzen, darunter den Vortrag über »Die Bedeutung der Konkurrenz im Gebiete des Geistigen«. Er war ein brillanter Denker, schlagkräftig im Für und Wider der Diskussion. Sein Ehrgeiz – die Konkurrenz im Geistigen war ein ganz persönliches Problem – vertrug sich durchaus mit einer gewissen Unschuld der Einsicht. Wie hart und rücksichtslos er im Konkurrenzkampf sein konnte, schien er selbst nicht zu wissen. Er wußte, daß er besser als der nächste Mann war, daß er den Preis, um den es ihm ging, verdiente. Das verstand sich von selbst. Er meinte nichts Böses, wenn er andere aus dem Felde schlug. Er war sicher, daß er den Preis verdiente.

Und er war in der Tat zumeist besser. Das war einer der Gründe, weshalb sein Ehrgeiz nicht unangenehm war. Er verdiente den Erfolg. Daß er dann schließlich in England, im zweiten Exil – Deutschland war sein erstes – gezwungen war, zum zweiten Mal um einen Lehrstuhl zu kämpfen, kann man ihm kaum verübeln.

Wenige Menschen haben es fertiggebracht, zweimal als Exilierte in einem fremden Lande mit einer fremden Sprache, ohne ihrer ganz sicher zu sein, einen ordentlichen Lehrstuhl zu erobern. Mannheim gelang das in der Tat zweimal auf der Flucht vor den Diktatoren: erst in Deutschland, wohin er aus seinem ungarischen Heimatland von Horthy vertrieben worden war; dann zum zweiten Male in England, auf der Flucht vor Hitler. Vielleicht hätte Mannheim Größeres leisten können, wäre ihm die Laufbahn weniger wichtig gewesen. Aber das ist eine Entscheidung, mit der man nicht rechten kann.

Mannheim nahm, wie bekannt, die Marxsche These auf, daß Denken nicht nur interessengebunden sein kann, sondern sein muß, und entwickelte sie in einer bestimmten Richtung weiter. Für Marx war diese These aufs engste mit dem Klassenkampfkonzept verbunden. Und in seiner Fassung hatte sie keine relativierenden Untertöne, denn sie besagte eigentlich, daß nur unterdrükkende und ausbeutende Schichten durch ihre Denkbemühungen entsprechend ihrem ökonomischen Interesse die gesellschaftliche Realität entstellen oder verdecken müssen. Wer von den Unterdrückten, also insbesondere von dem industriellen Proletariat her denkt, braucht das Denken nicht ideologisch zu einer Verdunkelung und Entstellung der gesellschaftlichen Verhältnisse zu benutzen. Als Marxist, so läuft das Argument, vermag man also wirklichkeitsgetreu oder, mit anderen Worten, wissenschaftlich über die Gesellschaft zu denken und zu sprechen. In einem schwachen Moment hat Marx diesem Sachverhalt durch die Formulierung Ausdruck gegeben, daß das Sein das Bewußtsein bestimmt. Dieser Gedanke fand seinen Niederschlag in dem Sprachgebrauch Mannheims und seiner Zeitgenossen. Sie sprachen von der »Seinsgebundenheit« des Denkens.

Die Marxsche Formulierung erweckt die Vorstellung eines ontologischen Dualismus, eines gesellschaftlichen Daseins der Menschen ohne Bewußtsein auf der einen Seite und auf der anderen Seite eines Bewußtseins, das von diesem bewußtseinslosen gesellschaftlichen »Sein« passiv hin und her geworfen wird wie ein Kork von den Wellen des Meeres. In der gleichen Weise legt auch die Mannheimsche Formulierung von der Seinsgebundenheit des Denkens die dualistische Vorstellung von einem schlechthin denkfreien sozialen »Sein« nahe, zu dem das Denken gleichsam als etwas Nachträgliches und Sekundäres hinzutritt. Und auch hier wird eine simple Billardkugel-Kausalität impliziert: Veränderungen des denkfreien Seins als Ursache sind verantwortlich für Veränderungen des Denkens als ihre Wirkung. Daß Gedanken, die den Anspruch erheben, richtig zu sein, sich beim näheren Zusehen als Kampf- oder Propagandamittel bestimmter Gruppen oder Personen in ihren Auseinandersetzungen mit anderen Gruppen erweisen, läßt sich häufig genug beobachten. Und wenn man solche Funktionen von Ideen systematisch untersucht, dann beschäftigt man sich mit einem genuinen soziologischen Problem von großer Wichtigkeit.

Die Behandlung dieses wichtigen Problems durch Mannheim wie durch Marx leidet darunter, daß sie es formulieren, ohne der Tatsache Rechnung zu tragen, daß Bewußtsein und Denken selbst konstitutive Bestandteile der menschlichen Gesellschaft sind. Das ganze Funktionieren des gesellschaftlichen Zusammenlebens der Menschen wird von der Art ihres Bewußtseins dieses Zusammenlebens, es wird von dem, was sie denken, und der Art, wie sie denken, beeinflußt. Die dualistische These von dem bewußtseinsfremden Sein und dem seinsfremden Bewußtsein ist eine Fiktion. Aber Mannheim hielt sich an diese Fiktion. Er ging insofern über Marx hinaus, als er postulierte, man dürfe nicht allein das Denken des Gegners als standortbezogene Ideologie wahrnehmen und auf diese Weise seinen Wahrheitsanspruch destruieren. Es genüge auch nicht die partielle Bezogenheit bestimmter Bewußtseinsgehalte; man müsse vielmehr die Totalität des Bewußtseins als Ausdruck einer bestimmten »Seinslage«, als standortgebunden aufweisen, und zwar nicht nur die Totalität des Bewußtseins anderer gegnerischer Gruppen oder Menschen, sondern auch die Totalität des eigenen Bewußtseins. Damit fand er sich in einer Denkfalle, die ein wenig der berühmten Falle eines Kreters ähnelt, von der die alten Philosophen berichten. Ein Philosoph aus Kreta sagte: Alle Kreter sind Lügner. Da er selbst ein Kreter war, muß man diese Aussage als Lüge ansehen. Aber wenn es eine Lüge ist, daß alle Kreter lügen, dann ist es ja wahr. Aber wenn es wahr ist, daß alle Kreter lügen, dann ist diese Aussage doch auch eben eine Lüge, usw. Wenn alle Aussagen seinsgebundene Ideologien sind, dann ist auch diese Aussage eine seinsgebundene Ideologie. Wer diese Meinung vertritt, kann also seiner eigenen Meinung nach nichts anderes produzieren als Ideologie. Wozu also sich noch die Mühe machen, Forschungen zu unternehmen, da doch jede Aussage standortgebunden und in diesem Sinne Ideologie ist?

Mannheim hatte nicht nur das Vermögen, seine Anschauungen mit brillanter Ausdruckskraft und großer Vitalität darzustellen. Was er zu sagen hatte, war wirklich von großer Bedeutung und wurde durchaus nicht ganz zu Unrecht als revolutionär empfunden. Eine lange, mächtige und respektierte Tradition ließ die Gedanken des einzelnen Menschen, seine oder ihre ›Ideen‹ als autonome, völlig auf sich gestellte und so gleichsam freischwebende Gebilde erscheinen. Die gängigen Begriffe selbst, Begriffe wie ›Geist‹, ›Ideen‹, ›Gedanken‹, gaben dieser Vorstellung Nahrung, und weite, hochgeachtete Wissenschaftsbezirke wie etwa die der Geisteswissenschaften und die der Ideengeschichte dienten offensichtlich der Erforschung dieser freischwebenden Gedankengebilde. Gewiß, Marx und Engels hatten die Entlarvung der individuellen Ideen als mögliche Ideologie herrschender Klassen begonnen. Aber nun kam Mannheim und war, so schien es zunächst einmal, in bestimmter Hinsicht viel radikaler als Marx. Was er im Grunde postulierte, war, daß man alle Ideen, also jegliches Denken schlechthin, die Ideen von Marx und konsequenterweise auch die eigenen Ideen – um in seiner Sprache zu reden, die im Grunde noch die von Marx war – als »seinsbezogen« verstehen müsse, als Ausdruck eines den Blick begrenzenden »Standorts« in den sozialen Parteikämpfen. Das bedeutete die radikale Entthronung der Selbständigkeit des »Geistes«, die totale Entlarvung aller Ideen als Ausdruck einer standortgebundenen Parteilichkeit. Wenn man diese Position zu Ende dachte, so bedeutete sie eigentlich den totalen Ruin aller Denkbemühungen der Menschen. Mannheim selbst schreckte vor dieser Konsequenz seiner eigenen Position zurück. Um der Verzweiflung des totalen Relativismus zu entgehen, prägte er als Mittel der Entgiftung des rein destruktiven Relativismus den Begriff des Relationismus. Jeder Mensch, so etwa sah das aus, ist gewiß in seinem Denken ›seinsgebunden‹. Andere Menschen, besonders Menschen mit einer anderen Klassenlage, haben eine andere Teilperspektive auf die Welt. Könnte man nicht vielleicht sagen, die ›Wahrheit‹ sei die Gesamtheit dieser Teilperspektiven?

Mannheim experimentierte mit einer Reihe von Gedanken, mit deren Hilfe er aus der Falle des Relativismus, in die er geraten war, wieder herauszuklettern versuchte. Dies, der Relationismus oder Perspektivismus, war eines der Rettungsseile. Wie hilfreich es war, ist nicht leicht zu sagen, da ja dem Ideologiebegriff immer die Vorstellung einer durch Interessen bestimmten Verfälschung anhaftet, dem Perspektivenbegriff dagegen die Vorstellung einer partiellen Richtigkeit der Sicht. Wo kommt die Teil-Richtigkeit her, wenn alles Denken Ideologie ist? Ein anderes Rettungsseil, mit dem Mannheim experimentierte, war der Gedanke, daß Gruppen von Intellektuellen, die ökonomisch nicht ebenso fest wie Unternehmer und Arbeiter in die Konfliktsituation der Klassen eingebunden sind, in ihrer Einstellung vielleicht weniger eng an Klassenideologien gebunden, in ihrer Perspektive auf die Gesellschaft vielleicht weniger unmittelbar durch wirtschaftliche Interessen beeinflußt sind als die ökonomischen Klassen.

Der Zwang der Zwickmühle, in der sich Mannheim fand, wurde dadurch gewiß nicht verringert, daß seine eigenen politischen Sympathien bei der gemäßigten Linken lagen und daß sich die Hoffnung eines Privatdozenten auf einen der wenigen Lehrstühle der Soziologie in der ersten deutschen Republik kaum realisieren ließ ohne die aktive Hilfestellung einer einflußreichen Parteiorganisation. Mir ist oft die Frage durch den Kopf gegangen, ob die Tatsache, daß Mannheim der Utopie, die ja schließlich auch den Charakter einer Ideologie hat, trotz seines totalen Ideologiebegriffes gleichsam eine Sonderstellung außerhalb der Ideologien zuschreibt, darauf zurückzuführen ist, daß er unwillkürlich versuchte, den Sozialismus aus der Relativierung als Ideologie herauszuhalten.

III. Alfred Weber und Karl Mannheim (2)

Ganz gewiß kam mir in meiner Beunruhigung über den unwissenschaftlichen Charakter soziologischer Theorien Mannheims Ideologiebegriff sehr zustatten. Es gab da eine offensichtliche Konvergenz der Empfindungen und des intellektuellen Interesses. Erst allmählich wurde mir klar, daß es Unterschiede gab. Mannheim sah mit großer Schärfe den Zusammenhang zwischen den Anschauungen bestimmter Menschen und Menschengruppen über die Gesellschaft und der sozialen Position dieser Menschen, insbesondere ihrer Interessenlage, in der Gesellschaft. Und er hat in seiner Abhandlung über das konservative Denken ein Musterbeispiel der Ideologieanalyse gegeben. Aber er blieb an diesem

Punkte stehen. Er kam und wollte wohl auch eigentlich nicht über die kritische Entlarvung des Gedankengebäudes anderer Menschen als eine Ideologie hinaus. Er begnügte sich mit ihrer Relativierung und Destruktion. Für mich war die Ideologiekritik nur ein Mittel zum Zweck, nur ein Schritt auf dem Wege zu einer Gesellschaftstheorie, die der Tatsache Rechnung trug, daß sich sowohl wirklichkeitsverhüllendes wie wirklichkeitsenthüllendes Wissen beobachten ließ. Das Wissen eines Arztes vom menschlichen Körper, das heilen kann, ist keine Ideologie. Warum soll man nicht in der Lage sein, nicht-ideologisches Wissen von der menschlichen Gesellschaft zu produzieren?

Die Zusammenarbeit mit Mannheim war und blieb eigentlich immer erfreulich, in Heidelberg wie später in Frankfurt. Er war, wie gesagt, in Heidelberg auf dem Höhepunkt seines geistigen Schaffens; er besaß nicht nur eine hohe Intelligenz, sondern auch ein großes Geschick im Argumentieren, dessen hohes Abstraktionsniveau die oft zerstörerische Schärfe seiner Angriffskraft leicht verdeckte. Alles das zog intelligente Studenten an, gelegentlich auch Studentinnen, die in Heidelberg noch sehr in der Minderheit waren.

Als Privatdozent war Mannheim Alfred Weber, dem Ordinarius, offenbar an Macht und Ansehen unterlegen. Aber eine ganze Reihe von Menschen sahen in Mannheim den kommenden Mann der Heidelberger Soziologie. Obgleich ich selbst an Alfred Webers wie an Mannheims Seminaren teilnahm, merkte ich zunächst nichts von der im Untergrund schwelenden Rivalität zwischen den beiden Männern. Der Verkehrston der Menschen im Umkreis der Heidelberger Universität war damals noch gemäßigt. In ihren Äußerungen übereinander, soweit ich sie zu hören bekam, waren Weber wie Mannheim äußerst vorsichtig.

Um so erstaunlicher war es, als die Gegnerschaft der beiden Männer plötzlich offen zutage trat. Die Veranstaltung, auf der das geschah, war der sechste Deutsche Soziologentag. Es war nicht ganz gewöhnlich, daß man bei einer solchen Gelegenheit einem Privatdozenten eines der Hauptreferate des Soziologentages übertrug. Ich selbst war mit solchen Problemen der Etikette nicht recht vertraut. Man sah es noch als weitgehend selbstverständlich an, daß bei solchen Gelegenheiten die Redner in streng hierarchischer Ordnung auftraten, erst die höchst rangierenden Ordinarien, besonders Geheimräte, wie Alfred Weber und Sombart, dann die jüngeren Professoren, die gewöhnlich auch noch nicht ein so hohes Renommee besaßen, dann die Privatdozenten, und schließlich ließ man auch junge Doktoren, wie ich es war, die zumeist auch inoffizielle Anwärter auf eine Habilitation als Privatdozenten waren, etwas in der Debatte sagen, wenn sie es wollten. So war es wohl an sich schon ein Zeichen für den großen Ruf, den sich Mannheim erworben hatte, daß man ihm eines der Hauptreferate anvertraute. Zur Diskussion stand eines seiner Zentralprobleme, das Problem der sozialen Konkurrenz. Der Altmeister der Soziologie, Leopold von Wiese, der damalige Herausgeber der *Kölner Zeitschrift*, hielt den ersten Vortrag zu diesem Thema, Mannheim den zweiten unter dem Titel: »Die Bedeutung der Konkurrenz im Gebiete des Geistigen«. Es war eine blendende Vorführung, ein Feuerwerk anregender Einsichten, dessen Gedankenfülle vielleicht besonders hervortrat beim Vergleich mit dem vorangehenden Referat, das das Problem der Konkurrenz mehr formalistisch und trockner behandelte. Auch die Diskussionsredner – unter ihnen Werner Sombart, die Nationalökonomen Emil Lederer und Adolf Loewe und ich selbst – zollten Mannheim Beifall. Es gab eine einzige ausgesprochen feindliche Stimme, die Alfred Webers. Und von dem Antagonismus dieser zwei Menschen, der bei dieser Gelegenheit, soweit ich weiß, zum ersten Mal ohne Verhüllung öffentlich sichtbar wurde, will ich etwas erzählen. Er war nicht uncharakteristisch für die Lage der deutschen Soziologie und *cum grano salis* der deutschen Gesellschaft in den zwanziger Jahren. Für mich stellte er eine Fortführung und eine neue Version des Streites dar, dem ich zuerst in Thomas Manns *Betrachtungen eines Unpolitischen* begegnet war, in der Auseinandersetzung des konservativen Thomas mit seinem mehr linksgerichteten Bruder Heinrich Mann und dessen Geistesverwandten. Ich kannte beide Menschen; mir, einem Neuling, brachte das Aufflackern der Feindseligkeit zwischen ihnen besonders eindringlich zum Bewußtsein, wie stark diese politischen Differenzen waren oder, mit anderen Worten, eben jene Konkurrenz der Parteien, deren Abdruck im »Geistigen«, wie man es damals noch nannte, das Thema des Mannheimschen Vortrags bildete, Mannheims und Webers eigene soziologische Lehrmeinung bestimmten.

Ich kann es mir ersparen, ausführlicher auf Mannheims Referat einzugehen, da es in der von Kurt H. Wolff herausgegebenen

Auswahl aus Mannheims Werk unter dem Titel *Wissenssoziologie*[6] wieder abgedruckt worden ist. Aber vielleicht kann ich ein paar Schlaglichter setzen, die die Natur dieser Kontroverse zwischen zwei führenden Soziologen der Zeit verdeutlichen.

Mannheim war ohne Zweifel der Herausforderer. Ich habe mich oft gefragt, wie weit er sich dessen bewußt war, und konnte mir selbst keine klare Antwort geben. Ich selbst, als der Jüngere und weitaus Machtlosere, bedeutete nie eine Gefahr für ihn. Unsere Zusammenarbeit in Heidelberg, und später in Frankfurt, war so gut wie reibungslos. Aber mit älteren Menschen, besonders wenn sie einen höheren Status beanspruchten, geriet er schnell in einen Konkurrenzkampf, den er selbst mit ziemlicher Härte und Unerbittlichkeit zu führen verstand. Als er ins Exil mußte und ihm in England eine Position an der London School of Economics angeboten wurde, verwickelte er sich schnell genug in einen Konkurrenzkampf mit dem dort heimischen Soziologen Morris Ginsberg, der ihm zu seiner Stellung dort verholfen hatte. Ich bin ziemlich sicher, daß er sich dieser Zwangsläufigkeit seines Lebens kaum bewußt war. Mannheim besaß, wie schon erwähnt, eine beinahe kindliche und jedenfalls entwaffnende Unschuld. Morris Ginsberg, ein Schüler von Hobhouse, war ein kluger Kritiker aller Unreinlichkeiten des soziologischen Denkens; er hatte einen starken moralischen Sinn und war an philosophischen und soziologischen Problemen der Ethik interessiert. Für Mannheim stand es außer Zweifel, daß er selbst der bessere Soziologe war. Vielleicht war er das auch. Aber er zögerte nicht, es auch zu sagen. Seine Vorlesungen waren lebhaft und interessant. Die Studenten strömten ihm zu. Morris Ginsberg, ein leicht negativistischer, aber herzensguter Mann und in seiner Weise nicht weniger intelligent als Mannheim, war tödlich verletzt. Schließlich wurde die Situation unerträglich. Ginsberg erklärte: er oder ich. Und sein College, die L.S.E., hielt, wie sich versteht, an dem Ihren fest und ließ den Neuankömmling gehen.

Aber das lag zur Zeit des Züricher Soziologentages noch weit in der unbekannten Zukunft. Später, im ersten Jahr des Krieges, als mir Ginsberg in Cambridge – wohin die L.S.E. evakuiert war – immer noch bitteren Herzens von dieser schmerzhaften Kraftprobe mit Mannheim erzählte, erinnerte ich mich wieder der erregten Rede Alfred Webers auf dem Züricher Soziologentag 1928.

Mannheim begann mit einer Einleitung, die der allgemeinen Bestimmung seiner eigenen theoretischen Position diente und die für jeden, der hören konnte, zugleich auch eine Bestimmung seiner politischen Position war. Es gibt, so sagte er, in bezug auf die Bedeutung der Konkurrenz für die geistigen Gebilde zwei extreme Positionen. Die erste schreibt der Konkurrenz allenfalls eine periphere Rolle für die Genese geistiger Gebilde zu; die zweite eine absolut konstituierende. Im letzteren Falle läßt man also die geistigen Gebilde in dem sozialen Leben aufgehen. Zum Unterschied von diesen beiden extremen Meinungen erkenne er selbst, sagte Mannheim, der Konkurrenz nur eine mitkonstituierende Rolle zu. Wie man leicht erkennt, waren das Codeworte. Sie bestimmten den Standort Mannheims als nicht-idealistisch und nicht absolut materialistisch, aber doch teilweise anerkennend, daß soziale Determinanten, also etwa die Konkurrenz der politischen Parteien, mitbestimmend seien für die Gestalt geistiger Gebilde.

Wenn man sich heute Mannheims Vortrag wieder durchliest, dann erkennt man leicht, warum diese Ausführungen auf einem selten zu findenden intellektuellen Niveau mit ihrem Reichtum an neuen Gedanken beim Anhören eine höchst faszinierende Wirkung auf viele Zuhörer hatten. Man konnte spüren, wie sehr das Thema »Die Bedeutung der Konkurrenz im Gebiete des Geistigen« Mannheim lag. Er hatte ihm eine völlig unpersönliche und sachliche Gestalt gegeben und ahnte wahrscheinlich durchaus nicht, daß es auch eine ganz persönliche Bedeutung hatte und daß er zugleich über ein Zentralthema seines eigenen Lebens sprach. Jedenfalls schuf er in diesem Vortrag ein Rahmenwerk neuer Gedanken, die von seiner genuin soziologischen Intuition zeugten. Noch fehlte es an empirischen Komplementäruntersuchungen, die in vollem Maße die Fruchtbarkeit solcher Ideen erweisen können. Es ist sicherlich schade, daß systematische Ideologiestudien noch nicht zum Tagesprogramm der Soziologie gehören. Aber vielleicht bedürfte es dazu theoretischer und empirischer Modelle für die sorgfältige Kleinarbeit, die dabei nötig wäre, und besonders einer Theorie des menschlichen Wissens als eines langfristigen sozialen Prozesses, die noch allzu weit im Felde liegt.

Mannheim wählte als Ausgangspunkt und Gegenbild die konkurrenzlose Einheitlichkeit der Weltauslegung und des Denkstils der mittelalterlichen Kirche. Nach dem Zerbrechen dieser Einheit etablierten sich in Europa eine Fülle konkurrierender Lebenskreise, vergleichbar der Fülle der Samenkörner beim Sprengen der Fruchtkapsel einer Pflanze. Jeder dieser Lebenskreise, z. B. Hof, Adel, Patriziat, mittleres und unteres Bürgertum, hatte eine Weltauslegung und einen Denkstil eigener Art, die man aus seiner »Seinslage«, seiner sozialen Situation, seinen gesellschaftlichen Interessen erklären kann.

Mannheim gebraucht hier und überall als *terminus technicus* den Ausdruck von der Seinsbezogenheit des Denkens und Wissens in offensichtlicher Anlehnung an den Marxschen Wortgebrauch, in dem das »Sein« dem »Bewußtsein« gegenübergestellt wird. Er übernahm hier voll und ganz den Marxschen Dualismus, der das Denken und Wissen als etwas außerhalb des gesellschaftlichen Seins Existierendes erscheinen läßt und so Sein und Bewußtsein in ein Kausalverhältnis zueinander bringt – das Sein als Ursache, das Bewußtsein als Folge.

Die Relativierung und Destruktion alles Denkens und Wissens als Folgeerscheinung eines gedankenlosen materiellen Seins steht und fällt mit der Annahme dieses existentiellen Dualismus. Mannheim ging in dieser Hinsicht bis zum bitteren Ende. Er war bereit, alles zu relativieren, die eigene Position mit eingeschlossen. Gelegentlich einmal verwies er auf Descartes als ein Muster. Man muß alles bezweifeln. Das war das Ideal. Aber bei Descartes blieb das eigene Denken unbezweifelbar und undestruierbar, es blieb der feste Pol in der Erscheinungen Flucht. Es war nie ganz sicher, was oder ob etwas an gesichertem, wirklichkeitskongruentem Wissen, das doch in Hülle und Fülle vorhanden war, bei Mannheim übrigblieb.

Er ging weiter und schilderte, wie sich aus der Vielfalt der Lebenskreise und Denkformen nach dem Zersprengen der mittelalterlichen Einheit durch eine Art von Konzentrationsprozeß, den er mit der wirtschaftlichen Konzentration der vielen Märkte zu größeren Märkten verglich, eine Reihe miteinander konkurrierender, seinsbezogener Denkplattformen heraushob. Die Konzentration verschiedener nationaler Aufklärungsbewegungen zur Plattform des Liberalismus forderte durch die Wirkung der Konkurrenz zur Bildung einer konservativen Plattform heraus. Er beschrieb mit einigen Details die Eigenart der liberalen und konservativen Plattformen, relativierte beide, indem er mit kurzen

Strichen auf die zugehörigen sozialen Standorte hinwies, und erwähnte im Vorbeigehen dabei auch den Namen Alfred Webers. Man konnte bei Mannheim nie sicher sein, ob ihm der relativierende und destruierende Charakter seiner Bemerkungen über den Liberalismus bewußt war. Kein Zweifel, daß sie von Alfred Weber selbst als Destruierung seines eigenen weltanschaulichen und politischen Glaubensbekenntnisses empfunden wurden, vielleicht sogar als Relativierung des sozialen und politischen Glaubensbekenntnisses seines verehrten Bruders Max. Bewußt oder nicht, es war für alle erkennbar eine Kampfansage und Herausforderung an Alfred Weber; sie wirkte auf ihn wie ein rotes Tuch.

Mannheim fuhr ruhigen Herzens fort; er suchte die »Seinsrelativität« der verschiedenen politischen Plattformen und deren Polarisation durch ihre verschiedene Stellungsnahme zu ein und demselben Problem zu veranschaulichen. Er wählte dazu, vielleicht in aller Unschuld, ein Problem aus dem Arbeitsbereich von Max Weber, das Problem der Wertfreiheit. Alfred Weber verstand ohne Zweifel sein eigenes soziales Glaubensbekenntnis ebenso wie das seines Bruders Max als eine Spielart des Liberalismus, und man kann nicht verhehlen, daß Mannheims Schilderung des Liberalismus dem Glaubensbekenntnis Alfred Webers nicht recht entsprach, obgleich Mannheim sich ganz direkt auf Alfred Weber und ein angebliches Zitat von ihm berief. Vielleicht verstand Alfred Weber diese Darstellung eher als eine Karikatur.

Der Liberalismus, so führte Mannheim aus, habe eine stark intellektualistische Seelenhaltung. Seine Vertreter suchten das Rationale vom Irrationalen, also von Wertungen reinlich zu trennen und freizuhalten. Indem Mannheim selbst die totale Durchdringung allen Denkens, des proletarischen wie des bürgerlichen, durch die Seinsbezogenheit der Interessen darzulegen suchte, stellte er hier das Weltbild von Max und Alfred Weber gleichsam als das polare Gegenbild zum eigenen hin. Das liberale Bürgertum, so sagte er, wolle in typisch intellektualistischer Weise die Irrationalität der Spannungen zwischen Verschiedendenkenden aus dem Wege räumen zugunsten der Einheitlichkeit der *ratio*, der menschlichen Vernunft. Überdies hätten Liberale und Demokraten als Parteien der Mitte, ihrer gesellschaftlichen Lagerung entsprechend, eine Neigung, nach einer vermittelnden Diskussionsbasis zu suchen. Das Verständnis für Gegensätzlichkeiten der Wertungen und Ideen, die in der Gegensätzlichkeit der Seinslage ihren Grund hätten, gehe Liberalen und Demokraten ab.

In ähnlicher Weise verarztete Mannheim dann den Konservatismus und den Sozialismus. Zum letzteren, zu der Anschauung des zum Klassenbewußtsein erwachenden Proletariers, sagte er, daß von ihm das weltanschaulich Irrationale nicht nur im Begriff der Wertung, sondern auch in dem des Interesses entdeckt werde. Hier unterschied er zwei Richtungen. Die eine, dem Liberalismus verwandte, verstehe sich, so legte Mannheim dar, ebensowenig wie dieser auf den seinsverbundenen, also ideologischen Charakter allen Denkens; die andere, die Linie von Marx und Lukács, verstehe zwar den interessengebundenen Charakter allen Denkens, versäume es aber, diese Einsicht auf sich selbst anzuwenden. Diese Richtung, obgleich ihr Denken nicht weniger interessengebunden sei als das aller anderen sozialen Glaubensbekenntnisse, postuliere einfach eine prästabilierte Harmonie zwischen dem eigenen interessengebundenen Denken und der Wahrheit. Das Klasseninteresse des Proletariats, so sagte Mannheim, werde hier ganz einfach mit dem Interesse der Gesamtheit der Menschen gleichgesetzt, und das Klassenbewußtsein des Proletariats erscheine dann als das adäquat richtige Bewußtsein.

Mannheim war, wie man sehen kann, ganz konsequent in der totalen Relativierung aller parteilichen Glaubenssysteme. Die verschlüsselte Sprache der Soziologen der zwanziger Jahre war, wie man leicht erkennen kann, etwas verschieden von der der Soziologen der achtziger Jahre. Und die Schwierigkeiten, die sich ergeben, weil die modischen Schlüsselworte der einen Generation von der nächsten nicht mehr recht verstanden werden, können daran erinnern, daß auch in der Soziologie die Chance der Dauerhaftigkeit von Forschungsergebnissen, die in Büchern oder Artikeln niedergelegt sind, um so größer ist, je einfacher die Darstellung ist, je geringer der Gebrauch von modischen und generationsbedingten Schlüsselworten ist. Ich habe versucht, die totale Relativierung und Ideologisierung des gesamten Glaubens- und Denkspektrums unserer Tage, die trotz aller einschränkenden Klauseln das Kernstück der Mannheimschen Soziologie bildete, in der Form eines repräsentativen Beispiels vorzuführen. Mannheims Kunst, alle politischen Glaubenssätze und Denkformen als Ideologie darzustellen, erscheint mir als durchaus fruchtbar. Ich bin allerdings sicher, daß man bei dieser Relativierung nicht stehenzubleiben braucht.

Aber in diesem Zusammenhang möchte ich mich darauf beschränken, die Erinnerung an die Kontroverse zwischen Alfred Weber und Karl Mannheim wieder zu erwecken, die nun plötzlich auf diesem Soziologentag aus der Kulisse ins Rampenlicht trat. Wenn man heute den Bericht über die Verhandlungen des sechsten Deutschen Soziologentages liest, kann einem leicht entgehen, daß die Diskussionsrede Alfred Webers, die dem Vortrag von Mannheim folgte, der plötzlich zutage tretende Ausbruch eines längst vorhandenen, aber gewöhnlich durch Höflichkeiten verkleideten Zwiespalts zwischen den beiden Heidelberger Soziologen war, der auch auf die Lage der Soziologie in den zwanziger Jahren einiges Licht wirft. Ob absichtlich oder nicht, Mannheim hatte sicherlich den Ärger Alfred Webers durch seine relativierende Darstellung des Liberalismus und die halbversteckte Attacke gegen Max Webers Vorstellung einer möglichen Freisetzung soziologischer Untersuchungen von politischen Werthaltungen ein wenig provoziert. Es dürfte ihm kaum entgangen sein, daß er selbst im Kreise Alfred Webers wenn nicht geradezu als Zivilisationsliterat, so doch oft genug als Intellektualist gekennzeichnet worden war. Nun die Waffe umzukehren und, versteckt hinter dem Schlüsselwort Liberalismus, Alfred Weber seinerseits als Intellektualisten anzuprangern war die Höhe der Ironie.

Alfred Weber war ein höflicher und zivilisierter, aber, wie gesagt, ein leidenschaftlicher Mann. Er konnte seinen Ärger in diesem Falle nur schwer verbergen. Er verzichte, so sagte er, auf die nun schon gewohnheitsmäßig übliche höfliche Vorrede, die *captatio benevolentiae*, obgleich, so fügte er höflich hinzu, der geistvolle Vortrag sie gewiß verdiene. Er stimme auch mit einigem von dem, was Mannheim Seinsgebundenheit genannt habe, überein. Aber – und damit wandte er sich direkt an Mannheim – »es handelt sich ... in Wahrheit um das, was hinter den Kulissen Ihrer Betrachtungsweise steckt, und ich glaube, man kann ihr nicht gerecht werden, ohne daß man – auf die Gefahr hin, daß man sich irrt – den Versuch macht, die Kulissen etwas beiseite zu schieben ...: was ist denn das eigentlich Lebenswichtige und die Bedeutung jener Relationierung des Denkens – so nannten Sie es –, die von Ihnen heute uns so glänzend wahrscheinlich gemacht worden ist?«

Wenn es um Improvisieren in der freien Diskussion ging, war Alfred Weber kein besonders guter Redner, erst recht nicht, wenn er erregt war. Wie viele leicht erregbare, aber selbstkontrollierte Menschen konnte er sich nur schwer ohne Umschweife, ja sogar ohne sich zu entschuldigen, eine direkte und unverhüllte Attacke gegen einen anderen Menschen erlauben. In diesem Falle brauchte er mehr als zwanzig Minuten – mehr als die erlaubte Redezeit – um seinem Ärger direkt Ausdruck zu geben. Aber obgleich er manchmal unter dem Druck der Erregung etwas stammelte und die Sätze nicht zu Ende brachte, seine Argumente waren völlig klar. Natürlich gebe es seinsgebundenes Denken, sagte er, aber es gebe auch anderes. Und nicht alles seinsgebundene Denken sei von der Art, die Mannheim beschrieben habe. Offensichtlich sei das naturwissenschaftliche Denken nicht seinsgebunden und relativierbar in dem Mannheimschen Sinne. Ob nicht im mythischen Denken der Griechen und anderer Völker menschliche Daseinsbedingungen zutage treten, die nicht in der vorgeführten Weise relativierbar seien, müsse als offene Frage betrachtet werden. Übrigens sei, so führte Weber aus, die Seinsgebundenheit des Denkens vielfältiger, als Mannheim es angedeutet habe. Jeder Historiker wisse, daß die Denkweisen der Griechen und anderer Völker der Antike und ganz allgemein die Kategorialapparaturen einfacherer Völker von den unseren verschieden seien. Da gebe es auch eine Seinsgebundenheit des Denkens, die der Untersuchung wert sei, und dasselbe gelte von der Verschiedenheit der nationalen Denkformen. Die Franzosen hätten Begriffe, die sich kaum ins Deutsche übersetzen ließen, und umgekehrt. Und dann brachte er sich dazu, das für ihn Entscheidende zu sagen. Es enthielt zugleich auch die Antwort auf Mannheims Stigmatisierung des Liberalismus als intellektualistisch:

Was ich in Ihren Ausführungen vermisse, ist die Anerkennung des Geistig-Schöpferischen als Unterlage des Handelns, auch der Klassen z. B. Was ich ablehne: die Reduzierung aller dieser Dinge letzten Endes auf intellektuelle Kategorien mit Hinzunahme einiger – entschuldigen Sie – der alten materialistischen Geschichtsbetrachtung zugehörigen sozialen Kategorien. Sie haben von sozialen Machtpositionen gesprochen, von Wollungen, die daraus hervorgehen, von einer öffentlichen Auslegung des Seins, die sich mit diesen Machtpositionen und Wollungen kombiniert ...–: Was ist das anderes als eine mit außerordentlicher Feinheit glänzend wieder vorgetragene materialistische Geschichtsauffassung? Nichts anderes ist es im Grunde ... ich will nur konstatieren: Das ist meine Meinung, daß dieser, ich möchte sagen: sublimierte Intellektualismus, der in außerordentlicher Grazie und Feinheit Probleme, die letztlich Probleme vorwiegend seelischer Natur sind, immer – ohne seinen Bereich abzugrenzen – in diesen Kategorien darstellt, doch natürlich ganz genau denselben Effekt haben muß ... wie der vergröberte Intellektualismus, den die alte materialistische Geschichtsauffassung vertritt.

Ich selbst versuchte dann – in der begrenzten Zeit, die einem jüngeren Soziologen noch ohne Amt und Würden für seinen Diskussionsbeitrag zur Verfügung stand –, den Gegensatz von Weber und Mannheim (nicht ganz zu Recht) in einem Sinne zu deuten, der mir heute vertrauter ist als Auseinandersetzung zwischen dem Vertreter des Denkens in ewigen Gesetzen und dem Vertreter des Denkens in strukturierten Prozessen – nicht ganz zu Recht, denn Mannheim sah zwar den geschichtlichen Strom, aber er sah ihn relativistisch, als ein bloßes unstrukturiertes Kommen und Gehen. Er kam aus dem Relativismus nicht heraus, weil die Natur langfristiger ungeplanter, aber gerichteter gesellschaftlicher Prozesse – unter anderem auch des Wissens – noch außerhalb seines Horizontes lag.

Was, wie mir scheint, diese Debatte mit besonderer Schärfe verdeutlicht, ist die zentrale Rolle, die in der deutschen Soziologie der zwanziger Jahre die Auseinandersetzung mit dem Werk von Marx, mit der materialistischen Geschichtsauffassung spielte. Die Soziologie Mannheims wie die von Max und Alfred Weber lassen sich im Grunde nur als verschiedene Versuche dieser ständigen Auseinandersetzung mit der Marxschen Gesellschaftslehre begreifen. Sie alle stellten Versuche dar, die Marxsche Theorie der Gesellschaft und der Geschichte zu überwinden. Mannheim tat das unter anderem, indem er die dualistische Vorstellung, daß das Sein das Bewußtsein prägt, auch auf den Marxismus selbst anzuwenden versuchte. Max Weber tat es mit größter Vorsicht, unter anderem indem er durch den Begriff des Wirtschaftsethos der Religionen der Hypothese Rückhalt zu geben versuchte, daß Religionen durch ihr Wirtschaftsethos einen aktiven Anteil an der Gestaltung wirtschaftlicher Strukturen haben können. Alfred Weber versuchte es dadurch, daß er der Kultur eine relative Autonomie gegenüber den wirtschaftlichen Entwicklungen zuschrieb und zugleich auch dadurch, daß er der Beschäftigung mit den empirisch faßbaren Interessen sozialer Gruppen eine empirisch kaum faßbare Sphäre des Geistig-Seelischen entgegenstellte.

Vielleicht sollte ich noch hinzufügen, daß die Aktualität dieser Auseinandersetzung und des Problems der Weiterbildung der

Soziologie über die marxistische Theorie hinaus heute nicht weniger groß und akut ist als in den zwanziger Jahren. Aber mir scheint, daß alle Versuche, wie der große Krumme den Berg zu umgehen, der der Weiterentwicklung der Soziologie im Wege steht, vergeblich sind. Marx hat eine Theorie langfristiger gesellschaftlicher Prozesse entworfen, die einer Teilsphäre der Gesellschaftsentwicklung die Funktion des Motors der Gesamtentwicklung zuteilt. Ich bin sicher, daß man an dieser Hypothese nicht vorbeigehen kann. Sie ist, so scheint mir, unentbehrlich. Jede zukünftige soziologische Theorie wird, so scheint es mir, in ihrem Kern eine Theorie langfristiger gesellschaftlicher Prozesse enthalten müssen. Was man schon heute mit Sicherheit sagen kann, ist, daß die Beschränkung der Antriebskraft gesellschaftlicher Prozesse auf eine einzelne Sphäre des Zusammenlebens, auf die ökonomische Sphäre, den belegbaren Tatsachen nicht gerecht wird. Auch noch andere als ökonomische Antriebe sind bei der ungeplanten Gesellschaftsentwicklung am Werk. Zu ihnen gehören vor allem auch die Antriebe, die die Gesellschaftsentwicklung aus zwischenstaatlichen – oder, auf einer früheren Stufe – aus Stammeskonflikten erhält, also aus der Konkurrenz der großen und kleinen Überlebenseinheiten. Zu ihnen gehören weiterhin Antriebe, die die Gesellschaftsentwicklung aus Fortschritten in der Entwicklung der Orientierungsmittel, also des Wissens erhält. In der Tat, das Bedürfnis nach Orientierung, nach Wissen, ist ebenso elementar wie das Bedürfnis nach Brot, nach etwas, das den Hunger stillen kann, und das eine läßt sich nicht ohne das andere befriedigen: das Bedürfnis nach Wissen – unter anderem auch wie man den Hunger stillen kann – nicht ohne daß man den Hunger zu stillen vermag, und das Vermögen, ihn zu stillen, seinerseits nicht ohne Wissen. Zu den wichtigsten Aufgaben, die vor uns stehen, gehört die, das menschliche Wissen von dem Bannfluch zu befreien, den soziologische Relativisten und ökonomistische Materialisten auf der einen Seite und philosophische Nominalisten auf der anderen darauf gelegt haben. Die Entwicklung der Produktionsmittel, die der Gewaltmittel, der Selbstkontrollen und der Orientierungsmittel verschränken sich, sie sind interdependent und haben zugleich eine relative Autonomie. Keine der vier läßt sich einfach als Überbau auf eine der anderen reduzieren. Es gibt eine begrenzte Reihe von Antrieben anderer Art, aber diese vier geben bereits einen Eindruck von der Richtung, in der es weitergeht.

Der schwelende Konflikt zwischen Alfred Weber und Karl Mannheim, der dann auf dem Züricher Soziologentag einen Moment lang offen zutage trat, erinnert mich an ein Problem, das mir selbst immer von neuem wieder begegnet. Wissenschaftler können einander sehr tief verletzen, sie können durch fundierte und gezielte Angriffe die Lebensarbeit eines anderen Menschen entwerten. Wann und wie weit ist es notwendig und berechtigt, das zu tun? Ich habe es viele Jahre hindurch unterlassen, an Büchern lebender Autoren Kritik zu üben, aber dann fühlte ich, daß es sich nicht immer umgehen ließ, und seitdem weiß ich, daß der offene Angriff und der Kampf der Geister manchmal unumgänglich ist. Es ist ein schwieriges Problem. Man bedroht das Lebenswerk anderer Menschen. Wenn es geht, sollte man sicher warten, bis sie gestorben sind.

IV. Notizen über die Juden als Teil einer Etablierten-Außenseiter-Beziehung

Eigentlich gehört das, was ich hier über die Juden zu sagen habe, zu dem Bericht über meine Lehrzeit, zu dem, wovon ich lernte. Es ist eine eigentümliche Erfahrung, einer stigmatisierten Minoritätsgruppe anzugehören und zugleich voll und ganz in den Kulturstrom und den politisch-sozialen Schicksalsgang der stigmatisierenden Majorität eingebettet zu sein. Ich kann nicht sagen, daß mich die Identitätsprobleme, die sich aus dieser gleichzeitigen Zugehörigkeit zu einer deutschen und einer jüdischen Tradition ergaben, je besonders beunruhigt haben. Ich habe nie einen Hehl daraus gemacht, daß ich der Herkunft nach ein deutscher Jude bin. Ich glaube, man sieht es mir an. Dabei spürte ich schon frühzeitig, schon auf der Schule, eine tiefe Zuneigung zu der französischen Sprache und Kulturtradition. Das Schicksal brachte es mit sich, daß ich relativ spät im Leben eine nicht weniger große Zuneigung zu der englischen Sprache und Kulturtradition gewann. Die langen Jahre, die ich von 1935 an in England verbrachte, stellten für mich eine außerordentliche Bereicherung dar – *a blessing in disguise* –, eine furchtbare Verkleidung gewiß, das sich wiederholende Judenschicksal, vertrieben zu werden, aber ein Segen nichtsdestoweniger.

Gerade im Zusammenhang mit diesem Schicksal kann ich selbst in diesen fragmentarischen Aufzeichnungen nicht an dem vorübergehen, was ich schon früh im Leben von dieser Sonderbarkeit des jüdischen Schicksalslaufs lernte. Nur muß ich dazu etwas weiter ausholen. Das soziologische Gewissen läßt mir sonst keine Ruhe.

Man mißversteht die Problematik der Juden in der deutschen Gesellschaft, in der ich aufwuchs, eben deswegen leicht, weil es nicht einmal klar ist, um welche Art von Problem es sich eigentlich handelt. Man spricht in diesem Zusammenhang von einem Rassenproblem oder vielleicht auch von einem ethnischen oder religiösen Problem. Aber sosehr auch eine eigene religiöse oder kulturelle Tradition bei der gesellschaftlichen Stellung der Juden in Deutschland mitspielte, entscheidend für die Probleme, die sich aus der Existenz einer unterscheidbaren Minorität in Deutschland ergaben, waren recht eigentlich gesellschaftliche, also soziologische Probleme. Nur der Unterentwicklung der Soziologie als Wissenschaft ist es zuzuschreiben, daß die Struktur der menschlichen Probleme, um die es sich hier handelt, noch immer nicht mit derjenigen Klarheit herausgearbeitet worden ist, mit der sich soziologische Probleme darstellen und lösen lassen.

Es ist nicht unwahrscheinlich, daß die Erfahrungen, die ich selbst von klein auf als Jude in Deutschland machte, zu der Anziehungskraft beitrugen, die später die Soziologie für mich hatte. Ich habe mir in dieser Hinsicht nie etwas vorgemacht. Kulturell in hohem Maße der deutschen Tradition verbunden, gehörte ich meiner Persönlichkeitsstruktur nach zu einer verachteten Minderheitsgruppe. Obwohl ich mich von deren offensichtlichstem Unterscheidungsmerkmal, der besonderen Religion, losgelöst hatte, fand das Sonderschicksal der Minderheit – und noch dazu einer seit vielen Jahrhunderten verfolgten und unterdrückten Minderheit –, also das gesellschaftliche Schicksal der Gruppe, in meinem persönlichen Habitus wie in meinem Selbstbewußtsein und in meinem Denken einen unverkennbaren Ausdruck.

Später habe ich dann viele dieser Erfahrungen in einer soziologischen Theorie, in der Theorie der Etablierten-Außenseiter-Beziehungen, mitverarbeitet. Das Problem, mit dem man es bei den deutschen Juden zu tun hatte, war in der Tat ein typisches Etablierten-Außenseiter-Problem. Wie viele andere Außenseitergruppen waren Juden als soziale Außenseiter in der Gesellschaft des kaiserlichen Deutschland vom Zugang zu einer ganzen Fülle von gesellschaftlichen Chancen ausgeschlossen. Zu diesem Zusammenschluß der Etablierten gegenüber den Außenseitern und dem Ausschluß der letzteren von vielen Etablierten-Positionen und von den Machtchancen, die sie mit sich brachten, gibt es viele Parallelen. Ein naheliegendes Beispiel sind die schwarzen und die spanischsprechenden Gruppen in den Vereinigten Staaten. Der amerikanische Ku Klux Klan zeigt an, daß auch in anderen Ländern bei Angehörigen der Majorität, besonders bei denen, die sich in ihrem eignen Status bedroht, in ihrem Selbstwertempfinden verletzt und unsicher fühlen, ein tiefes Ressentiment entstehen kann, wenn eine sozial niedrigstehende, verachtete und stigmatisierte Außenseitergruppe im Begriff ist, nicht nur legale, sondern auch soziale Gleichheit zu fordern, wenn deren Mitglieder Positionen in der Mehrheitsgesellschaft einzunehmen beginnen, die ihnen vorher verschlossen waren, und so als sozial Gleiche direkt in Konkurrenz zu den Mehrheitsangehörigen treten und vielleicht sogar in Positionen einrücken, die den Verachteten einen höheren Status und höhere Machtchancen eintragen als den verunsicherten unteren Statusgruppen der Etablierten.

Man duldet eine verachtete und stigmatisierte, relativ machtlose Außenseitergruppe, solange sich deren Angehörige mit dem niedrigeren Platz, der ihrer Gruppe nach dem Empfinden der Etablierten zukommt, abfinden und sich ihrem niedrigen Status entsprechend als untergeordnete und unterwürfige Menschen benehmen. Solange die Neger Sklaven bleiben und die Juden Kleinhändler oder Hausierer, die als erkennbare Ghetto-Angehörige in fremdartiger Kleidung im Lande umherziehen, hat der Spannungsdruck zwischen Etablierten und Außenseitern, der natürlich immer vorhanden ist, ein vergleichsweise niedriges Niveau. Er steigt, wenn Mitglieder der Außenseitergruppe sozial aufsteigen oder wenn die Außenseitergruppe legale und soziale Gleichstellung mit den überlegenen Etabliertengruppen anstrebt. In diesen Fällen ergeben sich für beide Gruppen gewöhnlich recht schwierige Probleme der eigenen Identität. Ich kann hier nicht auf sie eingehen. Es genügt zu sagen, daß in diesem Falle für die Etabliertengruppen die ihnen natürlich erscheinende Ordnung der Dinge ins Wanken kommt. Ihr überlegener Status, der ein integrales Element des individuellen Selbstwertgefühls und des persönlichen Stolzes vieler ihrer Angehörigen bildet, wird dadurch bedroht, daß die Mitglieder einer im Grunde verachteten Außenseitergruppe nicht nur soziale Gleichheit, sondern auch menschliche Gleichwertigkeit beanspruchen. Die Konkurrenz um gesellschaftliche Chancen zu Mitgliedern der eigenen Gruppe wird als selbstverständlich hingenommen. Mit Mitgliedern einer verachteten Außenseitergruppe in Wettbewerb treten zu müssen erscheint als erniedrigend und unerträglich, besonders in der Zeit des Übergangs, wenn jedermann sich dessen bewußt ist, daß diese Chancen zuvor ein Monopol der Etablierten und den Menschen der Außenseitergruppen verschlossen waren.

Die Juden waren seit vielen Jahrhunderten in den christlichen Staatsgesellschaften eine verachtete und stigmatisierte Außenseitergruppe. Das bloße Wort Jude trug aufgrund dieser langen Geschichte verächtliche und beschimpfende Untertöne mit sich, nicht viel anders als das Wort *nigger* im Englischen. Noch ich selbst zögerte als Kind, das Wort Jude auszusprechen. Man wurde frühzeitig gewahr, daß dieses Wort ringsum weithin als Schimpfwort mit Untertönen tiefster Verachtung gebraucht wurde. Ganz gewiß war das ein allgemein europäisches Problem. Zu den besonderen Schwierigkeiten, die dieses Etablierten-Außenseiter-Problem in Deutschland mit sich brachte, trugen eine ganze Reihe von Faktoren bei. Ich nenne hier zwei von ihnen. Die tragende deutsche Gesellschaft war selbst erst vor kurzem – erst seit 1870 – von einer statusniedrigen und oft erniedrigenden Stellung unter den Etablierten der europäischen Nationalstaaten zu einer relativ hohen Machtposition aufgerückt. Status- und Identitätsbewußtsein waren daher noch besonders unsicher und verletzlich, verglichen mit dem der älteren, seit langem geeinten Nationen. Die jüdische Minorität, die Außenseiter im eigenen Land, irritierte also die christlichen Etabliertengruppen ganz besonders, reizte besonders zur Feindseligkeit, weil die Etabliertengruppen selbst aufgrund ihres eigenen Schicksals in bezug auf ihren Status und ihre Identität noch besonders unsicher waren. Daher neigte man in Deutschland dazu, von einem Extrem zum anderen, von dem Gefühl der eigenen Erniedrigung zu dem der eigenen einzigartigen Größe und Bestimmung in der Weltgeschichte überzuschwenken. Sicherlich gab es dabei unter den verschiedenen Schichten Deutschlands merkliche Gradierungen der Feindseligkeit gegenüber der jüdischen Außenseitergruppe. Etwas zugespitzt kann man sagen: Je statusunsicherer, um so antisemitischer.

So sind ja auch in Südafrika gerade die ärmeren Weißen, die ihres eigenen Status und ihres eigenen menschlichen Wertes in den Augen anderer und in den eigenen Augen am wenigsten sicher sind, gewöhnlich besonders empfindlich gegen jeden Versuch, den unterdrückten und stigmatisierten Außenseitern, den ›Kaffern‹ – in diesem Falle die Majorität – Gleichstellung und Zutritt zu allen gesellschaftlichen Chancen zu gewähren.

Die zweite Schwierigkeit war, daß die Juden selbst zwar im kaiserlichen Deutschland mit ganz wenigen Ausnahmen von vielen sozialen Chancen und Positionen praktisch ausgeschlossen waren, also etwa von den Verkehrskreisen der bürgerlichen und adligen Gesellschaften, von den farbentragenden Studentenverbindungen, von der Laufbahn als Offizier, Diplomat, höherer Regierungsbeamter, Universitätsprofessor usw.; aber in den Bereichen, zu denen sie Zutritt fanden, also besonders im Bereich von Wirtschaft und Kultur, verhielten sie sich durchaus nicht entsprechend dem ihnen zuerkannten niedrigen Status als eine verächtliche Minderheitsgruppe. Sie nahmen die gesetzliche Gleichstellung ernst und verhielten sich, als ob sie Deutsche wären. Außenseitergruppen in einer ähnlichen Lage innerhalb der europäischen Nationalstaaten, also etwa die Zigeuner, waren und blieben gewöhnlich den jeweiligen Etabliertengruppen kulturell und wirtschaftlich unzweideutig unterlegen. Bei den deutschen Juden war das am Anfang dieses Jahrhunderts nicht mehr der Fall. Sie waren, abgesehen von den jeweils neu aus dem Osten zugewanderten Juden, kulturell assimiliert und wirtschaftlich ebenbürtig. Damit – und vielleicht auch mit ihrer langen Tradition als Volk des Buches, in dessen Reihen man intellektueller Arbeit einen besonders hohen Wert beimaß – hing es zusammen, daß sie selbst sich das erniedrigende und widerwärtige Bild, das die große Mehrheit der Etablierten von ihnen hatten, nicht zu eigen machten. Die Regelmäßigkeit, die ich später bei anderen Etablierten-Außenseiter-Beziehungen beobachtete, galt auch hier (und vielleicht nahm ich sie in anderen Fällen wahr, weil ich sie sozusagen am eigenen Leib erfahren hatte): das Wir-Bild der eigenen Gruppe lesen die mächtigeren Etablierten von der Minorität der Besten, das Sie-Bild der verachteten Außenseiter von der Minorität der Schlechtesten ab.[7]

Es gibt Fälle, in denen eine verachtete und erniedrigte Außenseitergruppe sich das entwertende Bild, das die mächtigere Etabliertengruppe von ihr hat, zu eigen macht. Eine verachtete Menschengruppe hat dann auch ein erniedrigendes und beschmutztes Bild von sich selbst. Das war bei der Mehrheit der deutschen Juden am Anfang des 20. Jahrhunderts und zum guten Teil wohl schon im 19. Jahrhundert nicht der Fall. Die Beschimpfungen und Anschuldigungen, denen man ausgesetzt war, und das erniedrigende Außenseiterdasein waren manchmal unangenehm und peinlich, aber sie drangen nicht in das Mark des eigenen Selbstwertgefühls ein. Man war *de facto* ein Mensch zweiten Ranges, aber man sah sich nicht selbst deswegen als einen zweitrangigen Menschen an. Ich wünschte, es gäbe bereits mehr Untersuchungen über die Wir- und Sie-Bilder von Gruppen, die in einer sich wandelnden Etablierten-Außenseiter-Beziehung zueinander stehen. Was es für dunkelfarbige Menschen bedeutet, in einer Gesellschaft, die von hellerfarbigen Menschen beherrscht wird, mit dunklerfarbigen Gesichtern umherzugehen, kann man an der großen Anstrengung erkennen, die sie im Zusammenhang mit einer kleinen Machtverlagerung zu ihren Gunsten machen mußten, um sich und anderen öffentlich zu sagen, daß ein schwarzes Gesicht schön sein kann. Auch die betonte und oft fanatische Hochbewertung des Islam von seiten einiger mohammedanischer Gruppen in unseren Tagen ist als Reaktion auf eine lange Zeit der Erniedrigung, auf ein tiefes Unterwertigkeitsempfinden im Zuge einer Machtverlagerung zu verstehen.

Es gibt zahllose andere Beispiele für solche Wir-Bild-Probleme im Zuge von Verlagerungen der Machtbalancen im Verhältnis von Etablierten-Außenseiter-Gruppen. Ein besseres theoretisches Verständnis der Etablierten-Außenseiter-Problematik könnte sicher auch bei dem Bemühen um die Bewältigung solcher Probleme in der gesellschaftlichen Praxis von Nutzen sein.

Wenn ich versuche, in der Erinnerung die Art und Weise zu rekonstruieren, in der meine Eltern und ich selbst vor dem Ersten Weltkrieg diese Außenseiterproblematik als Juden in Deutschland verarbeiteten, dann kommt mir zum Bewußtsein, daß wir der Diskriminierung und Stigmatisierung der eigenen Gruppe zwar gewahr waren, aber im Schutze der Rechtsinstitutionen des Kaiserreichs und des physisch, wirtschaftlich und kulturell völlig gesicherten Lebens, das wir führten, doch nur wie durch einen Schleier. Ich wußte als Kind von der Tatsache, aber nicht von dem Ausmaß der Abneigung und des Hasses gegen Mitglieder der

Gruppe, der ich angehörte. Meine Eltern und deren Bekannte hatten auch keine rechte Erklärung dafür. Sie fühlten sich als Deutsche und verdeckten sich wohl ein wenig die Realität. Antisemitismus erschien als das Werk einer Minderheit von zumeist ungebildeten und halbgebildeten Menschen, auf die man – als eine Art von Gegenstigmatisierung – mit einer gewissen Verachtung herabsah. Ein realistischeres Bild von der Lage gewann ich erst nach meiner Schulzeit, erst als Soldat und dann als Student.

Das Bild, das aus meiner Kindheit zu mir herüberdringt, ist das einer Außenseitergesellschaft, die im Bewußtsein ihrer gesetzlichen und so auch ihrer wirtschaftlichen Gleichstellung als deutsche Staatsbürger sich ihre gesellschaftliche Ungleichheit, ihr soziales Ausgeschlossensein in hohem Maße zu verdecken suchte. Das Bild des mauschelnden, schmutzigen, nach Knoblauch riechenden, betrügerischen Hausiererjuden, dem man immer von neuem in der christlichen deutschen Gesellschaft begegnete, war zu weit entfernt von dem, was man über sich selbst wußte, um ernstlich zu verletzen. Man lebte in einer etwas abgekapselten Welt. So konnte man leicht die gelegentlichen öffentlichen Haßausbrüche gegen Juden als Untaten unerzogener Radaumacher abtun.

Das jedenfalls war und blieb die Haltung meines Vaters. Er war in einem Staate aufgewachsen, den er selbst als Rechtsstaat verstand, in dessen Schutz und von dessen wirtschaftlichem Aufstieg getragen er selbst ein wohlhabender Mann geworden war. Er war ein völlig geradliniger und redlicher Mann, zuweilen aufbrausend und keiner Verstellung fähig. Ich kann mir nicht vorstellen, daß er oder meine Mutter, obgleich sie mir manches verschwiegen, je wissentlich eine Unwahrheit gesagt haben. Im Jahre 1938 sah ich sie zum letzten Mal, als sie mich in London besuchten. Ich beschwor sie, zu mir nach England zu ziehen, selbst wenn es finanziell etwas schwierig werden würde. Mein Vater zog das überhaupt nicht in Betracht, und meine Mutter, das war selbstverständlich, fügte sich seiner Entscheidung. Ich kann nicht vergessen, mit welchen Worten er meinen Hinweis auf die Brutalität der Nazis abwies: »Was können sie mir tun«, sagte er, »ich habe nie jemandem unrecht getan, habe mich nie in meinem Leben gegen ein Gesetz vergangen.« Er hatte sich im Jahre 1910 vom Geschäft zurückgezogen, arbeitete dann ehrenamtlich als Berater der Steuerbehörden und erhielt schließlich ein kleines Ordenzeichen. Er war ein Deutscher. Er hatte immer den Gesetzen gehorcht. Was konnte eine deutsche Regierung ihm anhaben? So fuhren die alten Herrschaften in ihrer Unschuld nach Deutschland zurück.

In Städten wie Breslau bildeten, soziologisch gesprochen, die deutschen Juden eine bürgerliche Gesellschaft zweiten Ranges; aber, wie gesagt, sie fühlten sich nicht als Menschen zweiten Ranges. Daß viele Juden offensichtlich die ihnen zugeschriebene Minderwertigkeit nicht anerkannten, daß sie sich vielfach benahmen, als ob sie gleichwertige Menschen seien, wirkte seinerseits wieder aufreizend auf viele Angehörige der deutschen Mehrheit. Es war einer der Gründe für den stehenden Vorwurf der ›jüdischen Impertinenz‹ und verstärkte gewiß die Gefühle der Feindseligkeit gegen Juden.

Es gibt viele Etablierten-Außenseiter-Beziehungen dieses Typs. Das zu sehen, das Problem in den kühleren Bereich der wissenschaftlichen Distanzierung zu heben scheint mir für die Bewältigung der Vergangenheit nützlich. Es ist nützlich, beides zu sehen, die wiederkehrenden Grundprobleme dieser Art von Etablierten-Außenseiter-Beziehungen und die besonderen gesellschaftlichen Umstände im Verhältnis von Menschen christlicher und jüdischer Herkunft in Deutschland während der ersten Hälfte dieses Jahrhunderts. Mehrheits- und Minderheitsgruppen verschiedener Herkunft gibt es, wie gesagt, in vielen Staaten. Auf dem Wege zur Integrationsstufe des Nationalstaates verstärken sich gewöhnlich die Spannungen. So steigen etwa in dieser Phase des Staatsbildungsprozesses oft genug die Spannungen zwischen Mehrheits- und Minderheitsstämmen in den jungen afrikanischen Staaten, sie steigen im Verhältnis des Staatsvolkes zu der chinesischen Minderheit im zeitgenössischen Vietnam oder der armenischen im Verhältnis zu dem türkischen Staatsvolk. Assimilation oder Bildung eines eigenen Staates sind in allen diesen Fällen, auf längere Sicht hin betrachtet, alternative Möglichkeiten der Bewältigung des Problems; Austreibung und Vernichtung der Minderheit sind andere Alternativen. Assimilation der Außenseitergruppe ist immer ein langwieriger Prozeß, er braucht mindestens einen Zeitraum von drei Generationen und oft mehr. Wieweit sie möglich ist, hängt von der Assimilationsbereitschaft der Außenseiter, der Assimilationsfähigkeit der Etablierten ab. Im allgemeinen sind Etabliertengruppen, die eine ungebrochene Kontinuität der staatsgesellschaftlichen Entwicklung über mehrere Jahrhunderte hinter sich haben und ein sehr gefestigtes Wir-Bewußtsein ihres eigenen Wertes besitzen, sowohl fähiger wie auch bereiter zur Assimilation von Außenseitergruppen als Völker mit einer vielfach gebrochenen Entwicklung, die mit einem tief verunsicherten und verwundeten Selbstwertgefühl und mit einem unrealisierbaren Geltungsanspruch an sich selbst im Schatten einer größeren Vergangenheit leben und einen neuen Sinn für sich selbst in der bescheideneren Gegenwart suchen müssen.

Es ist weit hoffnungsvoller – und gehört ganz gewiß zu der Aufgabe der Soziologie –, über solche Probleme zu reden, statt sie zu verdecken und unbewältigt im Untergrund schwelen zu lassen. Aber das ausführlicher zu tun, ist hier nicht der Ort. Immerhin hätte in diesen Notizen etwas Wesentliches gefehlt, wenn ich es unterlassen hätte, dieses Etablierten-Außenseiter-Verhältnis zur Sprache zu bringen. Ohne Zweifel hat es in Kindheit und Jugend einen prägenden Einfluß auf mich gehabt. Auf der einen Seite fand ich mich als junger Mensch durch Elternhaus und Schule hineingestellt in den Bildungsstrom der deutschen und so auch der europäischen Kultur; auf der anderen Seite gehörte ich zu einer Sondergruppe und war als deren Mitglied zuweilen unvorhergesehenen und zunächst unverständlichen Beschimpfungen ausgesetzt, auf die es keine Entgegnung gab. Allmählich wurde ich gewahr, daß ich zu einer Minderheit gehörte, die von vielem, was sich in Deutschland abspielte, ausgeschlossen war. Ich glaube nicht, daß ich als Kind verstand, warum das der Fall war, und meine Eltern konnten mir es, wie gesagt, nicht recht erklären. Aber gewiß war das keine schlechte Schule für einen zukünftigen Soziologen. Es gab einem Menschen eine gute Chance der Distanzierung von der herrschenden Gesellschaft und der Hellhörigkeit für ideologische Entstellungen und Verdeckungen gesellschaftlicher Machtverhältnisse. Diese Chance der Distanzierung von den herrschaftlichen, insbesondere auch von den nationalistischen Ideologien der Etabliertengruppen, die sich schon im wilhelminischen Deutschland, dann noch stärker in der Weimarer Republik wie auch in anderen Ländern so gut wie immer mit Kampfparolen gegen die Juden verbanden, war gewiß nur eine der Besonderheiten, die man beim Aufwachsen in einer weithin stigmatisierten Außenseitergruppe mit auf den Weg bekam. Später fand man sich dann vor die Frage gestellt, was einen an die Tradition einer

Gruppe band, deren offenbarstes Unterscheidungsmerkmal die Besonderheit ihrer Religion war, wenn der eigene Glaube sich völlig säkularisiert hatte. Erst sehr allmählich, erst im Zusammenhang mit meiner soziologischen Einsicht, wurde mir klar, daß die durch die Herkunft bestimmte gesellschaftliche Besonderheit, also vor allem das Aufwachsen in einer stigmatisierten Außenseitergruppe, selbst einen stark prägenden Einfluß auf die Mentalität des Heranwachsenden hat. Auch wirkte wohl die Besonderheit der Religion selbst bei zunehmender Säkularisierung als Eigentümlichkeit der Kulturtradition noch eine Zeitlang nach. Sie äußerte sich zum Beispiel in dem, was ich für mich selbst provisorisch als gesellschaftsspezifische Züge der Gewissensbildung bezeichnete. Ich vermutete – und es war in der Tat nicht mehr als eine Vermutung –, daß in der jüdischen Tradition das Gefühl der Sündhaftigkeit der Menschen, also auch die Tabuisierung ihrer animalischen Regungen, insbesondere der Geschlechtlichkeit, weniger belastend ist und daß sich Unterschiede dieser Art bei gesellschaftlicher Kontinuität trotz zunehmender Säkularisierung aufrechterhalten. Ähnliches gilt von der Neigung zu gefühlsreichen metaphysischen Glaubensannahmen; sie blieben mir fremd. Ich spielte manchmal mit der Vermutung, daß mein eigenes Vermögen, unter Durchbrechung herrschender Tabus die sich wandelnde zivilisatorische Bewältigung elementarer Impulse wahrzunehmen, mit einer solchen Eigenart der Gewissensbildung zusammenhängen könne.

Eine ganz offene Frage ist es für mich, ob mein eigenes starkes Verlangen, Unklarheiten und Falschheiten in den eigenen Schriften wie in denen anderer Menschen zu beseitigen, in den gleichen Zusammenhang gehört. Vielleicht handelt es sich eher um eine Familientradition. Es geht mir damit ein wenig wie meinem Vater. Die Steuerbehörden schickten ihm, wie gesagt, nachdem er sich zur Ruhe gesetzt hatte, immer wieder einige ihrer schwierigeren Fälle, unter denen zu beiderseitiger Verlegenheit auch manche seiner Bekannten waren. Sie alle kamen mit ihren Begleitern und ihren Geschäftsbüchern, oft selbstsicher und nonchalant, und gingen nach einigen Stunden manchmal etwas deprimiert nach Hause. Mein Vater fand, anscheinend ohne besonders große Mühe, heraus, ob und wo etwas in den Büchern nicht stimmte. Manchmal handelte es sich einfach um Irrtümer, manchmal um bewußten Betrug. Mein Vater hatte eine tiefe Abneigung gegen solche Verschleierungen und Verfälschungen der Geschäftsbücher, ich selbst gegen Verschleierungen und Verfälschungen in gelehrten Büchern und bekämpfe sie, so gut ich es kann, in meinen eigenen. Die Schwierigkeit ist, daß besonders im Bereich des gesellschaftlichen Lebens die herkömmliche Sprache, das Handwerkszeug unseres Denkens, die Begriffe selbst oft Verfälschungen und Entstellungen in sich tragen. Das macht die Arbeit der Soziologen zuweilen recht schwer.

V. Zu spät oder zu früh

Notizen zur Einordnung der Prozeß- und Figurationstheorie

Die Erinnerung an die vorsoziologischen Erfahrungen eines Soziologen ist nicht ganz unnütz für das Verständnis seines Werdegangs. Ein langes Leben hat seine Vorteile, nicht nur für einen selbst, sondern auch für die wissenschaftliche Arbeit, die man zu leisten hat. Man kann viele gesellschaftliche Zusammenhänge miteinander vergleichen, die man miterlebt hat. Es ist nicht unnütz, so scheint mir, in der Spätzeit des 20. Jahrhunderts, wo sich Forschung und Lehre der Soziologie im Sinne eines etablierten akademischen Fachbereichs, und oft genug nach Modellen physikalischer und philosophischer Establishments, in hohem Maße professionalisiert und bürokratisiert haben, an die Erfahrungen einer früheren Zeit zu erinnern, in der das weit weniger der Fall war und in der, wie ich das schon oben erwähnt habe, Menschen, die aus anderen Fachbereichen kamen, eigentlich erst begannen, Modelle für Forschung und Lehre der Soziologie zu schaffen in Fortführung der Arbeit, die die großen Pioniere der Soziologie im 19. Jahrhundert geleistet hatten. Aber die Professionalisierung und Bürokratisierung der Soziologie, deren praktische Vorteile unbestritten und die ja bei den gegenwärtigen Bedingungen der Menschenwissenschaften an den Universitäten auch unvermeidlich sind, hat zugleich bestimmte Verengungen der soziologischen Perspektive, bestimmte Verkümmerungen der soziologischen Vorstellungskraft und Sensibilität mit sich gebracht. So wäre es für das Verständnis der Entwicklung der Soziologie im frühen 20. Jahrhundert gewiß nicht ohne Bedeutung, sich zu fragen, was in dieser Zeit eine ganze Reihe von Menschen, die ursprünglich andere Fächer studiert hatten, dazu bewog, sich der Soziologie zuzuwenden. Ich muß mich in diesem Zusammenhang damit begnügen, auf das Problem als solches hinzuweisen. Es ist ein bißchen vernachlässigt worden und verdient eine eigene Untersuchung.

Gerade Angehörige der frühen, noch nicht professionalisierten Generationen sind es zumeist, die heute als Autoritäten der Soziologie kanonisiert sind. Was sie zur Soziologie trieb, war sicherlich in vielen Fällen die Erkenntnis, daß im Zuge der zunehmenden Urbanisierung und Industrialisierung auf der Ebene der gesellschaftlichen Praxis selbst eine Fülle von neuen Problemen auftauchte, die Geschichte, Nationalökonomie und die anderen Sozialwissenschaften brachliegen ließen, weil sie sich in ihr Problemschema nicht einfügten und ihren herkömmlichen Methoden nicht zugänglich waren. Zugleich stellten diese spürbaren gesellschaftlichen Wandlungen Gelehrten, die wach genug waren, sie zu sehen, eine innovatorische Aufgabe großen Maßstabes – die Aufgabe, eine umfassende Theorie der menschlichen Gesellschaft, genauer gesagt, der Menschheitsentwicklung auszuarbeiten, die als integrierender Bezugsrahmen für die verschiedenen speziellen Gesellschaftswissenschaften dienen konnte.

Mir selbst kam diese Aufgabe allmählich zu Bewußtsein, noch etwas vage in der Heidelberger, etwas schärfer umrissen in der Frankfurter Zeit, und dieser Aufgabe, eine Zentraltheorie der Soziologie zu entwerfen, die empirienahe, also überprüfbar und korrigierbar ist, den Grundstock eines Theoriegebäudes zu legen, auf dem spätere Generationen aufbauen, das sie je nachdem verwerfen, korrigieren oder auch weiterentwickeln können – dieser Aufgabe ging ich mit wachsender Bewußtheit nach und arbeitete an ihr bis heute durch alle die vielen Sonderaufgaben hindurch, die meines gewundenen Weges kamen.

Damit ist nicht gesagt, daß ich mich in irgendeinem Sinne als Anfang sah, als Neuerer aus dem Nichts. Ich war mir dessen bewußt, daß ich ganz und gar in der Generationskette stand, also auch in der der Soziologen. Ich sah mich mit sehr wachem Bewußtsein als Mensch meiner Generationen (der Plural besagt, daß das Leben mit den späteren Generationen nicht ohne Wirksamkeit blieb, wenn auch das mit den frühsten und früheren am tiefsten einsank). Selbst die verhältnismäßig hohe Individualisierung der soziologischen Vorstellungskraft war ein gemeinsames Kennzeichen vieler Soziologen, die vor dem zweiten großen Krieg des 20. Jahrhunderts auf die Szene traten. Marx und in begrenzterem Maße auch Comte hatten bereits an dem Problem langfristiger gesellschaftlicher Prozesse gearbeitet, wenn auch in hohem Maße verwoben mit politischen Ideologien, mit sozialen Wunschvorstellungen und Idealen besonderer Art. Auch blieb jeder von ihnen der Beschäftigung mit einem bestimmten Gesellschaftsprozeß verhaftet; sie waren noch nicht auf die Reflexionsstufe hinaufgestiegen, von der aus man die Frage nach dem Wie und Warum gerichteter langfristiger gesellschaftlicher Prozesse als solcher stellen konnte.

Auch ein weites geschichtliches Wissen war unter Soziologen vor der Mitte des 20. Jahrhunderts nichts Seltenes, und viele von ihnen erkannten bereits, daß diese Kenntnis der Vergangenheit unentbehrlich ist für das Verständnis der Gegenwartsprobleme. So gut wie alle diese Menschen hatten sich, wie ich selbst, ihre historischen Kenntnisse, und damit auch die Kenntnis früherer Gesellschaftsstrukturen, nicht als Fachhistoriker erworben, sondern durch eigene Arbeit entsprechend dem Zwang der soziologischen Probleme, die sie zu lösen suchten. So verhielt es sich mit Marx; in bezug auf seine Geschichtskenntnisse wie auf sein anderes empirisches Wissen war er zum guten Teil Autodidakt. So verhielt es sich später mit Sombart, Max und Alfred Weber und auch mit Mannheim, etwa bei der Vorbereitung seines Aufsatzes über das konservative Denken. Sie alle erwarben sich Wissen von früheren Gesellschaftsverhältnissen zumeist gerade deswegen selbst, weil ihre Fragestellung, der Gesichtspunkt, unter dem sie ›historische‹ Belege benutzten, sich grundlegend von den Fragestellungen der Fachhistoriker unterschied. Spätere Generationen, die diesen Unterschied nicht mehr richtig verstanden, deren Wissen und Interesse sich auf die enge Gegenwart beschränkte, gaben dann dieser Beschäftigung mit vergangenen sozialen Strukturen, mit soziologischen Problemen früherer Gesellschaftsphasen den Namen ›historische Soziologie‹; aber das ist eine irreführende Bezeichnung. Alle die Soziologen, die ich genannt habe, stellten an die Vergangenheit nicht historische, sondern soziologische Fragen. Sie verstanden oft etwas von der Dynamik der Gesellschaft. Sie sahen mit mehr oder weniger großer Klarheit, daß man die jeweils gegenwärtigen Probleme und Strukturen menschlicher Gesellschaften nicht zu erklären vermag, wenn man sie in einem engen Horizont, also lediglich als statische Gegebenheiten, als *hic et nunc*-Probleme und Strukturen betrachtet, die man in der gleichen Manier angehen kann wie physikalische Probleme und Strukturen, nämlich als ob sie praktisch unendlich wiederholbar seien, als ob es darum ginge, nach ewig gültigen Gesetzen für sie zu suchen. Vergangenheit, Gegenwart und zuweilen auch Zukunft menschlicher Gesellschaften zusammen zu betrachten als Repräsentanten einer kontinuierlichen Bewegung war also durchaus nichts Seltenes in diesen Soziologengenerationen meiner Jugend. Sie ahnten vielleicht, wenn sie es auch noch nicht mit diesen Worten sagten, daß die Probleme und Strukturen der jeweiligen Gegenwart eine recht andere Gestalt annehmen, wenn man sie im Lichte der Vergangenheit, im Verein mit den langen sozialen Prozessen, die zu ihnen hinführen, sieht, als wenn man sie kurzfristig und statisch nur als Gegenwart für sich betrachtet.

Als Spätkommender auf diese Szene zu treten hatte für mich neben manchen Nachteilen auch gewisse Vorteile. Es war leichter für mich zu erkennen, wie ideologiegesättigt existierende Modellentwürfe langfristiger Gesellschaftsprozesse noch waren. Es fehlte an Untersuchungen, die gesellschaftliche Wandlungen über einen längeren Zeitraum hin mit Hilfe von detaillierten empirischen Belegen derart greifbar machen konnten, daß es möglich wurde, an die Stelle der vorhandenen, oft recht spekulativen Modelle langfristiger sozialer Prozesse einen anderen Typ theoretischer Modelle zu setzen, nämlich Prozeßmodelle, die empirisch überprüfbar und wenn nötig korrigierbar oder widerlegbar waren. Das aber war offensichtlich nur dann möglich, wenn der Untersuchende nicht doktrinär an vorgefaßte Glaubensaxiome, an eine oder die andere der gegensätzlichen Ideologien auf dem zeitgenössischen Parteispektrum gebunden war.

Darum also ging es mir. Ich suchte etwas dazu beizutragen, diese Desideologisierung soziologischer Theorien in Gang zu bringen. Es war schwieriger, als ich gedacht hatte. In meinem Buch *Über den Prozeß der Zivilisation* war es mir, wie ich hoffte, gelungen, theoretische Probleme wie das der zivilisatorischen Veränderung von Menschen und die eng damit verbundene langfristige Verwandlung der staatlichen Integrationsebene von Menschen mit Hilfe von detaillierten empirischen Belegen in den Griff zu bekommen. Ich hoffte, daß es für spätere Generationen möglich sein würde, an diesen und anderen Problemen langfristiger Prozesse weiterzuarbeiten und, wenn nötig, diese ersten Schritte zu korrigieren, also jedenfalls die kontinuierlichere Entwicklung der Soziologie zu sichern, an der es ihr bisher in vielerlei Hinsicht fehlte.

Das Theoriemodell, das hier entstand, genügte auch meinem Verlangen, nicht einfach mit allgemeinen Begriffen, sondern mit greifbaren Forschungsergebnissen zu demonstrieren, daß es möglich ist, soziologische Theorien zu entwickeln, die sich nicht mehr in das Spektrum der zeitgenössischen politischen Parteiungen und sozialen Ideale fügen. Die Emanzipation der soziologischen Theorien von der Hegemonie der zeitgenössischen politischen Ideologien war gewiß kein einfaches Unternehmen – schon deswegen nicht, weil man diese Aufgabe nicht verstand. Vielleicht bedarf es einer Reihe von Generationen, ehe sich die verwirrende Hegemonie der sozialen und politischen Ideologien überwinden läßt und die Soziologie sich in Sicherheit auf dem zweispurigen Gleis der empirisch-theoretischen Forschungsarbeit weiterbewegen kann. Ein einzelner Mensch kann nur ein paar Schritte auf diesem Wege tun; aber ich hoffe gezeigt zu haben, daß der Durchbruch möglich ist – ein Ausbruch aus der Falle der gegenwärtigen politischen und sozialen Glaubensdoktrinen.

Die Zivilisations- und Staatsbildungstheorie, die Symboltheorie des Wissens und der Wissenschaften und im weiteren Sinne die Prozeß- und Figurationstheorie, um deren Ausarbeitung ich mich bemüht habe, sind weder marxistisch noch liberal, weder sozialistisch noch konservativ. Mir erschienen die versteckten Parteidoktrinen, die verschleierten sozialen Ideale im wissenschaftlichen Gewande nicht nur als Fälschungen, sondern auch als unfruchtbar. Das war – und ist – sicherlich einer der Gründe für die Rezeptionsschwierigkeiten dieser Theorie und der Bücher, in denen sie enthalten ist. Man erwartet von einer soziologischen Theorie, daß sie Argumente für oder gegen die eine oder die andere Seite in den großen sozialen Glaubens- und Interessenkämpfen der neueren Zeit beibringen werde. Es ist desorientierend, daß sich diese Erwartung in diesem Falle nicht erfüllt, wenn es auch gewiß an Versuchen zu einer solchen Interpretation nicht fehlt. Es ist z. B. leicht genug zu übersehen, daß der Begriff der Figuration ausdrücklich dazu geschaffen ist, die vertrackte Polarisierung der soziologischen Theorien in solche, die das ›Individuum‹ über die ›Gesellschaft‹, und solche, die die ›Gesellschaft‹

über das ›Individuum‹ stellten, zu überwinden – eine Polarisierung der soziologischen Theorien, die der Hauptachse der Glaubens- und Interessenkämpfe draußen im Lande entsprach. Aber man muß sich ja als Soziologe dem Zwang dieser Kampfachse nicht fügen, zumal sie in der Realität längst von anderen Kampfachsen überschattet wird.

Heute glaube ich sagen zu können, daß sich das Denken in Figurationen, die Menschen (und unter ihnen man selbst) miteinander bilden, bei der Weiterarbeit bewährt hat. Es fehlt mir nicht an Verständnis dafür, daß man das begriffliche Werkzeug, das ich in der Form des Figurationsbegriffs auszuarbeiten suchte, hauptsächlich daraufhin prüfte, was es mit älteren Theorievorschlägen gemein hat, die die kollektiven über die individuellen Integrationsstufen der Menschen stellten, also etwa mit den Durkheimschen und Simmelschen Vorschlägen oder mit denen der ›Systemtheoretiker‹. Ich kann die Blinden nicht sehen lehren, kann ihnen, wie unzweideutig ich es auch sage, den Unterschied nicht verständlich machen. Denn er beruht letzten Endes auf einem weiteren Akt der Selbstdistanzierung, auf dem Aufstieg zu der nächsthöheren Stufe auf der Wendeltreppe des Selbstbewußtseins, und wenn man diese Selbstdistanzierung nicht nachvollziehen kann, stößt die Erklärung auf taube Ohren. Zu diesem Aufstieg gibt es Ansätze in den vorangehenden Theoriebildungen der Soziologie. Manche Theorien von Marx und Weber zeugen von einem hohen Maß an Distanzierung, eingebettet in Zeugnisse ihres Engagements. Aber sie machen Distanzierung und Engagement noch nicht zum Problem. Sie heben den Schritt der Selbstdistanzierung noch nicht als solchen ins Bewußtsein. Solange das nicht geschieht, sieht man unwillkürlich immer sich selbst als Einzelnen der Gesellschaft gegenüber und so auch alle anderen einzelnen Menschen als ›Individuen‹ jenseits der Gesellschaft – oder umgekehrt die Gesellschaft als etwas, das jenseits und außerhalb der einzelnen Individuen existiert. Solange man diesen weiteren Schritt der Selbstdistanzierung nicht zu tun, nicht gedanklich in den Griff zu bekommen vermag, ist es, mit einem Wort, schwierig, das Schiff der Soziologie wie das der Menschenwissenschaften überhaupt zwischen den Ideologien des Individualismus und des Kollektivismus hindurchzusteuern. Was den Figurationsbegriff von vorangehenden Begriffen, mit denen man ihn vergleichen mag, unterscheidet, ist mit einem Wort die Perspektive auf Menschen, die er repräsentiert. Er hilft aus der herkömmlichen Falle heraus, aus der Falle von Polarisierungen wie die von ›Individuum‹ und ›Gesellschaft‹, von soziologischem Atomismus und soziologischem Kollektivismus. Allein schon die Worte ›Individuum‹ und ›Gesellschaft‹ blockieren oft die Wahrnehmung. Wenn man den weiteren Akt der Selbstdistanzierung zu vollziehen vermag, dann ist man in der Lage, beim Aufstieg auf der Wendeltreppe des Bewußtseins sich selbst, gleichsam auf der vorangehenden Stufe, als einen Menschen unter anderen zu erkennen und die Gesellschaft selbst als Figuration, die viele von Grund auf aufeinander angewiesene, voneinander abhängige Menschen zusammen miteinander bilden; erst dann vermag man die ideologische Polarisierung von Individuum und Gesellschaft gedanklich zu überwinden. Die Aufgabe ist so leicht wie die des Eis des Kolumbus und so schwierig wie die kopernikanische Wende.

Der Widerstand gegen diesen Aufstieg auf eine weitere Stufe des Selbstbewußtseins stammt zum Teil aus einer Erlebnisschicht, die am offensten beim Kleinkind zutage liegt und die nie ganz verschwindet: aus der Erlebnisschicht, aufgrund deren man sich selbst als das Zentrum der ganzen Welt erlebt. Sie zeigt sich unter anderem in der Selbstverständlichkeit, mit der Menschen früherer Entwicklungsstufen ihre Erde und ihre Gruppe darauf als Zentrum der Welt erlebten. Sie zeigt sich von neuem, verbrämt durch einen schweren Vorhang gelehrter Worte, in den solipsistischen und nominalistischen Neigungen der neuzeitlichen Philosophie von Descartes und Kant bis zu Husserl und Popper.

Der Widerstand gegen die Wahrnehmung seiner selbst als einer Person, die spezifische Figurationen mit anderen Menschen bildet, ist kraft dieses primären Egozentrismus der menschlichen Erfahrung sicherlich nicht geringer als der Widerstand gegen die Vorstellung, daß die Erde nur einen nicht sehr hervorragenden Platz in der Planetenkonstellation des Sonnensterns einnimmt und daß es überdies eine sehr große Anzahl von Sternen ähnlicher Art gibt. Aber es kommt noch hinzu, daß die gegenwärtig vorherrschende Form der zivilisatorischen Ausprägung von Menschen die Illusion verstärkt, daß jeder Mensch im Inneren etwas ist, das nicht nach ›außen‹ kann, und daß dieses ›Innere‹ das ›Eigentliche‹ der eigenen Person, ihr ›Kern‹ und ›Wesen‹ sei. Die Theorie des Zivilisationsprozesses ermöglicht es zu erkennen, daß dieser Typ des Selbsterlebnisses und der Individualisierung selbst etwas Gewordenes, Teil eines sozialen Prozesses ist. Aber dieser Einsicht stemmt sich die ganze Wucht des persönlichen Gefühls entgegen, im Inneren ganz für sich allein, unabhängig von anderen Menschen zu existieren, und die entsprechend große Abneigung der so geprägten Menschen gegen die Einsicht, daß selbst ihr Persönlichstes und Eigenstes zugleich etwas im Zuge der langen Gesellschaftsentwicklung so Gewordenes ist.

Schon von diesen Erlebnisschichten her ist die Neigung recht stark, die menschliche Gesellschaft von sich selbst her, vom ›Individuum‹ als einem vereinzelten, ganz auf sich gestellten Wesen her zu konstruieren. Der Widerstand gegen die offensichtliche Tatsache, daß von Geburt an das Leben in Figurationen von Menschen zu den Grundtatsachen der menschlichen Existenz gehört, hat also zum Teil seinen Ursprung in einer Persönlichkeitsstruktur, einer Stufe der Bewußtseinsentwicklung, die der Illusion Nahrung gibt, daß der ›Kern‹ des einzelnen Menschen in dessen ›Innerem‹ gleichsam hinter Schloß und Riegel gefangensitzt und so von der ›Außenwelt‹, insbesondere auch von anderen Menschen oder von Naturobjekten, hermetisch abgeschlossen ist.

Zugleich aber findet auch eine bestimmte politische Ideologie ihren Ausdruck in diesem Menschenbild des *homo clausus.* Die Vorstellung des total unabhängigen Individuums, des absolut autonomen und daher auch absolut freien einzelnen Menschen bildet das Kernstück einer bürgerlichen Ideologie, die einen ganz bestimmten Platz auf dem Spektrum der zeitgenössischen sozialen und politischen Glaubensbekenntnisse einnimmt. Es handelt sich dabei, wie immer man es nennen will, um ein Ideal oder eine Utopie, der nichts in der gesellschaftlichen Realität entspricht oder entsprechen kann. Als reales gesellschaftliches Modell für dieses Idealbild des freien, ganz auf sich selbst gestellten und unabhängigen Individuums dient gewöhnlich der Unternehmer, also der Chef einer Handels-, Fabrik- oder Bankorganisation, der unabhängig von staatlich-bürokratischen Interventionen allein seinem eigenen Urteil gehorchend als absoluter Herr im Hause und in diesem Sinne als völlig freies Individuum im staatlich unbehinderten Konkurrenzkampf mit anderen ebenso freien Unternehmern seinen eigenen Reichtum vermehrt und zugleich durch die Leitung eines florierenden Unternehmens zur Schaffung von Arbeitsplätzen und zum Wohlstand des Landes beiträgt. Nun ist es durchaus möglich, daß man auf der gegenwärtigen

Stufe der Gesellschaftsentwicklung und der Entwicklung individueller Persönlichkeitsstrukturen nur dann von Menschen diejenige Leistungsintensität, diejenige Anspannungs- und Erfindungskraft erwarten kann, die nötig ist, um das kontinuierliche Wachstum des Sozialprodukts einer Gesellschaft zu sichern, wenn man an den Egoismus der leitenden Männer appelliert, wenn man sie mit Zuckerbrot und Peitsche – dem Zuckerbrot des Profits und der Peitsche des Konkurrenzmechanismus – dazu antreibt. Es ist durchaus möglich, daß sich bei den gegenwärtigen Persönlichkeitsstrukturen ein solches gesellschaftliches Arrangement, wenn das Ziel ein kontinuierliches Wachstum des Sozialprodukts ist, im Konkurrenzkampf mit einer total von der Regierung geplanten und bürokratisch verwalteten Wirtschaft, die ohne starke persönliche Motivation allein auf Befehlen und Gehorchen abgestellt ist, rein wirtschaftlich als vorteilhafter erweist. Aber die Vorstellung, daß der Besitzer oder, entsprechend dem Entwicklungsstand des 20. Jahrhunderts, etwa auch der Direktor eines wirtschaftlichen Unternehmens als Musterbeispiel für das Idealbild des freien Individuums dienen könne, das ganz für sich allein und unabhängig von allen anderen Menschen Entscheidungen trifft, läßt sich – wohlwollend – nur als Selbsttäuschung der betreffenden Schichten, weniger wohlwollend als politische Ideologie verstehen.

Im späten 20. Jahrhundert ist der ideologische Charakter dieses Bildes vom Unternehmer als Modell des freien unabhängigen Individuums um so prononcierter, als der Monopolmechanismus, dessen Wirkweise ich an anderer Stelle[8] untersucht und dargestellt habe, im Laufe des 19. und 20. Jahrhunderts zur Herausbildung immer größerer wirtschaftlicher Unternehmen geführt hat. An die Stelle einer vergleichsweise großen Anzahl relativ kleiner Unternehmungen, die vielfach in der Tat von ihren Eigentümern und deren Familien persönlich geleitet werden konnten, so daß Konkurrenzkämpfe in der Tat oft noch gewissermaßen als Duelle zwischen Individuen ausgefochten wurden, ist nun in vielen Bereichen der Wirtschaft eine kleine Anzahl von Großunternehmen getreten. Ganz entsprechend der Theorie des Monopolmechanismus können dann kleinere wirtschaftliche Einheiten in solchen ökonomischen Bereichen nicht mehr mitkonkurrieren. In diesen Großunternehmungen aber sind selbst die leitenden Männer und Frauen dermaßen in komplexe Interdependenzketten eingespannt und in ihren Entscheidungen dermaßen von Informationen und Ratschlägen spezialisierter Experten abhängig, daß auf sie bezogen das Idealbild des freien unabhängigen Individuums eher als eine Karikatur der Wirklichkeit erscheint. Man verwechselt hier wohl ›Macht‹ mit ›Freiheit‹.

Vor allem aber ist die Interpretation der freien Konkurrenz gleichsam als Urbild der Freiheit des einzelnen Menschen eben deswegen fehl am Platze, weil sie die immanente Dynamik und Zwangsläufigkeit der Figuration, die frei miteinander konkurrierende Einheiten, ob Unternehmungen oder Staaten, miteinander bilden, nicht in Rechnung stellt; eben jene Dynamik, auf die ich soeben unter dem Namen Monopolmechanismus verwiesen habe. Der Unternehmer, der sich als frei konkurrierendes Individuum versteht, weil der Mechanismus der freien Konkurrenz nicht durch Staatsinterventionen abgedrosselt oder eingeschränkt ist, bezieht in den Bereich der gedanklichen Interpretation seiner selbst als eines frei entscheidenden Menschen nicht die sozialen Zwänge mit ein, denen er selbst und seine Entscheidungen unterworfen sind aufgrund der immanenten Dynamik eines Feldes frei konkurrierender Einheiten. Die Antwort, die mir ein Unternehmer gab, in dessen Fabrik ich eine Zeitlang arbeitete, als ich ihn fragte, warum er, ein sehr begüterter Mann, bei der enormen Anspannung seiner täglichen Arbeit seine Gesundheit aufs Spiel setze, ist recht aufschlußreich: »Wissen Sie«, sagte er, »das ist Jagd. Das macht ja auch Freude, den Konkurrenten die Aufträge abzujagen, und wenn man es nicht tut, dann kommt man doch bald ins Hintertreffen.« Das war in den zwanziger Jahren, und es handelte sich um ein Familienunternehmen, das allem Anschein nach ein einzelner Mann freihändig dirigieren konnte. Aber er hatte Einsicht genug, um zu verstehen, daß der Repräsentant eines Unternehmens, das zu einem Feld frei konkurrierender Einheiten gehört, nicht etwa frei entscheiden kann, ob er sich an dem Konkurrenzkampf beteiligen will oder nicht. Er ist – durch die Eigenart der Konkurrenzfiguration – *gezwungen* mitzukonkurrieren, wenn er nicht in Abhängigkeit geraten oder untergehen, also Bankrott machen will. Denn das ist die Gesetzmäßigkeit jedes Feldes frei konkurrierender Einheiten, die ja als Konkurrenten interdependent sind: In einem Feld frei konkurrierender Einheiten, innerhalb dessen einige Einheiten größer werden als die anderen, wird ein einzelner Konkurrent automatisch kleiner, wenn und weil er nicht ebenfalls größer wird. Wie der Kartenspieler von seinen Karten und dem Geschick seiner Mitspieler, so ist der Unternehmer vom Markt und dem Geschick seiner Konkurrenten abhängig.

Hier hat man zugleich ein Beispiel für den Akt der Selbstdistanzierung vor sich, der notwendig ist, wenn man von der Bewußtseinsstufe, auf der man die Welt von sich selbst als ihrem Zentrum her erlebt, zur nächsthöheren Stufe heraufsteigt, von der aus man sich selbst als ein Individuum unter anderen zu sehen vermag, mit denen zusammen man Figurationen spezifischer Art bildet. Aus der Perspektive der früheren Stufe betrachtet mag man sich selbst recht wohl als absolut freier Herr seiner eigenen Entscheidungen erscheinen. Aus der Perspektive der nächsthöheren Stufe sieht man sich selbst nicht etwa, wie das im Sinne der gegenwärtigen politischen Polaritäten zuweilen erscheint, als passives Objekt anonymer gesellschaftlicher Kräfte, die gleichsam außerhalb der einzelnen Menschen existieren und gänzlich unabhängig von ihren Handlungen die einzelnen Menschen vor sich her treiben. Man sieht sich selbst vielmehr als jemanden, dessen Entscheidungsspielraum deswegen begrenzt ist, weil er oder sie mit vielen anderen Personen, die ebenfalls Bedürfnisse haben, sich Ziele setzen und Entscheidungen treffen, zusammenlebt.

Im Grunde ist es also ein einfacher Schritt, den es zu tun gilt, um sich besser, als es heute möglich ist, in der Welt, die Menschen miteinander bilden, zu orientieren. Statt von dem einzelnen Individuum her oder von gesellschaftlichen Gegebenheiten jenseits der Individuen her gilt es von der Vielheit der Menschen her zu denken. Was wir als gesellschaftliche Zwänge bezeichnen, sind die Zwänge, die viele Menschen entsprechend ihrer gegenseitigen Abhängigkeit aufeinander ausüben. Aber dieser einfache Gedankenschritt scheint für viele Menschen heute noch kaum weniger schwer vollziehbar zu sein als ehedem der Gedanke, daß die Erde nur ein Sonnenplanet unter anderen ist. Vielleicht ist die Selbstdistanzierung, die das Sehen der eigenen Person als eine Person unter anderen verlangt, gegenwärtig noch etwas zu schwer; vielleicht ist es schwierig, den Gedanken zu vollziehen, daß die vielen einzelnen Menschen niemals in einer völlig zufälligen und willkürlichen Art und Weise miteinander leben. Gerade die Tatsache, daß die anderen, wie man selbst, einen eigenen Willen haben, setzt der Eigenwilligkeit eines jeden von ihnen Grenzen, gibt ihrem

Zusammenleben eine eigene Struktur und eine eigene Dynamik, die man weder verstehen noch erklären kann, wenn man jeden einzelnen Menschen für sich betrachtet; man kann das nur, wenn man von der Vielheit der Menschen, von den vielfältigen Graden und Arten ihrer Abhängigkeit und ihrer Angewiesenheit aufeinander ausgeht. Die Verschiedenheiten dieser menschlichen Abhängigkeit und Angewiesenheit sind der Kern dessen, worauf man sich bezieht, wenn man von den Machtverhältnissen der Menschen einer Gesellschaft spricht. Deren Untersuchung, so scheint es mir, steht im Mittelpunkt der Forschungsarbeit der Soziologie, genauer gesagt: sollte im Mittelpunkt ihrer Arbeit stehen. Ohne Bestimmung und Erklärung der Machtverhältnisse einer Gruppe bleiben soziologische Untersuchungen makro- oder mikrosoziologischer Art unvollständig, vage und letzten Endes steril. Besondere Aufmerksamkeit verlangen dabei die Wandlungen von Machtverhältnissen und deren Erklärung.

Ich habe versucht, eine soziologische Machttheorie zu entwickeln und zugleich auch zu zeigen – etwa in meinem Buch über *Die höfische Gesellschaft* –, wie man mit ihr arbeitet. Aber auch dafür ist es noch schwer, Gehör zu finden. Es besteht offenbar eine besondere Scheu davor, wechselnde Machtbalancen als eine allgegenwärtige Eigentümlichkeit aller menschlichen Beziehungen zu erkennen – wie ich etwa in meinem Essay »Was ist Soziologie?« aufgezeigt habe. Ein gutes Beispiel dafür ist die marginale Rolle, die der Begriff und das Problem der Macht in den theoretischen Werken Max Webers spielt. In manchen seiner empirischen Arbeiten, besonders in seinem Frühwerk über die ostelbischen Arbeiter und auch in brieflichen Urteilen, zeigte Max Weber oft einen unbestechlich scharfen Blick für Machtprobleme. In seinem großen Theorieentwurf suchte er, so gut es sich nur eben tun ließ, das Problem der Machtverhältnisse selbst aus seiner Typologie der Herrschaftsverhältnisse zu verdrängen. Seine außerordentliche soziologische Sensibilität ließ ihn klar genug erkennen, daß das Monopol der physischen Gewalt zu den unentbehrlichen Zentralinstitutionen eines Staates gehört. Die Verfügung über ein solches Monopol, die Möglichkeit der jeweils Herrschenden, die Staatsbürger durch den Gebrauch oder auch nur durch die bloße Androhung physischer Zwänge zur Einhaltung der gesellschaftlichen Normen und Gesetze anzuhalten, ist sicherlich eine der entscheidenden Machtquellen jeder Art von Staatsherrschaft. Aber in

Webers Theorie der Herrschaft, die sich ja sicherlich auch auf die Herrschaft im Staate bezieht, spielt das Problem der Macht allenfalls eine marginale Rolle. Gelegentlich fällt einmal die Bemerkung, daß Herrschaft »oktroyiert« werden könne. Im übrigen ist das Problem, das Weber am meisten am Herzen lag, die Frage, warum sich die Individuen der Herrschaft fügen. Deren Motive, etwa die affektive Bindung des Beherrschten an den Herrschenden, stehen an erster Stelle seiner Typologie.

Wie in anderen Fällen spielt bei Weber die liberale Grundeinstellung, die ihn zwingt, die Gesellschaft von dem einzelnen Individuum her zu konstruieren, eine verhängnisvolle Rolle bei der Ausarbeitung einer soziologischen Theorie. Ich spreche hier nicht von Verdiensten, die eine liberale Grundeinstellung in den politischen Parteikämpfen unserer Tage haben mag. Ich spreche hier von der verzerrenden Bedeutung, die eine liberale Ideologie für die Konstruktion soziologischer Theorien haben muß. Sie zwang Max Weber und sie zwingt andere Soziologen dazu, bei dem Bemühen um eine soziologische Theorie das Verhältnis von Individuum und Gesellschaft so darzustellen, als ob der einzelne Mensch zunächst ganz für sich und unabhängig von der Gesellschaft, also von anderen Menschen existiere und gewissermaßen erst sekundär und nachträglich mit anderen Menschen in Berührung käme. Max Webers berühmtes Beispiel für das, was soziales und was nicht-soziales, also offensichtlich ›rein individuelles‹ Handeln ist, zeigt diese egozentrische Grundhaltung, in der ein Mensch sich selbst primär als vereinzeltes Individuum erlebt, mit höchster Anschaulichkeit. Wenn viele Menschen gleichzeitig einen Regenschirm aufspannen, weil es zu regnen beginnt, dann ist das nach Weber kein soziales Handeln. Weber unterläßt es, wie so oft in seinem Theorieentwurf, dieses nicht-soziale Handeln begrifflich-positiv zu identifizieren; aber es ist recht unzweideutig, worum es ihm geht: jedes Individuum handelt hier für sich; den Gegensatz zum sozialen Handeln, den Weber hier konstruiert, bildet in seiner Sicht das ›rein individuelle‹ Handeln. Weber war noch nicht in der Lage, zu derjenigen Stufe der Selbstdistanzierung hinaufzusteigen, von der aus er die vielen Menschen, die ihre Schirme öffnen, weil es zu regnen beginnt, miteinander als eine soziale Figuration hätte wahrnehmen können, d. h. als Mitglieder einer Gesellschaft, in der es üblich ist, sich vor Regen mit Schirmen zu schützen. Er blieb noch auf der Bewußtseinsstufe stehen, auf der er sich selbst – und nach seinem Muster dann auch jeden anderen Menschen – als eine zunächst ganz für sich existierende Gestalt wahrnahm. Deren Handeln wird nach Weber sozial erst durch einen Willensakt des Individuums, nämlich dann, wenn dieses Handeln im Bewußtsein des Handelnden auf andere Menschen ausgerichtet ist. In diesem theoretischen Konzept kommt, wie gesagt, nicht nur eine bestimmte politische Ideologie, sondern auch die Primärerfahrung des Kindes zum Ausdruck, das sich selbst als das Zentrum der Welt, als eine für sich existierende Monade erlebt.

In dieses Erlebensmuster fügte sich dann auch glatt und nahtlos Webers erkenntnistheoretische Grundeinstellung neukantianischer Färbung. Auch für sie bildet die Monade ohne Fenster, der *homo clausus*, der egozentrische Mensch den Ausgangspunkt der Theoriebildung. Als Subjekt der Erkenntnis steht hier der vereinzelte Mensch der ganzen Welt gegenüber. Die Bilder dieser Welt im ›Innern‹ des Kopfes sind von der Welt da draußen, von der ›Außenwelt‹, wie durch eine unsichtbare Mauer abgetrennt. So kann er eigentlich nie wissen, ob oder wieweit diese ›inneren‹ Bilder zu der ›äußeren‹ Welt passen. Bei Kant beschränkte sich die Vorstellung von der Außenwelt noch in hohem Maße auf die Welt unbelebter Naturobjekte. Bei Weber bezog sie sich nun vor allem auf die menschliche Gesellschaft. An sich war diese nach Webers Vorstellung, die seiner atomistischen Grundeinstellung entsprach, ein nur wenig geordnetes Sammelsurium von vielen einzelnen Handlungen vieler einzelner Menschen; aber als Soziologe konnte man durch eine idealisierende Abstraktion wiederkehrender typischer Strukturen, also durch die Bildung von ›Idealtypen‹, Ordnung in das *realiter* etwas chaotische Allerlei der sozialen Handlungen vieler einzelner Menschen bringen. Kants philosophischer Idealismus, der die Ordnung der Natur letzten Endes aus der Vernunft des die Natur untersuchenden Menschen herleitete, vertrug sich also recht gut mit Webers soziologischem Idealismus, der die Ordnung der Gesellschaft letzten Endes aus der Vernunft des die Gesellschaft untersuchenden Menschen herleitete. Allerdings gilt das zumeist nur für Webers allgemeinsten Theorieentwurf. In seinen mehr empirienahen Untersuchungen stellte er oft genug überprüfbare Figurationsmodelle etwa der Stadt oder der Bürokratie in einer Weise vor, die dem normalen wissenschaftlichen Bemühen um größtmögliche Realitätskongruenz der

Modelle durchaus entsprach.

Webers zugleich atomistischer und idealisierender Zugang zu einer soziologischen Theorie war wohl auch einer der Gründe, aus denen er trotz seiner Scharfsicht für Machtverhältnisse in der gesellschaftlichen Praxis theoretisch wenig zum Machtproblem beizutragen vermochte. Denn Machtprobleme sind, von einigen Grenzfällen abgesehen, Beziehungs- und Interdependenzprobleme. Ob man die Machtverhältnisse in der Beziehung von Kleinkind und Eltern, von Arbeitern und Unternehmern, von Regierenden und Regierten oder von kleineren und größeren Staaten untersucht, es handelt sich immer um zumeist unstabile Machtbalancen, die sich wandeln können. Von der atomistischen Grundvorstellung eines ursprünglich beziehungslosen Individuums her ist es schwer, einen theoretischen Zugang zu dieser Art von Problemen zu finden. Hinzu kommt vielleicht, daß man von seiten der Machtstärkeren mehr dazu neigt, die Probleme der Machtunterschiede aus dem Auge zu verlieren und zu verdekken.

Die Lage der Machtschwächeren, besonders wenn sie in der Lage sind, für eine Verbesserung ihrer Situation zu kämpfen, schafft, so kann man annehmen, eine größere Disposition für die Wahrnehmung von Machtunterschieden. Es ist nicht verwunderlich, daß Marx, der selbst aus einer Außenseitergruppe stammte und sich in sehr hohem Maße mit der machtschwächeren Arbeiterklasse identifizierte, aus diesem spezifischen Winkel heraus einige spezifische Machtprobleme wahrnahm und theoretisch verarbeitete. Er erkannte, daß die Monopolisierung der Produktionsmittel im Verhältnis von Arbeitern und Unternehmern eine Machtquelle der letzteren bildet.

Aber der Blick von Marx und den meisten seiner Anhänger blieb dermaßen auf diese eine Form von Machtquellen und auf die Machtdifferenzen, die dieser Monopolisierung entspringen, fixiert, daß sie eine explizite und umfassendere Theorie der Macht nicht vorzulegen vermochten. Der verhängnisvolle Einfluß dieser Blickverkürzung zeigte sich deutlich genug bei dem ersten großen Versuch, Marx' Theorie in die Praxis umzusetzen. Schon Marx selbst scheint die Vorstellung gehabt zu haben, daß es genüge, die ökonomischen Quellen von Machtungleichheiten, die außerstaatliche Monopolisierung der Produktionsmittel zu beseitigen, um die sozialen Ungleichheiten zum Verschwinden zu bringen. Die

Praxis zeigte mit erschreckender Präzision die Unzulänglichkeit dieser Theorie; sie zeigte, daß die Beseitigung des Privatmonopols an Produktionsmitteln ganz und gar nicht genügt, um die hierarchische Ungleichheit der Gesellschaftsstruktur zu beseitigen oder auch nur auf ein geringeres Maß herabzuschrauben. Der Versuch, die Marxsche Gesellschaftstheorie in die Praxis umzusetzen, brachte in relativ kurzer Zeit und mit größerer Prägnanz als jedes Buchargument die Einseitigkeit ihrer ideologischen Perspektive und damit zugleich auch ihre theoretischen Mängel zutage. Die Marxsche Theorie aus der Perspektive der Industriearbeiterschaft hatte mit den ideologischen Theoriebildungen aus der Perspektive des liberalen Bürgertums dies gemein, daß sie den Staat als Diener der Wirtschaft hinstellte; die Machtquellen, die einer Staatsregierung zur Verfügung standen, erschienen in beiden Fällen als etwas Sekundäres gegenüber den ökonomischen Machtquellen, gegenüber der ›wirtschaftlichen Sphäre‹ überhaupt. Marx spielte sogar mit dem Gedanken, daß die staatliche Organisation als solche keine andere Funktion als die im Dienste der Unternehmerklasse, also etwa zum Schutze des Eigentums, habe und daß sie daher verschwinden werde, wenn das Privateigentum durch eine Revolution beseitigt worden sei. Wie die meisten bürgerlichen Gesellschaftstheoretiker glaubte auch er eine zureichende Gesellschaftstheorie vorlegen zu können, die sich auf Aspekte der inneren Verhältnisse einer Staatsgesellschaft beschränkte. Er sah noch nicht, daß eine Gesellschaftstheorie, um realistischer, also für die Praxis brauchbarer zu sein, alle diejenigen Gesellschaftsstrukturen, die mit den zwischenstaatlichen Beziehungen, mit dem Vorhandensein einer Vielheit von Staatsgesellschaften zusammenhängen, ebenso in Betracht ziehen muß wie die Strukturen, die sich primär auf innerstaatliche Verhältnisse einer einzelnen Staatsgesellschaft beziehen. Dementsprechend hatte er kein Organ dafür, daß die beiden interdependenten Zentralmonopole der staatlichen Organisation, die der physischen Gewalt und der steuerlichen Abgaben, auch noch ganz andere Funktionen haben als die, das Privateigentum einer Klasse zu schützen, und daher auch nach deren Vernichtung als hochgradige Machtmittel bestehenbleiben. Es ist fraglich, ob Marx' Vorstellung von einer quasi-autonomen ökonomischen Sphäre überhaupt auf Phasen der Gesellschaftsentwicklung anwendbar ist, in denen kaufmännische Eigentümer von Kapital als quasi-autonome Gruppe nicht zugleich – wie etwa gegenwärtig in Amerika – in hohem Maße über die Machtmittel des Staates verfügen oder kraft ihrer Machtmittel denjenigen Gruppen, die über die Machtmittel des Staates verfügen, die Waage zu halten vermögen.

Jedenfalls trat die ideologische Blickverkürzung der Marxschen Theorie schnell genug zutage bei dem Versuch, sie in die Praxis umzusetzen. Der Privatbesitz an Produktionsmitteln wurde beseitigt, aber die Staatsorganisation zeigte – auch als die Zeit verging – nicht die geringste Tendenz zu verschwinden. Ganz im Gegenteil, der Funktionsbereich des Staates und daher die Macht der Regierenden vergrößerte sich durch die Revolution. In dieser Hinsicht erwies der Versuch, die Marxsche Theorie in die Praxis umzusetzen, mit besonderer Eindringlichkeit die Fehlorientierung, die die Vermischung von soziologischer Theorie mit ideologischen Wunschbildern und Idealen mit sich bringt. Wie es das revolutionäre Programm vorschrieb, wurde die Verfügungsgewalt über das gesamte Kapital der Staatsgesellschaft, die bisher zum guten Teil verstreut in den Händen einer ganzen Klasse von Menschen gelegen hatte, nun zusammengefaßt und vereinheitlicht; sie konzentrierte sich nun in den Händen der Parteileitung und der Regierungsträger. Das bedeutete einen gewaltigen Machtzuwachs der Staatsregierung im Verhältnis zu den weit verstreuten Regierten. Mit dem Regierungsmonopol der Verfügung über die Mittel physischer Gewalt, repräsentiert durch die Kontrolle über Militär und Polizei, und über dessen Zwillingsmonopol der Steuerabgaben, das unter anderem die Aufrechterhaltung der staatlichen Gewaltapparaturen ermöglichte, vereinte sich nun in den Händen einer kleinen Gruppe von Regierenden die monopolistische Verfügungsgewalt über das gesamte Kapital der Staatsgesellschaft, also das Monopol der Produktionsmittel. Hinzu trat rasch die Verfügungsgewalt der Regierenden über zwei weitere Monopole, die von zentraler Bedeutung für die Machtverteilung in einer Gesellschaft sind: Die nachrevolutionäre Regierung nahm für sich das absolute Monopol der grundlegenden Orientierungsmittel in Anspruch, insbesondere das Monopol der Auslegung aller gesellschaftlichen Ereignisse und Strukturen in Vergangenheit und Gegenwart sowie das Monopol des Organisationsrechts; keine Gruppe im Lande durfte sich organisieren ohne Erlaubnis der Zentralregierung.

Alle diese Monopole stellten – und stellen – Machtmittel dar.

Ihre Ballung in den Händen einer kleinen Gruppe von Menschen, die niemandem über ihre Entscheidungen Rechenschaft schuldig war als dem eigenen Gremium, bedeutete also auf einer anderen Ebene – nicht auf der wirtschaftlichen, sondern auf der staatlichen, nicht in dem Verhältnis von Arbeitern und Unternehmern, sondern in dem Verhältnis von Regierten und Regierenden – eine scharfe Hierarchisierung, eine feste Institutionalisierung von Ungleichheiten der in dieser Staatsgesellschaft miteinander verbundenen Menschen.

Hand in Hand mit dieser ungeplanten, aber theoretisch vorhersehbaren Hierarchisierung, die sich mit der Umsetzung der Marxschen Theorie in die Praxis in strafferer, besser durchorganisierter Form von neuem einstellte, gingen begrenzte neue Formen der Equalisierung. Zu ihnen gehörte eine umfassende Erhöhung der Aufstiegs- und Karrierechancen von jungen Angehörigen arbeiterlicher und bäuerlicher Herkunft, insbesondere auch für Frauen. Zu ihnen gehörte ebenfalls eine planvollere, zielbewußtere Industrialisierung und Modernisierung des Landes und ein umfassender staatlicher Ausbau der Wohlfahrtseinrichtungen für die Masse der Bevölkerung, also eine Parallelentwicklung zu der der westlichen Wohlfahrtsstaaten. Auf der anderen Seite blieb selbst in den Fabriken die Hierarchisierung der sozialen Positionen ungefähr auf dem gleichen Niveau wie in den Privatunternehmungen des Westens. An die Stelle der privaten traten staatliche und parteiliche Kontrolleure der Arbeiter und Angestellten.

Beide, die kommunistische wie die kapitalistische Gesellschaft, blieben in Wirklichkeit höchst unvollkommen. Sie funktionierten beide wahrscheinlich besser als die meisten Gesellschaften auf früheren Entwicklungsstufen. Aber die soziale Ungleichheit und Misere blieb in beiden Gesellschaften noch sehr groß. Die Realität blieb in beiden Fällen recht weit hinter den idealisierenden Spiegelbildern ihrer Ideologien zurück, durch die sie sich vor sich selbst und in ihrer Beziehung zueinander zu legitimieren suchten. Rußland, so kann man vereinfachend sagen, blieb weit davon entfernt, ein Land der Gleichen, Amerika weit davon entfernt, ein Land der Freien zu sein.

Wenn man versucht, sich eine mehr sachorientierte, nicht durch Ideologien maskierte soziologische Untersuchung des Funktionierens beider Gesellschaften vorzustellen, wenn man also vor Augen hat, wie grell und auffallend bei einer realistischeren

Untersuchung die Unvollkommenheiten beider Gesellschaften zutage treten und um wieviel sie sich mindern ließen, wenn man auch nur einen Teil der militärischen Ausgaben darauf verwendete, diese Unvollkommenheiten zu verringern, dann kann man sich der Frage nicht erwehren, wie denn eigentlich die sich steigernde Spannung zwischen den beiden Großmächten, die gegenwärtig die ganze Menschheit bedroht, nun wirklich zu erklären ist. Die Antwort ist, kurz gesagt, daß sich die regierungsfähigen Etabliertengruppen der beiden Großmächte in eine Doppelbinderfiguration hineinmanövriert haben. Aus Furcht, vom anderen überwältigt zu werden, sucht jede dieser Gruppen die andere zu überwältigen, zumindest stärker zu werden als die andere, also zur Hegemonialmacht zu werden. Beide befinden sich in einer Zwickmühle, die ihnen die Züge vorschreibt. Aus Furcht zu unterliegen müssen sie unterjochen. Aus Furcht, ins Hintertreffen zu geraten, müssen sie dem Rivalen weltweit den Rang ablaufen. Was läßt sich tun, um die Fesseln dieser Zwangssituation zu lokkern?

Man sieht beim Stellen dieser Frage zunächst einmal schärfer, welche zentrale Rolle bei der Feindschaft der beiden Großmächte die Gegensätzlichkeit ihrer sozialen Ideologien, ihrer vorherrschenden Glaubensbekenntnisse und Ideale spielt. Es handelt sich nicht einfach darum, zwei Gesellschaften nach verschiedenen Mustern weiterzuentwickeln und dann nach einiger Zeit vor einem Gremium von neutralen Schiedsrichtern zu entscheiden, welches Gesellschaftsmodell sich für die Masse der Menschen, die diese Gesellschaften bilden, als vorteilhafter erweist, welche Gesellschaft also in diesem Sinne besser funktioniert. Die verschiedenen Gesellschaftsmodelle nehmen entsprechend der gegenwärtigen Zivilisationsstufe im Bewußtsein der Menschen einen anderen Charakter an als den von verschiedenen Bauplänen für Gesellschaften. Sie nehmen den Charakter von sinngebenden Glaubensbekenntnissen an, von Ideologien mit dem gleichen Gefühlswert wie übernatürliche Religionen. Als solche haben sie für das Empfinden der Menschen, genau wie die übernatürlichen Religionen in früheren Tagen und vielfach auch noch in den unseren, einen Ausschließlichkeitsanspruch: nur unser Gesellschaftsmuster – das besagt die Erhebung eines sozialen Bauprogramms zur sozialen Religion – kann das richtige sein; das eure ist verwerflich, minderwertig und schädlich.

Diese tief eingebaute Feindseligkeit der zu Glaubensbekenntnissen erhobenen beiden Gesellschaftsmodelle ist gewiß kein Zufall, denn die beiden Ideologien stammen aus den staatsinternen Konflikten zwischen zwei verschiedenen sozialen Klassen der Industriegesellschaften. Aber mit der Eroberung des Staatsapparates eines großen Reiches durch Anhänger eines Glaubensbekenntnisses, das im Namen der machtschwächeren Klassenkampfgruppen konzipiert und ausgearbeitet wurde, veränderte sich die Funktion dieses Glaubensbekenntnisses. Es verlagerte sich von der innerstaatlichen auf die zwischenstaatliche Ebene; aus einer Ideologie staatsinterner Klassenkonflikte wurde eine Ideologie internationaler Staatskonflikte. Wie zu erwarten, beschränkte sich diese Umfunktionalisierung einer staatsinternen Klassenkampfideologie zu einer quasi-nationalen Staatenkampfideologie nicht auf die eine Seite. Auch die Ideologie der anderen Seite wurde nun aus einem vorwiegend staatsinternen zu einem quasi-nationalen Glaubensbekenntnis einer ganzen Staatsbevölkerung oder jedenfalls ihrer Führungsgruppen. Diese Umfunktionalisierung von ideologischen Waffen des Klassenkampfes zu ideologischen Waffen des Staatenkampfes trug nicht wenig zum Anheizen der Spannungen und Konflikte auf der zwischenstaatlichen Ebene bei. Man könnte sich fragen, ob das russische Reich und die Vereinigten Staaten auf der gegenwärtigen Entwicklungsstufe nicht auch dann die beiden mächtigsten Staaten der Erde und als solche Rivalen geworden wären, wenn der russische Industrialisierungs- und Modernisierungsprozeß entsprechend dem kapitalistischen Modell vonstatten gegangen wäre. Wenn man dieses Gedankenexperiment durchführt, dann erkennt man leicht, daß zwar in diesem Falle die Dynamik des Monopolmechanismus die beiden Großmächte mit aller Wahrscheinlichkeit ebenfalls gegeneinander getrieben hätte, aber ein entscheidender Umstand wäre dann anders gewesen. Die Führungskader der beiden Gesellschaften hätten sich dann im Falle eines Konflikts nicht notwendigerweise mit sozialer und vielleicht auch physischer Vernichtung bedroht. Wie sehr sie auch durch die Dynamik der zwischenstaatlichen Hegemonialkämpfe gegeneinander getrieben worden wären, sie hätten als Kapitalisten die gleiche Ideologie, den gleichen sozialen Glauben miteinander geteilt. Aber auf Grund der Verwandlung von innerstaatlichen Klassenkampfparolen in zwischenstaatliche nationale Ideologien bedeutet die kriegerische Spannung zwischen den beiden Großmächten die gegenseitige Bedrohung aller Führungskader der beiden Mächte mit völliger Vernichtung. Die Kommunisten drohen im Falle ihres Sieges ein kommunistisches Regime in Amerika einzuführen, die amerikanischen Kapitalisten im Falle eines Sieges in Rußland ein kapitalistisches Regime. Und da beide Seiten von ihren Ideologien getrieben zugleich das Bild ihrer sozialen und ihrer physischen Vernichtung vor Augen haben, stellen sie beide füreinander eine tödliche Bedrohung dar.

Den Gegensatz zwischen den beiden Großmächten versucht man heute im wesentlichen dadurch zu erklären, daß die Amerikaner eine kapitalistische und die Russen eine kommunistische Gesellschaftsverfassung haben. Aber die Verschiedenheit der internen Gesellschaftsverfassung allein kann kaum das Ausmaß der Feindschaft und die gegenseitige Bedrohung mit Vernichtung erklären; wäre diese Verschiedenheit allein dafür verantwortlich, könnte man wirklich sagen: laßt die Russen ihren kommunistischen Staat aufbauen und die Amerikaner ihren kapitalistischen. Wenn sie nichts als das tun, ist es nicht recht einzusehen, warum sie einander stören sollten.

Man kommt der Erklärung für das Ausmaß und die Unerbittlichkeit der Feindschaft bereits etwas näher, wenn man in Rechnung stellt, daß die Verschiedenheit der Gesellschaftsstrukturen sich mit einer religionsartigen Verschiedenheit des sozialen Glaubens verbindet, also mit Verschiedenheiten der religionsartig verfestigten sozialen Ideologien. Sie treibt sowohl die Russen als auch die Amerikaner dazu an, ihre in Wirklichkeit noch recht unvollkommenen Gesellschaftssysteme jeweils als das ideale, das beste Gesellschaftssystem der Welt hinzustellen und es als eine Art nationaler Mission zu betrachten, ihrem Gesellschaftssystem und ihrem sozialen Glauben in möglichst vielen anderen Staaten zur Vorherrschaft zu verhelfen. Dabei haben die Russen als Missionare für die Ausbreitung ihres eigenen Gesellschaftssystems einen gewissen Vorteil vor den Amerikanern, weil sie ein autoritatives Buch und eine darin niedergelegte Prophezeiung besitzen, die ihnen verspricht, daß ihrem Gesellschaftssystem und ihrem Glauben die Zukunft gehört; beide, so steht geschrieben, werden sich unausweichlich über die Welt hin ausbreiten. Gewiß wissen in Rußland wie in Amerika viele Menschen, daß die gesellschaftliche Realität ihres Landes große Mängel aufweist und von dem

Idealbild durch eine weite Kluft getrennt ist. Aber zugleich verankert sich teils durch Erziehung, teils durch Propaganda und soziale Kontrolle der Glaube an den unvergleichlichen Wert und die Endgültigkeit hier des kommunistischen, dort des kapitalistischen Systems tief in der Persönlichkeitsstruktur der darin lebenden Menschen als integraler Bestandteil ihrer nationalen Identität, für die es sich lohnt, wenn nötig sein Leben einzusetzen und zu sterben.

Die Eskalation des Doppelbinders, der die beiden Großmächte gegeneinander treibt, ist unter anderem deshalb so schwer unter Kontrolle zu bringen, weil die religionsartige emotionale Verankerung der sozialen Ideologien dem im Wege steht. Eine gelassenere Handhabung des sozialen Glaubens ist sicherlich einer der Schlüssel zur Lockerung der Doppelbinder-Falle. Militärische ohne ideologische Abrüstung genügt nicht. Wenn es keinen großen Krieg gibt, müssen Kapitalisten und Kommunisten noch lange miteinander leben und sich dabei ändern. Denn weder Kapitalismus noch Kommunismus ist ein Endzustand.

Ich glaube nicht, daß die Soziologen ihren Beitrag zu einer Bewältigung der großen Gefahr, in der wir uns befinden, liefern können, solange sie selbst intellektuell und emotional Gefangene der ideologischen Zwickmühle und damit des großen Doppelbinders sind. Das gelassene soziologische Studium der Ideologien und Doppelbinder-Fallen verlangt selbst ein gewisses Maß an Distanzierung.

Anmerkungen

1 N. Elias, *Idee und Individuum. Ein Beitrag zur Philosophie der Geschichte*. Auszug aus einer Schrift zur Erlangung der Doktorwürde, vorgelegt von Norbert Elias im Januar 1924. Vgl. Anm. 3 und 4.

2 N. Elias, »Problems of Involvement and Detachment«, in: *British Journal of Sociology* VII (1956) 3, S. 226-252. Dieser Aufsatz bildet den ersten Teil einer umfassenderen Arbeit, die unter dem Titel *Distanzierung und Engagement*, Frankfurt/M. 1983, erschienen ist.

3 Nur ein kurzer Auszug aus dem Jahre 1924 ist gedruckt worden und erhalten geblieben. Fertiggestellt war die Arbeit im wesentlichen schon im Juli 1922, mußte dann aber – als Konzession an Hönigswalds Tran-

szendentalismus, von dem ich mich ziemlich radikal entfernt hatte – in einigen Punkten geändert werden.

4 Mehr als 56 Jahre später, im Juli 1980, kam mir die Schrift wieder zu Gesicht. Herr Dr. Peter Ludes hatte entdeckt, daß der gedruckte Auszug in der Universitätsbibliothek von Breslau noch vorhanden ist. Auf seine Anfrage hin sandten ihm die polnischen Behörden freundlicherweise einen Abdruck; er seinerseits hatte die Freundlichkeit, mir eine Kopie zu schicken.

Ich begegnete mir selbst, der alte Mann dem jungen Mann, der er selbst einmal war, nicht ohne einen gewissen Schock. Auf der einen Seite erkannte ich mich wieder; ich fand, mit einigem Erstaunen, daß ich mich als 27jähriger bereits mit Problemen beschäftigte, um die es mir später auch beim Schreiben von *Über den Prozeß der Zivilisation* (Bern ^{2}1969, Frankfurt/M. 1976) ging und dann immer von neuem, etwa in dem Aufsatz »Über die Struktur ungeplanter Prozesse« (1975), also um eine Theorie gesellschaftlicher Prozesse.

Schon in der Doktorarbeit beschäftigte mich offenbar bereits das, was ich später »die Ordnung des Nacheinander« nannte, also die spezifische Ordnung, innerhalb deren eine jeweils spätere Gegebenheit aus einer spezifischen Abfolge früherer hervorgeht. Ich stellte mir auch damals schon Fragen, die mich noch heute aufs intensivste beschäftigen, also z. B. die Frage, wie eine spätere Staatsform aus einer früheren und diese ihrerseits aus einer noch früheren hervorgeht und warum das der Fall ist, oder wie eine spätere aus einer früheren Wirtschaftsform, eine spätere aus früheren Wissensformen und, allgemeiner, spätere aus früheren Formen des gesellschaftlichen Zusammenlebens der Menschen entstehen. Auch das Problem des Verhältnisses von physikalischer und sozialer Zeit war schon da, das später in dem Essay »Über die Zeit« (in: *Merkur* XXXVI (1982) 9 und 10, S. 841-56 und S. 998-1016) eine so zentrale Rolle spielen sollte.

Aber auf dieser frühen Stufe meines Lernprozesses hatte ich kein anderes als ein philosophisches Handwerkszeug zu meiner Verfügung, um solche Probleme in den Griff zu bekommen. Das Nacheinander von Stufen der Gesellschaftsentwicklung, deren Substrat, wie ich es jetzt sagen würde, fünfdimensionale Menschen aus Fleisch und Blut sind, stellte sich mir noch als eine Abfolge von Denkgebilden dar. Ich fragte nach dem dialektischen Prozeß – vermutlich im Anklang an das bekannteste Prozeßmodell, das einem Philosophiestudenten zur Verfügung stand: an das Hegelsche –, in dem ein Urteil *C ist D* aus einem Urteil *A ist B* folgen könne. Noch unterschied ich nicht deutlich zwischen ›Prozeß‹ und ›System‹, aber es stand schon da, daß das geschichtliche Faktum Funktion seiner Stellung innerhalb dieses Prozesses ist, und es wurde auf etwas hingewiesen, was noch heute nicht oft genug ausgesprochen wird – auf die Tatsache, daß im Erleben der Menschen nicht allein das, was früher geschah, als Grund für das, was später vor sich geht, für seine Folgen, angesetzt werden kann, sondern daß zugleich auch in der Erfahrung der Späterkommenden selbst das, was jeweils später geschah, die ›Folgen‹, auf den Sinn, in dem das, was früher geschah, erlebt wird, auf den Sinn der ›Gründe‹, zurückwirkt und ihn seinerseits mitbestimmt. Es verhält sich ja in der Tat so, daß, sagen wir, die sogenannte Neuzeit nicht allein aus der anderen, die wir Mittelalter nennen, hervorging, sondern daß zugleich auch der Sinn, in dem wir dieses Mittelalter erleben, durch die Tatsache, daß die Neuzeit aus ihm hervorging, und durch den Sinn, in dem wir diese Neuzeit erleben, mitbestimmt wird. Zum ›Mittelalter‹ wurde diese Periode ja erst von der Neuzeit her betrachtet, und um die Neuzeit zu verstehen, ist es nötig, das Mittelalter so zu sehen, wie es war, ehe es eine Neuzeit gab; so wie es nützlich ist, in Gedanken diese Neuzeit mit den Augen derer zu sehen, für die sie ›Mittelalter‹ geworden ist und vielleicht sogar ein noch recht wenig zivilisiertes Mittelalter – eine nützliche Gedankenübung für heute Lebende, gleichgültig ob diese andere Neuzeit kommt oder nicht.

Gewiß ist es nicht ganz leicht, beim Lesen des Auszugs die früheren Gedanken aus dem erschreckenden philosophischen Idiom in eine klare Sprache zu übersetzen. Auch zeigt sich deutlich in diesem Auszug, wo ich der kategorischen Ablehnung einer meiner zentralen Thesen durch den Doktorvater mit Hilfe einer Kompromißformel zu begegnen suchte. So wies ich im letzten Absatz darauf hin, daß, wie ich es ausgeführt hatte, jede einzelne Idee als Folge aus Gründen hervorgeht und »somit auch selbst der Gesetzlichkeit des dialektischen Prozesses unterworfen sein kann«; aber ich fügte hinzu, daß »die Idee der Geltung als Prinzip des dialektischen Prozesses dessen Bewegung enthoben ist«. In diesem letzten Satz machte ich also meine Verbeugung vor dem philosophischen Fetisch des Geltungsbegriffs, der ganz gewiß wie jeder andere Begriff seine Stelle im Prozeß der menschlichen Denkentwicklung besitzt und erst durch seine Funktion in dieser Ordnung des Nacheinander verständlich wird, der aber Philosophen, den säkularisierten Erben theologischer Denkweisen, oft als Symbol ihres eigenen Ewigkeitsanspruchs, ihres eigenen Schwebens über dem unaufhörlichen Fluß der Entwicklung, dient.

Es war sicherlich nicht einfach, sich aus der Gebundenheit an dieses stark ritualisierte philosophische Idiom des Denkens mit seinem Zwang, Prozesse gedanklich auf Zustände zu reduzieren, und seinem festgefügten Argumentiersystem zu befreien. Als ich diesen Auszug aus meiner Dissertation las, kam ich mir vor wie der Reiter über den Bodensee. Ohne volles Bewußtsein der Gefahr war ich ihr entronnen.

5 Siehe N. Elias, *Über den Prozeß der Zivilisation*, a.a.O. Bd. 1.

6 K. Mannheim, *Wissenssoziologie*, Berlin/Neuwied 1964 (Soziologische Texte, Bd. 28), S. 566 ff.
7 N. Elias / J. L. Scotson, *The Established and the Outsiders*, London 1965, S. 53.
8 Siehe N. Elias, *Über den Prozeß der Zivilisation*, a.a.O. Bd. 2.

Johan Goudsblom
Die Erforschung von Zivilisationsprozessen*

I

Der Begriff ›Zivilisationsprozeß‹, wie er von Norbert Elias in *Über den Prozeß der Zivilisation* benutzt ist, enthält ein weitreichendes Forschungsprogramm. Obgleich dieser Begriff seiner Herkunft wegen oft Mißverständnisse und Widerstände hervorruft, hat er doch als theoretisches Konzept einen entscheidenden Vorteil: er richtet unsere Aufmerksamkeit auf einige Grundtatsachen des menschlich-gesellschaftlichen Lebens und weist zudem von vornherein auf den Zusammenhang zwischen diesen Tatsachen hin.

Die Tatsachen als solche sind in ihrer Allgemeinheit wohlbekannt. Es handelt sich zunächst um die Feststellung, daß jeder Mensch von seiner Geburt an eine soziopsychische Entwicklung durchmacht, in deren Verlauf er sich bestimmte motorische und sensorische Fähigkeiten, bestimmte Erkenntnisse, bestimmte Gewohnheiten zu eigen macht. Diese Entwicklung setzt zwar einen biologischen Reifeprozeß voraus, sie wäre jedoch nicht möglich ohne eine andere, für Menschen nicht weniger *natürliche* Voraussetzung: die Angewiesenheit auf andere Menschen, von denen der Einzelne lernt, wie er sich zu benehmen hat, wie er sein Verhalten steuern kann und muß. Gehen, sitzen, jagen, kochen, sprechen, schreiben – dies alles sind Verhaltensweisen, für die die Möglichkeit in der genetischen Struktur der Menschen, in ihrer ›Natur‹ angelegt ist. Ob, wie und inwieweit jeder Einzelne diese Möglichkeiten nutzt, hängt jedoch in hohem Maße von den Mustern ab, mit denen er als Mitglied sozialer Gruppen in Berüh-

* Überarbeiteter Text der Eröffnungsansprache anläßlich des von der Arbeitsgruppe Figurationssoziologie des Vereins niederländischer Soziologen und Anthropologen veranstalteten Kongresses über ›Zivilisationsprozesse und Zivilisationstheorien‹, Amsterdam, 17.-18. Dezember 1981. Ein kommentierter Bericht von diesem Kongreß von Nico Wilterdink, »Die Zivilisationstheorie im Kreuzfeuer der Diskussion«, findet sich auf S. 280-304 in diesem Band. Ich danke Peter Gleichmann für seine Anregungen zur Überarbeitung. Übersetzt von Hes Godschalk-Hessenauer.

rung kommt – oder, genauer gesagt, von den in diesen Gruppen entwickelten gesellschaftlichen Codes oder Standards.

Im Zusammenleben mit anderen Menschen, als Mitglied sozialer Gruppen lernt der Einzelne, bestimmte Dinge zu können und daran seine Freude zu haben. Andere Dinge lernt er dagegen zu meiden, als gefährlich oder als ungebührlich (was im gesellschaftlichen Verkehr oft die furchtbarste Form von ›gefährlich‹ ist). Manche dieser Codes übernimmt der Einzelne beinahe wie von selbst, andere, indem er sich bewußt darum bemüht. Manche lernt er spielend, mit Vergnügen, andere unter Zwang, mit Widerwillen und unter Konflikten.

Diese ganze Entwicklung, in deren Verlauf sich der einzelne Mensch gesellschaftliche Standards zu eigen macht, die Teil seines Verhaltens-, Gedanken- und Gefühlsrepertoires, seiner Persönlichkeit werden, ist in der sozialwissenschaftlichen Literatur unter vielen Namen bekannt: als Sozialisation, Enkulturation, Persönlichkeitsbildung. Man kann hier auch mit Elias von einem Zivilisationsprozeß sprechen: dem Prozeß, in dessen Verlauf Menschen sich als soziale Individuen entwickeln, sich anhand der gesellschaftlichen Standards, mit denen sie in Berührung kommen, ein Repertoire an Verhaltens-, Empfindungs- und Denkweisen zu eigen machen.

Dies ist die erste Feststellung, die erste Tatsache, die in dem Begriff ›Zivilisationsprozeß‹ als theoretisches Konzept verarbeitet ist. Hieraus folgt beinahe wie von selbst eine zweite. Die gesellschaftlichen Standards, nach denen der Einzelne sein Verhalten zu steuern lernt, bilden nämlich keinen gleichbleibenden Bestand. Was Menschen in einer bestimmten Gesellschaft in einer bestimmten Zeit wissen und können, was sie anderen und sich selbst zugestehen, was sie wertschätzen oder mißbilligen und als peinlich, anstößig oder unschicklich erfahren, das steht nicht ein für allemal fest, ist kein unabänderlicher Tatbestand. All dies hängt aufs engste mit dem Gesamtstand der gesellschaftlichen Entwicklung zusammen; dieser bedingt auch die Gefahren, denen die Menschen ausgesetzt sind, und die ihnen entsprechenden Ängste.

Die Entwicklung der sozialen Codes ist für gewöhnlich weniger direkt erkennbar als die soziopsychische Entwicklung, die der Einzelne, vor allem während seiner Jugendzeit, durchmacht. Je differenzierter eine Gesellschaft ist, desto differenzierter stellen sich auch die Entwicklungsprozesse von Verhaltensstandards dar, und desto schwieriger und weniger eindeutig lassen sich diese erfassen. Dennoch ist es nicht unmöglich, solche längerfristigen Entwicklungen zu dokumentieren, wie Elias in *Über den Prozeß der Zivilisation* dies anhand europäischer Tisch- und Hofsitten und anderer Materialien getan hat.

Auch hier handelt es sich um eine soziopsychische Entwicklung, wenn auch um eine Entwicklung, die sich nicht auf den individuellen Lebenslauf beschränkt. Für jede Gesellschaft wie auch für jede Klasse, Schicht oder Berufsgruppe innerhalb einer Gesellschaft gilt, daß die jeweiligen Codes, nach denen ihre Mitglieder ihr Leben ausrichten, derzeitige Ergebnisse langfristiger Zivilisationsprozesse darstellen – langfristiger Prozesse, in denen sich allerdings auf kürzere Frist manchmal tief einschneidende Wendungen unterscheiden lassen. Solche gesellschaftlichen Zivilisationsprozesse zu untersuchen – das heißt: ihre Richtung und ihre Schwankungen dokumentarisch darzustellen und zu erklären – ist eine nicht weniger wichtige und fesselnde wissenschaftliche Aufgabe als die Erforschung von Sozialisationsprozessen, die sich auf der Ebene eines einzelnen Menschenlebens abspielen.

Die oben erwähnten Begriffe ›Sozialisation‹ und ›Enkulturation‹ erweisen sich als unzureichend, um diese zweite Ebene von Zivilisationsprozessen zu erfassen. Sie werden in der sozialwissenschaftlichen Literatur gewöhnlich als »das Erlernen und Erwerben der Kultur der eigenen Gesellschaft« definiert. Diese Definition widerspiegelt den herkömmlichen Gegensatz zwischen ›Individuum‹ und ›Gesellschaft‹, wobei die in der Gesellschaft geltenden Werte und Normen als Gegebenheiten betrachtet werden, ohne daß ihre Entstehung, ihre Soziogenese, einer eingehenden Untersuchung unterworfen wird. Gerade das letzte ist jedoch der Kern des Forschungsprogramms bei der Erforschung von Zivilisationsprozessen in dem hier gemeinten Sinn.

Es kommt dabei jedoch noch etwas Wichtiges hinzu. So wie unsere erste Feststellung über Zivilisationsprozesse auf der Ebene des individuellen Lebenslaufs fast automatisch zu der zweiten über die Ebene der gesellschaftlichen Entwicklung führte, so führt auch diese unwillkürlich zu einer dritten. Liegt es doch überaus nahe, daß die Standards des Tuns und Lassens, des Fühlens und Denkens, die in einer Gesellschaft entwickelt wurden, auf früheren Standards beruhen, Fortsetzungen von diesen oder Reaktionen auf sie darstellen. Ein absoluter Anfangspunkt läßt sich dabei nirgendwo ausmachen. So wie jeder individuelle Zivilisationsprozeß Teil der Entwicklung einer bestimmten Gesellschaft ist, so ist auch der Zivilisationsprozeß jeder Gesellschaft Teil eines Zivilisationsprozesses, der die ganze Menschheit umspannt. Bei letzterem handelt es sich freilich um einen noch viel umfassenderen und differenzierteren Prozeß, der sich gewiß nicht so ohne weiteres in einem universell gültigen Schema aufeinanderfolgender Stufen unterbringen läßt.

Das schließt jedoch nicht aus, daß es bestimmte Kollektiverfahrungen gibt, die der Menschheit nicht dank ihrer biologischen Struktur, sondern kraft ihrer kulturellen Eigentümlichkeiten gemein sind, zum Beispiel die Ausrüstung mit so grundlegenden Dingen wie Feuer, Kleidung, Gebrauchsgegenständen aus Stein, Knochen oder Holz, die bis in jede Gesellschaft und damit in das Verhaltensrepertoire der Mitglieder aller Gesellschaften vorgedrungen sind. Von einem menschlichen Leben ohne diese Errungenschaften können wir uns kaum noch eine Vorstellung machen. Doch würde es sich lohnen – besonders im Hinblick auf die Domestizierung des Feuers, diese ›kulturelle Ur-Leistung‹, durch welche Menschen sich von allen anderen Tieren unterscheiden –, sowohl auf ihre sozialen, technischen und emotionalen Bedingungen als auch auf die weitreichenden Folgen dieser Leistung näher zu befragen.

Wichtig ist auch die Frage, inwieweit die zivilisatorische Entwicklung der Menschheit als ein zwar stark differenzierter, aber dennoch einheitlicher Prozeß zu verstehen ist. Es gibt genügend Belege dafür, daß sich schon in ziemlich frühen Stadien der Geschichte sehr weitreichende Interdependenzen zwischen verschiedenen Gesellschaften entwickelt haben, die für die Erklärung der Lebensführung in den einzelnen Gesellschaften von unermeßlicher Bedeutung sind. Insbesondere die Herausbildung großer militär-agrarischer Reiche in der sogenannten Bronzezeit und später das Aufkommen mächtiger militär-industrieller Staaten sind in diesem Rahmen von außerordentlicher Wichtigkeit, da sie kaum zu unterschätzende und nachhaltige Rückwirkungen zur Folge hatten, weit über ihre Grenzen hinaus – bis in Gesellschaften, deren auffälligstes Merkmal für ihre Besucher oft ihre ›Isolierung‹ darstellte.

Vor allem erinnert der Hinweis auf diese dritte Ebene uns daran, daß kein gesellschaftlicher Zivilisationsprozeß sich *in vacuo*, ohne Bezug auf andere, frühere und zeitgenössische Zivilisationsprozesse vollzogen hat. Bei jeder Frage, die im Zusammenhang mit den beiden anderen Ebenen auftaucht, muß man im Auge behalten, daß sich jeder individuelle oder gesellschaftliche Zivilisationsprozeß innerhalb eines viel umfangreicheren, die ganze Menschheit umfassenden Zivilisationsprozesses vollzieht und aus diesem hervorgeht.

2

Soweit ganz kurz und skizzenhaft einige Bemerkungen und Überlegungen zu den Tatsachen und Feststellungen, auf Grund deren wir von Zivilisationsprozessen auf mindestens drei zu unterscheidenden Ebenen sprechen können. Inwieweit und unter welchen Gesichtspunkten sind diese drei Ebenen im einzelnen wahrgenommen und in ihrem wechselseitigen Zusammenhang untersucht worden? Es wäre interessant, diese Frage in einer Entwicklungsperspektive zu beantworten und zu verfolgen: wie sich nach und nach das Denken über jede dieser drei Ebenen entwickelt hat, sagen wir einmal von Hesiod bis heute. Ich will mich hier jedoch auf den heutigen Stand der Erkenntnis beschränken. Wie steht es mit der wissenschaftlichen Theoriebildung auf diesem Gebiet? Ein paar Namen sollen hier genügen, um einen schnellen Überblick zu verschaffen. Bei Zivilisationsprozessen auf der Ebene der individuellen Entwicklung führt die Spur geradewegs zur Psychoanalyse, zur Entwicklungspsychologie und zur Sozialpsychologie. Die wichtigsten Namen, die sich uns hier unmittelbar aufdrängen, sind Freud und Piaget.[1]

Auf der dritten Ebene – um diese vorwegzunehmen –, der Entwicklung der Menschheit als ganzer, stoßen wir an erster Stelle auf die Anthropologie und deren wichtigste theoretische Perspektiven, den Evolutionismus und den Diffusionismus (wobei ich es dahingestellt sein lasse, ob der Diffusionismus nicht eine Variante des Evolutionismus darstellt), ferner auf die Ethologie und Soziobiologie – Disziplinen, denen bis jetzt vielfach noch spekulative Ideen über die frühesten Phasen der menschlichen Entwicklung entstammen. So einsam herausragende Persönlichkeiten wie Freud und Piaget fehlen in diesem Zusammenhang; Namen wie

Leslie White, Elman Service oder Edward Wilson, um nur einige der bekanntesten zu nennen, zeigen, wie umstritten die Theoriebildung hier noch ist.[2] Die Beiträge von Soziologie und Geschichte beschränken sich auf das Werk einiger weniger, wie zum Beispiel Gerhard Lenski und vor allem William McNeill, die jedoch im allgemeinen mehr Interesse für die makro-sozialen als für die soziopsychischen Aspekte der Entwicklung zeigen.[3]

Letztere finden hingegen wieder stärkere Beachtung bei Untersuchungen auf der (wie ich sie hier einmal nennen möchte) mittleren Ebene, der Entwicklung bestimmter Gesellschaften in bestimmten Perioden. So ist z. B. sehr viel über die soziopsychischen Aspekte von ›Modernisierungsprozessen‹ geschrieben worden. Aber wer, um einige willkürliche Beispiele herauszugreifen, *Peasants into Frenchmen* von dem Historiker Eugen Weber, *The Lonely Crowd* von dem Soziologen David Riesman und *Becoming More Civilized* von dem Sozialpsychologen Leonard Doob miteinander vergleicht, stößt auf erhebliche Unterschiede im Ansatz und in der theoretischen Perspektive.[4] Frühere, theoretisch orientierte Kulturhistoriker wie Buckle und Lamprecht wurden mit Recht wegen ihres zu szientistischen Einschlags kritisiert. Sie haben denn auch keine Nachfolger gefunden.[5] Die Tradition der sogenannten Sitten- oder Kulturgeschichte ist noch immer durch einen ausgesprochenen Sinn für das Eigenartige und Pittoreske gekennzeichnet und weniger durch eine klare theoretische Orientierung. Auch das wachsende Interesse für Mentalitätsgeschichte und historische Psychologie hat noch nicht zu einer deutlichen, kumulativen Theoriebildung auf dieser mittleren Ebene geführt.

Alles in allem ist die Erforschung von Zivilisationsprozessen in Fachgebiete unterteilt und innerhalb der einzelnen Fachgebiete – unter dem Einfluß einiger überragender Persönlichkeiten – oft auch noch stark personengebunden.

3

In diesem Beitrag konzentriere ich mich auf die oben als solche bezeichnete mittlere Ebene; Ausgangspunkt ist dabei vor allem Norbert Elias' Studie *Über den Prozeß der Zivilisation*, die eine Phase der europäischen Entwicklung behandelt. Von einer inhaltlichen Zusammenfassung dieser Arbeit will ich hier absehen – ich nehme an, daß eine solche sich inzwischen auch erübrigt. Es geht mir hier in erster Linie um das in diesem Buch enthaltene Forschungsprogramm, um die Frage, wie dieses Werk zu einer theoretisch einheitlicheren Forschungsarbeit auf dem Gebiet von Zivilisationsprozessen beitragen kann; einer Forschungsarbeit, an der Anthropologen, Historiker, Psychologen, Soziologen und andere Sozialwissenschaftler in gleichem Maße teilhaben können.

Der grundlegende Gedanke, der alle Beobachtungen und Folgerungen in *Über den Prozeß der Zivilisation* durchzieht und miteinander verbindet, ist der der *Interdependenz*. Menschen sind durch unzählige und die verschiedensten Interdependenzen – angefangen bei familiären bis zu zwischenstaatlichen Beziehungen – miteinander verflochten; sie bilden soziale *Figurationen*, und die Gestalt dieser Figurationen bestimmt in hohem Maße ihre individuelle Lebensführung. Die Figurationen sind immer im Fluß, und somit müssen auch die jeweils in einer Figuration vorherrschenden Codes des Verhaltens und Empfindens in ihrem Prozeß- und Entwicklungscharakter, als ›werdend und geworden‹ verstanden und erklärt werden – das heißt, man muß ihre *Soziogenese* erforschen. Eine wichtige Folgerung aus Elias' Untersuchungen, die zugleich als Leitfaden für die weitere Forschungsarbeit dienen kann, ist die Feststellung, daß diese Soziogenese sich langfristig betrachtet als ein *relativ autonomer* Prozeß erweist. In Europa hat sich über mehrere Jahrhunderte hinweg eine Zivilisationsbewegung mit einer bestimmten Struktur und Richtung vollzogen, die sich weder aus irgendeinem menschlichen Plan noch aus der Wirkung irgendeiner Naturkraft erklären läßt.

Vor diesem Hintergrund stellt uns die Erforschung von Zivilisationsprozessen vor einige spezifische, aber eng miteinander zusammenhängende Aufgaben. Es liegt auf der Hand, daß jede Forschungsarbeit in diesem Bereich eine präzise *Beschreibung* dokumentarisch nachweisbarer Veränderungen im Verhalten und Empfinden verlangt. Dazu kommt das umfassendere Problem der *Diagnose*, der Frage, ob und wie sich die einzeln festgestellten Veränderungen als regelmäßige Aufeinanderfolge von Veränderungen begreifen, ob und wie diese sich in Veränderungsserien oder Entwicklungen einordnen lassen. Die Arbeit bleibt unvollständig, wenn nicht auch Überlegungen zur *Erklärung* der wahrgenommenen Prozesse angestellt werden. Im folgenden will ich kurz auf die verschiedenen Forschungsaufgaben des Beschreibens, des Diagnostizierens und des Erklärens eingehen – ohne damit jedoch suggerieren zu wollen, daß diese Reihenfolge einer zwingenden Aufeinanderfolge von Schritten in der eigentlichen Forschungsarbeit entspricht.

4

Auf die Probleme des Beschreibens will ich hier nur ganz kurz eingehen. Nicht daß diese Probleme so einfach wären. Im Gegenteil, wir stehen dabei zugleich vor dem Problem geeigneter Indikatoren: auf welche Phänomene müssen wir unsere Aufmerksamkeit richten, wenn wir Zivilisationsprozesse erforschen wollen? Schon auf der Ebene der individuellen Entwicklung bereitet diese Frage einige Schwierigkeiten; auf der Ebene der gesellschaftlichen Entwicklungen ist das Feld noch um vieles schwieriger zu übersehen. Doch zeigt Elias' Beschreibung der sich wandelnden Tischsitten und besonders der Einführung und Verbreitung der Gabel als Eßinstrument, daß es möglich ist, langfristige Veränderungen der Verhaltens- und Gefühlsstandards deutlich zu belegen.

Bei jeder Untersuchung stellt sich das Problem der Gültigkeit und Zuverlässigkeit des Quellenmaterials. Enthalten die Beschreibungen von Verhaltensweisen und Gefühlsäußerungen, die wir vorfinden, keine Verzerrungen – sei es durch eine idealisierende ›Wir‹-Perspektive, sei es durch eine herabwürdigende ›Sie‹-Perspektive? Bei der Benutzung historischer Quellen muß man selbstverständlich ermitteln, mit welcher Absicht und zu welchem Zweck sie verfaßt wurden, ob und inwieweit man es mit tendenziösen Entstellungen, Angst- oder Wunschvorstellungen zu tun hat – und für beziehungsweise gegen welche Menschen oder Gruppen von Menschen Stellung bezogen wird. So ergibt sich zum Beispiel die Frage, ob nicht manche klerikalen Chronisten im Mittelalter ein stark überzeichnetes Bild von der Kriegslüsternheit der Ritter vorlegten, das ihrem Kampf gegen den Kriegsadel entsprach. Mit ihrer Betonung von Interdependenzen und Machtverhältnissen kann gerade Elias' Theorie uns dazu verhelfen, diese Probleme deutlicher ins Visier zu bekommen; sie gibt uns zudem die terminologischen Hilfsmittel zu deren Bewältigung in die Hand.

Gleichartige Probleme ergeben sich beim Auffinden von neuem Material, das sich auf andere Gesellschaften oder andere soziale Schichten bezieht als die, die Elias in seine Untersuchungen einbezogen hat. Eine zusätzliche Schwierigkeit ist das Fehlen schriftlicher Quellen (bei schriftlosen Völkern); für die Erforschung von langfristigen Wandlungen der Verhaltens- und Gefühlsstandards stellt dies ein großes Hindernis dar. Man muß sich hier vor allem auf prä-anthropologische Literatur verlassen, auf Berichte von Entdeckungsreisenden und Missionaren; diese Literatur ist, trotz ihrer nach heutigem Standard manchmal recht eigenartig anmutenden Bewertungen, oft von erstaunlichem Reichtum.

5

Die Probleme des Beschreibens führen unmittelbar zu Problemen des Diagnostizierens, zu der Frage, welche Schlußfolgerungen sich hinsichtlich der Veränderungen in der Persönlichkeitsstruktur aus dem gefundenen und gewogenen Material ziehen lassen. Es versteht sich von selbst, daß es hierbei, der soziogenetischen Fragestellung entsprechend, um Veränderungsabfolgen, um Entwicklungen geht. Gegenstand der Untersuchungen sind Entwicklungen, und die Untersuchungsbefunde werden in Prozeßbegriffen dargestellt. Dem Denken in Begriffen wie ›Kulturform‹ oder ›Persönlichkeitstypus‹ wird somit eine Zeitdimension hinzugefügt.[6]

Die Schlüsse, zu denen Elias in *Über den Prozeß der Zivilisation* kommt, lassen sich unter anderem aus den Kapitelüberschriften der Zusammenfassung im zweiten Band ablesen: Zunahme des gesellschaftlichen Zwangs zum Selbstzwang, Ausbreitung des Zwangs zur Langsicht, Verringerung der Kontraste und Vergrößerung der Spielarten, Dämpfung der Triebe, Psychologisierung und Rationalisierung, Vorrücken der Scham- und Peinlichkeitsschwelle. Dies alles sind Prozesse.

Das erste, was wir uns angesichts dieser Liste fragen können, ist, was wir uns unter diesen Entwicklungen konkret vorzustellen haben und ob das Quellenmaterial diese Schlußfolgerungen hinreichend stützt – Fragen, die also den empirischen Gehalt betreffen. Wir können uns auch fragen, wie die verschiedenen Schlußfolgerungen gedanklich miteinander zusammenhängen – eine

Frage, die mehr auf Systematisierung abzielt. Wichtiger noch ist das Problem der Reichweite: wie groß ist der Geltungsbereich der gezogenen Schlußfolgerungen? Auf welche Aspekte der Persönlichkeit treffen sie zu? Ist nicht in bestimmten Lebensbereichen die »Vergrößerung der Spielarten« so weit fortgeschritten, daß der »gesellschaftliche Zwang zum Selbstzwang« dadurch gerade wieder abnimmt? Man denke hierbei an den Prozeß der »Informalisierung«, auf den vor allem Cas Wouters aufmerksam gemacht hat.[7] Einen nicht weniger wichtigen Knick im europäischen Zivilisationsprozeß des 20. Jahrhunderts stellen die ›Barbarisierungsschübe‹ dar, besonders das Aufkommen des Nationalsozialismus, das zu einem staatlich sanktionierten Zusammenbruch von Zivilisationsstandards führte.

Alles dreht sich dabei um die Frage, ob Abfolgen separat feststellbarer Erscheinungen und Ereignisse eine Entwicklung erkennen lassen, die den Schluß zulassen, daß sich in der Persönlichkeitsstruktur von Gruppen von Menschen Veränderungen in einer bestimmten Richtung vollzogen haben. Man kann diese Frage auf bestimmte Phasen in der Entwicklung Europas konzentrieren und gegebenenfalls auf bestimmte Nationen, Klassen oder Kirchengemeinschaften zuspitzen. Vielversprechend ist auch eine Ausdehnung der Fragestellung auf außereuropäische Gesellschaften, sowohl auf China und Japan, die schon vor geraumer Zeit in das Stadium der Staatsbildung eingetreten sind, als auch auf Gesellschaften, die allenfalls einen rudimentären Prozeß der Staatsbildung durchgemacht haben. (Was die letzteren angeht, müssen wir uns natürlich darüber im klaren sein, daß keine der uns bekannten Gesellschaften sich jeglicher Einflußnahme größerer Reiche und Staaten hat entziehen können.)

Auf alle Fälle erscheint es für die weitere Forschungsarbeit von Nutzen, einigen Mißverständnissen vorzubeugen, die regelmäßig in bezug auf Elias' Diagnose des europäischen Zivilisationsprozesses auftauchen. Die allgemeinste Formulierung, mit der Elias seine Schlußfolgerungen über Wandlungen in der Persönlichkeitsstruktur zusammenfaßt, lautet: die Verhaltenskontrollen werden straffer und differenzierter, oder, etwas anders formuliert, sie werden vielseitiger, stabiler und differenzierter. Es handelt sich hierbei unverkennbar um Prozeßbegriffe, um ›mehr oder weniger‹ oder ›andere‹, aber nicht um ›entweder/oder‹. Nirgendwo wird, wie einige Kommentatoren es verstehen wollen, gesagt, daß

Menschen im Mittelalter überhaupt keine differenzierten Verhaltenscodes gekannt hätten; wir erfahren lediglich, daß die Differenzierung damals weniger weit fortgeschritten war als heutzutage. Und ganz gewiß wird nirgends behauptet, daß Menschen im Mittelalter oder sogenannte ›Primitive‹ über »keinerlei Selbstzwang« oder »keinerlei Affektbeherrschung« verfügten – Aussagen, die, wie absurd sie auch klingen mögen, in wissenschaftlichen Auseinandersetzungen Elias doch gelegentlich unterstellt werden.

Nicht weniger absurd und nicht weniger im Widerspruch zu Elias' stark von der Psychoanalyse geprägter Persönlichkeitstheorie wäre der Gedanke, der auch hin und wieder zu vernehmen ist, daß die zivilisierte Art des Verhaltens in Europa im 20. Jahrhundert »die fortgeschrittenste aller menschenmöglichen Verhaltensweisen« sei. Obwohl Elias diesen Gedanken bereits im Vorwort zu seinem Buch entschieden zurückgewiesen hat, taucht er doch immer wieder in Kommentaren auf und verstellt so der weiteren Forschung den Weg. Das gleiche gilt für den Vorwurf, Elias' Diagnose des europäischen Zivilisationsprozesses verrate eine teleologische Tendenz; auch diese Kritik steht in krassem Widerspruch zu der von Elias selbst wiederholt betonten Aussage, daß der europäische Zivilisationsprozeß zwar eine Richtung und eine Struktur erkennen lasse, daß dessen Verlauf jedoch keinerlei vorherbestimmtem Plan oder irgendeinem beabsichtigten Ziel entspreche.

6

Die Feststellung, daß Zivilisationsprozesse längerfristig einen relativ autonomen, von niemandem geplanten oder beabsichtigten Verlauf aufweisen, leitet unmittelbar zu den Problemen des Erklärens über. Mit ›Erklären‹ meine ich nicht eine Art nachträglicher Voraussage, die angesichts der wahrgenommenen Entwicklungen konstatiert, letztere hätten so und nicht anders verlaufen müssen. Worum es mir hier geht, ist das Aufdecken von Zusammenhängen, das Sichtbarmachen der Bedingungen, unter denen sich diese Entwicklungen vollzogen haben.

Ein Schlüsselwort in diesem Zusammenhang ist, wie gesagt, der Begriff Soziogenese. Die Einsicht, daß Wandlungen in der Persönlichkeitsstruktur *soziogenetisch* erklärbar sind, ist an sich nicht neu. Schon Adam Smith brachte im Grunde denselben Gedanken zum Ausdruck, als er betonte, die wichtigsten Unterschiede zwischen Menschen beruhten nicht auf angeborenen Eigenschaften, sondern stellten die Folge eines gesellschaftlichen Differenzierungsprozesses dar.[8] Smith war gewiß nicht der erste, der hierauf hingewiesen hat, aber er hat es verstanden, diesen Sachverhalt bündig zu formulieren und gleichzeitig seine weitreichende Bedeutung aufzuzeigen. Was er anschaulich machte, war, daß der Prozeß der Arbeitsteilung bis in die soziopsychische Entwicklung eines jeden Menschen hineinreicht. Daß ein Philosoph ein völlig anderer Mensch ist als ein Gepäckträger, mit ganz anderen Fähigkeiten und Empfindsamkeiten, ist primär diesem Prozeß zuzuschreiben.

Ebenso wie die Zwänge und Möglichkeiten, die von der Arbeitsteilung ausgehen, wirken auch die gesellschaftlichen Hierarchie- und Solidaritätsstrukturen auf die Entwicklung eines jeden Menschen ein. Daß ein Zusammenhang zwischen hierarchischen Herrschaftsformen und autoritärer Persönlichkeit besteht, ist seit den Untersuchungen von Fromm, Adorno und vielen anderen bekannt. Die emotionalen Gleichsetzungen mit Solidaritätseinheiten, von der Familie bis zur Kirche und Nation, dürften kaum weniger tiefgreifend sein. Als wichtig gilt festzuhalten, daß die Muster von Arbeitsteilung, Hierarchie und Solidarität Teil der Persönlichkeit der Mitglieder eines sozialen Gebildes werden, die dank dieser Persönlichkeitsstruktur dieses soziale Gebilde aufrechterhalten.

Die Erkenntnis von Adam Smith läßt sich nicht nur auf Unterschiede zwischen einzelnen Menschen anwenden, sondern auch auf die zwischen Gruppen. Auch für große Kollektivitäten gilt: die Richtung, in der sie sich entwickeln, läßt sich nicht aus statisch aufgefaßten Wesensmerkmalen ableiten, sondern nur aus ihrer sich wandelnden Position innerhalb der sozialen Gebilde, der Figurationen, die sie miteinander bilden. Das Umgekehrte – die Entwicklung etwa von verschiedenen Nationen aus unveränderlichen, schon immer dagewesenen Merkmalen dieser Nationen erklären zu wollen – bedeutet eigentlich, die ›Entwicklung‹ zu leugnen. Nehmen wir eines der bekanntesten Beispiele aus der Antike, Athen und Sparta. Die unterschiedlichen Richtungen, in welche diese zwei Gesellschaften – und das meint buchstäblich:

die Athener und die Spartaner als Menschen, als soziale Individuen – sich entwickelt haben, sind nur aus ihrer gegenseitigen Rivalität zu erklären und aus der Tatsache, daß sie in einer entscheidenden Periode für gleichartige Probleme des Zusammenlebens grundverschiedene Lösungen suchten.[9]

Der Schlüssel zur Erklärung von Entwicklungen der Verhaltens- und Gefühlsstandards, so lautet die allgemeine Einsicht, liegt in den Entwicklungen der sozialen Figurationen: in den sich wandelnden Abhängigkeits- und Machtverhältnissen, den Zwängen, die Menschen aufeinander ausüben, und den Chancen, die sie einander geben, in den Freiheiten, die sie sich gegenseitig einräumen, und in den Beschränkungen, die sie anderen und sich selbst auferlegen. Als allgemeines hinweisendes Prinzip ist diese soziogenetische Einsicht von großer Bedeutung; sie ist jedoch noch zu generell, um spezifische Veränderungen erklären zu können.

So stellt sich dann die Frage, welches die treibenden Kräfte in der von Elias behandelten Periode des europäischen Zivilisationsprozesses gewesen sind. Elias selbst betont vor allem die Rolle von Staatenbildung und Pazifizierung. Andere haben dagegen andere Faktoren angeführt. So wurde des öfteren auf die Rolle der Religion hingewiesen, die in *Über den Prozeß der Zivilisation* vernachlässigt worden sei, während marxistische Kritiker, wie von ihnen zu erwarten, gerade das Gegenteil behauptet haben: Elias habe dem ›Überbau‹ zu viel, der Ökonomie, den Produktionsverhältnissen dagegen zu wenig Aufmerksamkeit gewidmet.

Es scheint sich um eine aussichtslose, von ideologischen Vorlieben getragene Debatte zu handeln; hieran wird sich wohl auch kaum etwas ändern, solange ein Denken in Begriffen von unveränderlichen Faktoren vorherrscht, denen man einen Ewigkeitswert beimißt. Man könnte sagen, daß schon jahrhundertelang verschiedene *Erklärungstraditionen* bestehen, die unterschiedliche Erklärungen für den europäischen Zivilisationsprozeß anbieten. Eine, die auf Augustinus zurückgeht, schreibt der Kirche und der christlichen Religion eine entscheidende Bedeutung zu; eine andere, deren bekanntester Vertreter Hobbes ist, dem Staat und dem innerstaatlichen Frieden. Eine dritte Erklärungstradition, zu der Adam Smith gehört, unterstreicht den Einfluß von Handel und Wohlfahrt.

Interessant ist, daß diese drei ›Faktoren‹ mit dem ersten, zweiten beziehungsweise dritten Stand korrespondieren. Eine solche Feststellung ist mehr als bloße Spielerei; das gilt nicht weniger, wenn wir noch eine vierte Erklärungstradition hinzufügen, die dem Wissen (»the advancement of learning«) einen entscheidenden Einfluß zuschreibt und dies dann mit der sogenannten relativ freischwebenden Intelligenz in Zusammenhang bringt.

Diese verschiedenen Erklärungstraditionen wie die von ihnen betonten Linien im europäischen Zivilisationsprozeß – die kirchliche, die höfische, die bürgerliche und, eventuell als vierte, die wissenschaftlich-intellektuelle – sind selbst Ausdruck viel umfassenderer gesellschaftlicher Bewegungen. Sie sind denn auch nicht als getrennte, sondern als interdependente Traditionen zu betrachten. Sie gehören zu der ›Wir‹-Perspektive großer sozialer Verbände und stehen immer in einem polemischen Verhältnis zueinander. Jede Tradition beansprucht gewissermaßen eine Vorrangstellung in bezug auf die ›Kultur‹ – und kann dies auch mit einigem Recht tun, weil sie als typisch für diese ›Kultur‹ gerade jene Merkmale herausstellt, die hauptsächlich in eben der sozialen Schicht gepflegt werden, in der diese Tradition ihre Wurzeln hat. Die soziologische Forschung sollte dazu beitragen, ein Modell zu entwickeln, das eine Synthese dieser Teilperspektiven ermöglicht.

Zunächst muß man erkennen, daß in der sich wandelnden europäischen Figuration abwechselnd verschiedene Gruppen und die von diesen Gruppen beherrschten Institutionen dem Zivilisationsprozeß und seinen Wandlungen ihren Stempel aufgedrückt haben. So ist zum Beispiel deutlich zu sehen, daß in der Periode, die als Niedergang des Römischen Reiches bekannt ist, die Staatseinrichtungen in Westeuropa eine ganze Reihe von Funktionen eingebüßt haben. Viele Funktionen wurden in dieser Periode, selbstverständlich in stark abgewandelter Form, von der Kirche übernommen, die dann in der Folge über viele Jahrhunderte hinweg die wichtigste »zivilisatorische Präge-Instanz« – um ein Wort von Elias zu gebrauchen – gewesen ist. (Dies läßt sich unter anderem aus der Namengebung jener Gebiete erkennen, in die das Römische Reich in der Zeit von 400-800 zerfallen ist. Im Osten, in Byzanz, blieb die politische Einheit am längsten bewahrt, um schließlich in der griechisch-orthodoxen Kirche aufzugehen. Die ehemaligen Reichsteile im Westen gehörten fortan zur römisch-katholischen Welt, die Gebiete in Nordafrika und Kleinasien zur Welt des Islam.)

Schon im Mittelalter und in immer stärkerem Maße bis in die neueste Zeit wurde die Kirche in Westeuropa gezwungen, mehr und mehr von ihrer führenden zivilisatorischen Rolle preiszugeben – eine Entwicklung, die sich als ›Säkularisierung‹ zwar diagnostizieren läßt, aber dann noch einer Erklärung bedarf. Daß in dieser oder jener Phase der gesellschaftlichen Entwicklung einer bestimmten sozialen Klasse – wie hier einer Priesterklasse – die Funktion zufällt, Modelle für andere zu bilden und zu verbreiten, hat, wie Elias bemerkt, »selbst bereits eine besondere Lage und einen besonderen Aufbau der Gesamtgesellschaft zur Voraussetzung«.[10] Es ist die Aufgabe der Soziologie, diese gesamtgesellschaftlichen Bedingungen aufzuzeigen.

Die Bewegungen des europäischen Zivilisationsprozesses erweisen sich also als Aspekte anderer gesellschaftlicher Entwicklungen wie der Bildung von Kirchen und Klöstern, von Staaten und Höfen, von Städten, Märkten, Schulen usw. *in ihrer gegenseitigen Abhängigkeit und Konkurrenz.* Dabei stellen die Zivilisationsbewegungen mehr als nur ›Folgen‹, ›Herleitungen‹ oder ›Überbauten‹ dar. Ja sie wären geradezu unverständlich, wenn wir ihre Funktion *für* die beteiligten Gruppen außer Betracht ließen. Zahlreiche Hinweise sprechen dafür, daß eine der wichtigsten und regelmäßig wiederkehrenden Funktionen von Zivilisationsprozessen die Aufrechterhaltung und Vergrößerung der hierarchischen Unterschiede, d. h. der Machtdifferentiale gewesen ist. Die Tatsache, daß das Zur-Schau-Stellen von zivilisierterem Verhalten ›Distinktion‹ verleiht und die ›Distanz‹ zu weniger Bevorrechtigten, zu ›Außenseitern‹ unterstreicht, wurde schon von Elias als einer der wichtigsten Antriebe für die Entwicklung wie auch für die Verbreitung von neuen Standards dargestellt. Viele neuere Untersuchungen bestätigen diese Erkenntnis.

Hiermit sind die Funktionen von Zivilisationstendenzen jedoch noch nicht erschöpfend erfaßt. So stellen die Entwicklungen in der frühchristlichen Kirche beispielsweise eine Phase des europäischen Zivilisationsprozesses dar, in der die Entstehung und Verbreitung bestimmter Verhaltens- und Gefühlsstandards gerade umgekehrt zu einer Verringerung hierarchischer Unterschiede beitrugen. Solche Phasen, die die jeweils herrschende Elite vielleicht als ›dezivilisierend‹ erfährt, sind nicht auf die Zeit des frühen Christentums beschränkt.

In der Entwicklung der europäischen Gesellschaft wurden die

Anstrengungen der herrschenden Gruppen, die auf eine Vergrößerung der Machtdifferentiale abzielten, immer wieder von Gegenbestrebungen weniger mächtiger Gruppen begleitet, die diese Unterschiede zu verringern suchten. Die extremsten, von Herrschern entwickelten Formen zur Unterstreichung der eigenen Suprematie (wie zum Beispiel die Proskynese, der Fußfall) haben sich in den weltlichen Oberschichten Westeuropas nie entfalten können. Nur in der römisch-katholischen Kirche – jener Institution also, in der die orientalischen Einflüsse aus der römischen Kaiserzeit sich kontinuierlicher als irgendwo sonst im Westen fortpflanzen konnten – sind Spuren dieses Zeremoniells bewahrt geblieben.

Gleichzeitig hat eben diese Kirche zur Fortsetzung einer Tradition beigetragen, die schon in der griechisch-römischen Antike zur Blüte gekommen war, nämlich zur Überlieferung von Verhaltensvorschriften *gegen* Unterscheidungsdrang, Neid, Protzerei, Hab- und Herrschsucht. Diese Tradition der Pflege der – wie Arthur Adkins sie genannt hat – »stillen Tugenden«[11], die bei den griechisch-römischen Philosophen noch einen überwiegend elitären Charakter trug, wurde im frühen Christentum stark ›popularisiert‹ – in derselben Kirche, die in ihrem Ritual auch Formen des klassischen Despotenzeremoniells überliefert hat.

Die Überlieferung der stillen Tugenden verdiente es, nicht nur als ›ideengeschichtliche‹ Tradition, sondern in soziogenetischem Rahmen untersucht zu werden; wobei auszugehen wäre von der Idee, daß der gesellschaftliche Zwang zum Selbstzwang seinen Ursprung nicht nur in Problemen der Hierarchie findet, sondern auch in der Arbeitsteilung und in der Solidarität – in der Tatsache, daß, wenn die Interdependenzketten zwischen sozialen Gruppen länger und differenzierter werden, immer mehr Menschen in immer mehr Situationen immer mehr Rücksicht aufeinander nehmen müssen.

Welche Aspekte von Zivilisationsprozessen wir auch immer zum Gegenstand unserer Untersuchungen machen, nie sollten wir dabei versuchen, die Wandlungen auf etwas zurückzuführen, das selbst angeblich unveränderlich ist.[12] Zivilisationsprozesse sind soziogenetische Vorgänge, deren Erforschung ganz spezifische Anforderungen stellt. Forschungsgegenstand sind Figurationen, die sich in Veränderung befinden. Weder bei der Beschreibung einzelner Veränderungen noch bei der Diagnose und Erklärung langfristiger Prozesse können wir uns auf irgendein unveränderliches Prinzip zurückziehen.

7

Zum Schluß noch einige Bemerkungen über eine zusätzliche Schwierigkeit, mit der alle Menschenwissenschaften zu kämpfen haben, die aber beim Studium von Zivilisationsprozessen eine besonders große Rolle spielt, sowohl bei der eigentlichen Forschungsarbeit als auch bei der Beurteilung ihrer Ergebnisse. Gemeint ist die im Grunde ganz einfache Tatsache, daß Zivilisationsprozesse Entwicklungen darstellen, an denen wir selbst beteiligt sind. Wir sind weitgehend vom Zivilisationsprozeß unserer eigenen Gesellschaft beeinflußt worden, und wir sctzen diesen fort, ob wir wollen oder nicht, ohne an diesem Sachverhalt als solchem irgend etwas ändern zu können. Wenn wir von Zivilisationsprozessen reden, sprechen wir unvermeidlich von uns selbst. Wir sind dementsprechend stark engagiert, und gerade dies verstellt uns den Zugang zu weiteren Erkenntnissen: denn die sozialwissenschaftliche Erforschung dieser Prozesse erfordert ein erhebliches Maß an Distanzierung.

Schon der Begriff ›Zivilisation‹ ist oft Anlaß genug zu vielerlei Wertvorstellungen und damit zusammenhängenden Begriffsverwirrungen. Wie Anton Blok im Anschluß an Norbert Elias mehrfach betont hat, hatte dieser Begriff, bevor er dem sozialwissenschaftlichen Begriffsapparat einverleibt wurde, bereits eine lange und bewegte Karriere als ›einheimische Kategorie‹ hinter sich, eine Karriere, die offenbar noch lange nicht abgeschlossen ist.[13] In ihrem ursprünglichen ›einheimischen Sinn‹ vertreten Begriffe wie ›Zivilisation‹ und ›Kultur‹ eine ›Wir‹-Perspektive. Mitglieder privilegierter Schichten bringen damit ein kollektives Gefühl von ›Menschen unseres Schlages‹ zum Ausdruck, ein Gefühl, nicht nur *anders* zu sein als andere, sondern auch *besser*. Diese Verbindung von ›anders‹ und ›besser‹ stellt sozusagen ein sozial-emotionales Erbe dar oder, wenn man so will, eine Hypothek, die auf dem Begriff ›Zivilisation‹ lastet.

Nun gibt es in den Wissenschaften natürlich mehr Begriffe, die Wertvorstellungen wachrufen. Auch biologische Bezeichnungen wie ›Leben‹ und ›Tod‹, ›Mensch‹ und ›Tier‹ oder ›Herz‹ und

›Magen‹ stellen keine neutralen Kategorien dar. In bezug auf die Soziologie stellt sich sogar die Frage, ob nicht alle ihre Kernbegriffe werthaltig sind; man denke nur an Ausdrücke wie ›Norm‹, ›Rolle‹, ›Macht‹; selbst das Wort ›Wert‹ ist kein wertfreier Begriff, es hat einen weitaus positiveren Klang als ›Macht‹ oder ›Zwang‹.

Mit dieser Feststellung ist das Problem jedoch noch nicht erledigt. Der Begriff ›Zivilisation‹ stellt insofern einen Sonderfall dar, als er seiner sozialen Herkunft nach eng mit der Vormachtstellung einer ganz bestimmten sozialen Klasse über andere Klassen, einer ganz bestimmten Gesellschaft über andere Gesellschaften verbunden ist. Nicht nur für die unmittelbar Beteiligten sind diese Machtverhältnisse mit Gemütsbewegungen und Wertvorstellungen beladen; auch den Sozialwissenschaftlern, die diese zum Gegenstand ihrer Forschung erheben, fällt es oft schwer, sich von den eigenen Gefühlen des Abscheus, der Empörung oder der Sympathie frei zu machen – dies um so mehr, als ihr Publikum oft genug auch eine solche gefühlsmäßige Stellungnahme erwartet.

Das semantisch-terminologische Problem ist denn auch nur Teil des viel umfassenderen Problems, als Forscher bei der Untersuchung der sich wandelnden Machtverhältnisse zwischen Gruppen von Menschen und deren Auswirkungen auf die Persönlichkeitsstruktur der in sie verwickelten Menschen die größtmögliche Zurückhaltung der eigenen Gefühle und Wertvorstellungen zu bewahren. In der genauen Beschreibung menschlicher Interaktionsprozesse sind in den letzten Jahrzehnten erhebliche Fortschritte zu verzeichnen; man denke nur an das Werk von Erving Goffman. Wenn wir unseren Blick jedoch auf solche Untersuchungen richten, die *Veränderungen* des Verhaltens und Empfindens zum Gegenstand haben und diese mit gesellschaftlichen Abhängigkeits- und Machtverhältnissen in Beziehung zu bringen suchen, stoßen wir in der Mehrzahl der Fälle auf Schlußfolgerungen, die von Werturteilen durchzogen sind. Die Werke von Christopher Lasch und Richard Sennett sind exemplarisch für diese Tendenz, Diagnose mit Kritik, sozialwissenschaftliche Erkenntnis mit moralisierender Beurteilung zu vermengen.[14]

Die Gefahr einer solchen Verschmelzung liegt ständig auf der Lauer. Bei der Erforschung von Zivilisationsprozessen geht es schließlich um Fragen, die direkt mit unserem persönlich-gesellschaftlichen Dasein zu tun haben, auch wenn die eigentlichen

Forschungsthemen manchmal ›historisch‹, ziemlich ›banal‹ und ›weit hergeholt‹ anmuten mögen. Es geht um den Wandel von Verhaltens- und Gefühlsstandards – und die Verschiebungen von Machtbalancen, die darin zum Ausdruck kommen; um Gewissensbildung – ebenfalls in Relation zu den sich wandelnden Abhängigkeits- und Machtverhältnissen; um die Entwicklung gesellschaftlicher Ge- und Verbote – und deren enge Verknüpfung mit »der Angst vor dem Verlust von Besitzchancen und des gehobenen Prestiges, vor der gesellschaftlichen Degradierung, vor einer Minderung der Chancen in dem harten Konkurrenzkampf, die durch das Verhalten der Eltern und Erzieher schon früh auf das Kind einwirken«.[15]

Alle diese Fragen sind ohne Zweifel in hohem Maße ›relevant‹, und dies ist einer der Gründe, sie näher zu untersuchen.[16] Die Einsicht, daß Forschungsarbeit selbst den »Umweg über die Distanzierung« erfordert, ist dabei unerläßlich. Das bedeutet, daß man die Suche nach Lösungen zum direkten praktischen Gebrauch zurückstellt und den Schwerpunkt verlagert auf »die Entdeckung der inhärenten Ordnung von Ereigniszusammenhängen als die Aufgabe, deren Lösung für den Wert des Erkenntnisbemühens entscheidend ist«.[17]

Manchmal kann durch die Wahl des Forschungsgegenstandes die Distanzierung erleichtert werden. So kann man beispielsweise, wie Elias es in *Über den Prozeß der Zivilisation* getan hat, langfristige Veränderungen der Tischsitten untersuchen – und auch als Leser die Befunde dieser Untersuchung zur Kenntnis nehmen –, ohne sich dabei durch irgendeine Vorliebe für Essen mit den Händen oder Essen mit Messer und Gabel leiten zu lassen. Tischsitten stellen für uns heutzutage, aus soziogenetisch erklärbaren Gründen, im allgemeinen keine Quelle ständiger Sorgen und Ängste mehr dar.

Anders verhält es sich bei Gegenständen sozialwissenschaftlicher Forschung, die an den Kern unserer gesamten sozialen Existenz rühren und von denen letztlich unser physisches Überleben abhängt – wie es bei dem gegenwärtigen weltweiten Rüstungswettlauf der Fall ist.[18] Sich der enormen Gefahren, die mit dieser Entwicklung einhergehen, bewußt zu sein, reicht nicht aus, um diese adäquat diagnostizieren zu können. Für deren Diagnose als einen relativ autonomen Prozeß, für eine Erklärung, bei der die Dynamik der Konkurrenz- und Monopolmechanismen gebührend berücksichtigt wird, ist der »Umweg über die Distanzierung« erforderlich, wobei das Aufkommen und die Verbreitung bestimmter Waffen mit derselben unparteiischen Neugierde untersucht wird, wie in *Über den Prozeß der Zivilisation* das Aufkommen und die Verbreitung bestimmter Eßinstrumente.

Der Forschungsgegenstand ›Zivilisationsprozesse‹ ist umrankt von Wertvorstellungen und Gemütserregungen, von Überlegenheits- und Minderwertigkeitsgefühlen und den damit verbundenen Auffassungen und Attitüden. Dieser ganze Affektkomplex muß in einer ›Wir‹-Perspektive der zu untersuchenden Menschengruppen seine volle Berücksichtigung finden, so wie in *Die höfische Gesellschaft*[19] aufgezeigt wird, welche Funktionen das französische Hofleben *für* die in sie verstrickten Menschen hatte, was – in ihrer eigenen Vorstellungs- und Erlebniswelt – ihrem Leben als höfische Aristokraten Sinn und Wert verlieh. Gleichzeitig aber gilt es, bei der Erforschung auch eine ›Sie‹-Perspektive zu verfolgen, in der sowohl von den Wertvorstellungen der zu untersuchenden Menschengruppen als auch von denen der sie untersuchenden Forscher Abstand genommen wird und die ausschließlich darauf ausgerichtet ist, die Dynamik der sozialen Interdependenzen, der gesellschaftlichen Chancen und Zwänge sichtbar zu machen, die für die betreffende Figuration bestimmend ist.

Auch hierbei ergibt sich ein semantisches Problem, das mit dem umfassenderen Problembereich von »Engagement und Distanzierung« zusammenhängt. Der Begriff ›Chancen‹ hat einen positiven, das Wort ›Zwänge‹ einen negativen Klang. Vom Einzelnen aus gesehen, stellen die Chancen gewissermaßen den positiven, die Zwänge den negativen Pol der gesellschaftlichen Interdependenzen, in die er verwickelt ist, dar. Aber wir brauchen nur an Max Webers berühmte Definition der ›Herrschaft‹ als »die Chance, für einen Befehl bestimmten Inhalts bei angebbaren Personen Gehorsam zu finden«[20] zu denken, um zu sehen, daß zwischen ›Chancen‹ und ›Zwängen‹ (auch im Durkheimschen Sinne) ein unmittelbarer und nicht wegzudenkender Zusammenhang besteht. Die Möglichkeit, Zwang auszuüben – sei es in der Form von Fremdzwang, sei es in der Form von Selbstzwang –, gehört zum Repertoire gesellschaftlicher Chancen, worüber Menschen als Mitglieder bestimmter gesellschaftlicher Schichten in einer bestimmten Gesellschaft zu einer bestimmten Zeit verfügen. Die

Soziogenese dieses Verhaltens- und Gefühlsrepertoires bildet den Kern des Forschungsprogramms zur Erforschung von Zivilisationsprozessen.

Anmerkungen

1 Man denke hierbei auch an den Behaviorismus (Pawlow, Watson) und an die davon abgeleiteten Konditionierungstheorien, an die russische Lernpsychologie (Vygotsky) und an Schüler von Freud (z. B. Erik Erikson) und Piaget (z. B. Lawrence Kohlberg). Für die Entwicklung in der frühesten Kindheit sei vor allem auf die Arbeiten von John Bowlby verwiesen. Für eine ausführlichere Literaturübersicht siehe W. Koops und J. J. van der Werf (Hg.), *Overzicht van de ontwikkelingspsychologie*, Groningen 1979.

2 Neben E. R. Service (*Origins of the State and Civilization: The Process of Cultural Evolution*, New York 1975) und L. A. White (*The Evolution of Culture. The Development of Civilization to the Fall of Rome*, New York 1959) muß als Vertreter einer kulturanthropologischen Evolutionsperspektive vor allem D. Ribeiro mit *Der zivilisatorische Prozeß*, herausgegeben und übersetzt von H. R. Sonntag, Frankfurt/M. 1971, genannt werden. Für die soziobiologische Betrachtungsweise vgl. E. O. Wilson, *On Human Nature*, Cambridge, Mass. 1978. Sehr unterschiedliche Versuche, zu einer interdisziplinären Synthese zu kommen, finden sich z. B. bei K. E. Boulding, *Ecodynamics. A New Theory of Societal Evolution*, Beverly Hills 1978, und J. H. Crook, *The Evolution of Human Consciousness*, Oxford 1980.

3 Siehe G. Lenski, *Power and Privilege. A Theory of Societal Stratification*, New York 1966 (dt.: *Macht und Privileg. Eine Theorie der sozialen Schichtung*, Frankfurt/M. 1973), ders., *Human Societies. A Macrolevel Introduction to Sociology*, New York 1970; W. H. McNeill, *The Rise of the West. A History of the Human Community*, Chicago 1963. Ein eindrucksvoller Versuch, soziopsychische Entwicklungen aus einer Langzeitperspektive auf Weltniveau zu betrachten, ist A. Rüstow, *Ortsbestimmungen der Gegenwart*, Bd. I, *Ursprung der Herrschaft*, Erlenbach-Zürich 1950.

4 L. W. Doob, *Becoming More Civilized. A Psychological Interpretation*, New Haven 1960; D. Riesman, *The Lonely Crowd. A Study of the Changing American Character*, New Haven 1950 (dt.: *Die einsame Masse. Eine Untersuchung der Wandlungen des amerikanischen Charakters*, Hamburg 1958); E. Weber, *Peasants into Frenchmen. The Modernization of Rural France*, Stanford 1976.

5 H. Th. Buckle, *History of Civilization in England*, 2 Bde., London 1857-61; K. Lamprecht, *Deutsche Geschichte*, 14 Bde., Berlin 1891-1909.

6 In seinem Vorwort zu R. Benedict, *Patterns of Culture*, Boston 1934, bemerkte Franz Boas mit Recht: »It is not historical.« Eine ahistorische Betrachtungsweise ist für die ›culture and personality‹-Untersuchungen in der Kulturanthropologie oder Ethnologie bis heute kennzeichnend geblieben.

7 C. Wouters, ›Informalisierung und der Prozeß der Zivilisation‹, (aus dem Niederländischen übersetzt von Heidrun Treude) in: P. Gleichmann u. a. (Hg.), *Materialien zu Norbert Elias' Zivilisationstheorie*, Frankfurt 1979, S. 279-98.

8 A. Smith, *An Inquiry into the Nature and Causes of the Wealth of Nations* (1776), hg. von E. Cannon, London 1904, S. 19 f.

9 Zu ähnlichen Schlüssen in bezug auf den niederländischen ›Volkscharakter‹ kommt Ton Zwaan in seinem Beitrag über politische Gewaltanwendung und bürgerliche Zivilisation in den Niederlanden, in diesem Band, S. 193 ff.).

10 N. Elias, *Über den Prozeß der Zivilisation*, Bern 1969, Frankfurt/M. 1976, Bd. 1, S. 156.

11 A. W. H. Adkins, *Merit and Responsibility. A Study in Greek Values*, Oxford 1960; ders., *From the Many to the One. A Study of Personality and View on Human Nature in the Context of Ancient Greek Society, Values and Beliefs*, London 1970; ders., *Moral Values and Political Behaviour in Ancient Greece*, London 1972.

12 Vgl. N. Elias, *Über den Prozeß der Zivilisation*, a.a.O., Bd. 2, S. 39.

13 A. Blok, *Antropologische perspectieven*, Muiderberg 1978, S. 95-120; ders., »Primitief en geciviliseerd«, in: *Sociologische Gids*, Bd. XXIX (1982), S. 197-209.

14 Vgl. die Bemerkungen von Abram de Swaan, »Uitgaansbeperking en uitgaansangst« [Ausgeh-Beschränkungen und Ausgeh-Angst], in: *De Gids* CXLII (1979), S. 483-509.

15 N. Elias, *Über den Prozeß der Zivilisation*, a.a.O. Bd. 2, S. 450.

16 Über den Begriff der ›Relevanz‹ vgl. J. Goudsblom, *Soziologie auf der Waagschale*, Frankfurt/M. 1979, S. 166 ff.

17 N. Elias, *Engagement und Distanzierung*, herausgegeben und übersetzt von Michael Schröter, Frankfurt/M. 1983.

18 Vgl. G. van Benthem van den Bergh, »Zur Dynamik von Rüstungs- und Staatenbildungsprozessen«, in diesem Band, S. 217 ff.

19 N. Elias, *Die höfische Gesellschaft*, Darmstadt/Neuwied 1969, Frankfurt/M. 1983.

20 M. Weber, *Wirtschaft und Gesellschaft*, Tübingen [5]1972, S. 28 (Kap. 1, § 16).

Christian von Ferber
Zur Zivilisationstheorie von Norbert Elias – heute

1. Die Fragestellung: Sozialer Wandel und individuelle Existenz

Es ist meine Absicht, Ihnen einige Überlegungen vorzutragen, die die Anwendung der Theorie von Norbert Elias für ein spezifisches Problem der empirischen Forschung betrifft. Ein gemeinsames Erkenntnisinteresse empirischer Forschung richtet sich auf die Folgen des Sozialen Wandels für die individuelle Existenz. Es ist das ausdrückliche Ziel vieler empirischer Untersuchungen, die Auswirkungen gesellschaftlicher Veränderungen im Erfahrungs- und Handlungszusammenhang der Individuen zu ermitteln. Teils geht es dabei um die Auswirkungen geplanter gesellschaftlicher Veränderungen: Vermittelt z. B. ein vermehrtes Angebot an Sozialleistungen den Empfängern die Erfahrung, in stärkerem Umfange sozial gesichert zu sein als vorher? Teils handelt es sich um ungeplanten Sozialen Wandel: Führt z. B. die Steigerung der Arbeitsproduktivität zu einer Verschlechterung des Gesundheitszustandes?

Das Forschungsinteresse an den individuellen Folgen des Sozialen Wandels konfrontiert uns theoretisch mit der Frage: Wie werden gesellschaftliche Prozesse in der Erfahrung und im Handeln des Einzelnen wirksam? Wie ist der Vermittlungszusammenhang zwischen Sozialem Wandel und individueller Existenz beschaffen? Methodisch verbindet sich damit das Problem: Wie können bestehende Vermittlungen zwischen Sozialem Wandel und dem sozialen Handeln der Einzelnen zum Gegenstand empirischer Forschung werden?

Beide Problemstellungen, die theoretische Frage nach dem gesellschaftlichen Zusammenhang von Sozialem Wandel und individueller Existenz und die methodische Frage nach der empirischen Gegebenheitsweise solcher Vermittlungen liegen quer zu der Theoriediskussion, wie sie auf den vergangenen Soziologentagen geführt worden ist. Bei diesen Diskussionen ging es – wenn ich recht sehe – um die Vermittlung unter theoretischen Ansätzen, die das bereits unter sich aufgeteilt hatten, um dessen Verbindung es hier geht. Die Unterscheidung der Theorien je nach den gesellschaftlichen Aggregatzuständen, die sie bearbeiten, nach Gesellschafts-, Organisations- und Handlungstheorien, verstellt sich schon im Ansatz den Blick auf die Beziehungen zwischen Sozialem Wandel und individueller Existenz. Über das gelehrte Gespräch der Soziologen setzt der Theorienvergleich zueinander in Beziehung, was in der Sache selbst vermittelt ist.

Für die Zivilisationstheorie von Norbert Elias steht der Zusammenhang von Sozialem Wandel und Persönlichkeitsstruktur der Betroffenen im Zentrum seiner Untersuchung. Dies folgt bereits aus seinem methodischen Ansatz, zwei gesellschaftliche Prozesse soziogenetisch herzuleiten. Er rekonstruiert den soziokulturellen Prozeß, in dem sich Persönlichkeitsstrukturen bilden, und er zeichnet die Ausdifferenzierung der Institutionen nach, die eine gesellschaftliche Schlüsselstellung einnehmen: Entstehung des Staates, Entstehung des kapitalistischen Wirtschaftssystems. Der soziogenetische Zugriff ermöglicht es, beide Prozesse in eine gemeinsame theoretische Perspektive zu rücken. Der Entstehungszusammenhang von Persönlichkeitsstrukturen und von Institutionen wird als ein einheitlicher, sich gegenseitig bedingender Gesellschaftsprozeß vorgestellt. Der Nachweis gilt der Verknüpfung von gesellschaftlicher Institutionenbildung und individueller Verarbeitung des Sozialen Wandels. Oder, um es mit Elias' eigenen Worten zu sagen:

»Die soziogenetische und psychogenetische Untersuchung geht darauf aus, die *Ordnung* der geschichtlichen *Veränderungen*, ihre Mechanik und ihre konkreten Mechanismen aufzudecken; es scheint, daß damit eine ganze Menge von Problemen, die sich heute zunächst als kompliziert oder selbst als unangreifbar für das Nachdenken darstellen, eine ziemlich einfache und präzise Antwort finden können.«

Elias weist hier auf die Überlegenheit soziogenetischen Vorgehens bei der Darstellung gesellschaftlicher Institutionen hin. Er exemplifiziert diesen Gedanken an der Entstehung des Staates, ein geschichtlicher Vorgang, der für seine Zivilisationstheorie paradigmatische Bedeutung besitzt:

»In diesem Sinne wird hier auch nach der Soziogenese des »Staates« gefragt ... Hier wird versucht, etwas von den konkreten, geschichtlichen Vorgängen sichtbar zu machen, die ... allmählich zu einer ... Zentralisierung und Monopolisierung der körperlichen Gewaltausübung und ihrer Instrumente hindrängen ... es ist ... dann auch nicht sehr schwer zu begreifen, daß sich mit (der) Monopolisierung der körperlichen Gewalttat als einer Art von Knotenpunkt für eine Fülle von gesellschaftlichen Verflechtungen die ganze Prägeapparatur des Individuums, die Wirkungsweise der gesellschaftlichen Forderungen und Verbote, die den sozialen Habitus in dem Einzelnen herausmodellieren, und vor allem auch die Art der Ängste, die im Leben des Individuums eine Rolle spielen, entscheidend ändern.«[1]

2. Monopolisierung und Soziale Kontrolle

Dieses kurze Zitat belegt zwei Annahmen der Zivilisationstheorie von Elias, die für eine weiterführende Anwendung seiner Gedanken meines Erachtens wichtig sind.

1. Institutionenbildung bedeutet die Monopolisierung gesellschaftlicher Chancen und als solche eine Verdichtungsstelle gesellschaftlicher Verflechtungen.

2. Zum andern ändert eine Monopolisierung gesellschaftlicher Chancen die soziale Kontrolle individuellen Handelns, es ändert sich »die Wirkungsweise der gesellschaftlichen Forderungen und Verbote ... und vor allem auch die Art der Ängste«.

Beide Annahmen müssen wir zunächst erläutern und präzisieren, ehe wir uns den Folgerungen für die Forschungsfragen unserer Zeit zuwenden.

Begriffliche Wendungen wie Monopolisierung und Zentralisierung gesellschaftlicher Chancen vereinfachen in unangemessener Weise das, was Elias sehr vorsichtig und zurückhaltend formuliert hat, wenn er ankündigt, er wolle »etwas von den geschichtlichen Vorgängen sichtbar machen, die von jener Zeit her, in der die Gewaltausübung Privileg einer Fülle von frei rivalisierenden Kriegern war, allmählich zu einer ... Zentralisierung und Monopolisierung der körperlichen Gewaltausübung und ihrer Instrumente hindrängen«.[2] Methodisch gesehen skizziert er damit ein Suchmuster, unter dem vergleichbare Monopolprozesse dargestellt werden können. Der privilegierende Besitz gesellschaftlicher Chancen gerät aufgrund seiner Instabilität in einen Prozeß Sozialen

Wandels. Dieser Prozeß führt zur gesellschaftlichen Ausdifferenzierung der gesellschaftlichen Chancen, hier: der physischen Machtmittel in Gestalt stehender Heere sowie der Organisation in der Gestalt des Staates. Mit der Ausdifferenzierung wandelt sich die Verfügung. Sie wird aus dem Besitz privilegierter Gruppen in ein Monopol überführt, das unterschiedlichen Formen der Vergesellschaftung offensteht, wie – um im Beispiel zu bleiben – die Geschichte des modernen Staates es veranschaulicht.

Die Ausdifferenzierung gesellschaftlicher Chancen und die Überführung der Verfügungsgewalt aus dem privilegierenden Besitz sozialer Gruppen in ein gesellschaftliches Monopol verändern – so lautet die zweite Annahme von Norbert Elias – die soziale Kontrolle bei den Angehörigen der Gruppen, die die sie privilegierende Verfügungsgewalt an ein gesellschaftliches Monopol abtreten. An dieser Stelle können wir ein erstes Fazit ziehen.

Die Verknüpfung von Sozialem Wandel und individueller Existenz wird in der Zivilisationstheorie von Norbert Elias durch den Wandel der sozialen Kontrolle hergestellt.[3] Er betrifft in erster Linie die Gruppen, die im privilegierenden Besitz gesellschaftlicher Chancen standen und diesen an ein Monopol abtreten mußten. Für diese Gruppen wandelt sich »die Wirkungsweise der gesellschaftlichen Forderungen und Verbote« oder, wie wir es heute terminologisch sagen würden, der normativen Erwartungen und der Sanktionen, die ihrer Durchsetzung dienen. Es wandelt sich die »ganze Prägeapparatur des Individuums«, die soziokulturelle Struktur der Persönlichkeit und die Besetzung der Sanktionen mit Ängsten.

Kehren wir zur Ausgangsfrage unserer Überlegungen zurück. Eine Untersuchung der individuellen Folgen Sozialen Wandels sieht sich theoretisch und methodisch vor die Fragen gestellt: Wie werden Prozesse des Sozialen Wandels in der Erfahrung und im Handeln der Einzelnen wirksam? Und wie können Manifestationen des Sozialen Wandels in der Erfahrung und im Sozialen Handeln der Individuen zum Gegenstand empirischer Untersuchungen werden? Die Antwort der Zivilisationstheorie von Norbert Elias lautet: Sozialer Wandel, der zur Monopolisierung gesellschaftlicher Chancen führt, verändert die soziale Kontrolle der Betroffenen. Soziale Kontrolle umgreift sowohl aktuelle als auch zukünftige Situationen. Die soziale Kontrolle des Handelns in zukünftigen Situationen spielt zivilisationstheoretisch eine Schlüsselrolle. Denn die Richtung, in der sich die soziale Kontrolle individuellen Handelns mit der Monopolisierung gesellschaftlicher Chancen ändert, wird von Elias in der bekannten Formulierung bestimmt, daß Fremdzwang sich in Selbstzwang verwandelt. Mit anderen Worten, die Sanktionen, die aus akutem Anlaß das Handeln von außen bestimmen, verlagern sich im Zuge der zivilisatorischen Entwicklung allmählich nach innen, indem sie bereits antizipatorisch wirksam werden. Die sanktionierende Leistung wird zunehmend weniger von anderen oder durch die äußeren Umstände, sondern – wie es Elias formuliert – über eine Selbstzwangapparatur erbracht. Handelnde und Sanktionierende fallen zusammen.

3. Wandel der sozialen Kontrolle

Ein empirischer Zugriff auf den beschriebenen Wandel der sozialen Kontrolle eröffnet sich aus zwei Richtungen: einmal durch die Untersuchung der Sozialisationsprozesse, zum andern in der Auswertung von Zeugnissen über die Beziehungen der Menschen zu sich selbst. Wenn Handelnde und Sanktionierende identisch werden, weil in vielen Situationen Fremdzwang durch Selbstzwang ersetzt wird, wandelt sich die Selbstgegebenheit der Menschen in eben diesen Situationen. Sie erleben sich auf eine andere, genauer gesagt auf eine anders vermittelte Weise.

3.1. Sozialer Wandel der primären Lebensgemeinschaften

Eine Untersuchung der Sozialisationsprozesse unter dem Erkenntnisziel, den Wandel der sozialen Kontrolle empirisch nachzuvollziehen, versteht sich selbstredend. Wenn die Sanktionen sich nach innen verlagern, die Handlungsorientierungen antizipatorisch erfolgen, dann liegt in den Sozialisationsprozessen ein Schlüssel für das Verständnis des Wandels. Elias wertet daher in großem Umfang Dokumente über Erziehung aus.

Ein Versuch, die von Elias eröffnete Perspektive bis in die Gegenwart hinein zu verfolgen, führt zu einem neuen Verständnis der soziostrukturellen Voraussetzungen der Familie (Übersicht 1).

3.2. Sozialer Wandel der Selbstgegebenheit der Menschen

Die Verlagerung der Sanktionen nach innen läßt ein gesellschaftlich vermitteltes Verhältnis der Menschen zu sich selbst entstehen. Im Zuge des Zivilisationsprozesses wird eine anthropologische Grundfigur[4], die Beziehung des Menschen zu sich selbst, zu einem Selbstverständnis entfaltet, das durch das Verhältnis zu anderen vermittelt ist. Wir können sagen, daß dieses Ergebnis mit der Verlagerung der Sanktionen nach innen zu erwarten ist. Denn eine Verlagerung der Sanktionen nach innen nimmt erwartete und befürchtete Sanktionen anderer vorweg. Sie richtet sich auf eine offene Zukunft ein. Zugleich bezieht sie sich auf das eigene Verhalten. Sie steigert die Selbstgegebenheit der Menschen, indem sie die Sensibilität für die Betroffenheit in spezifischen Situationen erhöht. Das eigene Verhalten wird auf die Erwartungen anderer

Übersicht 1

Die Abhängigkeit der primären Lebensgemeinschaften von »gesellschaftlichen Machtprozessen« (nach Norbert Elias) im historischen Verlauf

Gesellschaftliche Machtprozesse, die zur Monopolisierung von gesellschaftlichen Lebensbedingungen führen	Sozialschichtspezifischer Wandel der primären Lebensgemeinschaften als Reaktion auf historisch neu hinzutretende Abhängigkeiten von gesellschaftlichen Institutionen
Der moderne Territorialstaat monopolisiert die physischen Gewaltmittel	Ausbreitung von Scham- und Peinlichkeitsgrenzen in den »weltlichen Oberschichten«
Die früh- und hochkapitalistische Arbeitsteilung führt zur Monopolisierung der Produktionsmittel	Entstehung der bürgerlichen Familie in den besitzenden Ober- und Mittelschichten
Über Systeme Sozialer Sicherheit wird die materielle Bewältigung von Krankheit und Alter monopolisiert	Entstehung der Kleinfamilie in den arbeitslohnabhängigen Schichten
Bildungs- und Ausbildungssysteme monopolisieren in der postindustriellen Dienstleistungsgesellschaft die Karrierechancen	Emanzipation der Frauen aus der Kleinfamilie – Ehe als Partnerschaft auf Zeit

hin modelliert, die nicht real, sondern in einer abstrakt gedachten Zukunft existieren. Auf diese Weise wird die Beziehung des Menschen zu sich selbst, zu seinem eigenen Körper, zu seiner Lebensgeschichte, zu seiner Befindlichkeit, zu einem Verhältnis, das durch die antizipatorisch gedachte Wirklichkeit anderer bestimmt ist.

Norbert Elias verwendet viel Aufmerksamkeit darauf, für die Oberschichten den Wandel im Verhältnis zur eigenen Körperlichkeit aufzuzeichnen. Um es mit seinen eigenen Worten zu sagen:

»Man sieht hier auf wenigen Seiten, wie sich durch die Jahrhunderte hin bei immer den gleichen Gelegenheiten ganz allmählich der Standard des menschlichen Verhaltens in einer bestimmten Richtung verschiebt. Man erblickt die Menschen bei Tisch; man sieht sie schlafen gehen oder beim feindlichen Zusammenstoß im Kampf. Langsam wandelt sich bei diesen und bei anderen elementaren Verrichtungen die Art, wie der Einzelne sich verhält und empfindet; sie wandelt sich im Sinne einer allmählichen ›Zivi-

---

Erläuterung
zu Übersicht I

Wie Norbert Elias nachgewiesen hat, entspricht den langfristigen Veränderungen in der Sozialstruktur, die zur Abhängigkeit der primären Lebensgemeinschaften von gesellschaftlichen Machtprozessen führen, ein ebenso langfristiger Wandel der Vergesellschaftungsformen der primären Lebensbeziehungen. Im historischen Ablauf entstehen neue gesellschaftliche Institutionen wie der moderne Territorialstaat oder die Systeme Sozialer Sicherheit. Diese beanspruchen jeweils die Verfügung über Lebensbedingungen, die für die Existenz der primären Lebensgemeinschaften wesentlich sind (z. B. Rechtssicherheit, d. h. Schutz vor Gewalt, soziale Sicherheit usf.). Es kommt daher unausweichlich zu Abhängigkeitsbeziehungen.

Es macht nun die entscheidende Entdeckung von Norbert Elias aus, daß die Abhängigkeitsbeziehungen zu einem tiefgreifenden Wandel in den primären Vergesellschaftungsformen führen. Es werden Schutz- und Intimitätszonen aufgebaut, um ein Gegengewicht gegen die undurchschaubaren und daher schwer vorausschauend zu kalkulierenden Risiken gesellschaftlicher Abhängigkeit zu schaffen. Die primären Vergesellschaftungsformen stellen den Versuch dar, Angst zu reduzieren, sie sind eine neue Form der Bewältigung kollektiver Abhängigkeit.

---

lisation‹; aber erst die geschichtliche Erfahrung macht deutlicher, was dieses Wort eigentlich meint. Sie zeigt z. B., welche entscheidende Rolle bei diesem Vorgang der ›Zivilisation‹ eine ganz bestimmte Änderung des Scham- und Peinlichkeitsempfindens spielt. Der Standard des gesellschaftlich Geforderten und Verbotenen ändert sich; ihm entsprechend verlagert sich die Schwelle der gesellschaftlich gezüchteten Unlust und Angst, und die Frage der soziogenen menschlichen Ängste erweist sich so als eines der Kernprobleme des Zivilisationsprozesses.«

Das Innovatorische dieses methodischen Zugriffs auf das Alltagsleben liegt in der Verknüpfung von zwei theoretischen Prämissen.

1. Daß die Beziehung der Menschen zu sich selbst gesellschaftlich vermittelt ist, gehört zu den grundlegenden Annahmen soziologischer Theorien, wenngleich diese Annahme in der Theoriegeschichte unterschiedliche Einkleidungen erfahren hat. (Die Soziogenese des Selbstbewußtseins bei George Herbert Mead; die Bezugsgruppentheorie Robert King Mertons; die Rollentheorie Helmuth Plessners.)

2. Daß die soziale Vermittlung der Beziehung der Menschen zu sich selbst mit gesellschaftlichen Monopolprozessen einer Ausdifferenzierung von Institutionen einhergeht und damit in spezifischer Weise verändert wird, bringt einen grundlegend neuen Ansatz in die soziologische Theorie ein. (Allenfalls besteht eine gewisse äußerliche Beziehung zur Theorie der Selbstentfremdung des Menschen. Doch weil Norbert Elias im Gegensatz zu den Entfremdungstheoretikern auf jegliche geschichtsphilosophischen Implikationen verzichtet, werden bei ihm die Auswirkungen gesellschaftlicher Monopolprozesse auf die individuelle Existenz differenziert und konkret erfaßt und bleiben nicht in abstrakten Kategorien hängen.[6])

Es spricht nicht gerade für die Kontinuität im soziologisch-theoretischen Denken, daß das innovatorische Element der Zivilisationstheorie von Norbert Elias bisher nicht ausgeschöpft worden ist. Anderseits stellen sich der empirischen Forschung derzeit Probleme, die geradezu auf den theoretischen Ansatz von Elias zugeschnitten zu sein scheinen. Ich möchte zwei solcher Probleme benennen und an ihnen im folgenden zeigen, in welcher Weise sie in Anwendung der Theorie von Elias erfolgversprechender bearbeitet werden können als bisher.

4. Zur Zivilisationstheorie – heute

4.1. Monopolisierung der Sozialen Sicherheit

Franz Xaver Kaufmann wirft in seiner Habilitationsschrift *Sicherheit als soziologisches und sozialpolitisches Problem* das – wie er sagt – »allgemeine Problem der Sozialen Sicherheit« auf:

»Wie können in einer Gesellschaftsverfassung, deren Stabilität auf einer Vielzahl relativ autonomer sekundärer Systeme mit je spezifischen Systemleistungen beruht, Lebensbedingungen für Individuen geschaffen werden, unter denen sie ihre Zukunft nicht als Bedrohung, sondern als positive Möglichkeit erfahren.«[7]

In einer differenzierten Untersuchung der Wirkungsweise sozialpolitischer Institutionen arbeitet er überzeugend heraus, daß die sozialen Leistungen dieser Institutionen keine Sicherheit im Sinne von Geborgenheit vermitteln. Es liegt in der Konsequenz dieser und ähnlicher Untersuchungsergebnisse, eine »bürgernahe Sozialpolitik« zu entwickeln, die die offenkundige Distanz zwischen den Leistungen sozialpolitischer Institutionen und den Sicherheitserwartungen der Bürger zu überbrücken verspricht.

Nun gibt es wohl kaum ein eindrucksvolleres Beispiel für die Monopolisierung gesellschaftlicher Chancen in unserer Zeit als die Entstehung von Sozialbürokratien. Unter Zurückdrängen vor- und außerstaatlicher Sicherungsformen betreiben die sozialpolitischen Institutionen die Alterssicherung, die Gesundheitssicherung, den Arbeits- und Unfallschutz. Indem sie öffentliche Aufgaben wahrnehmen, legitimieren sie als Sozialleistungsträger ihre Monopolstellung. Der Bezug zur Klassen- und Schichtstruktur konnte lange Zeit darüber hinwegtäuschen[8], daß die vorausgesetzten Wirkungen – Sicherung des Alters, Erhaltung der Gesundheit, Schutz vor arbeitsbedingten Krankheiten und Behinderungen – keineswegs verbürgt waren. Die aus dem Zweifel an der Wirksamkeit der Sozialleistungen motivierte Forschung hat sich bisher kaum (und wenn, dann allenfalls mit unzulänglichen Methoden) den Fragen zugewendet: Welche Veränderungen im Verhältnis der Menschen zu sich selbst hat die Monopolisierung der Alterssicherung, der Gesundheitssicherung, des Arbeitsschutzes hervorgebracht? In welcher Weise ist die Beziehung zum Altwerden, zu Krankheit und Behinderung, zu den Gesundheitsrisiken am Arbeitsplatz infolge deren Monopolisierung durch sozialpolitische Institutionen geprägt? Diese Fragen aus der Perspektive von Norbert Elias zu stellen hat zudem seinen besonderen Reiz, weil die sozialpolitischen Monopolprozesse ihren Anfang bei den Unterschichten genommen haben, während anderseits die Zivilisationstheorie von Elias die »Wandlungen des Verhaltens in den weltlichen Oberschichten« (so der Untertitel des ersten Bandes) untersucht.

4.2. Medikalisierung der Gesellschaft

Ein zweites Problem, mit dem sozialpolitischen Monopolprozeß eng verbunden, betrifft die Monopolisierung von Krankheitsbewältigung und Gesundheitsvorsorge durch die Medizin. Illich hat hierfür die treffende Bezeichnung »Medikalisierung der Gesellschaft« geprägt und das Ergebnis provokatorisch im Titel »Enteignung der Gesundheit« vorweggenommen. Damit hat er die technokratischen Tendenzen in der Entwicklung der Medizin auf einen publikumswirksamen Begriff gebracht. In der Tat hat mit der Ausweitung der medizinischen Kompetenz in das Vor- und Umfeld behandlungsbedürftiger Krankheiten sowie mit der immer weiter vorangetriebenen Herstellung von Grenzchancen des Überlebens in der Hochleistungsmedizin die Monopolisierung von Gesundheit und Krankheit ein beachtliches Ausmaß erreicht. Die hierdurch entstandene Situation bildet den Gegenstand einer breiten Literatur, die in ihrem eigenen Anspruch zwischen Sozialkritik und sozialwissenschaftlicher Analyse schwankt.[9] Über die Auswirkungen, die dieser gesellschaftliche Monopolprozeß auf die individuelle Erfahrung von Krankheit und Gesundheit und deren individuelle Bewältigung hat, kursieren die unterschiedlichsten Meinungen. Meinungsumfragen bestätigen immer aufs neue die hohe Zufriedenheit der Bevölkerung mit der medizinischen Versorgung. Sozialwissenschaftliche Analysen demonstrieren die Inhumanität im Umgang mit den Patienten und betonen die Entfremdung in existentiell herausgehobenen Situationen (im Sterben, bei entstellender Behinderung). Die für die Misere gegebenen Begründungen sind beliebig; mal ist es die Medizintechnik, mal werden die Ärzte, ihr Profit- und Machtstreben, verantwortlich gemacht, mal ist es die Vermachtung des Gesundheitswesens im Wohlfahrtsstaat, die eine »bedürfnisaggressive Klientel schafft« und das Patienten/Arzt-Verhältnis durch eine sozialpolitisch angeheizte Begehrlichkeit denaturiert.[10]

Auch in diesen Meinungsbrei verspricht der theoretische Ansatz von Norbert Elias mehr Klarheit zu bringen. Denn die Schlüsselfrage richtet sich auch hier auf den Wandel, den der medizinische Monopolprozeß im Verhältnis der Menschen zu ihrer Befindlichkeit, zu der zeitlichen Perspektive ihrer Leiblichkeit gebracht hat. Welche antizipierten Sanktionen, welche Ängste werden durch den medizinischen Monopolprozeß in den Individuen aufgebaut? Die methodische Bearbeitung der genannten Fragestellung kann einem – wenn ich recht sehe – impliziten Hinweis von Norbert Elias folgen. Es ist meines Erachtens nicht zufällig, daß Elias in Verbindung mit der »Monopolisierung der körperlichen Gewaltausübung« das Verhältnis der Menschen zu ihrer Körperlichkeit, die Änderung des Scham- und Peinlichkeitsempfindens untersucht. Es bestehen demnach – so würde ich den Ansatz von Elias interpretieren – spezifische Beziehungen zwischen gesellschaftlichen Monopolprozessen und ihnen gleichsam zugewandten Zonen im Verhältnis der Menschen zu sich selbst. Diese Zonen geraten in einen Wandel ihrer gesellschaftlichen Vermittlung und unterliegen im Zuge dieses Wandels neuen Formen der sozialen Kontrolle.

5. Zivilisationstheoretische Forschungsperspektive

Die sozialpolitischen Institutionen und die Medizin führen zu einer Monopolisierung der Altersvorsorge, der Krankheitsbewältigung und Gesundheitsvorsorge, des Unfall- und Arbeitsschutzes sowie der Krankheitsbehandlung und des Wissens über Krankheitsentstehung und Gesundheitsrisiken. Über die Ausdifferenzierung in gesellschaftlichen Institutionen werden Lebensgüter monopolistisch angeeignet. Eine Beobachtung der Folgen dieser Monopolprozesse wird sich den Verhaltensweisen zuwenden müssen, in denen die Menschen ihre eigene Position im Verhältnis zu den Monopolinstituten reflektieren und antizipierend sanktionieren.

Zum Gegenstand der Untersuchung wird der Umgang mit

Handlungschancen, die durch Monopolinstitute vermittelt sind. Alter, Gesundheit, Krankheit, Lebensrisiken betreffen potentiell jedes Individuum. Jeder hat die Chance, alt zu werden, zu erkranken, gesund zu bleiben, von Unvorhergesehenem überwältigt zu werden. Auf die Kalkulierbarkeit und Beherrschbarkeit dieser Chancen und Risiken richten sich daher seit jeher kollektive Anstrengungen.[11] Industriegesellschaften organisieren diese kollektiven Anstrengungen in einer spezifischen Weise, in Systemen Sozialer Sicherheit[12] und in der »modernen abendländischen Medizin«.[13] Ungeachtet der kollektiven Organisation bleibt die individuelle Betroffenheit selbstredend bestehen, denn Alter, Krankheit, Gesundheit, Schicksal, bleiben biographische Kategorien, auch wenn sie zum Objekt von Institutionen werden. Allerdings gewinnt die individuelle Betroffenheit eine neue Qualität.

Institutionen sensibilisieren und entlasten. Sie wecken neue Bedürfnisse, indem sie bis dahin unbekannte Befriedigungschancen bereitstellen. Sie entmündigen oder verdrängen das Alltagshandeln, indem sie kollektiven Organisationen und Experten die Bearbeitung übertragen. Diese legen die Situation des Alterns, des Krankwerdens, der Gesundheitsgefahren, der Lebensrisiken im Sinne ihrer eigenen Handlungsmöglichkeiten aus und überlassen es den Einzelnen, mit den institutionell nicht auflösbaren Restproblemen zurechtzukommen. Für die ›Schnittstellen‹, an denen das Institutionen- und Expertenhandeln in das Alltagshandeln eingreift bzw. an denen die Problembewältigung den Einzelnen zufällt, gibt es keine widerspruchsfreie Begründung. Der Handlungsrahmen der Institutionen folgt der Logik kollektiver Organisationen und der sie legitimierenden Denksysteme. Der Handlungshorizont der Einzelnen ist durch die lebensgeschichtliche Erfahrung und durch die institutionellen Vorgaben bestimmt. Zwischen beiden gibt es keine Abstimmung.[14]

Nachdem bis zum Überdruß die Logik der Institutionen Gegenstand wissenschaftlicher Forschung gewesen ist, regt sich seit einiger Zeit das Interesse an der Erforschung des Laien- oder Alltagshandelns.[15] Diese steht vor der methodischen Schwierigkeit, geeignete Auswahlgesichtspunkte zu formulieren, die Wesentliches von Trivialem trennen. Sie können meines Erachtens auf der Grundlage der Zivilisationstheorie von Norbert Elias gewonnen werden, wenn wir uns dem sozialen Handeln zuwenden, bei dem drei Merkmale zusammenkommen:

– *Selbstbetroffenheit.* Wir verstehen hier unter diesem derzeit stark in Anspruch genommenen und daher semantisch vieldeutigen Begriff zweierlei: einmal die Unvertretbarkeit, mit der jeder *seinen* Krankheiten, *seinem* Alltag, *seinem* Schicksal gegenübertritt, zum anderen die Rückbezüglichkeit dieser Selbsterfahrung im Verhältnis zu kollektiven Definitionen der Situation. Was Alter oder Krankheit für mich persönlich bedeuten, erfahre ich im Umgang mit gesellschaftlichen Institutionen, die Alter und Krankheit als ein kollektives Problem bearbeiten.

– *Selektive Bearbeitung durch Institutionen bzw. Experten.* Der Gegenstand sozialen Handelns ist gesellschaftlich ausdifferenziert und monopolistisch angeeignet. Institutionen bzw. Experten entlasten den Einzelnen; teils steigern, teils verringern sie seine Bewältigungschancen; in jedem Falle sensibilisieren sie die Situation durch den von ihnen ausgelösten sozialen Wandel.

– *Freisetzung der Individuen in der Bearbeitung der Probleme,* die von der institutionellen Bearbeitung ausgespart, durch diese aber gleichwohl thematisiert werden.

Zivilisationstheoretisch ist für das so bestimmte Alltagshandeln zu erwarten, daß die soziale Kontrolle durch die gesellschaftliche Ausdifferenzierung und durch »Monopolprozesse« einem tiefgreifenden Wandel ausgesetzt ist. Von diesem hypothetischen Bezugsrahmen als einem Suchmuster ausgehend treten die folgenden Alltagssituationen ins Blickfeld, bei denen dem Wandel der sozialen Kontrolle eine Schlüsselbedeutung zukommt.

5.1. Die Körperpflege

Der eigene Körper, der als Quelle primärer Arbeitsenergie zunehmend zurücktritt, für dessen Gesunderhaltung aber gleichwohl in ebenfalls steigendem Umfang kollektive Anstrengungen aufgewandt werden, wird zum Gegenstand einer verfeinerten sozialen Kontrolle – mit Elias gesprochen: der Zivilisierung. Die Akte der Körperpflege werden zum Bedeutungsträger für die Beziehung zur eigenen Leiblichkeit, nachdem die Bewältigung von Krankheit und die Erhaltung der Gesundheit mit medizinischen und sozialpolitischen Institutionen geteilt wird. Die Sensibilisierung des Verhältnisses zur Leiblichkeit, wie sie mit der Monopolisierung wesentlicher Elemente der leiblichen Existenz eintritt, kann in der zur eigenen Gestaltung freigesetzten Sphäre eine kulturelle Stilisierung erfahren.

Das zivilisationstheoretische Interesse an der Körperpflege richtet sich auf den ihm gewidmeten monetären und zeitlichen Aufwand, vor allem aber auf die Entwicklung und Durchsetzung von Standards der Exklusivität, der Verfeinerung des Geschmacks sowie auf die Besetzung dieser Standards mit Ängsten, sich falsch zu verhalten, in einen falschen Geruch zu geraten.

5.2. Die Kultivierung des Befindens

Eng mit der Körperpflege verwandt ist ein weiterer Verhaltensbereich, der sich als Kultivierung des Befindens charakterisieren läßt. Am Befindlichkeitsmanagement läßt sich die Leistungsfähigkeit eines zivilisationstheoretischen Ansatzes eindrücklich demonstrieren. Auch hierbei handelt es sich um Situationen, die jenseits einer fließenden Grenze in die Zuständigkeit der Medizin fallen. Zivilisationstheoretisch ist daran zunächst allein die Tatsache von Bedeutung, daß in der Selbstbefindlichkeit eine Grenze zu gesellschaftlichen Institutionen gegeben ist.

Die Medizinsoziologie hat viel Scharfsinn auf die Auslotung der Grenzzone verwendet, innerhalb deren Befindlichkeiten aus wechselnder Perspektive definiert werden können[16] und in der medizinische Behandlung und »gesundheitliche Selbsthilfe« aufeinander stoßen.[17] Die so mehrfach markierte Grenze stützt die Erwartung, daß der den Individuen verbleibende Verhaltensbereich zum Gegenstand kultureller Stilisierung wird. Dies kann um so eher geschehen, weil das leibliche Befinden aus überkommenen Zwängen entlassen wird. In den entwickelten Industrieländern wird das Befinden der Menschen durch mehrere Monopolprozesse freigesetzt: durch den sozialen Wandel der Arbeitsbedingungen und den der Ernährungsweise.

Die Monopolisierung der Verfügung über die zur menschlichen Arbeit komplementären Produktionsmittel hat zunehmend von körperlicher Arbeit und von der damit verbundenen »objektiven« oder Muskelermüdung entlastet. An ihre Stelle tritt die sogenannte subjektive Ermüdung, als Reaktion auf fremdbestimmte einförmige Arbeit.[18] Die »subjektive Ermüdung« – als Monotonie, Langeweile, als »Frust« eine ubiquitäre Erscheinung der Arbeitsverhältnisse – steht anders als die Muskelermüdung, deren Regeneration einem physiologischen Schema folgt, dem Befindlichkeitsmanagement offen. Die subjektive Ermüdung kann »zivilisiert«, kultiviert werden. Ihrer Bewältigung dienen eine Vielzahl von selbsterfundenen, durch gegenseitige Verstärkung gestützten, auch bereits konventionalisierten Verhaltensweisen.

Die Monopolisierung der Nahrungsmittelerzeugung[19] hat eine doppelte Freisetzung der Ernährung bewirkt: aus dem Zwang zur physischen Reproduktion und aus den Konventionen schichtgebundener Ernährungsweise. Eine »freigewählte Kost« (Teuteberg und Wiegelmann), die vor hundert Jahren lediglich einer kleinen Oberschicht zugänglich war (Helga Schmucker), ist heute von der Einkommenslage her allen Bevölkerungsschichten erreichbar. Die Ernährungsweise stabilisiert sich als soziales Handeln teils über ihre räumlich-zeitliche Ordnung, teils folgt sie rein situativen Impulsen *(convenience food)*. Jenseits der Deckung des zur physischen Reproduktion erforderlichen Energiebedarfs sind Essen und Trinken wesentliche Bestandteile eines alltäglichen Befindlichkeitsmanagements geworden. Zum Befindlichkeitsmanagement gehören ferner stark individualisierte Verhaltensweisen wie Selbstmedikation, Drogenkonsum, aber auch sozial gebundene Verhaltensweisen wie Kaffee- oder Teepausen, Arbeitsessen etc.

Im Zuge der genannten Monopolprozesse wird das Befinden der Menschen, das ihnen die Erfahrungen ihrer Leiblichkeit vermittelt, einerseits aus geschichtlich überkommenen Zwängen freigesetzt. Die Menschen werden in einer ganz neuen Weise für die Erfahrungen ihrer Leiblichkeit sensibilisiert. Andererseits wird die Gewinnung von Erfahrungen durch die historisch gleichzeitige Medikalisierung der Gesellschaft an Experten übereignet. Dort, wo die Erfahrungen mit der Leiblichkeit in Ernst umschlagen, weil diese selbst in Gefahr steht, endet die Zuständigkeit der Laien. Hier setzt die Definitionsmacht der Medizin ein. Sobald Befindlichkeiten eintreten, die die Grenzen einer unbeschädigten Leiblichkeit sichtbar machen, werden die Menschen angehalten, sich den Experten anzuvertrauen: »Kompetenten Rat zu suchen gehört zur sozialen Rolle des Kranken!«, wie es die Medizinsoziologen seit Parsons lehren und damit das darin enthaltene zivilisationstheoretische Problem zudecken. Denn in die Erfahrungen, die die Menschen mit ihrer Leiblichkeit machen, wird eine

Schnittstelle zwischen Institutionen und Individuen eingebracht.

Den Individuen bleiben die Trivialitäten, den Experten der Ernst des Leibes. Die Individuen leben mit der Angst ihres Kompetenzverlustes, die Experten im Mißverständnis der Trivialitäten ihrer Klienten, für die sie häufig Spott und Verachtung zeigen. Diese Situation mag man beklagen oder sie wie Illich entfremdungstheoretisch aufheben (Rückkehr zum einfachen Leben in Guernavaca!); praktisch aber wird man wie auch sonst mit den strukturellen Konflikten unserer Gesellschaft zu leben haben. Ob und wie die Menschen mit solchen Konflikten fertig werden, hängt allerdings auch davon ab, ob es den Soziologen gelingt, angemessene Deutungsmuster zu entwickeln. Der Medizinsoziologie könnte ein zivilisationstheoretischer Ansatz eine neue Perspektive auf Selbstbefindlichkeit, Befindlichkeitsmanagement und vor allem auf die Schnittstelle eröffnen, wo Laienhandeln und professionelle Kompetenz miteinander verzahnt sind.

Überlegungen dieser Art verbinden sich mit einer in dieser Kürze vielleicht gewagt erscheinenden Hypothese, die ich daher nur andeuten möchte. Die starke Verbreitung des Zigaretten- und Alkoholkonsums, aber auch der Selbstmedikation geht zeitlich mit der Medikalisierung der Gesellschaft parallel. Zigaretten zu rauchen, Alkohol zu trinken und mit selbst verfügten Medikamenten zu leben gehört zum nicht medikalisierten Teil einer Beeinflussung der Befindlichkeit. Eine Medikalisierung dieses Restes an Befindlichkeitsmanagement, wie sie derzeit aus gesundheitspolitischen Erwägungen versucht wird, hat daher mit starken Widerständen zu rechnen.

Die beiden bisher betrachteten Situationen, die Körperpflege und die Kultivierung des Befindens, spiegeln eine Ambivalenz von Kultivierung, Trivialisierung und Entmündigung. Die Entlastung durch Institutionen hat hier zu einer eindrücklichen Steigerung individueller Handlungschancen geführt – bis zur luxurierenden Befriedigung von Scheinbedürfnissen. Letztere ist jedoch nur ein (und zwar der harmlosere) Aspekt der Entmündigung der Individuen. Infolge der Entlastung durch Institutionen bzw. Experten bleiben ihnen wesentliche Erfahrungen verwehrt. Über die »Gesundheitserziehung«[20] wird ein künstlicher Erfahrungsraum geschaffen, über den bedeutungsvolle Beziehungen zur eigenen Leiblichkeit vermittelt werden sollen, weil sie im Alltag nicht mehr hergestellt werden können. Inwieweit die Selbsthilfebewegung, die Aktivierung von Patienten sowie komplementär dazu die Veränderung von Patienten/Therapeuten-Beziehungen (Humanisierung der Krankenpflege) geeignetere Strategien darstellen, um der Entmündigung entgegenzuwirken, ist derzeit eine offene Frage. Sie ist allerdings zivilisationstheoretisch von hohem Interesse.

Neben den bisher betrachteten Situationen werden wir durch unseren zivilisationstheoretischen Bezugsrahmen aber auch mit Bedingungen konfrontiert, bei denen die Entlastung durch Institutionen eine äußerliche, scheinbare ist. Sie bewirkt keine Steigerung individueller Handlungschancen, im Gegenteil, sie setzt die Individuen einer Zwangslage aus. Es sind dies die Erfahrungen mit der Hinfälligkeit und Gebrechlichkeit sowie der Umgang mit Gesundheitsrisiken.

5.3. Erfahrungen der Gebrechlichkeit

Unter der Perspektive der Beziehung zur eigenen Hinfälligkeit werden Verhaltensweisen entwickelt, die auf die gegenseitige Verpflichtung in primären Lebensgemeinschaften gerichtet sind. Diese Verhaltenszone, die mit der sozialpolitischen und medizinischen Monopolisierung in einen Wandel der sozialen Kontrolle gerät, möchte ich als Bindungsverhalten charakterisieren. Es entwickelt sich in den primären Lebensgemeinschaften, in den sozialen Netzwerken, als Reaktion auf die Monopolisierung der Alterssicherung und der Krankheitsbehandlung. Beide Monopolprozesse decken die Betroffenheit durch schwere, zum Tode führende Krankheit sowie die Hinfälligkeit im Alter oder infolge Behinderung nicht ab. Es gehört zu den inzwischen auch sozialpolitisch anerkannten Erfahrungen[21], die wir mit der gesellschaftlichen Monopolisierung der Alterssicherung und der Krankheitsbehandlung machen, daß Pflege und elementare Hilfe beim Eintreten von Hinfälligkeit durch soziale Institutionen nicht oder nur unzureichend gesichert ist. Dort, wo die Hilfsbedürftigkeit am drückendsten erfahren wird, ist Hilfe über die zuständigen Monopolinstitute kaum zu erlangen. Wir können daher von einer soziogenen Angst vor der Verlassenheit in Situationen äußerster Hilfsbedürftigkeit sprechen. Sie entsteht mit der Existenz gesellschaftlicher Monopolinstitute, die Alter und Krankheit als Risiko auch im Bewußtsein der Einzelnen ausdifferenzieren. Die Monopolinstitute vermitteln das Verhältnis der Menschen zu ihrem Altwerden, zu ihren lebensbedrohenden Krankheiten, und legen die Abgründigkeit ungelöster Fragen offen. Sie setzen eine Suche nach zusätzlichen Garantien in Gang. Eine antizipierende Vergegenwärtigung der eigenen Hilflosigkeit, das Bewußtsein der eigenen latenten Gebrechlichkeit, motiviert den Versuch, Verpflichtungen und Bindungen bei den Personen zu erzeugen, die sich dem Ersuchen um Hilfe durch einen Hinweis auf gesellschaftliche Institutionen entziehen könnten. Es kommt ein Tauschprozeß in Gang, der für gegenwärtige Zuwendungen künftige Hilfen zu erwerben oder – denken wir an Familienbeziehungen – gar zu erzwingen trachtet. Dieser Tauschprozeß spielt sich zwischen den Generationen, unter den Ehepartnern, in den primären Netzwerken ein. Seine Analyse eröffnet einen Zugang zu den prekären Bedürfnissen nach sozialer Sicherheit und zu den geheimen Ängsten, letztlich doch der betrogene Verlassene zu sein.

5.4. Umgang mit Gesundheitsrisiken

Unter dem Gesichtspunkt des Verhältnisses der Menschen zu den Lebensrisiken wie vorzeitige Krankheit, vorzeitige Behinderung, vorzeitiger Verschleiß, vorzeitiger Tod gewinnen Arbeitsplatzwechsel sowie die Selektion von Art und Umfang von Arbeitsaufgaben und die Vermarktung von Gesundheitsrisiken am Arbeitsplatz zunehmend an Wichtigkeit. Denn Zuweisung und Wahl des Arbeitsplatzes, Zuweisung und Wahl der Arbeitsaufgaben und ihres Umfanges treffen Entscheidungen hinsichtlich eines früheren oder späteren Gesundheitsverschleißes.[22] In Form von Lohnzuschlägen und Prämien werden Gesundheitsrisiken bereits vermarktet.

Arbeitsmedizin und sozialpolitische Institutionen sensibilisieren die Beziehung der Menschen zu den mit der Arbeit verbundenen Gesundheitsrisiken. In den Institutionen der Berufsgenossenschaften und des Arbeitssicherheitsgesetzes hat der betriebliche Arbeitsschutz ein Tätigkeitsfeld für sich monopolisiert. Ein Risiko »Gesundheitsgefährdung am Arbeitsplatz« ist gesellschaftlich ausdifferenziert.[23] Zivilisationstheoretisch ist ein Wandel der sozialen Kontrolle bei den Betroffenen zu erwarten. Beim Arbeitsplatzwechsel, bei der Selektion von Umfang und Art der Arbeitsaufgaben treffen wir daher auf Verhaltensweisen, in denen die Folgen gesellschaftlicher Monopolisierung für die individuelle Existenz empirisch greifbar werden.

Ich möchte es bei diesen exemplarischen Hinweisen belassen in der Hoffnung, daß ein systematischer Gedanke deutlich geworden ist. Zivilisationstheoretisch von Interesse sind die Zonen im Alltagshandeln, in denen die Monopolisierung gesellschaftlicher Chancen eine willkürliche Grenze gesetzt hat. Warum in der Alterssicherung die Hinfälligkeit und Gebrechlichkeit ›vergessen‹ wurde, warum aus den Befindlichkeiten der Menschen die Medizin nur einen Ausschnitt thematisiert, läßt sich mit den Mitteln strukturell-funktionaler Analyse soziologisch erklären, aber nicht aus der Perspektive der Menschen verständlich machen. Anderseits sensibilisiert die Ausdifferenzierung gesellschaftlicher Chancen in Monopolinstituten das Verhältnis der Menschen zu den in den Monopolprozeß einbezogenen Daseinsbereichen. Die Qualität der Alters- und Krankheitserfahrung, die Qualität der Lebensrisiken wandelt sich mit der Alterssicherung, mit der Medikalisierung etc. Eine Untersuchung der von den Monopolinstituten willkürlich ausgegrenzten Erfahrungs- und Handlungsbereiche verspricht daher Aufschluß zu geben über die Folgen sozialen Wandels für die individuelle Existenz, vorausgesetzt, wir wenden uns solchen Erfahrungen und Akten unter dem Gesichtspunkt ihrer sozialen Kontrolle zu.

Anmerkungen

1 Elias 1939, S. XVI.
2 Ebd.
3 Hinsichtlich der Verwendungsweise des Begriffs der Sozialen Kontrolle – den Norbert Elias nicht verwendet – greife ich hier einerseits auf die amerikanische Soziologie zurück, in deren Inventar soziologischer Grundbegriffe Soziale Kontrolle eine wichtige Position einnimmt. (Vgl. Ross 1901, neu hg. 1970, Lumley 1925, Bernard 1939, LaPiere 1954, Wolff 1969.) Als soziologischer Grundbegriff bezeichnet Soziale Kontrolle hier Vergesellschaftungsformen, über die individuelles Verhalten in einem erwünschten bzw. vorhersehbaren Sinne

beeinflußt werden kann und die einem instrumentalisierenden Zugriff durch soziale Gruppen offenstehen.

Das letztgenannte Merkmal, Soziale Kontrolle als Herrschaft, verbindet den Begriff mit einem soziologischen Grundbegriff, der in der deutschen Theorietradition eine prominente Rolle spielt, mit dem der Herrschaft. Denn Herrschaft gründet sich unter anderem auf eine andere ausschließende Verfügung über gesellschaftliche Ressourcen wie physische Zwangsmittel, Heilsgüter, Produktionsmittel, Sozialeinkommen, medizinische und soziale Dienstleistungen etc. In der deutschen Tradition ist der Zusammenhang von Herrschaft und Sozialer Kontrolle individuellen Verhaltens, wenn ich recht sehe, nie theoretisch expliziert worden, weil es an geeigneten Modellvorstellungen mangelte. Vor allem wurde der entscheidende Gesichtspunkt übersehen (auch von den Religionssoziologen!), daß es »vorausschauenden Gehorsam« gibt, d. h. eine Verhaltensregulierung angesichts der Risiken negativer Sanktionierung.

Erst die Übernahme tiefenpsychologischer Erkenntnisse und ihre Transformation in gesellschaftliche Zusammenhänge gab eine Methode an die Hand, gesellschaftliche Konzentrationsprozesse als gesellschaftliche Monopolisierung individueller Handlungschancen zu interpretieren und als Wandel der Sozialen Kontrolle individuellen Verhaltens darzustellen. Hierin liegt die entscheidende Entdeckung der Zivilisationstheorie von Norbert Elias. Sie gestattet es, Sozialen Wandel und Persönlichkeitsstruktur miteinander zu verknüpfen.

4 Besonders eindrücklich hat Helmuth Plessner die Selbstgegebenheit der Menschen herausgearbeitet. Er entwickelt sie systematisch als »totale Reflexivität des Lebenssystems«: »Es hat sich selbst, es weiß um sich, es ist sich selber bemerkbar, und darin ist es ich, der ›hinter sich‹ liegende Fluchtpunkt der eigenen Innerlichkeit, der jedem möglichen Vollzug des Lebens aus der eigenen Mitte entzogen den Zuschauer gegenüber dem Szenarium dieses Innenfeldes bildet, der nicht mehr objektivierbare, nicht mehr in Gegenstandsstellung zu rükkende Subjektpol. Zu immer neuen Akten der Reflexion auf sich selber, zu einem *regressus ad infinitum* des Selbstbewußtseins ist auf dieser äußersten Stufe des Lebens der Grund gelegt und damit die Spaltung in Außenfeld, Innenfeld und Bewußtsein vollzogen.« (Plessner 1928, S. 290 f.)

5 Elias 1939, S. 11 f.

6 Vgl. hier die umfassende Aufarbeitung des Entfremdungsbegriffs durch Ludz 1975.

7 Kaufmann 1970, S. 267.

8 Auf dieses verhängnisvolle Mißverständnis der Sozialpolitik hat Hans Achinger bereits anläßlich der »Neuordnung der Sozialen Leistungen« in der Bundesrepublik hingewiesen. (Achinger 1958) Erst nachdem

über zweieinhalb Jahrzehnte eine in den überkommenen Geleisen expandierende Sozialpolitik bis an die derzeit vielbeschworenen Grenzen des Sozialstaates geführt hat, finden seine Vorschläge für ein sozialpolitisches Forschungsprogramm (Achinger 1959) unter den Soziologen Aufmerksamkeit (Antrag auf Errichtung eines Schwerpunktprogramms »Gesellschaftliche Bedingungen sozialpolitischer Intervention: Staat, intermediäre Instanzen und Selbsthilfe«, eingereicht bei der DFG im August 1980).

9 Vgl. Flöhl (Hg.) 1979.

10 Baier 1978.

11 Ackerknecht 1971; Rothschuh 1978.

12 Achinger 1958.

13 Hartmann 1966; Chr. von Ferber 1971, S. 7-34; Chr. von Ferber 1975 a, S. 21 f.; Chr. von Ferber 1975 b.

14 Hinsichtlich der Grenzen der Wirksamkeit sozialpolitischer Institutionen hat Achinger (1958) sehr eindrücklich die Divergenz der Bezugssysteme herausgearbeitet.

15 Spree 1980 a, 1980 b; Badura und Mitarbeiter 1979.

16 L. von Ferber 1971; Siegrist/Hendel-Kramer (Hg.) 1979.

17 Vgl. Badura und Chr. von Ferber (Hg.) 1981.

18 Diesen Wandel haben unabhängig voneinander Friedmann (1952) und Ryan (1947) bereits vor dreieinhalb Jahrzehnten sehr überzeugend herausgearbeitet. Ihr Interesse galt dem Wandel der Arbeitsbedingungen und einer wissenschaftlichen Begründung des Arbeitsschutzes unter veränderten Produktionsverhältnissen; vgl. hierzu auch die von Ryan stark beeinflußten Untersuchungen von Baldamus 1961. Die Industriesoziologie hat diese Forschungsrichtung nicht weiterverfolgt, wie sie überhaupt bisher dem Arbeitsschutz wenig Aufmerksamkeit zugewendet hat.

Eine medizinsoziologische Auswertung der wichtigen Einsicht, daß gewandelte Arbeitsbedingungen die Selbstbefindlichkeit verändern und zum Befindlichkeitsmanagement (emotional engineering) herausfordern, ist meines Wissens bisher nicht erfolgt. Eine bemerkenswerte Ausnahme stellt die Untersuchung von Gleichmann 1980, S. 238-240, dar.

19 Vgl. hierzu die umfassende sozialhistorische Aufarbeitung dieses Prozesses durch Teuteberg und Wiegelmann. Für eine Auswertung des Sozialen Wandels der Ernährung unter zivilisationstheoretischen Gesichtspunkten vgl. Chr. von Ferber 1973 und 1980 b.

20 Vgl. von Troschke/Stößel 1981.

21 Rolshoven 1978; Thesen des Deutschen Vereins zur Neuregelung der Absicherung des Risikos der Pflegebedürftigkeit, in: Nachrichtendienst des Deutschen Vereins für Öffentliche und Private Fürsorge vom Juni 1980, S. 177-181. – Socialdata (1980). Pflegebedürftige in der

Bundesrepublik. Symposion der Evangelischen Akademie Bad Boll 23.-25. 3. 1981.

22 D. A. Loose 1980.

23 Chr. von Ferber/L. von Ferber/Wolfgang Slesina 1981.

Literatur

Achinger, Hans, *Sozialpolitik als Gesellschaftspolitik*, Hamburg 1958.

Achinger, Hans, »Soziologie und Sozialreform«, in: *Soziologie und Moderne Gesellschaft. Verhandlungen des 14. Deutschen Soziologentages*, Stuttgart 1959, S. 39-52.

Achinger, Hans, *Sozialpolitik und Wissenschaft*, Stuttgart 1963.

Ackerknecht, Erwin H., *Medicine and Ethnology. Selected Essays*, Bern/Stuttgart/Wien 1971.

Badura, Bernhard u. a., »Grundlagen einer konsumentenzentrierten Gesundheitspolitik«, als Manuskript vervielfältigt 1979.

Badura, Bernhard und Chr. von Ferber (Hg.), *Selbsthilfe und Selbstorganisation im Gesundheitswesen – sozialpolitische Perspektiven*, München 1981.

Baier, Horst, *Medizin im Sozialstaat*, Stuttgart 1978.

Baldamus, Wilhelm, *Efficiency and Effort*, London 1961.

Bernard, L. L., *Social Control in its Sociological Aspects*, New York 1939.

Elias, Norbert, *Über den Prozeß der Zivilisation*. 1. Bd.: Wandlungen des Verhaltens in den weltlichen Oberschichten des Abendlandes; 2. Bd.: Wandlungen der Gesellschaft. Entwurf zu einer Theorie der Zivilisation, Basel 1939; Bern ²1969; Frankfurt/M. 1976.

Ferber, Christian von, *Gesundheit und Gesellschaft. Haben wir eine Gesundheitspolitik?*, Stuttgart 1971.

Ferber, Christian von, »Modelle für eine sozialmedizinische Untersuchung des Ernährungsverhaltens«, in: *DFG-Kommission für Medizinische Epidemiologie und Sozialmedizin. Mitteilung I*, 1973, S. 20-45.

Ferber, Christian von, *Soziologie für Mediziner*, Berlin/Heidelberg/New York 1975 a.

Ferber, Christian von, »Medizin und Sozialstruktur«, in: *Handbuch der Sozialmedizin*, 1. Bd., Stuttgart 1975 b, S. 261-300.

Ferber, Christian von, »Gesundheitsvorsorge am Arbeitsplatz«, in: *Die Betriebskrankenkasse* 68. Jg. (1980 a), Heft 9, S. 225-230.

Ferber, Christian von, »Ernährungsgewohnheiten. Zur Soziologie der Ernährung«, in: *Zeitschrift für Soziologie*, 9. Jg. (1980 b), S. 221-235.

Ferber, Christian von, und Bernhard Badura (Hg.), *Laienpotential, Patientenaktivierung und Gesundheitsselbsthilfe*, München 1983.
Ferber, Christian von, Liselotte von Ferber und Wolfgang Slesina, »Medizinsoziologie und Prävention am Beispiel der Gesundheitsvorsorge am Arbeitsplatz«, in: *Soziale Welt*, Sonderheft 1, 1981.
Ferber, Liselotte von, *Die Diagnose des praktischen Arztes im Spiegel der Patientenangaben* (Schriftenreihe Arbeitsmedizin, Sozialmedizin, Arbeitshygiene, Bd. 43), Stuttgart 1971.
Flöhl, Rainer (Hg), *Maßlose Medizin. Antworten auf Ivan Illich*, Heidelberg 1979.
Friedmann, Georges, *Der Mensch in der mechanisierten Produktion*, Köln 1952.
Gleichmann, Peter, »Einige soziale Wandlungen des Schlafens«, in: *Zeitschrift für Soziologie* 9 (1980), Heft 3, S. 236-250.
Hartmann, Fritz, »Krankheitsgeschichte und Krankengeschichte. Naturhistorische und personale Krankheitsauffassung«, in: *Marburger Sitzungsberichte* 87 (1966), Heft 2, S. 17-32.
Illich, Ivan, *Medical Nemesis. The expropriation of health*. London 1975; deutsch *Nemesis*, Reinbek 1975.
Kaufmann, Franz-Xaver, *Sicherheit als soziologisches und sozialpolitisches Problem*, Stuttgart 1970.
LaPiere, Richard T., *A Theory of Social Control*, New York 1954.
Loose, D. A. u. a., *Rehabilitationserfolg nach gefäßchirurgischen Eingriffen*, Reinbek 1982.
Ludz, Peter Christian, *Alienation. Concept in the Social Sciences: A Trend Report and Bibliography* (Current Sociology XXI, 1) The Hague-Paris 1975.
Lumley, Frederick Elmore, *Means of Social Control*, New York 1925.
Mead, George Herbert, *Mind, self and society. From the standpoint of a social behaviourist*. Ed. with introduction by Charles W. Morris, Chicago [14]1967, deutsch *Geist, Identität und Gesellschaft*, Frankfurt/M. 1968.
Merton, Robert K., »Continuities in the theory of reference groups and social structure«, in: ders., *Social theory and social structure*, Glencoe/Ill. 1957, S. 279-440.
Plessner, Helmuth, *Die Stufen des Organischen und der Mensch. Einleitung in die philosophische Anthropologie*, Berlin 1928.
Plessner, Helmuth, »Soziale Rolle und menschliche Natur«, in: *Erkenntnis und Verantwortung. Festschrift für Theodor Litt*, Düsseldorf 1960, S. 105-115.
Rolshoven, Hubertus, *Pflegebedürftigkeit und Krankheit im Recht*, Berlin: Deutsches Zentrum für Altersfragen e. V. 1978.
Ross, Edward Alsworth, *Social Control* (1901), New York and London 1970.

Rothschuh, Karl Ed., *Konzepte der Medizin,* Stuttgart 1978.
Ryan, Thomas Arthur, *Work and Effort,* New York 1947.
Siegrist, J. und A. Hendel-Kramer (Hg.), *Wege zum Arzt,* München 1979.
Schmucker, H., »Die langfristigen Strukturwandlungen des Verbrauchs der privaten Haushalte in ihrer Interdependenz mit den übrigen Bereichen einer wachsenden Wirtschaft«, in: Verein für Sozialpolitik (Hg.), *Strukturwandlungen einer wachsenden Wirtschaft,* Bd. 1, Berlin 1964, S. 106-183.
Socialdata – Werner Brög et al., *Anzahl und Situation zu Hause lebender Pflegebedürftiger* (Schriftenreihe des Bundesministers für Jugend, Familie und Gesundheit, Bd. 80), Stuttgart 1980.
Spree, Reinhard, »Der Einfluß des ärztlichen Professionalisierungsprozesses auf den sozial-strukturellen Wandel in Deutschland während des späten 19. und frühen 20. Jahrhunderts«, in: *Historical Social Research – Quantum Informationen,* Heft 15, 1980 a.
Spree, Reinhard, »Zur Bedeutung des Gesundheitswesens für die Entwicklung der Lebenschancen der deutschen Bevölkerung 1870-1913«, in: F. Blaich (Hg), *Staatliche Umverteilungspolitik in historischer Perspektive,* Berlin 1980 b.
Teuteberg, H. J. und G. Wiegelmann, *Der Wandel der Nahrungsgewohnheiten unter dem Einfluß der Industrialisierung,* Göttingen 1972.
Troschke, Jürgen von, und Ulrich Stößel (Hg.), *Möglichkeiten und Grenzen ärztlicher Gesundheitsberatung. Zur positiven Beeinflussung des Gesundheits-, Krankheits- und Patientenverhaltens,* Freiburg 1981.
Wolff, K. H., »Soziale Kontrolle (Social Control)«, in: *Wörterbuch der Soziologie,* hg. von Wilhelm Bernsdorf, Stuttgart 1969, S. 965 ff.

Johan Goudsblom
Zum Hintergrund der Zivilisationstheorie von Norbert Elias: Das Verhältnis zu Huizinga, Weber und Freud*

»Die Fragestellung ... entspringt ... weniger der wissenschaftlichen Tradition im engeren Sinne des Wortes, als den Erfahrungen, unter deren Eindruck wir alle leben«, schreibt Elias im Vorwort zu *Über den Prozeß der Zivilisation.*[1] Doch greift er in diesem Buch ganz offenkundig auf bestimmte wissenschaftliche Traditionen zurück, auch wenn sich nur wenige Stellen finden lassen, in denen er sich explizit mit diesen auseinandersetzt.

Daß solche Auseinandersetzungen in *Über den Prozeß der Zivilisation* und in anderen Schriften von Elias nur relativ selten vorkommen, hängt mit seiner skeptischen Haltung gegenüber der reinen ›Ideengeschichte‹ zusammen, in der die Soziogenese geistiger Strömungen zu wenig Beachtung findet und die Entwicklung des Denkens und Wissens als eine Folge gesonderter Einflüsse von Individuum zu Individuum, von Buch zu Buch beschrieben wird.[2]

Eine solche Anschauung impliziert, daß ein Buch wie *Über den Prozeß der Zivilisation* auch aus der Sicht des Autors nicht so einfach ›vom Himmel‹ gefallen ist. Es baut deutlich erkennbar auf verschiedenen wissenschaftlichen Traditionen auf; das Ursprüngliche daran liegt zu einem nicht geringen Teil gerade in der Synthese, die es zwischen diesen verschiedenen Traditionen zustande bringt. Für die Diskussion über die Zivilisationstheorie wie auch für Elias' Werk im allgemeinen dürfte es von Nutzen sein, die Zusammenhänge mit diesen Traditionen so klar wie möglich herauszustellen.[3] Überdies wäre es für die soziologische Theorie der Erkenntnis von Interesse zu verfolgen, welche Möglichkeiten eine

* Überarbeiteter Text eines Referates in der Ad-hoc-Gruppe »Zivilisationsprozeß und Figurationssoziologie« im Rahmen des 20. Deutschen Soziologentags, Bremen, 16. bis 17. September 1980. Für die Überarbeitung des Textes verdanke ich vieles der Hilfe von Peter Gleichmann und Hes Godschalk-Hessenauer.

bestimmte Phase der wissenschaftlichen Spezialisierung jeweils in sich birgt, um umfassende, übergeordnete Modelle entwickeln zu können, beziehungsweise welche Schwierigkeiten einer solchen Entwicklung jeweils entgegenstehen.

Die Wahl der drei Namen Huizinga, Weber und Freud, die ich hier herausgreife, ist keineswegs zufällig. Es sind drei Namen, die in *Über den Prozeß der Zivilisation* mit Respekt genannt werden. Sie vertreten drei Wissenschaftsbereiche – die Geschichtswissenschaft, die Soziologie und die Psychologie –, die in diesem Buch miteinander verarbeitet worden sind, wobei jeder dieser Wissenschaftsbereiche selbstverständlich weit mehr umfaßt als dasjenige, was mit dem Namen eines einzelnen, wenn auch hervorragenden Vertreters angedeutet werden kann. Bei der Geschichtswissenschaft handelt es sich um eine lange europäische Tradition insbesondere der Kultur- und Sozialgeschichte, die in *Über den Prozeß der Zivilisation* bis zu den Begründern der *Annales*-Schule, Fèbvre und Bloch, reicht. Bei der Soziologie gilt dies in ähnlicher Weise für die – wenn auch ungenannten – großen deutschen Vorgänger von Max Weber sowie deutsche und angelsächsische Zeitgenossen von Elias. Bei der Psychologie geht es vor allem um Einflüsse der Gestaltpsychologie und des frühen Behaviorismus, zwei einander wenig freundlich gesinnte Schulen, die jedoch beide durch eine starke Zurückhaltung gegenüber der Psychoanalyse gekennzeichnet sind; zudem steht die Psychologie in *Über den Prozeß der Zivilisation* in enger Verbindung mit der Physiologie.

I

Über den Prozeß der Zivilisation enthält mehrere Hinweise auf Arbeiten von Huizinga, auf dessen Erasmus-Biographie und vor allem auf den *Herbst des Mittelalters.* Im ersten Band, im Kapitel »Wandlungen der Angriffslust«, finden sich einige Zitate und Paraphrasen, die veranschaulichen, wie sehr die spätmittelalterliche Gesellschaft, auch in den Städten, von Gewalt durchdrungen war. Im Kapitel »Der gesellschaftliche Zwang zum Selbstzwang« im zweiten Band beschließt Elias einen Absatz über das ständig zwischen Extremen schwankende Leben im Mittelalter mit einem Verweis auf »die schöne Darstellung von Huizinga«.[4]

Der *Herbst des Mittelalters* erweist sich als eine großartige »Mentalitätsgeschichte«: in eindrucksvoller Schilderung unterbreitet Huizinga darin die Idee, daß die Menschen des Mittelalters anders waren, daß ihre Affektlage spontaner, offener, unbeständiger war als die unsere. Die ersten Sätze sind tonangebend für das ganze Buch:

»Als die Welt noch ein halbes Jahrtausend jünger war, hatten alle Geschehnisse viel schärfer betonte äußere Formen als jetzt. Zwischen Leid und Freude, zwischen Unheil und Glück schien der Abstand größer als für uns; alles was man erlebte, hatte noch jenen Grad von Unmittelbarkeit und Absolutheit, den Freud und Leid jetzt noch im Gemüte des Kindes haben.«[5]

Zahlreiche Beispiele unterstützen das Bild von »der allgemeinen Leidenschaftlichkeit, die auf jedem Gebiet das Leben durchglühte«[6], von »der zügellosen Extravaganz und Entflammbarkeit des mittelalterlichen Gemüts«.[7] Es ist ein den Lesern von *Über den Prozeß der Zivilisation* vertrautes Bild, bei dessen Darstellung nicht nur die Fülle von historischen Details Bewunderung einflößt, sondern auch der unbefangene Blick für soziologische Zusammenhänge, wie die folgende Wahrnehmung bezeugt:

»Zweifelsohne ist ein leidenschaftliches Element auch jetzt noch in der Politik vorhanden, aber es stößt, mit Ausnahme von Tagen der Umwälzung und des Bürgerkrieges, auf mehr Hemmungen und Hindernisse; es ist auf Hunderte von Weisen durch den komplizierten Mechanismus des Gemeinschaftslebens in feste Bahnen geleitet. Im 15. Jahrhundert kommt der unmittelbare Affekt noch in einem Maße zum Ausdruck, daß Nutzen und Berechnung immer wieder durchbrochen werden.«[8]

An einer Stelle spricht Huizinga sich für einen ›soziologischen Gesichtspunkt‹ aus; ein solcher könne, so meint er, bei der Erklärung der mittelalterlichen Parteikämpfe mehr Gewinn bringen als die in der modernen Geschichtswissenschaft übliche Suche nach »wirtschaftlich-politischen Ursachen«[9]; der entscheidende Vorteil eines soziologischen Gesichtspunktes wäre, daß man somit der *Ehre* als einem der bedeutsamsten Motive für die politischen Zwistigkeiten gerecht werden könne. Obwohl Huizinga diesen Zusammenhang nicht explizit herstellt, läßt sich aus diesem Hinweis ableiten, daß man nur so verstehen könne, warum »die adelige Lebensform ihre Herrschaft über die Gesellschaft noch lange behielt, nachdem der Adel als gesellschaftliche Struktur seine vorherrschende Bedeutung verloren hatte«[10]; eine Tatsache, deren Wichtigkeit gewiß nicht zu unterschätzen ist, denn »alle höheren Formen des bürgerlichen Lebens der neueren Zeit beruhen auf einer Nachahmung adliger Lebensformen«.[11]

Diese wenigen Zitate sollen hier genügen, um die Verwandtschaft zwischen Elias und Huizinga in ihrer Sicht auf die mittelalterliche Gesellschaft aufzuzeigen. Diese Verwandtschaft betrifft nicht nur die auf eine einheitliche Formel zu bringenden Schlußfolgerungen, sondern auch die Methode, die Art des Beobachtens, die Aufmerksamkeit für Details. So hat auch Huizinga schon die Bedeutung der »äußeren Lebensformen«, der Etikette und guten Manieren erkannt und mit großer Genauigkeit aufgezeigt, wie tief diese »Äußerlichkeiten« mit dem gesamten seelischen und gesellschaftlichen Leben der Zeit verflochten waren.

Er hat sich dabei weit von den zu seiner Zeit gängigen soziologischen und psychologischen Theorien entfernt gehalten. Ob er bei seinem Hinweis auf den Wert eines soziologischen Gesichtspunktes an Max Weber gedacht hat, ist mir nicht bekannt; Verweise auf dessen Werk sind im *Herbst des Mittelalters* nicht anzutreffen. Da weitreichende theoretische Überlegungen fehlen, bleiben die Einsichten in diesem Werk auf literarisch formulierte Aperçus beschränkt. Diese haben jedoch oft den Vorteil einer gewissen Unbefangenheit gegenüber landläufigen philosophischen und sozialwissenschaftlichen Auffassungen, die den Blick für bestimmte Zusammenhänge trüben können. So vermeidet Huizinga die herrschenden *homo-clausus*-Vorstellungen, indem er nahezu selbstverständlich davon ausgeht, daß die persönliche Entwicklung jedes Einzelmenschen vollends in die Sozialstruktur seiner Zeit eingebettet ist.

Als Kulturhistoriker hat er eine Phase des europäischen Zivilisationsprozesses behandelt, ohne diese jedoch als solche zu benennen. Bei ihm handelt es sich um die Schilderung eines als einheitliches Ganzes aufgefaßten Zeitalters, das dem unsrigen in seinen Unterschiedlichkeiten gegenübergestellt wird. Obwohl er hier und da kurze, meist intuitive Andeutungen in Richtung auf eine mögliche Erklärung dieser Unterschiede macht, fehlt ihm der Begriff der zivilisatorischen Veränderungen als *Prozeß*.

2

Der Zusammenhang zwischen der Zivilisationstheorie von Elias und dem Werk von Max Weber ist um einiges komplizierter als das Verhältnis zu den Arbeiten von Huizinga, komplizierter auch, als die beiden Verweise in den Anmerkungen – einer zum Begriff des Idealtypus und einer zu der Bedeutung des Gewaltmonopols für den Aufbau von Staaten[12] – vermuten lassen. In Analogie zu der so oft gehörten Behauptung, daß das Werk Webers als »eine Debatte mit dem Geist von Marx« zu lesen sei, kann man sagen, daß verschiedene wichtige Passagen in *Über den Prozeß der Zivilisation* als Auseinandersetzung mit Weber und der von ihm vertretenen Denkrichtung aufzufassen sind. Namentlich das dritte Kapitel über Feudalisierung und Staatenbildung in Europa bildet in mancher Hinsicht nahezu eine Fortsetzung der vergleichenden historisch-soziologischen Untersuchungen Webers; es ist allerdings eine kritische Fortsetzung, wobei in manchen Punkten eine andere Richtung eingeschlagen wird.

Die Hauptfragen von *Über den Prozeß der Zivilisation* zeigen eine deutliche Verwandtschaft mit den Problemen, die auch in vielen von Webers Untersuchungen, besonders in seiner Religionssoziologie, im Mittelpunkt stehen. Es geht beiden um die Genese der modernen abendländischen Gesellschaft und der damit verbundenen Persönlichkeitsstruktur. Überdies sind beide davon durchdrungen, daß ein einfaches ›Unterbau‹/›Überbau‹-Schema bei der Behandlung dieses Problems unzureichend ist. Elias formuliert seine zentrale Fragestellung denn auch ohne jede Anspielung auf dieses Schema:

> »Wie ging eigentlich diese Veränderung, diese ›Zivilisation‹ im Abendlande vor sich? Worin bestand sie? Und welche waren ihre Antriebe, ihre Ursachen oder Motoren?«[13]

Weber, der unmittelbar in einen Dialog mit dem historischen Materialismus verwickelt war, spitzte seine Problematik immer etwas schärfer auf die Motive dieser ›Paradigma-Gemeinschaft‹ zu. Seine Untersuchungen über den Werdegang der modernen abendländischen Gesellschaft haben eine außerordentlich große historische Reichweite; sie berühren alle großen Kulturen Asiens und Europas und enthalten ausführliche Analysen über die Zusammenhänge zwischen Religion, Recht, Staatsform und Wirtschaft.

In bezug auf die spezifische Entwicklung Europas in der Neuzeit aber verlagerte Weber den Schwerpunkt seiner Untersuchung auf eben dasselbe Thema, das in der marxistischen Literatur zentral war: die Entfaltung des Kapitalismus. Demzufolge entstammen die von ihm untersuchten Aspekte der europäischen Entwicklung in erster Linie der Wirtschaftsgeschichte, wobei jedoch als Gegengewicht gegen den ökonomischen Determinismus auch der Einfluß anderer – juristischer, politischer, religiöser – Faktoren betont wird. Vor allem Webers Versuch, die Entfaltung des Kapitalismus gedanklich mit einer Mentalitätsveränderung in Zusammenhang zu bringen, hat dabei großen Anklang gefunden. Der Schlüsselbegriff in diesem Versuch ist »Rationalisierung«.

Ebensowenig wie die Begriffe »rational« und »Rationalität« ist »Rationalisierung« bei Weber Teil einer Theorie über Struktur und Entwicklung der Persönlichkeit als ganzer. Die Unterschiede, die er zwischen »rationalem«, »affektivem« beziehungsweise »traditionellem« Verhalten macht, bleiben meistens im Begriffsmäßigen stecken, ohne daß das Problem des *Zusammenhangs* zwischen den verschiedenen mehr oder weniger »rationalen« psychischen Funktionen in Angriff genommen wird. Da diese psychologische Fragestellung nicht ausgearbeitet ist, bleibt es auch unklar, wie weit sich der Rationalisierungsprozeß historisch erstreckt: ob er die ganze Menschheit umfaßt oder auf einige große schriftliche Kulturen beschränkt ist.

Obwohl Weber viel stärker auf das Studium langfristiger Prozesse ausgerichtet war als Huizinga, fehlt auch bei ihm der Begriff Zivilisationsprozeß. Die Vermeidung dieses Begriffes erklärt sich wahrscheinlich aus seinen Bedenken gegen linear evolutionistische Theorien, wie sie in seiner Zeit noch stark verbreitet waren, nicht zuletzt in marxistischen Kreisen. Auch für einen Begriff zur Umschreibung der sozialpsychologischen Entwicklung, die jeder Einzelne in seinem Leben durchläuft, hatte Weber keine Verwendung; dies hat wahrscheinlich unter anderem mit seinem geringen Vertrauen in die Theorien Freuds zu tun.

Die Unterschiede zu Elias kommen vor allem in Webers bekanntem Aufsatz »Die protestantische Ethik und der Geist des Kapitalismus«, der sich denn auch ausdrücklich mit einer bestimmten Episode des europäischen Zivilisationsprozesses befaßt, zum Ausdruck. Weber zeichnet hier die »innerweltliche Askese« der englischen Puritaner der frühen Neuzeit (die Datierung bleibt in der ›idealtypischen‹ Auffassung etwas im ungewissen) als einen Lebensstil beherrscht vom »Antrieb zur konstanten Selbstkontrolle« und voller Argwohn gegen »die unbefangene Vitalität triebmäßigen Handelns und naiven Gefühlslebens«.[14] Das Bild des auf fortwährende, aktive, systematische Selbstbeherrschung gerichteten puritanischen Lebensideals, das Weber gibt, erweist sich als das genaue Gegenbild zu Huizingas Typisierung der Menschen des späten Mittelalters – nicht nur inhaltlich, sondern auch methodisch, denn Webers Beschreibungen bleiben im allgemeinen viel trockener; sie betreffen denn auch weniger die Frage, wie die Puritaner tatsächlich handelten und fühlten, als die Auslegung ihrer moralisch-theologischen Texte.

In *Über den Prozeß der Zivilisation* finden sich einige implizite Hinweise auf Webers Aufsatz, wie z. B. in einem Satz über den »Übergang von der mittelalterlich-katholischen zur protestantischen Über-Ich-Bildung«[15]; expliziter noch ist die folgende Bemerkung:

»Diejenige zivilisatorische Transformation des religiösen Empfindens, der man bisher unter Soziologen am meisten Beachtung geschenkt hat, der Verinnerlichungs- und Rationalisierungsschub, der in den verschiedenen puritanisch-protestantischen Bewegungen zum Ausdruck kommt, steht offenbar mit bestimmten Veränderungen in der Lage und im Aufbau mittelständischer Schichten im engsten Zusammenhang.«[16]

Eine Untersuchung der »Veränderungen in der Lage und im Aufbau mittelständischer Schichten« trifft man in Webers Aufsatz beinahe nirgends an. Seine Studie ist eher kulturwissenschaftlich oder ›kulturologisch‹ als soziologisch[17], indem sie sich auf den Einfluß von Glaubensauffassungen auf die individuelle Lebensführung konzentriert und dabei die Zwänge, die von den sozialen Abhängigkeiten ausgehen, außer Betracht läßt. Die Frage, welche Fremdzwänge hinter diesem harten Selbstzwang stehen, wird nicht gestellt. Die eigentlichen Veränderungen in der Lebensführung finden erstaunlich wenig Beachtung; indessen werden die reinen »›Wahlverwandtschaften‹ zwischen gewissen Formen des religiösen Glaubens und der Berufsethik«[18] betont. Merkwürdig ist auch, daß in einer Studie, in der der Berufspflicht eine so zentrale Bedeutung beigemessen wird, jeglicher Hinweis auf eine berufssoziologische Perspektive zur Erklärung der spezifischen Zwänge, unter denen die Puritaner standen, fehlt. Der Nachdruck liegt ausschließlich auf dem »kapitalistischen Geist«, der Mentalität, die als säkularisierte Gestalt eines im Ursprung religiösen Motivs aufgefaßt wird.

Über den Anteil religiöser Motive im Zivilisationsprozeß hat Elias sich unmißverständlich ausgesprochen:

»Die Religion, das Bewußtsein der strafenden und beglückenden Allmacht Gottes, wirkt für sich allein niemals ›zivilisierend‹ oder affektdämpfend. Umgekehrt: Die Religion ist jeweils genau so »zivilisiert«, wie die Gesellschaft oder wie die Schicht, die sie trägt.«[19]

Wenn auch vieles in Webers Werk diese Aussage zu bestätigen scheint, so gilt dies sicherlich nicht für »Die protestantische Ethik und der Geist des Kapitalismus«, wo davon ausgegangen wird, daß die Religion als »die (!) eine Seite der Kausalbeziehung«[20] mindestens ebenso wichtig ist wie diejenigen Faktoren, die im gesellschaftlichen Entwicklungsprozeß offenbar »die andere Seite« bilden: die ökonomischen. Wie dieser Prozeß als ganzer strukturiert ist, welche Regelmäßigkeiten er aufweist, wie sich bestimmte langfristige Tendenzen erklären – dies alles sind Fragen, die in diesem Aufsatz unberücksichtigt bleiben. Wie Elias erkannte auch Weber, daß die Entwicklung der Gesellschaft ein Prozeß voll von »unvorhergesehenen und geradezu ungewollten Folgen« individueller Absichten und Handlungen ist.[21] Den nächsten Schritt aber, dann auch zu untersuchen, durch welche Verflechtungsmechanismen diese unvorhergesehenen sozialen und psychischen Folgen zustande kommen, hat er nicht getan. Für Elias dagegen ist dies gerade der springende Punkt,

»wie aus der Verflechtung von unzähligen individuellen Interessen und Absichten – sei es von gleichgerichteten, sei es von verschieden gerichteten und feindlichen – schließlich etwas entsteht, das, so wie es ist, von keinem der Einzelnen geplant oder beabsichtigt worden ist und das doch zugleich aus Absichten und Aktionen vieler Einzelner hervorging. Und dies ist eigentlich das ganze Geheimnis der gesellschaftlichen Verflechtung, ihrer Zwangsläufigkeit, ihrer Aufbaugesetzlichkeit, ihrer Struktur, ihres Prozeßcharakters und ihrer Entwicklung; dies ist das Geheimnis der Soziogenese und der Beziehungsdynamik.«[22]

Im Gegensatz zu diesen paradigmatisch anmutenden Worten, die zur Erforschung dieser Verflechtungszusammenhänge anregen, erscheint der Rationalisierungsprozeß bei Weber letztlich als ein unerforschliches Schicksal, das nur noch mit fatalistisch-poetischen Ausdrücken wie »Entzauberung der Welt« oder »Verhängnis« einzufangen ist.[23]

3

Im ersten Band von *Über den Prozeß der Zivilisation*[24] erklärt Elias, daß es für jeden Kenner des psychoanalytischen Schrifttums deutlich sein dürfte, »wieviel diese Untersuchung den vorausgehenden Forschungen Freuds und der psychoanalytischen Schule verdankt«; er erwähnt zugleich, daß »nicht unbeträchtliche Unterschiede zwischen dem ganzen Ansatz Freuds und dem der vorliegenden Untersuchung« bestünden, über die sich jedoch »ohne allzugroße Schwierigkeiten ein Einverständnis herstellen ließe«. Später hat Elias nochmals betont, »daß wahrscheinlich Freuds Ideen mein Denken mehr beeinflußt haben als diejenigen irgend welcher theoretischer Soziologen«.[25]

Von den Schriften Freuds her kann die Beziehung zu Elias' Zivilisationstheorie besonders klar an einem Ausschnitt des letzten Kapitels in *Neue Folge der Vorlesungen zur Einführung in die Psychoanalyse* verdeutlicht werden. Dort hebt Freud in Auseinandersetzung mit dem Marxismus hervor, dessen Stärke liege in »dem scharfsinnigen Nachweis des zwingenden Einflusses, den die ökonomischen Verhältnisse der Menschen auf ihre intellektuellen, ethischen und künstlerischen Einstellungen haben«; er fügt zugleich aber einschränkend hinzu, daß man nicht annehmen könne, »daß die ökonomischen Motive die einzigen sind, die das Verhalten der Menschen in der Gesellschaft bestimmen«, und schließt: »Auch unter deren Herrschaft können Menschen nicht anders, als ihre ursprünglichen Triebregungen ins Spiel bringen, ihren Selbsterhaltungstrieb, ihre Aggressionslust, ihr Liebesbedürfnis, ihren Drang nach Lusterwerb und Unlustvermeidung«. Psychische Faktoren bleiben demnach von entscheidender Bedeutung. Freud fügt dem noch hinzu:

»Endlich wollen wir nicht vergessen, daß über die Menschenmasse, die den ökonomischen Notwendigkeiten unterworfen ist, auch der Prozeß der Kulturentwicklung – Zivilisation sagen andere – abläuft, der gewiß von allen anderen Faktoren beeinflußt wird, aber sicherlich in seinem

Ursprung von ihnen unabhängig ist, einem organischen Vorgang vergleichbar und sehr wohl imstande, seinerseits auf die anderen Momente einzuwirken. Er verschiebt die Triebziele und macht, daß die Menschen sich gegen das sträuben, was ihnen bisher erträglich war; auch scheint die fortschreitende Erstarkung des wissenschaftlichen Geistes ein wesentliches Stück von ihm zu sein. Wenn jemand imstande wäre, im einzelnen nachzuweisen, wie sich diese verschiedenen Momente, die allgemeine menschliche Triebanlage, ihre rassenhaften Variationen und ihre kulturellen Umbildungen unter den Bedingungen der sozialen Einordnung, der Berufstätigkeit und Erwerbsmöglichkeiten gebärden, einander hemmen und fördern, wenn jemand das leisten könnte, dann würde er die Ergänzung des Marxismus zu einer wirklichen Gesellschaftskunde gegeben haben. Denn auch die Soziologie, die vom Verhalten der Menschen in der Gesellschaft handelt, kann nichts anderes sein als angewandte Psychologie. Streng genommen gibt es ja nur zwei Wissenschaften, Psychologie, reine und angewandte, und Naturkunde.«[26]

Man kann in diesem Zitat das Programm für *Über den Prozeß der Zivilisation* lesen; man erkennt aber zugleich, daß dieses Programm in der Ausführung von Elias ganz andere Akzente bekommen hat. Der Unterschied liegt schon allein darin, daß Elias' »psychogenetische und soziogenetische Untersuchungen« offenbar mehr sind als »angewandte Psychologie«. Das Verhältnis zwischen Elias und Freud – ihre Verwandtschaft wie ihre Unterschiede im Hinblick auf die Zivilisationstheorie – soll an den folgenden Punkten näher erläutert werden.

1. Sowohl bei Freud als auch bei Elias begegnen wir dem Streben, ein konsistentes, wissenschaftlich untermauertes Menschenbild zu entwickeln, das einerseits an die Naturwissenschaften, namentlich die Biologie, anschließt, aber zugleich auch der ›relativen Autonomie‹ der soziopsychischen Entwicklung gerecht wird. Obwohl die Anerkennung dieser relativen Autonomie bei Freud auf den Bereich des »Psychischen«, aufgefaßt als das »Innermenschliche«, beschränkt bleibt und den des »Zwischenmenschlichen« nicht einschließt, so verfügt er doch deutlich über die Einsicht in die »ontogenetische Kontinuität«.[27]

2. Die sich an die Biologie anlehnende Anthropologie impliziert für Elias wie für Freud eine genetische oder Entwicklungs-Perspektive vor dem allgemeinen Hintergrund der Evolutionstheorie. Hiermit ist das Interesse an Werdegängen verknüpft und die Einsicht, daß frühere Ereignisse für die weitere Entwicklung von wichtiger Bedeutung sind. Freud hat sich in seinen empirischen

Forschungen insbesondere mit der psychogenetischen Entwicklung von Individuen beschäftigt; seine bekanntesten theoretischen Begriffe und Hypothesen beziehen sich auf diese psychogenetischen (von ihm als »Ontogenese« bezeichneten) Vorgänge. Nicht nur, daß er im individuellen Leben »eine beständige Umsetzung von äußerem Zwang in inneren Zwang« beobachtet; er nimmt auch an, daß »aller innere Zwang, der sich in der Entwicklung des Menschen geltend macht, ursprünglich, d. h. in der *Menschheitsgeschichte,* nur äußerer Zwang war«.[28] Wie sich die langfristige Soziogenese von Selbstzwängen vollzogen hat, bleibt aber als historisch-soziologisches Problem größtenteils außer Betracht.

3. Die genetische Perspektive beinhaltet auch die Einsicht in den sozialen Ursprung individueller Eigenschaften: Menschen werden, was und wie sie sind, in fortwährender Abhängigkeit von anderen. Auch bei Freud fehlt diese Einsicht nicht: er bezeichnet das Gewissen als »in seinem Ursprung ›soziale Angst‹ und nichts anderes«[29]; psychische Konflikte erscheinen bei ihm als unverarbeitete Familiendramen in der elterlichen Familie. Sogar die Sprachfiguren, die er verwendet, um psychische Vorgänge und Verhältnisse zu bezeichnen, weisen in dieselbe Richtung; er beschreibt die Spannungen zwischen den unterschiedlichen psychischen Funktionen mit Ausdrücken wie »Zensur«, »Unterdrückung«, »Eroberung« und »Besetzung« – Ausdrücken also, die ursprünglich in den Bereich der zwischenmenschlichen Machtverhältnisse gehören. Die Übernahme dieser Begriffe erfolgt allerdings ziemlich unreflektiert; andere soziale Beziehungen als die innerhalb der Familie stellen bei Freud selten mehr vor als bloß »Umgebung« oder »Hintergrund«. Wie Elias beobachtet hat:

»Nichts charakterisiert die spezifische Richtung von Freuds Begriffsbildungen so deutlich wie die Tatsache, daß er seine Bemühungen, Menschen zu verstehen, abbrach, sobald er mit seinen Forschungen auf jene Aspekte traf, die er begrifflich als ›Realität‹ verarbeitete. Dies war das Kodewort für das, was man als Soziologe ›sozial‹ nennen würde, also für Gesellschaften, für Gruppen, für Figurationen, die Individuen miteinander bilden.«[30]

4. Freud und Elias gemeinsam ist auch die Erkenntnis, daß das menschliche Leben in hohem Maße von »blinden Kräften« beherrscht wird und daß es die Aufgabe wissenschaftlicher Forschung ist, diese sichtbar zu machen. Die von Freud ausgearbei-

teten Trieblehren hat Elias nicht übernommen; die Vorstellungen von Triebenergien und Triebäußerungen spielen bei ihm jedoch eine zentrale Rolle. Aber auch hier gilt, daß Freud seine Aufmerksamkeit fast ausschließlich auf die individuellen Triebenergien und deren Umformungen gerichtet hat, während Elias auch diese individuellen Triebenergien im Rahmen der zwischenmenschlichen Interdependenzen, als von vornherein sozial geformt begreift. Diese soziale Gestaltung des »rohen Triebmaterials«[31] wird stark beeinflußt von gesellschaftlichen »Verflechtungsmechanismen« – von ebenfalls überwiegend »blind« wirkenden sozialen Kräften, die bei Freud außer Betracht bleiben, die aber für den Verlauf von Zivilisationsprozessen von wesentlicher Bedeutung sind.

5. Ein Auge für Details, einen Sinn für Zusammenhänge – so könnte eine fünfte, nicht zu vernachlässigende Ähnlichkeit bezeichnet werden, die das Wissenschaftsmodell und die Arbeitsweise von Freud und Elias betrifft. Bei Freud war es die klinische Erfahrung, bei Elias vielleicht seine Ausbildung, die außer Philosophie Fächer wie Medizin und Chemie (und, in diesem Zusammenhang nicht zu vergessen, Kunstgeschichte) umfaßte und die ihm den Blick für bedeutungsvolle Details geschärft hat. Für beide hängt die Bedeutung, die sie Einzelbeobachtungen beimessen, nicht von einem vorausgesetzten hypothetisch-deduktiven Schema ab; entscheidend ist vielmehr die Absicht, unvermutete, empirisch nachweisbare Zusammenhänge aufzuspüren – eine Verfahrensweise, die sowohl ›theoretisch‹ als auch ›empirisch‹ vorgeht. Freuds Deutung von Träumen und Fehlleistungen ist denn auch methodisch verwandt mit Elias' Verwendung von Tisch- und Hofzuchten und anderer Anstandsliteratur. Wobei nochmals betont sei, daß diese Quellen in entwicklungsperspektivischer Sicht untersucht worden sind: theoretisch bedeutungsvoll sind nicht so sehr die Verhaltensvorschriften an sich als vielmehr die Veränderungen, die diese erkennen lassen.

4

In den vorangehenden Betrachtungen habe ich hauptsächlich anhand zusammenfassender Textvergleiche versucht, einige wichtige Ähnlichkeiten und Unterschiede zwischen Elias' Zivilisationstheorie und den Arbeiten von Huizinga, Weber und Freud herauszuarbeiten. Aus diesem Versuch meine ich schließen zu können, daß in *Über den Prozeß der Zivilisation* scheinbar mühelos eine Art Synthese zwischen diesen so heterogenen Ansätzen hergestellt worden ist. Es ist Elias gelungen, die Psychoanalyse nicht nur programmatisch, sondern auch tatsächlich in eine historisch-soziologische Perspektive einzuordnen. Wie verschiedene Kommentatoren schon bemerkt haben: In *Über den Prozeß der Zivilisation* wird die Einsicht Freuds von der Verinnerlichung der Autorität mit Webers Vorstellung von der Staatsautorität als Verkörperlichung des Gewaltmonopols verbunden[32]; »Elias fing mit seiner Untersuchung da an, wo Huizinga in *Herfsttij der Middeleeuwen* und Freud in *Das Unbehagen in der Kultur* aufgehört hatten«.[33] Die Verbindung der Psychoanalyse mit der historisch-soziologischen Forschung hat sowohl der letzteren eine breitere psychologische Basis verschafft als auch die soziologische Reichweite der ersten vergrößert.

Trotz aller gegenseitigen Unterschiede haben Huizinga, Weber und Freud miteinander gemein, daß sie sich wie Elias alle auf einem hohen Niveau der Synthesebildung bewegt haben. So hat Huizinga eine große Menge historischen Materials zusammengebracht und zu einem einheitlichen Bild des Lebensstils eines bestimmten Zeitalters gestaltet. Es läßt sich vermuten, daß Huizingas akademischer Hintergrund – er war seiner Ausbildung nach nicht Fachhistoriker, sondern Orientalist und Linguist – es ihm erleichterte, die üblichen Grenzen der Mediävistik zu überschreiten und sich an eine zusammenfassende Übersicht der burgundischen Gesellschaft zu wagen. Er suchte die Synthese nicht nur im Entwurf eines allgemeinen theoretischen Modells, sondern zudem in einer künstlerisch-literarischen Darstellung der Kultur des ausgehenden Mittelalters als einer in ihrer Gesamtstruktur anschaulichen Gestalt.

Webers Streben nach Synthesebildung ist vielmehr auf verallgemeinernde Abstraktionen gerichtet; als solches durchzieht es in unverkennbarer Weise fast sein gesamtes Werk. Seine vielseitige Ausbildung als Wirtschaftswissenschaftler, Jurist und Historiker ist diesem Bestreben sicher förderlich gewesen. Ein für die Zivilisationstheorie von Elias wichtiges Beispiel von Webers Fähigkeit, die Fachgrenzen zu überschreiten, ist seine Formulierung des Begriffes des Gewaltmonopols – eine gelungene Anwendung einer in der Wirtschaftslehre entwickelten Kategorie auf politisch-juristische Verhältnisse, die dann später von Elias mit dem Begriff des Steuermonopols verbunden und in einer Entwicklungsperspektive sozusagen ›dynamisiert‹ worden ist.

Der gesamte psychoanalytische Ansatz Freuds erscheint als ein einziges großes Kunststück der Synthesebildung, bei der Ergebnisse der Physiologie, der Psychopathologie sowie der Literatur und des Alltagslebens verarbeitet worden sind. Die bloße Tatsache, daß Weber absolut nicht von dem Umfang des Freudschen Materials beeindruckt war[34], zeigt, wie unterschiedlich beide in ihrem Versuch zur Synthesebildung vorgingen.

Mit den Namen Huizinga, Weber und Freud als ›Stichworten‹ sind die intellektuellen Wurzeln von *Über den Prozess der Zivilisation* natürlich nicht erschöpft. In einer ausführlicheren Abhandlung wären auch andere Traditionen zu berücksichtigen, für die sich im Buch selber zwar keine direkten Hinweise finden, die aber offenkundig mit eine Rolle spielen, namentlich der Einfluß von Darwin und Marx. Viele der zentralen Begriffe im Bedeutungsumfeld von Interdependenz und Macht, wie die des Konkurrenz- und Monopolmechanismus, bauen auf diese Traditionen auf und verarbeiten dabei spätere Einsichten aus der Geschichtswissenschaft, Soziologie und Psychoanalyse.

Um hier nur die in so vieler Hinsicht völlig heterogenen Ansätze von Huizinga, Weber und Freud insgesamt mit der Zivilisationstheorie von Elias vergleichen zu können, empfiehlt es sich, noch ganz kurz auf zwei Verwicklungen einzugehen, die mit dem Begriff ›Zivilisationsprozeß‹ verbunden sind. Die erste Verwicklung betrifft die Reichweite: Bezieht sich dieser Begriff auf die Menschheit als solche oder nur auf spezifische Gesellschaften und dann noch vielleicht nur auf bestimmte Schichten oder sogar Individuen in diesen Gesellschaften?

Wie Elias in *Über den Prozeß der Zivilisation* betont, gibt es im Zivilisationsprozeß keinen absoluten Nullpunkt. Jede erkennbare Phase bildet die Fortsetzung früherer Phasen. Diese Feststellung – die nicht zwangsläufig eine gradlinige Kontinuität beinhaltet; auch mehr oder weniger bewußte oder unbewußte *Reaktionen* sind in Zusammenhang mit dem, was sie ausgelöst hat, zu erklären – ermöglicht es, ganz grob drei Ebenen zu unterscheiden, auf denen sich *der* Zivilisationsprozeß im allgemeinen und *die* Zivilisationsprozesse im besonderen abspielen:

1. *der* Zivilisationsprozeß als eine die ganze Menschheitsgeschichte umfassende, weitverzweigte Entwicklung;
2. *die* Zivilisationsprozesse, die bestimmte Gesellschaften in bestimmten Phasen ihrer Entwicklung durchlaufen;
3. der Zivilisationsprozeß, den jeder Mensch im Laufe seiner individuellen Entwicklung durchmacht.

Wie das bei solchen Unterscheidungen meistens der Fall ist, besteht auch hier der primäre Zweck darin, die Zusammenhänge zwischen den unterschiedenen Ebenen klarer ins Auge zu fassen. Wenn die soziologische Zivilisationsforschung den an sie gestellten Erwartungen entspricht, wird sie zu einer Synthese führen, die es ermöglicht, die drei grob unterschiedenen Spielarten des Zivilisationsprozesses in ihrem Zusammenhang zu sehen: wie der Zivilisationsprozeß, den jeder Mensch durchläuft, Teil ist eines Zivilisationsprozesses der Gruppen und der Gesellschaft, deren Mitglied er ist, und wie diese Zivilisationsprozesse ihrerseits verbunden sind mit den Zivilisationsprozessen anderer Gruppen und Gesellschaften.

Bei Huizinga, Weber und Freud ist von einer solchen Synthese zwischen diesen drei Ebenen noch keine Rede. Bei Huizinga fehlt, wie gesagt, der Prozeßbegriff als solcher; Weber hat sich trotz seines universalgeschichtlichen Ansatzes doch vor allem mit der systematischen Beschreibung bestimmter zusammenhängender Aspekte bestimmter Gesellschaftstypen beschäftigt; Freud zeichnet sich insbesondere durch empirisch-theoretische Arbeiten über den individuellen Zivilisationsprozeß aus. Bekanntlich basieren seine Theorien über die Persönlichkeitsentwicklung in erster Linie fast ausschließlich auf Beobachtungen bei zeitgenössischen, mittelständischen Mitgliedern der westeuropäischen Gesellschaft; seine Theorien über den Zivilisationsprozeß der Menschheit im allgemeinen haben einen überaus spekulativen Charakter; die für eine soziogenetische Untersuchung der europäischen Gesellschaft unentbehrliche Verbindung zwischen diesen beiden Ebenen hat er nicht zustande gebracht.

In *Über den Prozeß der Zivilisation* hat Elias sich fast ausschließlich mit der zweiten Ebene (einer bestimmten Gesellschaft in einer bestimmten historischen Periode) und der dritten (den individuellen Zivilisationsprozessen) in ihrem wechselseitigen Zusammenhang beschäftigt. Erst in späteren Arbeiten, zum Beispiel in seinem Aufsatz über Zeit[35], hat er den allgemeinen Zivilisationsprozeß expliziter zum Gegenstand seiner Untersuchungen gemacht und gezeigt, daß schon die ersten Entwicklungsstufen der Zeitrechnung eine Spielart von Rationalisierung darstellen. Die nähere Ergründung der Zusammenhänge zwischen diesen drei Ebenen bleibt eine der zahlreichen Aufgaben der Zivilisationsforschung.

Eine weitere, aber unvermeidliche Verwicklung entsteht dabei durch das Problem der Wertungen, der positiven oder negativen Gefühlsassoziationen, die dieser Begriff beinahe zwangsläufig hervorruft. Diese wertenden Assoziationen treten mit der Hartnäckigkeit einer »sozialen Tatsache« im Sinne Durkheims auf; sie lassen sich nicht leugnen, wohl aber erklären. So ist es in diesem Zusammenhang nicht unwichtig, sich vor Augen zu führen, daß die drei genannten Autoren alle in einer Phase wirkten, da der Fortschrittsglaube des 19. Jahrhunderts unter dem Eindruck der zeitgenössischen Erfahrungen ernsthaften Erschütterungen ausgesetzt war und somit auch der Begriff Zivilisationsprozeß wiederum zunehmend umstrittener wurde.

Namentlich Huizinga hat in seinen späteren kulturkritischen Schriften aus den Jahren 1935-45 scharf Stellung genommen gegen viele Tendenzen der Zeit, die er abschätzig mit Formulierungen wie »allgemeine Schwächung des Urteils«, »Senkung des kritischen Sinnes«, »Verleugnung des Erkenntnisideals«, »Verfall der moralischen Normen«, »Puerilismus« und »Stilverlust und Irrationalisierung« bedachte.[36] Weber hatte, zwanzig Jahre früher, ein nuancierteres Urteil; auch bei ihm überwog indessen eine Haltung von Desillusion und Fatalismus. Freud, der am wenigsten nationalistisch Gesinnte der drei Autoren, war in seiner Kulturkritik gedämpfter und distanzierter – aber nicht weniger radikal. Indem er sich selbst mit Kopernikus und Darwin als einen der großen ›Demaskierer‹ des Wahns der westeuropäischen Menschheit in eine Reihe stellte, legte er die herkömmliche Moral als heuchlerisch und unterdrückend bloß. Weber und Huizinga teilten beide die zu ihrer Zeit herrschenden Widerstände gegen sein Werk; Huizinga rechnete den Einfluß Freuds sogar zu den verderblichen Tendenzen des 20. Jahrhunderts, der, wie er meinte, zu einer »Schwächung des kritischen Standards in Sachen des Intellekts« und zur »Entwurzelung einer im Gewissen und in der formulierten Überzeugung fundierten Ethik« beitrage.[37]

Obwohl Elias sich in *Über den Prozeß der Zivilisation* jeglicher

Werturteile enthalten wollte[38], zeigt schon das Unternehmen als solches, die Verhaltensstandards seiner Gesellschaft als ›etwas geschichtlich Gewordenes‹ zu untersuchen, von einer in den gesellschaftlichen Veränderungen selbst begründeten kritischen Neugier:

»Die älteren Standarde sind zum Teil fragwürdig geworden, neue festere noch nicht vorhanden. Die Menschen werden unsicherer in der Steuerung ihres Verhaltens. Die gesellschaftliche Situation selbst macht das ›Verhalten‹ zu einem akuten Problem. In solchen Phasen – und vielleicht nur in solchen Phasen – öffnet sich der Blick der Menschen für Vieles, was den vorangehenden Generationen an ihrem Verhalten als selbstverständlich erschien. Die Söhne beginnen an Stellen weiterzudenken, wo die Väter mit ihrem Nachdenken Halt machten; sie beginnen nach Gründen zu fragen, wo die Väter keinen Grund zu fragen fanden: Weshalb muß ›man‹ sich hier so und dort so verhalten? Warum ist dieses erlaubt und jenes verboten? Was ist der Sinn dieser Manieren- und jener Moralvorschrift?«[39]

Nicht nur an dieser, sondern auch an anderen Stellen ist klar erkennbar, daß *neben* den wissenschaftlichen Traditionen der Geschichtswissenschaft, der Soziologie und der Psychoanalyse auch Traditionen einer tiefgehenden Kultur- und Gesellschaftskritik in *Über den Prozeß der Zivilisation* mitspielen, in der unter anderem die Erfahrungen des Ersten Weltkrieges, der Russischen Revolution, der Weltwirtschaftskrise und des Aufstiegs des Nationalsozialismus ihren Niederschlag gefunden haben. Dieses Buch – wie manche Leser dies zu tun scheinen – als eine einfache Weiterführung des naiven Fortschrittsglaubens nach Art des 19. Jahrhunderts aufzufassen, zeugt denn auch von mangelndem Urteilsvermögen. *Über den Prozeß der Zivilisation* unterscheidet sich von der großen Mehrzahl der Versuche einer zeitgenössischen Kulturdiagnostik nicht nur durch seine Distanz zu jenem Fortschrittsglauben, sondern auch durch seine Zurückhaltung gegenüber der Untergangsstimmung des 20. Jahrhunderts. Sowohl das Engagement des Autors mit den »Erfahrungen, unter deren Eindruck wir alle leben«, wie seine gedankliche Distanzierung von den herrschenden Auslegungen dieser Erfahrungen sind seinem Versuch zur Synthesebildung zugute gekommen.

1 Elias 1969, Bd. 1, S. LXXX.
2 Vgl. Elias 1969, Bd. 2, S. 377-397.
3 Vgl. Rehberg 1979.
4 Elias 1969, Bd. 1, S. 270-273; Bd. 2, S. 324.
5 Huizinga 1924, S. 1.
6 Ebd., S. 10.
7 Ebd., S. 17.
8 Ebd.
9 Ebd., S. 19.
10 Ebd., S. 71 f.
11 Ebd., S. 122.
12 Elias 1969, Bd. 2, S. 457-459 und S. 471.
13 Ebd., Bd. 1, S. LXXII.
14 Weber 1906, S. 142.
15 Elias 1969, Bd. 2, S. 409.
16 Ebd., S. 402.
17 Vgl. Goudsblom 1980, S. XIII.
18 Weber 1906, S. 77.
19 Elias 1969, Bd. 1, S. 277.
20 Weber 1906, S. 21.
21 Ebd., S. 76.
22 Elias 1969, Bd. 2, S. 221.
23 Vgl. Weber 1906, S. 188.
24 Elias 1969, Bd. 1, S. 324.
25 Goudsblom 1979, S. 73.
26 Freud 1933, S. 194.
27 Elias 1970, S. 112-118.
28 Freud 1915, S. 333.
29 Ebd., S. 330.
30 Elias 1972, S. 31.
31 Elias 1969, Bd. 2, S. 390.
32 Aya 1977, S. 222.
33 Blok 1979, S. 186 f.
34 Vgl. Baumgarten 1964, S. 644 f.
35 Elias 1974/75.
36 Huizinga 1935.
37 Ebd., S. 122.
38 Vgl. Elias 1969, Bd. 2, S. 478.
39 Ebd., S. 442 f.

Literatur

Aya, Rod, »Norbert Elias and ›The Civilizing Process‹«, in: *Theory and Society* V (1978), S. 219-228.

Baumgarten, Eduard, *Max Weber: Werk und Person*, Tübingen 1964.

Blok, Anton, »Hinter Kulissen«, in: Gleichmann, Peter u. a. (Hg.), *Materialien zu Norbert Elias' Zivilisationstheorie*, Frankfurt/M. 1979.

Elias, Norbert, *Über den Prozeß der Zivilisation*, 2 Bde., Bern [2]1969.

Elias, Norbert, *Was ist Soziologie?*, München 1970.

Elias, Norbert, »Soziologie und Psychiatrie«, in: Wehler, Hans-Ulrich (Hg.), *Soziologie und Psychoanalyse*, Stuttgart 1972, S. 11-41.

Elias, Norbert, »Een essay over tijd«, aus dem Englischen übersetzt von G. van Benthem van den Bergh, in: *De Gids*, CXXXVII (1974), S. 600-608; CXXXVIII (1975), S. 50-59, S. 367-377, S. 587-600.

Freud, Sigmund, »Zeitgemäßes über Krieg und Tod« (1915), in: *Gesammelte Werke*, Bd. X, Frankfurt/M. 1946, S. 322-356.

Freud, Sigmund, »Neue Folge der Vorlesungen zur Einführung in die Psychoanalyse«, (1933) in: *Gesammelte Werke*, Bd. XV, Frankfurt/M. 1969.

Gleichmann, Peter, Johan Goudsblom und Hermann Korte (Hg.), *Materialien zu Norbert Elias' Zivilisationstheorie*, Frankfurt/M. 1979.

Goudsblom, Johan, »Aufnahme und Kritik der Arbeiten von Norbert Elias in England, Deutschland, den Niederlanden und Frankreich«, in: Gleichmann, Peter, u. a. (Hg.), *Materialien zu Norbert Elias' Zivilisationstheorie*, Frankfurt/M. 1979, S. 17-100.

Goudsblom, Johan, *Nihilism and Culture*, Oxford 1980.

Huizinga, Johan, *Herbst des Mittelalters*, aus dem Niederländischen übersetzt von T. Jolles Mönckeberg, München 1924.

Huizinga, Johan, *In ie schaduwen van morgen*, Haarlem 1935.

Rehberg, Karl-Siegbert, »Form und Prozeß. Zu den katalysatorischen Wirkungschancen einer Soziologie aus dem Exil: Norbert Elias«, in: Gleichmann, Peter, u. a. (Hg.), *Materialien zu Norbert Elias' Zivilisationstheorie*, Frankfurt/M. 1979, S. 101-169.

Weber, Max, »Die protestantische Ethik und der Geist des Kapitalismus« (1906), in: *Die protestantische Ethik*, Bd. 1, München 1969.

Michael Schröter

Staatsbildung und Triebkontrolle

Zur gesellschaftlichen Regulierung des Sexualverhaltens vom 13. bis 16. Jahrhundert*

1. Das System der Familienkontrolle

1.1 Die folgende Studie versucht, zwei Entwicklungsstränge in ihrem Ablauf und ihren Wechselbeziehungen zu verfolgen, die in der etablierten akademischen Forschung gewöhnlich nicht zusammengesehen werden: die Ausbildung einer Zentralmacht als ein wesentliches Moment von Staatsbildungsprozessen und die damit verbundene Veränderung der Regulierung des Sexualverhaltens[1], d. h. eines entscheidenden Faktors im Prozeß des Persönlichkeitsaufbaus. Hinter einer solchen Aufgabenwahl steht die Vorstellung, daß es den tatsächlichen Vorgängen nicht angemessen ist, soziale von psychischen Daten oder beide Datengruppen von den strukturierten Prozessen, die zu ihrer gegenwärtigen Ausprägung geführt haben, zu trennen. Es sind prononciert Impulse der Arbeit von Norbert Elias, die auf diese Weise aufgegriffen und nach Möglichkeit fruchtbar gemacht werden sollen. – Während das Schwergewicht der Untersuchung auf städtischen Entwicklungen im deutschsprachigen Raum vom 13. bis 16. Jahrhundert liegt (Kap. 2 und 3), wird zu Beginn das Bild eines zunächst vor- und außerstädtischen Zustands rekonstruiert (Kap. 1), der jedoch auch in Städten, wie entsprechende Abwehrmaßnahmen zeigen[2], noch lange virulent blieb.

Als Ausgangspunkt der Darstellung bietet sich die elementare Beobachtung an, daß für die Regulierung des Sexualverhaltens je nachdem, ob es sich um Männer oder um Frauen handelt, ganz

* Die Grundgedanken dieser Arbeit wurden am 18. 9. 1980 in der Ad-hoc-Gruppe »Zivilisationsprozeß und Figurationssoziologie« (Leitung Peter R. Gleichmann) des 20. Deutschen Soziologentages in Bremen vorgetragen. Erstveröffentlichung einer gekürzten Fassung in: *Amsterdams Sociologisch Tijdschrift*, Bd. 8 (1981), H. 1, S. 48-89. – Für hilfreiche Diskussionsbemerkungen danke ich Dick van den Bosch (Wageningen), Hartmann Tyrell (Bielefeld) und Lutz von Werder (Berlin).

unterschiedliche Normen, Kontrollmechanismen und Sanktionen gelten. Für beide Geschlechter ein Beispiel von um 1300:

In Trier wird ein Maler Heinrich angeklagt, er habe vor acht Jahren seine Frau verlassen und sei nach Worms gegangen. Ja, antwortet der Angeklagte, das sei wahr. Er sei dort mit einer Witwe eine neue Ehe eingegangen. Nein, das sei nicht wahr. Er habe sexuell mit ihr verkehrt. Ja, er habe vierzigmal oder öfter mit ihr verkehrt. Er habe dort auch mit mehreren anderen Frauen sexuellen Umgang gehabt. Ja, er habe mit zwanzig Frauen Umgang gehabt. Von alledem werde in Worms öffentlich geredet. Ja, das sei wahr.[3]

Wir erfahren aus dem erhaltenen Dokument weder den genauen Punkt der Anklage noch den Ausgang des Prozesses. Deutlich aber ist, daß Heinrich zwar den gegebenenfalls recht folgenschweren Vorwurf der Bigamie zurückweist, daß ihm aber nichts daran gelegen ist, Einzelheiten seines Wormser Sexuallebens zu verschweigen. Im Gegenteil, man glaubt aus seinen Angaben ein gewisses Renommieren herauszuhören.

In Nürnberg wird um dieselbe Zeit Konrad, der Sohn einer Baderin, zu zehn Jahren Turm verurteilt, weil er die Tochter einer ratsfähigen Familie »beleidigt und entehrt« habe, indem er sie ohne Zustimmung ihres Vaters und der Verwandten ihrer Mutter zur Ehe nahm.[4] – Hier wird also, wie man unterstellen kann, der sexuelle Kontakt mit einem Mädchen aus guter Familie »ohne Gnade« bestraft: Das Mädchen hat dadurch eine Kränkung erfahren, die seine Lebenschancen für alle Zukunft beschneidet. »Schaden und Schmach«[5] aber treffen nicht nur das Mädchen selbst, sondern vielleicht mehr noch ihre Eltern und Verwandten: In dem Stadtbuch, in dem dieser Präzedenzfall aufgezeichnet ist, sind die Namen der Beteiligten ausradiert, offenbar um den Makel, der auf den Namen der Familie gefallen ist, vor der Nachwelt zu verbergen.[6]

Ein Vergleich der beiden Fälle läßt die Grundzüge eines bestimmten Systems der Verhaltensregulierung erkennen. Für Männer bedeuten sexuelle Erfolge eher einen Prestigegewinn. Ihre Sexualbetätigung ist im Prinzip freigegeben und wird nur gleichsam sekundär, durch die Obhut, der Frauen unterliegen, begrenzt. Die Regulierung des Sexualverhaltens *beider* Geschlechter geschieht durch die Kontrolle von *Frauen* bzw. durch die Rachedrohung, falls diese Kontrolle unterlaufen wird. Nur eine Frau wird durch die öffentliche Behauptung oder das Gerücht nicht-ehelicher Sexualbetätigung disqualifiziert. Auf männlicher Seite gibt es hierzu kein Pendant. Bigamie zum Beispiel, in früher Zeit ein spezifisch männliches Delikt, ist nicht als sexuelles Fehlverhalten strafwürdig, sondern ebenfalls wegen der Beeinträchtigung, die der zweiten Frau zugefügt wurde.[7]

So verschieden wie Intensität und Form der Kontrolle sind auch die Sanktionen, die bei einer Verletzung der geltenden Verhaltensstandards drohen. Wo ein Mann sich an einer Frau vergreift, für die potente Schutzhelfer eintreten, geht es ihm möglicherweise an Leib und Leben. Über unverheirateten Frauen dagegen schwebt die Gefahr des Ehrverlusts, der zwar nicht ihre physische, wohl aber ihre soziale Existenz[8] zerstören würde.

1.2 Daß Männer bei einer solchen Figuration der Verhaltenssteuerung ihre sexuellen Aktivitäten weithin von der Gunst oder Ungunst äußerer Umstände abhängig machen und kaum durch zwingende innere Anforderungen gelenkt werden, ist evident. Weniger deutlich tritt hervor, daß auch bei Frauen das Maß des vorausgesetzten Selbstzwanges relativ gering bleibt. Die Kontrolle, der sie unterstehen, geht nicht von inneren Instanzen aus, sondern hat vorwiegend die Form der direkten Überwachung von außen, der Augenkontrolle. Dem entspricht, daß auch in ihrem Fall die soziale Regulierung mehr auf Handlungen als auf Impulse zu Handlungen abgestellt ist. Die auf Handlungen gerichtete Kontrolle durch Fremdaufsicht bedingt, daß der Bewegungsspielraum unverheirateter junger Frauen überaus eng war. Ihr Leben spielte sich, wie es scheint, weitgehend im Bannkreis des Hauses und unter den Augen der Mutter ab, die als im häuslichen Bereich zuständig und gewöhnlich auch anwesend die spezielle Trägerin dieser Verhaltenskontrolle war. Ihre Wachsamkeit wurde durch die von Nachbarschafts- und Standesverbänden ergänzt. – Zur Veranschaulichung dieser Situation mag eine kurze Reimdichtung, ebenfalls aus der Zeit um 1300, dienen[9]:

Ein Ritter hat auf der Jagd ein Häslein gefangen. Auf dem Heimweg kommt er durch ein Dorf, wo ihn ein junges Mädchen sieht, das den Hasen gerne besitzen möchte. Der Ritter verlangt als Kaufpreis des Mädchens »Minne«; das Mädchen – in Liebesdingen gänzlich unwissend – ist einverstanden. Er fragt, ob jemand anwesend sei, »der uns höret oder sieht«. Das Mädchen verneint:

Mutter und Gesinde seien in der Kirche (V.110-117). Unter diesen günstigen Umständen kann das Tauschgeschäft vollzogen werden. Als die Mutter von dem Geschehenen erfährt, zerrauft sie der Tochter das Haar und beklagt den Verlust ihrer Jungfräulichkeit: »O weh, Kind, um deine Ehre! Ich hätte besser auf dich aufpassen sollen, dann wäre ich nicht zu Leide gekommen« (V.300-302). Sie kann der Tochter keinen besseren Rat geben, als den Jungfernkranz, »den getreuen Knecht der Ehre« (V.330), weiterhin stolz zu tragen und im übrigen auf ein Wunder zu hoffen (V.317-320). Nach einiger Zeit feiert der Ritter Hochzeit mit einer anderen Frau. Während des Festmahles lacht er in Erinnerung an sein Erlebnis plötzlich auf und wird von der Braut gegen sein Widerstreben genötigt, ihr den Grund seiner Befriedigung mitzuteilen. Die Braut verrät in ihrer Reaktion, daß sie selbst das Recht auf den Jungfernkranz längst verwirkt habe. Empört wendet sich der Mann an seine versammelte Verwandtschaft, schildert ihnen die Lage und bittet um ihren Rat. Alle sprechen sich dafür aus, daß er die Erwerberin des Häsleins zur Frau nehmen und die Braut wieder nach Hause schicken solle.[10]

Von ihrem intentionalen Zentrum her ist diese Geschichte eine männliche Verführungsphantasie (plus einer Auseinandersetzung mit dem Problem, wie man sich der sexuellen Integrität einer Frau versichern kann, bevor es zu spät ist), durch die der Erzähler sein adliges Publikum zu fesseln versucht. Am Rande aber beschreibt sie sehr zuverlässig die realen Verhältnisse, von denen soeben die Rede war: mangelnde Selbstbeherrschung bei Mann und Frau; einseitige Kontrolle des Mädchens durch die Mutter, die von der Schande der Tochter mitgetroffen wird (und in offenbar ritualisierter Form darauf reagiert); sobald die Beaufsichtigung Lücken zeigt, gilt dies dem Mann als Freipaß für sexuelle Avancen; sein Erfolg ist für ihn eine Quelle des Stolzes, den er mehr oder minder öffentlich zeigt, während eine Frau durch dasselbe Ereignis in höchste Gefahr gebracht wird. Diese Gefahr erwächst aus der Kontrollfunktion von Nachbarschafts- und Standesgruppen – symbolisiert durch den Jungfernkranz als Zeichen unbeschädigter Ehre –, die jedoch erst zur Wirkung kommt, wenn ein Verstoß notorisch wird.

1.3 Die »Ehre« einer ledigen Frau ist das Zentrum ihrer sozialen Existenz. Sie bedeutet, genauer besehen, zunächst nichts anderes als ungeschmälerte Heiratschancen. Wenn ihr Ruf durch die Kunde sexueller Beziehungen zu einem anderen Mann geschädigt ist, muß eine Frau damit rechnen, daß noch ein fest vereinbarter Ehevertrag rückgängig gemacht wird (dies widerfährt der Braut in der Erzählung vom »Häslein«). Entsprechend wird in Stadtrechten die unbewiesene Nachrede sexueller Betätigung, vorrangig gegenüber Frauen, unter Strafe gestellt (siehe unten, Abschnitt 2.2), und es finden sich mehrfach Belege, daß Frauen sich vor Gericht gegen eine derartige Gefährdung ihrer Heiratsaussichten (die dabei explizit so charakterisiert wird) zu verteidigen suchten.[11] Die familiäre Kontrolle über das Verhalten unverheirateter Mädchen und Frauen hat demnach den entscheidenden Zweck, den weiblichen Familienmitgliedern zu einer standesgemäßen sozialen Placierung zu verhelfen, wofür es vor allem in höheren Schichten – neben dem Klostereintritt – nur den Weg der Eheschließung gab. – Durch die Betonung der Jungfräulichkeit soll natürlich die Legitimität der Kinder gewährleistet werden.

Anders gewendet besagt diese Feststellung zugleich, daß es keineswegs Sexualäußerungen *als solche* sind, bei denen die Kontrolle weiblichen Sexualverhaltens ansetzt: Wo vorehelicher Geschlechtsverkehr in eine Ehe mündet, bleibt an der Frau kein Makel haften – die Ehre der naiven Erwerberin des Häsleins wird durch die Heirat anscheinend restlos wiederhergestellt. Um diesen Punkt noch klarer zu machen, sei ein zweites mittelalterliches Kleinepos (»Die Nachtigall«) angeführt, das im übrigen noch einmal einige der vorstehenden Resultate (Augenkontrolle, besondere Verantwortung der Mutter) unterstreicht:

Ein Rittersohn begehrt die Tochter eines benachbarten Ritters und findet ihre Gegenliebe. »Doch war die Jungfrau so eingesperrt und in ihres Vaters Haus so gut behütet, daß weder bei Tag noch bei Nacht ein Mensch zu ihr kommen konnte, weder draußen noch drinnen« (V. 55-59). Durch eine List gelingt es dem Mädchen, von ihren Eltern die Erlaubnis zu erwirken, daß sie ausnahmsweise einmal statt im Haus in der Gartenlaube schlafen darf. Sie setzt den Geliebten davon in Kenntnis, dieser stellt sich ein, und so verbringen sie die Nacht zusammen. Am Morgen aber verschlafen sie, so daß der Vater des Mädchens sie durch das Laubenfenster beieinanderliegen sieht. Dieser, wenig bewegt, holt die Mutter herbei, die bei dem Anblick sogleich in Wehklagen ausbricht. Davon erwacht der junge Mann und spricht den Vater an:

»Lieber Herr, möge mir an meinem Leib kein Schaden geschehen.« Der Vater erwidert: »Euch geschieht nichts, wenn Ihr sie zur Frau nehmt. Da Ihr bei ihr gelegen seid, so gebt acht, daß es Euch ernst sei« (V.253-258). Und so endet alles gut.[12]

Daß der voreheliche Sexualverkehr so wenig dramatisch genommen wird, sofern er mit einem tatsächlichen Ehekandidaten stattfindet und später zur Ehe führt, hat ein institutionelles Korrelat im Vorgang einer normalen Eheschließung. In der mehrstufigen Handlungsfolge, durch die – in höheren Gesellschaftsschichten – während des ganzen Mittelalters eine Ehe begründet wurde, kommt dem »Beilager«, das die sexuelle Leistungsfähigkeit der beiden einander Versprochenen unter Beweis stellen soll, traditionell eine zentrale Bedeutung zu. »So schlief Graf Johannes IV. von Habsburg wohl über ein halbes Jahr bei der Herzlande von Rappoldstein, mit der er verlobt war, und wurde erst dann von ihr, weil er zum Beischlaf untüchtig war, verschmäht.«[13] Der Sachverhalt wurde ihr 1378 durch eine Urkunde ihres Onkels bestätigt – gewiß um ihre Unberührtheit, d. h. Vollwertigkeit für eine künftige, anderweitige Heirat zu dokumentieren. Andererseits konnte es gelegentlich auch geschehen, daß der erste Geschlechtsverkehr, wie in der zuletzt zitierten Reimdichtung, dem offiziellen Verlöbnis voranging. Ehebeginn und Beginn weiblicher Sexualbetätigung sind aufs engste zusammengerückt, fallen normalerweise gleichsam in eins.

Man muß sich von jeder Orientierung an neuzeitlichen Verhältnissen freimachen, um zu erkennen, in welchem Ausmaß die Einleitung einer Ehe durch Sexualbeziehungen im Mittelalter möglich oder gar üblich war. Das »Beilager«, das zunächst in einer heute schwer nachvollziehbaren Weise ein öffentlicher Akt war[14], hatte geradezu formellen Charakter, konnte selbst gleichsam die Rolle eines Verlöbnisses spielen. Die Frage der Reihenfolge von Aufnahme des Sexualkontakts und endgültigem Abschluß einer Ehe mochte demgegenüber – verstärkt in niedrigeren Gesellschaftsschichten – zweitrangig erscheinen, was später zu einer Quelle schwerer Probleme wurde (siehe unten, Abschnitt 2.3). Ein Reflex dieser formellen Rolle des ersten Geschlechtsverkehrs findet sich etwa in den Worten, mit denen um 1450 die Familienchronik eines Nürnberger Patriziergeschlechts eine Hochzeit verzeichnet: »Item 1416, am Abend von St. Agatha, legte man Berthold Tucher des Holzschuhers Tochter zu.« Der Beginn der

Sexualverbindung erscheint in dieser Quelle als das zweite wesentliche Moment des Eheschließungsvorgangs nach dem grundlegenden Familienvertrag: »Item 1434 gab Berthold Tucher seine Tochter Brigitta am St. Blasius-Tag dem Sebald Grolant, [um sie ihm] zwei Jahre später beizulegen.«[15] Auch die anfänglich explizite, später implizite Unschlüssigkeit des kirchlichen Eherechts über den konstitutiven Rang dessen, was man hier als »Vollzug der Ehe« bezeichnete, verweist auf diese soziale Bedeutung des sexuellen Verkehrs der prospektiven Eheleute. Sexualäußerungen waren, mit anderen Worten, so unmittelbar in ein geregeltes Gruppenleben eingebettet, so wenig privatisiert, daß moderne Vorstellungen (etwa der Begriff »vorehelich«) für jene Zeit kaum anwendbar erscheinen.

1.4 Das bisher beschriebene System der Regulierung des Sexualverhaltens – einseitige, direkte Kontrolle von Frauen, entschiedene Zielrichtung auf Sicherung von Ehechancen, relative Unbefangenheit gegenüber Sexualäußerungen *per se* – erfordert eine bestimmte Instanz, die im Konfliktfall das gewünschte Verhalten bei Männern autoritativ durchsetzen kann. Diese Instanz sind die männlichen Verwandten, vor allem Väter und Brüder, unverheirateter Frauen. Auf dem Schutz, den sie den Töchtern der Familie bieten können, beruht das Funktionieren des ganzen Systems. Der junge Ritter aus der Geschichte »Die Nachtigall« muß, vom Vater der Geliebten entdeckt, tatsächlich um sein Leben fürchten. Es ist die Angst vor den männlichen Angehörigen von Mädchen und Frauen und ihrer gewalttätigen Rache, die in Ergänzung zu der Überwachung von Frauen als Regulativ *männlichen* Sexualverhaltens wirkt. Sexualbetätigung selbst kann sozusagen an der Peripherie der gesellschaftlichen Kontrollbemühungen bleiben, solange durch notfalls bewaffneten Druck auch noch ein *fait accompli* zu einem akzeptablen Ergebnis, einer Eheschließung, geführt werden mag. Anders gesagt: Die Kontrolle von Handlungen, im Gegensatz zu der von Handlungsimpulsen, ist an die unmittelbare soziale Nähe der Kontroll- und Strafinstanzen gebunden, die es erlaubt, Handlungen im äußersten Fall noch nachträglich in ihren Folgen zu korrigieren. – Daß die Entehrung eines weiblichen Familienmitglieds die Ehre der ganzen Familie in Mitleidenschaft zieht, entspricht genau dieser Sachlage.

Recht instruktiv sind in diesem Zusammenhang überlieferte

Fälle, die um die Mitte des 14. Jahrhunderts vor dem geistlichen Gericht Augsburg verhandelt wurden und in denen z. B. die Brüder einer Frau dem Mann, der sich nach dem Geschlechtsverkehr mit ihrer Schwester der Ehe zu entziehen versuchte, buchstäblich das Messer auf die Brust setzten, um ihn zur Heirat zu zwingen.[16] Auch wenn das Gericht auf seinem fortgeschritteneren Standpunkt eine solche Ehe nicht anerkennt, scheint in dieser Reaktion doch eine frühere Form der Durchsetzung sozialer Normen greifbar zu sein. In der sächsischen Stadt Pössneck geschah es um 1450, daß ein wohlhabender Mann, dessen angeheiratete Nichte (die als Magd in seinem Haus lebte und für diese Zeit rechtlich einer Tochter gleichgestellt war) ein Kind erwartete, den von dem Mädchen genannten Erzeuger vor dem Rat zur Rechenschaft zog; später wurde der so Angeklagte ermordet, und der Verdacht fiel automatisch auf jenen Onkel des geschwängerten Mädchens.[17]

Es zeigt sich hier, daß es ungenügend wäre, an der bisher beschriebenen Struktur lediglich den Aspekt einseitiger *Kontrolle* von Frauen hervorzuheben. Wie generell, wenn man über die Stellung von Frauen im Mittelalter nachdenkt, ist auch in bezug auf Sexualverhalten und Eheschließung bestimmend, daß Frauen in einer so hochgradig von physischer Gewalt regierten Gesellschaft wie der mittelalterlichen in besonderem Maße des *Schutzes* bedürfen. Das gilt auch und in gewisser Weise erst recht auf den höchsten Stufen des sozialen Schichtengefüges. Eine adlige Mutter, Beatrix, deren Söhne geächtet worden waren, richtete ca. 1080 den folgenden Hilferuf an ihren Bruder, Bischof Udo von Hildesheim: »Meine bereits mannbare Sophia aber, deren Alter und Gestalt unwürdige Entführer [*raptores*] anreizen, da sie ja nicht mehr brüderlicher Schutz [*praesidium*] vor der Gewalt verteidigt, versucht bitte durch eine Ehe, wo sich eine ehrenhafte und geeignete bietet, zu verbinden, und tragt dafür Sorge, daß sie nicht zur Schmach ihres Geschlechtes [= ihrer Familie] unterhalb ihres Standes heirate; denn wie die Förderung ihrer Ehre der gemeinsamen Ehre ihres Geschlechtes dient, so trägt ihre Herabwürdigung in vollem Maße zur gemeinsamen Schande bei.«[18] Hier sind mit aller Klarheit die wesentlichen Momente der Situation zusammengestellt: Eine unverheiratete Frau *braucht* männliche Verwandte, von deren Durchsetzungskraft der Grad ihrer Sicherheit abhängt; wo diese Schutzhelfer fehlen oder ausfallen, lauern die *raptores*, um durch einen Gewaltstreich (mit der Komponente sexueller Überwältigung[19]) zu einer für sie vorteilhaften Heiratsverbindung zu gelangen; die Mutter mobilisiert den unauflöslichen Zusammenhang zwischen der Ehre der unverheirateten weiblichen Angehörigen einer Familie und der Ehre des ganzen Verwandtschaftskreises, um ihren Bruder zur Hilfe zu bewegen. Er ist die einzige oder wichtigste Instanz, an die sie sich wenden kann.

1.5 Ein System der Verhaltens- und Konfliktregulierung, das auf der Selbsthilfe von Verwandtschaftsgruppen beruht, kann, wie ersichtlich, nur horizontal, d. h. unter machtgleichen Gruppen, bzw. von oben nach unten wirken. Ein waffentragender Kriegerherr läßt sich, wie in der Geschichte »Die Nachtigall«, nur von seinesgleichen zur Ehe zwingen, während die Bauernfamilie (?) der Erwerberin des Häsleins gegenüber dem ritterlichen Verführer keine Handhabe zur Durchsetzung einer Heirat hat.[20] Die Landbewohner wiederum, die das Augsburger Gericht beschäftigen, werden nur gegen andere, gleichgestellte Landbewohner Gewalt üben. Eine solche Figuration, in der Ansprüche von unten nach oben nicht geltend gemacht werden können und darum auch kaum vorstellbar gewesen sein dürften, impliziert, daß die Grenzlinien zwischen den verschiedenen sozialen Schichten relativ fest und unangefochten sind. Besonders sexuelle Kontakte zwischen niedrigerstehenden Männern und höherstehenden Frauen müssen durch die Gewaltdrohung, die von machtstärkeren Familienoberhäuptern und Verwandtschaftsverbänden ausgeht, von vornherein ausgeschlossen sein. Denn eine Ehe, die gegebenenfalls die Entehrung eines Mädchens hintanhalten würde, kommt bei dieser Konstellation nicht in Betracht. Sozial zulässig sind nur Ehen, bei denen – in den Worten einer städtischen Quelle aus der Mitte des 14. Jahrhunderts – Mann und Frau »nach Abstammung, Leben, Stand, Würde, Verhältnissen, Vermögen und Ehren einander entsprechend und ähnlich sind«.[21] Daß er gegen diesen Code verstoßen hat, wurde dem Nürnberger Badersohn in dem Skandal, der eingangs zitiert wurde, zum Verhängnis.[22]

Man trifft hier auf eine zentrale Funktion von Ehen in jener Zeit. Eheschließung war ihrerseits ganz maßgeblich ein Akt von Familien, durch den die nach Macht- und Besitzklassen differenzierte Ordnung des Gesellschaftsgefüges über die Generationen hin reproduziert wurde. Diese Struktureigentümlichkeit manifestiert sich ebenso im typischen Ablauf einer Eheschließung, in dem der Vertrag zwischen dem männlichen und dem Vater des weiblichen Partners das beherrschende Element ist, wie in dem fraglosen Erfordernis elterlicher Zustimmung zu einer Ehe. Durch Heiratsverbindungen wurde auf allen sozialen Ebenen die denkbar tragfähigste Solidarität gestiftet oder Gleichrangigkeit, etwa gegenüber Aufsteigern, anerkannt. Daß Ehen derart eine Schlüsselstellung im Verflechtungsnetz der Gesellschaft einnehmen, entspricht einem Stand der Entwicklung, auf dem die Verflechtungsketten zwischen Menschen weitgehend durch persönliche, darunter speziell Verwandtschaftsbeziehungen hergestellt werden – eine Verflechtung gleichsam auf Naturbasis, deren Zusammenhangseinheiten zwangsläufig relativ klein und unstabil sind. Die Kontrolle des Sexualverhaltens unverheirateter Mädchen und Frauen, so weit sie reichte, stand im Dienste dieser Funktion von Ehen.

1.6 Wenn somit Sexualhandlungen beider Geschlechter durch die Überwachung und den abschreckenden Schutz von Frauen im Blick auf eine angemessene Ehe reguliert werden, angemessene Ehen aber ranggleiche Partner verlangen, stellt sich als letztes die Frage nach den Normen, denen Sexualkontakte zwischen höherstehenden Männern und tieferstehenden Frauen, z. B. Mägden, unterliegen. Unverkennbar fällt diese Konstellation, in der die Gewaltdrohung der betroffenen Väter und Brüder versagen muß, aus dem Rahmen der bisher aufgezeigten Mechanismen. Es kann daher nicht überraschen, daß ranghöheren Männern gegenüber rangniedrigeren Frauen wenig Zwang auferlegt, daß hier ein ganzes Stück weit die schlichte Überlegenheit eines Mannes ausschlaggebend und sozial akzeptiert war. Der Aussteller des oben genannten Dokuments über die Impotenz eines Grafen von Habsburg findet nichts dabei zu erwähnen, daß die Verwandten der Braut dem Bräutigam eine Anzahl von Frauen zugeführt hätten, an denen er seine sexuelle Tüchtigkeit unter Beweis stellen sollte.[23] Für jene Frauen mag eine solche Verwendung nicht einmal entehrend gewesen sein.

Doch ist diese machtbestimmte Freizügigkeit von oben nach unten nicht die einzige zeitgenössische Lösung. Man wird feststellen dürfen, daß auch in der mittelalterlichen Gesellschaft grundbesitzender Kriegerherren eine *reziproke* Abhängigkeit zwischen Männern und Frauen, machtstärkeren und machtschwächeren

Gruppen bestand, die es ausschloß, daß solche rein auf Gewalt beruhenden Beziehungen – von der Situation auf Kriegszügen abgesehen – zur Regel hätten werden können. Vielmehr gab es neben und vielleicht vor der allein durch soziale Überlegenheit diktierten Beziehung eine Institution, die auch rangniedrigeren Frauen in Verbindungen mit ranghöheren Männern einen gewissen Schutz, eine gewisse Sicherheit gewährte: das Konkubinat.

Längerfristige Konkubinatsbeziehungen, die bis über die Schwelle des 16. Jahrhunderts hinaus gang und gäbe gewesen zu sein scheinen, verschafften den beteiligten Frauen eine einigermaßen sichere soziale Stellung und garantierten die Versorgung der gemeinsamen Kinder, die selbstverständlich Sache des Vaters bzw. seiner engeren oder weiteren Familie war. Sie erfüllten also auf ihre Weise ebenfalls zwei der wichtigsten Aufgaben, die im Normalfall durch die Institution der Ehe bewältigt werden, und können somit als Ehen minderen Rechts aufgefaßt werden. Daß Konkubinen eine gesellschaftlich klar definierte, öffentlich anerkannte Position innehatten, zeigt sich bereits an der Bildung ihrer Eigennamen: Wie Frauen grundsätzlich durch ihr Verhältnis zu dem Mann, in dessen Gewaltabhängigkeit sie standen – also als Tochter, Schwester, Gattin, Witwe etc. des NN – gekennzeichnet wurden, so heißen sie hier ganz analog etwa »Kunel, des Drechsels Schlafweib« o. ä.[24] Zur Versorgung der Kinder bieten erhaltene Testamente eine Fülle von Belegen: »Im gemeinsamen Testament Peter Wolfers und seiner Frau 1475 werden den natürlichen [d. h. wohl: vorehelichen] Söhnen des Wolfer so gut Legate ausgeschrieben, wie Hans Waltenheims kinderlose Witwe 1479 die Kebskinder ihres verstorbenen Mannes, Anton und Elsbet, mit Vermächtnissen bedenkt.«[25] Das Musterbeispiel dieser Beziehung zwischen einem höherstehenden Mann und einer tieferstehenden Frau ist die Verbindung eines Geistlichen mit seiner Haushälterin.

Wo eine dauerhafte Konkubinatsbeziehung nicht zustande kam (oder aufgelöst wurde), war offenbar der Mann mehr oder weniger verpflichtet, die Frau materiell zu entschädigen. Das galt besonders bei Defloration. Sehr lehrreich ist in dieser Hinsicht der oben erwähnte Pössnecker Fall[26], wo der Verführer dem Mädchen gesagt haben soll, »er wolle sie zur Ehe nehmen, und wenn er sie ins Gerede bringe, so habe er so viel, daß er sie wohl zu Ehren bringen und ernähren könne«. Ehe und materieller Ausgleich erscheinen hier als äquivalent; man könnte nach dem Wortlaut des Satzes sogar annehmen, daß eine Entschädigungsleistung die verletzte Ehre eines Mädchens wiederherzustellen vermag. In dieselbe Richtung weist die Tatsache, daß die Entschädigung oft geradezu als Aussteuer bezeichnet wird[27] – d. h., die Ehre bleibt gewahrt, wenn eine Frau, obwohl nicht mehr Jungfrau, aufgrund einer entsprechenden materiellen Ausstattung trotzdem einen Mann findet. Noch in einem Schwank aus der Mitte des 16. Jahrhunderts wird, unter im übrigen bereits sehr veränderten Bedingungen (siehe unten, Abschnitt 3.2), die Magd eines »reichen Ratsherrn« zum Geschlechtsverkehr mit diesem durch das Versprechen bewogen, man wolle das Kind »wie [ein] eigenes Kind erziehen und sie reichlich aussteuern zu einem guten Gesellen«.[28] Es ist nicht ausgeschlossen, daß eine Entschädigung dieser Art auch zwischen ranggleichen Partnern und auf höherer sozialer Stufe als ausreichend akzeptiert werden konnte.[29] Jedenfalls wird an Daten wie den genannten von neuem deutlich, daß der kritische Punkt der sozialen Regulierung nicht das Sexualverhalten als solches war, sondern die Versorgung von Frauen (und Kindern).

Die Betrachtung von Konkubinatsverbindungen des beschriebenen Typs legt die Schlußfolgerung nahe, daß Intensität und Bedeutung der Kontrolle des Sexualverhaltens unverheirateter Mädchen und Frauen mit der sozialen Stellung ihrer Väter und Brüder, deren Obhut sie anvertraut sind, variieren. Bestimmend für diese Variation wären dann einerseits die Gewaltmittel, die den männlichen Angehörigen einer Familie zu Gebote stehen, andererseits das Maß, in dem Vermögenstransaktionen und die damit verbundene Statuserhaltung bei Eheschließungen eine Rolle spielen. Besonders von letzterem Faktor sind zweifellos Weitläufigkeit und Dichte des Familienzusammenhalts selbst abhängig. Das System der Familienmacht erweist sich zugleich als ein System abgestufter Familienvorrechte und -verpflichtungen. Daß die Kontrolle weiblichen Sexualverhaltens – und Hand in Hand damit der Mechanismus der »Ehre« – entlang der Rangskala der sozialen Gruppen unwichtiger wird, mag seine Bestätigung darin finden, daß in macht- und besitzschwächeren Gruppen für das Eingehen einer Ehe sehr viel weniger strikte und ausgearbeitete Formen gegolten haben als in gehobenen Schichten. Der das Einverständnis der beiden Partner bekundende Sexualkontakt scheint hier stärker im Zentrum gestanden zu haben (siehe unten, Abschnitt 2.3).

Es paßt in das gezeichnete Bild, daß Bordelle zu den regelmäßigen Einrichtungen mittelalterlicher Städte gehörten. Bereits eine um 1020 in Worms verfaßte wörterbuchartige Summe des zeitgenössischen Wissens nennt im Abschnitt über Städte als »öffentliche Gebäude« (u. a.) Stadtmauern, Straßen, Kloake, Markt, Gericht, Hurenhaus, Bad, Weinhaus und Kerker – das Bordell ist demnach für eine Stadt nicht weniger eigentümlich als Befestigungsmauer und Markt.[30] Ein »Frauenwirt« erscheint in der Zeugenreihe einer Basler Urkunde aus der zweiten Hälfte des 13. Jahrhunderts anstandslos neben anderen honorigen Bürgern.[31] Dirnen hatten ihren zwar geringgeachteten, aber festen Platz im sozialen Gefüge einer Stadt.

2. Die relative Entmachtung von Familienverbänden durch eine Zentralinstanz

2.1 Die bisherige Analyse ergab ein System der Verhaltensregulierung, das zentral von Verwandtschaftsgruppen getragen war und letzten Endes auf der Gewaltdrohung und -ausübung von deren männlichen Mitgliedern beruhte.[32] Dieses System gerät vom 13. bis 16. Jahrhundert in den Strom einer globalen Entwicklung, die dadurch charakterisiert ist, daß allmählich Zentralinstanzen, d. h. im häufigsten und für die Zukunft bestimmenden Fall mächtige Adelsfamilien, ein Gewaltmonopol beanspruchen und mit wachsendem Erfolg (und in größer werdenden Integrationseinheiten) auch durchsetzen.[33] Die Kehrseite dieses Prozesses ist, daß allen Partialverbänden innerhalb der jeweiligen Integrationseinheiten die Fähigkeit zur gewaltsamen Wahrung ihrer Interessen entzogen wird. Von diesem Entmachtungsprozeß sind vielleicht vorrangig Familienverbände betroffen. Was auf breiter Front, besonders augenfällig in der Ahndung von Gewaltverbrechen, sichtbar wird, äußert sich auch auf dem Gebiet der Sexualbetätigung: Familiengruppen verlieren dasjenige Stück ihrer Kontrollbefugnis, das mit der Ausübung physischer Gewalt verbunden war. Es sind nun nicht mehr die Betroffenen selbst bzw. ihre mit ihnen eine Prestigeeinheit bildenden Verwandten, die als *ultima ratio* auf Verstöße gegen Normen des Sexualverhaltens mit Sanktionen antworten, sondern übergeordnete Instanzen, deren Repräsentanten gegenüber den ihrer Herrschaft Unterworfenen in immer weitere persönliche Ferne rücken. Letztere Struktureigentümlichkeit kennzeichnet eine generelle Erweiterung, Objektivierung und Stabilisierung des gesellschaftlichen Verflechtungsnetzes, das nicht zuletzt zunehmend die Grenzen verwandtschaftlicher Beziehungen überschreitet. Im Zuge dieser Veränderungen erweist sich der Ansatz der Verhaltenskontrolle bei Handlungen und ihren Folgen immer stärker als ungenügend, was zwangsläufig auch den Inhalt der Normen selbst beeinflußt und weitreichende Konsequenzen für den Persönlichkeitsaufbau der Menschen nach sich zieht (siehe unten, besonders Abschnitt 3.4).

Nachdem bisher – gleichsam als Folie, vor deren Hintergrund die weitere Entwicklung erst Konturen gewinnt – ein trotz aller Fortwirkungen spezifisch vor- und außerstädtischer Zustand beschrieben wurde, konzentriert sich die folgende Darstellung auf den Wandel der Verhältnisse in größeren Städten, die, jedenfalls in Deutschland, die Vorreiter des soeben skizzierten Prozesses gewesen zu sein scheinen.[34]

Es war ein entscheidender Schritt im Verlauf der Herausbildung von Stadtstaaten[35], daß die Stadtbürger darauf verpflichtet wurden, zur Austragung aller möglichen Streitigkeiten den Umweg über ein Gerichtsverfahren einzuschlagen, das sich nach mehr und mehr schriftlich fixierten Regeln richtete. Man kann diesen Vorgang als einen (ersten) Formalisierungsschub beschreiben. Abgesehen von der beständigen Abwehr äußerer Eingriffe war anfangs die Herrschaftsausübung des Rates als der städtischen Zentralinstanz weithin identisch mit der Pazifizierung im Inneren, der Erhaltung des Stadtfriedens, die in der Durchsetzung eines rechtsförmigen Modus der Konfliktaustragung beschlossen ist. Dieses Kardinalziel erreichte der (von Vertretern der führenden Familien gebildete) Rat wesentlich dadurch, daß er sich selbst zum Anwalt der ihrer Gewaltmittel beraubten Verwandtschaftsgruppen machte und eigene Sanktionen an die Stelle von deren Selbsthilfe setzte. Das heißt, der Aufbau der städtischen Zentralregierung geschah in erster Linie auf die Weise, daß der Rat herkömmliche Rechte von Familienverbänden seinerseits garantierte, wobei Rangdifferenzen zwischen diesen selbstverständlich weitergalten.[36] Bei allen Veränderungen blieben also hierarchisch abgestufte Familiengruppen, wenn auch mit verringerter Kompetenz, ein weithin dominierendes Strukturelement der Stadtgesellschaft.

2.2 Was den Bereich des Sexualverhaltens angeht (siehe besonders Abschnitt 1.4), mußten die Stadtregierungen vor allem den Schutz unverheirateter Frauen, der zuvor maßgeblich in der Hand von deren männlichen Verwandten gelegen hatte, zu ihrer Sache machen. Schutz und Kontrolle von Frauen blieben zunächst die Hauptmechanismen, um die Sexualbetätigung beider Geschlechter in sozial zuträglichen Bahnen zu halten. Unverändert erscheinen Sexualkontakte nur im Blick auf standesgemäße Eheschließungen regelungsbedürftig. Es sind in diesem Zusammenhang hauptsächlich zwei Gruppen von Bestimmungen, in denen der Rat einer Stadt seine eigene an die Stelle der Gewaltdrohung von Verwandtschaftsverbänden setzte; beide sind regelmäßige Bestandteile von Stadtrechten.

In der ersten Gruppe werden Ehen, und damit *eo ipso* auch der Beginn weiblicher Sexualtätigkeit, ohne Einwilligung besonders der Eltern unter Strafe gestellt.[37] Vorrangiges Objekt dieses Zustimmungsgebots sind (minderjährige) Frauen. Die Notwendigkeit entsprechender Strafdrohungen erwächst unmittelbar aus der zentralen Funktion von Ehen, das Schichtengefüge der Gesellschaft über die Generationen hin zu reproduzieren (siehe oben, Abschnitt 1.5); um diese Leistung sicherzustellen, können Eheschließungen nicht individueller Entscheidung überlassen werden. Wie das eingangs angeführte Nürnberger Ereignis[38] zeigt, sind es (neben Heiraten nach auswärts, die anfänglich sogar im Vordergrund zu stehen scheinen) vor allem standesungleiche Ehen, die hier abgewehrt werden sollen. Die Tatsache, daß die wichtigste Strafe durchweg in Enterbung besteht, deutet darauf hin, daß derartige Regelungen auf die Bedürfnisse vermögender Familien zugeschnitten sind. Bisweilen wird ausdrücklich gesagt, daß die Schädigung je nach Rang und Besitz unterschiedlich ist: »Da in etlichen Jungfrauen mehr Macht ist als in etlichen, so soll es bei dem Rat liegen, ob man die Buße höher oder geringer auferlegen will oder nicht.«[39]

Relevanter für das Thema dieser Studie ist die zweite (jüngere?[40]) Gruppe von Bestimmungen, die der unbewiesenen Behauptung eines angeblichen Eheversprechens entgegentritt, etwa: »Verklagt ein Mann eine Jungfrau oder Frau, daß er sie beschlafen habe und daß sie seine eheliche Frau sei . . ., und wird er dessen überführt, daß es nicht so sei«, so wird ihm eine hohe Geldbuße auferlegt, von der die Frau zwei Drittel, die Stadt ein Drittel bekommen soll.[41] Der Zweck dieser Bestimmungen ist derselbe wie bei der ersten Gruppe: Es geht um die Unterbindung unerwünschter, d. h. gewiß zuerst standesungleicher Ehen. Prinzipiell sind dadurch beide Geschlechter analog getroffen, weshalb das soeben zitierte Lübecker Statut (erster Beleg 1294/95) auch fortfährt: »Ebenso soll es sein, wenn eine Jungfrau oder eine Frau diese Klage gegen einen Knaben oder einen Mann erhebt.« Aber die blasse Formulierung der Fortsetzung scheint das Anhängsel zu verraten, das einer ursprünglich (oder vorwiegend) einseitigen Regelung hinzugefügt wurde. Die primäre Gefahr droht zunächst von männlicher Seite, und hier vielleicht besonders von seiten niedrigerstehender Männer. Dazu ein weiteres Fallbeispiel (Brünn, Mitte 14. Jahrhundert): Eine Witwe aus ehrbarer Familie klagt vor dem Rat, daß der einstige Knecht ihres Mannes in der Stadt verbreite, er habe sexuell mit ihr verkehrt, und sie habe ihm die Ehe versprochen. Damit wolle er verhindern, daß sie sich mit einem anderen Mann verheirate. Der Knecht kann seine Behauptung nicht durch Zeugen beweisen. Die Witwe glaubt sich in ihrem Ruf irreparabel geschädigt und verlangt Gerechtigkeit (d. h. wohl: die Todesstrafe). Das Urteil lautet jedoch auf Abschneiden der Zunge und Verweisung aus der Stadt.[42]

Daß bei derartigen Eheansprüchen zunächst die Hauptgefahr von Männern ausgeht, hängt mit der besonderen Verletzlichkeit weiblicher Ehre zusammen (siehe oben, besonders Abschnitt 1.3). Während für Frauen die Nachrede eines Eheversprechens und der damit verbundenen Sexualbeziehung (die nicht umsonst in den beiden herangezogenen Quellen zusammen genannt werden) eine Vernichtung ihrer sozialen Existenz bedeutet, mögen Männer mit ihren Eroberungen prahlen (siehe oben, Abschnitt 1.1): In Nürnberg wird 1345 eine Frau, Else, auf ewig verbannt, weil sie in der Stadt anwesenden Fremden reich gekleidete Dirnen unter den Namen der Töchter bester Familien zugeführt hatte, »und dessen rühmten sich dann die Fremden von denselben Geschlechtern an anderen Stätten«.[43] Solange männliche Verwandte die Belange unverheirateter Mädchen und Frauen gegebenenfalls mit Gewalt verteidigen konnten, dürften derartige rufschädigende Behauptungen vor allem niedrigerstehender Männer schwerer möglich gewesen sein – es sei denn, eine Frau hätte keine hilfreichen Verwandten gehabt. Mit der relativen Entmachtung von Verwandtschaftsverbänden entstand eine Lücke im bisherigen Kontrollsystem, die von denselben Stadtregierungen, die sie aufgerissen hatten, durch den stellvertretenden Einsatz ihrer eigenen Sanktionsmittel geschlossen werden mußte. Die Bestimmungen über das Eheversprechen dienen diesem Zweck.[44]

Während die Nachrede der Sexualbetätigung lediglich Frauen schädigte, traf die formelle Eheklage (die für Frauen jedoch üble Nachrede mit einschloß) beide Geschlechter. Je gangbarer der (gewaltlose) Weg der Eheklage wurde, desto mehr verschob sich die Zielrichtung der zuletzt diskutierten Regelungen (siehe unten, Abschnitt 2.5).

2.3 Um die soziale Existenz von Frauen wirksam zu schützen, war es nicht genug, unehrenhafte Ehen etwa durch die Bestrafung rufschädigender Ehebehauptungen zu bekämpfen. Das bisherige – formal nicht sicher geordnete – Zusammenfallen von Ehebeginn und Beginn weiblicher Sexualtätigkeit machte es auch erforderlich, für die tatsächliche Durchsetzung sozial möglicher Ehen zu sorgen, wo Sexualkontakte bereits stattgefunden hatten. Hier blieb die Gewohnheit in Kraft, daß eine Frau, die sich »mit einem Mann verfehlt«, ein Recht darauf hat, geheiratet zu werden. Von dieser »alten Gewohnheit« spricht ein Ulmer Erlaß von 1420[45], der sie explizit durch Regierungssanktionen unterstützt, sofern es sich um »ehrbarer Leute Kinder und sonderlich unverleumdete Töchter« handelt: Wer mit einem solchen Mädchen, das Jungfrau ist, sexuell verkehrt, soll sich nicht damit herausreden können, er habe ihr nicht die Ehe versprochen; er muß sie heiraten, andernfalls wird er aus der Stadt verbannt (das übliche Mittel, um gewalttätige Auseinandersetzungen in der Stadt, die sonst zu fürchten wären, zu verhüten). Es tritt in diesem Dokument dieselbe Struktur von Jungfräulichkeit, Familienehre, Heiratschancen hervor, die oben (Abschnitt 1.3) herausgearbeitet wurde.

Die Sanktionen der Stadtregierung spielen jedoch nur eine ergänzende Rolle. In erster Linie werden Frauen bzw. ihre männlichen Verwandten, die eine entsprechende Beschwerde vorzubringen haben, an das geistliche Gericht – im Ulmer Fall: Konstanz – verwiesen. Mit Nachdruck wird gesagt, daß der

Rechtsweg die (archaische) Selbsthilfe ausschalten soll: wie in Konstanz entschieden wird, »dabei soll es auch bleiben, und soll weder von Verwandten noch niemand anderem dazu nichts weiter getan werden, in keiner Weise«.[46] Es sind nur Sonderfälle, wo die Ehre besserer Familien auf dem Spiel steht (und deren eigenmächtige Rache droht), in denen die Stadt sich ihrerseits zum Handeln aufgerufen sieht.

Generell ist es also die Kirche, die durch ihre Gerichtsbarkeit – in bestimmter Hinsicht wiederum stellvertretend für Stadtregierungen – den Schutz von Frauen zu ihrer Aufgabe macht. Wie geschlechtsneutral und grundsätzlich die betreffenden Rechtssätze über das Eingehen einer Ehe auch formuliert sein mögen, in der sozialen Wirklichkeit werden geistliche Gerichte in Sexual- und Eheangelegenheiten ganz überwiegend von Frauen in Anspruch genommen. Das belegt unzweideutig ihre Praxis: in Augsburg z. B. wurde 1349 111mal auf Einhaltung eines angeblichen Eheversprechens geklagt, davon nur zehnmal von Männern. Nicht weniger deutlich ist freilich auch, daß geistliche Gerichte das durch die Entmachtung von Familiengruppen entstandene Vakuum nur unzureichend zu füllen vermögen: von jenen Klagen waren insgesamt nur ca. 25 erfolgreich.[47] Oft hat man den Eindruck, daß Frauen sich vor der Einwilligung in den Geschlechtsverkehr auf eine traditionelle Weise – durch herkömmliche Formeln oder Riten – der Ernsthaftigkeit männlicher Ehezusagen zu vergewissern versucht hatten, damit aber bei den nach anderen, »gelehrten« Normen urteilenden kirchlichen Instanzen nicht durchdrangen.[48]

Hinweise wie diese führen zu der Annahme, daß im Zuge des relativen Machtverlusts von Familiengruppen zugunsten einer städtischen (aber auch außerstädtischen) Zentralinstanz eine erhebliche Normenunsicherheit um sich griff. Es scheint tatsächlich, besonders gravierend bei Frauen, eine Ratlosigkeit bestanden zu haben, ab wann und durch welche Schritte eine geltende, d. h. den Mann an die Frau (und die Kinder) bindende Ehe begründet war. Diese Unklarheit bezog sich vor allem auf die konstitutive Bedeutung des Geschlechtsverkehrs. Bisher war es, neben dem Druck der Nachbarschaft, vor allem die Sanktionsgewalt der männlichen Angehörigen von Frauen gewesen, die nicht nur niedrigerstehende Männer von höherstehenden Frauen abgeschreckt, sondern auch gleichrangige Männer nach Beginn einer sexuellen

Beziehung, wo nötig, zur Ehe gezwungen hatte (siehe oben, Abschnitt 1.4). Durch die zunehmende Entmachtung ihrer vormaligen Schutzhelfer wurden offenbar besonders Frauen in eine gewisse Desorientierung gestürzt, da sie andererseits ganz auf die handlungsbezogene Kontrolle ihres Sexualverhaltens im Blick auf Eheschließung abgestimmt waren. (Dies mag weniger für die obersten Schichten gegolten haben, die freilich das System der Familienmacht am ausgeprägtesten verkörpert hatten. Dort, wo zugleich der Eheschließungsvorgang in tragfähigere Formen eingebettet war, mag der Entzug von Aussteuer und Erbe weiterhin ein hinreichendes Druckmittel gewesen sein.)

Diese Desorientierung scheint ein wesentlicher Grund für die so häufig betonten »düsteren Aspekte« des »sittlichen Volkslebens« im Spätmittelalter gewesen zu sein.[49] Vor allem wurde durch sie erst die sogenannte »heimliche Ehe«, die zunächst nichts anderes ist als die ältere Gestalt einer durch Familien- und Nachbarschaftsverbände ohne Beteiligung kirchlicher oder obrigkeitlicher Instanzen gestützten Ehe, zu einem brennenden sozialen Problem.[50] Die hier vorgestellten Beobachtungen und Analysen legen es nahe, derartige Gegebenheiten als Produkte einer Übergangssituation zu werten, in der ältere Mechanismen der Verhaltensregulierung hinfällig wurden, während neue, der veränderten Lage angepaßte noch nicht sogleich entwickelt werden konnten (siehe unten, Abschnitt 3.2).

2.4 Zu der speziellen Desorientierung von Frauen muß auch beigetragen haben, daß die bisherige Form ihrer Kontrolle unter den gewandelten Bedingungen vor allem in Städten nicht mehr mit gleicher Sicherheit funktionierte. Man kann zur Kennzeichnung des früheren Zustandes sagen, daß die Überwachung von Frauen und ihr (notfalls gewaltsamer) Schutz nach außen identisch waren. In der Notwendigkeit des Schutzes hatte die Kontrolle ihre unbezweifelbare Berechtigung. Mit der allmählichen Pazifizierung der Gesellschaft nach innen, wie sie sich (in Deutschland) zuerst und besonders erfolgreich in großen Städten durchsetzte, verschwand dieser vormals tragende Grund der Kontrolle, wodurch zeitweilig eine gewisse Entbindung weiblichen Sexualverhaltens begünstigt worden sein mag. Auch konnte die Zentralmacht zwar die Funktion des Schutzes von Frauen an sich ziehen, aber die mit ihrer Etablierung einhergehende Entpersönlichung von Herrschaft, ihr persönliches Wegrücken von den Regierten, schloß es aus, daß sie in gleicher Weise die bisher mit dem Schutz verkoppelte Aufgabe der direkten Aufsicht erfüllte.

Greifbarer als die soeben genannten ist ein weiterer Faktor, der in Städten die Regulierung weiblichen Sexualverhaltens komplizierte. Wie gezeigt (siehe oben, Abschnitt 1.2), arbeitete die frühere Kontrolle als direkte Überwachung von Handlungen, als Augenkontrolle. Ein solches System setzt, wie man folgern kann, eine Gesellschaft mit einem relativ geringen Grad der Verflechtung und geographischen Mobilität voraus. Man kann sich ganz konkret vorstellen, wie es auf Lebensverhältnisse zugeschnitten ist, unter denen die Kontaktmöglichkeiten vor allem von Mädchen und Frauen jederzeit überschaubar sind. Unerwünschte Sexualverbindungen sind bereits aufgrund des begrenzten, gleichbleibenden Menschenkreises, in dem sich jeder bewegt, zumindest sehr erschwert. Es ist symptomatisch, daß der erwähnte Brünner Fall[51] von einem – wohl im Haus lebenden – Knecht handelt.

Auch in dieser Hinsicht scheint in Städten eine Veränderung eingetreten zu sein. Ein Indiz sind nochmals die in Stadtrechtskodifikationen enthaltenen Bestimmungen gegen Eheschließungen ohne Einverständnis der Eltern (siehe oben, Abschnitt 2.2). In allen untersuchten Beispielen sind die entsprechenden Verbote mit Strafandrohungen gegen diejenigen verknüpft, die eine solche Ehe anstiften, etwa indem sie die betreffenden Männer und Frauen zusammenbringen.[52] Die normalerweise sehr respektable Gestalt des Heiratsvermittlers (oder auch des Ehezeugen) hat in Städten ihr dunkles Gegenstück im Kuppler. Nicht umsonst ist die Kupplerin schon früh eine Standardfigur im Katalog der Bösewichter städtischer Moralpredigten. »Ihr Bürger«, eifert Berthold von Regensburg um die Mitte des 13. Jahrhunderts, »ihr solltet sie aus der Stadt schlagen.«[53] Die Gefahr, die Kuppler(innen) offenbar darstellten, könnte darauf hindeuten, daß die zunehmende Ohnmacht familiärer Verhaltenskontrolle nicht zuletzt eine Folge des Zusammenlebens einer enorm gewachsenen und stark fluktuierenden Masse nicht mehr persönlich miteinander verbundener Menschen auf überaus engem Raum war, wie es für größere Städte typisch ist. Unter diesen Bedingungen wurden automatisch die Kontaktmöglichkeiten auch und gerade zwischen den Schichten zahlreicher, vielfältiger, schwerer überschaubar. Sosehr das gesellschaftliche Leben von Frauen sich auf das Haus und die Treffpunkte sozial homogener Gruppen (etwa Zunftstuben) konzentrierte, es gab doch regelmäßige Situationen, in denen diese Beschränkung durchbrochen wurde. Eine besonders ausgezeichnete Rolle scheint in dieser Hinsicht der Kirchgang gespielt zu haben; der Konstanzer Rat jedenfalls sieht sich 1436 genötigt, das Ansprechen von Frauen in der Kirche eigens zu verbieten.[54]

Der Kampf von Stadtregierungen gegen Kuppler(innen) bzw. unzulässige Begegnungen zwischen Männern und Frauen steht in einem breiteren Kontext. Offenbar brachte das städtische Zusammenleben allein aus Gründen der Menschenballung gewaltige, bisher ungekannte Probleme der Verhaltenssteuerung mit sich, deren Gewicht und Folgen (anders als etwa für das 19. und 20. Jahrhundert) noch kaum erfaßt, geschweige denn genügend untersucht sind.[55] Insofern dieses Zusammenleben eine Stufe fortgeschrittener Arbeitsteilung und Interdependenz repräsentiert, auf der unter anderem Verwandtschaftsbeziehungen in ihrer Bedeutung als wichtigstes soziales Bindemittel zurücktraten, läßt sich die Kupplerin geradezu als Inkarnation der spezifischen städtischen Verflechtung begreifen.

2.5 Ein bestimmendes Moment der neuen, durch Städte geprägten sozialen Verflechtung und vielleicht ihr deutlichstes Symbol ist die massive Erweiterung der Geldwirtschaft. Man kann wohl kaum überschätzen, in welchem Ausmaß dadurch die Fundamente der bisherigen gesellschaftlichen Statushierarchie erschüttert wurden. Das gilt einmal im Verhältnis von Stadtbürgern nach außen, zu Fürsten und Adligen des Landes. Aber auch innerhalb großer Städte selbst führte die Möglichkeit eines relativ raschen Gelderwerbs durch Handel, die nicht zuletzt Handwerkern offenstand und von diesen genutzt wurde, zu einem energischen Aufbegehren bisher machtschwächerer Gruppen. Die in ganz neuer Weise erhöhte Chance der Vermögensakkumulation wurde zum Motor einer beachtlichen vertikalen Mobilität[56] und trug zumindest dazu bei, daß es im Verlauf des 14. Jahrhunderts allenthalben zu Machtkämpfen zwischen dem alten Stadtadel und aufsteigenden Kaufleuten und Handwerkern kam. Diese Kämpfe endeten oft mit einer Verfassungsänderung, die den führenden, d. h. reichsten Vertretern der Zünfte einen Anteil am Stadtregiment einbrachte (in Ulm etwa endgültig 1396/97).

Es spricht manches dafür, daß dieser Prozeß der Herstellung einer neuen innerstädtischen Machtbalance nicht nur Gestalt und Besetzung der Regierungsgremien, sondern auch die Form des Regierens selbst veränderte.[57] Offenbar löste er einen weiteren Formalisierungsschub aus, durch den die vergleichsweise willkürliche Herrschaftsausübung aufgrund von Abstammung und Besitz ihrerseits durch feste, schriftlich niedergelegte Regeln ersetzt wurde. Anders ausgedrückt: Das Stadtregiment wurde bis zu einem gewissen Grad von seiner ehemaligen Basis, einem System differenzierter Familienvorrechte und -verpflichtungen, abgetrennt, das dadurch eine tiefgreifende Erschütterung erfuhr. Die Anordnungen, die jetzt getroffen werden und in entsprechenden Stadtrechtssammlungen erhalten sind, zeigen ein anderes Gesicht als die früherer Zeiten: Das vordringliche Ziel im Bereich der Binnenbeziehungen ist nun nicht mehr die Verhinderung der eigenmächtigen Gewalttat vor allem von Familiengruppen, deren gesellschaftsorganisierende Rolle seinerzeit immer noch anerkannt worden war (siehe oben, Abschnitt 2.1), sondern die immer mehr ins einzelne gehende Regulierung einer Vielzahl von Lebensäußerungen.[58] Gleichzeitig wurde der behördliche Regierungsapparat erweitert und differenziert. Man kann die nunmehr erreichte Stufe der Staatsbildung so charakterisieren, daß nicht zuletzt im Gefolge des Machtgewinns bisher fraglos unterlegener Gruppen eine auf Gesetzesgrundlage herrschende Obrigkeit mehr und mehr einem eher lokal definierten Volk von Untertanen gegenübertrat.[59] Partialverbände wie Familien- und Berufsgruppen verloren ein weiteres Stück ihrer Wirkungskraft; ihre Rechte (und Vorrechte) wurden zwar nicht eingeebnet, aber einem strikteren Legitimationszwang unterworfen.

Die innerstädtische Machtverschiebung, die zum Aufkommen dieser fortgeschrittenen Form des Stadtregiments beitrug, hatte unter anderem zwei gegenläufige Konsequenzen, die für den Zusammenhang dieser Untersuchung sehr bedeutsam sind. Einerseits drängte die Entwicklung offenbar zur Ausbildung generalisierter Normen, die für alle Untertanen gleichmäßig gelten sollten, also einen Abbau traditioneller Privilegien implizierten. Es ist ein Aspekt des so verstandenen neuerlichen Formalisierungsschubes, daß Angehörige machtschwächerer Gruppen dadurch eine Handhabe erhielten, um vorher aussichtslose und undenkbare Ansprüche anzumelden. In Reaktion auf diese Lage zeigen sich andererseits in Städten ab etwa dem Beginn des 15. Jahrhunderts vielfältige Anstrengungen offizieller wie inoffizieller Natur, um die damit bedrohte Rangordnung unter den Schichten, die bisher nicht zuletzt auf den abgestuften Privilegien von Familiengruppen beruht hatte, zu stabilisieren oder neu zu regeln.

In den Kontext der Bemühungen, das Schichtengefüge unter den gewandelten Bedingungen und auf höherer Ebene zu befestigen, gehört auch der oben herangezogene Ulmer Erlaß von 1420, der sich ausdrücklich zur Aufgabe setzt, »Arm und Reich hier zu Ulm in unverändertem Stand ohne Widerwärtigkeit zu erhalten«.[60] Er wurde bisher nur insoweit ausgewertet, als er die Geltung der Gewohnheit unterstreicht, daß Sexualkontakt dem beteiligten Mädchen ein Anrecht auf Ehe verschafft. Sein eigentlicher Zweck aber liegt nicht in dieser Bestätigung, sondern in einer Einschränkung der »alten Gewohnheit« gegenüber »verleumdeten Töchtern« (bzw. ihren Verwandten): Wo von vornherein nicht an eine Ehe gedacht war, soll sich niemand auf jenen Schutz berufen dürfen. Die hauptsächliche Frontstellung der Bestimmung über das Eheversprechen erscheint hier also im Vergleich zu früher verschoben: Nicht mehr Frauen sollen vor Männern, sondern Männer sollen vor Frauen geschützt werden. Dieselbe Umorientierung zeigt sich um dieselbe Zeit auch anderswo: Eine ungewöhnlich wenig traditionshörige (und darum wohl für ihre Gegenwart realistische) Redaktion des Lübecker Stadtrechts um 1400 begründet die Ermessensfreiheit des Rates bei der Strafzumessung im Fall einer haltlosen Eheklage nicht mehr wie noch 100 Jahre zuvor (damals erklärtermaßen geschlechtsneutral) mit dem Standesunterschied – dieser Aspekt hat offenbar in der Zwischenzeit wenn nicht seine Vordringlichkeit, so doch seine unschuldige Selbstverständlichkeit und Aussprechbarkeit verloren –, sondern damit, daß »die Frauen leichtfertiger sind als die Männer«.[61] Auch wenn somit Klagen von Frauen weniger schwer geahndet werden, scheinen sie doch für die Stadtregierung in neuer Weise zum Problem geworden zu sein (was mit den Beobachtungen zur Praxis geistlicher Gerichtsbarkeit übereinstimmt; siehe oben, Abschnitt 2.3).

Ein Erlebnis eines arrivierten Augsburger Aufsteigers um 1450 mag helfen, den Grund für diese Erweiterung der Frontstellung zu verstehen. Dieser Mann hatte sich als zweimaliger Witwer mit einem »unbesonnenen Fräulein« eingelassen. Nachdem er zwei

Kinder mit ihr gezeugt hatte, wollte er sie wegen angeblicher Veruntreuung wieder aus dem Haus schicken. Das Fräulein aber, berichtet er voll Empörung, »erdachte sich eines Sinnes und meinte, es wollte mir Geld abschrecken, und lud mich auf das Chorgericht [=das geistliche Gericht] und klagte mich an um die Ehe und wollte mir doch wahrlich Unrecht tun«.[62] Es dürfte nicht zuletzt diese Situation gewesen sein, in der plötzlich niedrigergestellte Frauen mit einem anderen Code des Sexualverhaltens aus einer Konkubinatsbeziehung alten Typs umstürzlerische Rechte abzuleiten versuchten, die eine Bestimmung wie das Ulmer Statut als notwendig erscheinen ließ.

Wieder zeigt sich also, daß für Stadtregierungen Sexualverhalten dann zum Problem wird, wenn es standesungleiche Ehen zu produzieren droht. Daß diese Gefahr sich, wie es scheint, vergrößerte, hängt entscheidend mit der Ersetzung von Macht und Vorrecht höherer Familien durch generalisierte, von einer Obrigkeit getragene Normen zusammen. In dieser Figuration kam es offenbar leichter zu Zusammenstößen zwischen Angehörigen verschiedener sozialer Schichten, die nun nicht mehr allein gewaltlos, sondern vor dem Forum eines dem Anspruch nach für alle gleichermaßen verbindlichen Rechts ausgetragen wurden. So jedenfalls ließe sich erklären, wie es geschehen konnte, daß rangniedrigere Frauen bzw. ihre männlichen Verwandten, die sie vor Gericht vertraten, sich nicht mehr einfach damit abfinden wollten, daß ein Konkubinat sang- und klanglos aufgelöst wurde, sondern die Heirat oder doch zumindest die herkömmliche Entschädigung verlangten. Allgemeiner gesagt: Als Untertanen einer Obrigkeit, die selbst mehr oder weniger an die von ihr aufgestellten Normen gebunden war und nicht mehr so sehr aufgrund traditioneller Privilegien, sondern eher aufgrund eines Amtes, einer Verfassung herrschte, näherten sich die Menschen, die in Städten zusammenlebten, in ihrem Status in bisher ungekanntem Maße einander an. Der gleichförmige Untertanenstatus drängte in die Richtung einer sozialen Nivellierung, und es bedurfte kräftiger Anstrengungen, um dieser Tendenz entgegenzuwirken.

3. Obrigkeitliche Regulierung des Sexualverhaltens

3.1 Der Höhepunkt städtischer Autonomie, diejenige Periode, in der große Städte im deutschsprachigen Raum in vieler Hinsicht die Vorreiter von Staatsbildungsprozessen darstellten, war im 15. Jahrhundert bereits überschritten. Im selben Maße, wie der Kaiser als Träger und das Reich als Einheit der Zentralisierungsbewegung zurückgedrängt wurden, verloren die Städte den Freiraum, der ihnen zuvor durch den strukturellen Konflikt zwischen Kaiser und Territorialherren eröffnet worden war. Von nun an, besonders durchschlagend ab dem 16. Jahrhundert, spielte sich Staatsbildung innerhalb der Grenzen des alten Reiches (nördlich der Alpen) mit wenigen Ausnahmen nur noch auf territorialer Ebene ab; ehemals stolze Reichsstädte wurden den aufstrebenden Territorien einverleibt oder durch sie mehr und mehr zur Bedeutungslosigkeit verurteilt. Dennoch bleibt es eine lohnende Aufgabe, die Aufmerksamkeit auch für das 16. Jahrhundert auf städtische Zustände zu richten, wo sich im Zusammenhang der zuletzt skizzierten Entwicklungen die Abhängigkeit der herrschenden von den beherrschten Gruppen, die Bindung von Entscheidungsprozessen an festgelegte Regeln und Kontrollen, die Entwertung herkömmlicher Familienprivilegien, der Rückgang von Weitläufigkeit und Intensität des verwandtschaftlichen Zusammenhalts und anderes mehr erheblich deutlicher bemerkbar machten als in den Territorien.[63] Im übrigen dürfte es auch in landesfürstlichen Städten noch eine ganze Zeit gedauert haben, bis sich die Zentralbehörde dort wirksam zur Geltung brachte.[64]

Das vorstehende Kapitel befaßte sich unter anderem mit zwei zentralen Formalisierungsschüben im Verlauf der Herausbildung von Stadtstaaten. Während der erste auf die Ausschaltung der gewaltsamen Selbsthilfe von Verwandtschaftsverbänden zielte und die Etablierung eines rechtsförmigen Modus der Konfliktaustragung vornehmlich im Interesse relativ machtstarker und vermögender Familiengruppen herbeiführte (siehe oben, Abschnitt 2.1), schuf der zweite im Gefolge einer Machtverschiebung zwischen innerstädtischen Gruppen eine neue Figuration von Obrigkeit vs. Untertanenvolk, in der ein breites Spektrum von Verhaltensäußerungen eher generalisierten Normen unterworfen wurde (siehe oben, Abschnitt 2.5). Familienverbände hörten auf, die Rolle des fundamentalen Strukturelements einer in Standesklassen geschiedenen Gesellschaft zu spielen. Um die Rangdifferenzen zwischen sozialen Gruppen, die jetzt verstärkt durch Arbeitstätigkeit anstatt durch Familienzugehörigkeit definiert wurden, aufrechtzuerhalten, bedurfte es spezifischer Bemühungen der Obrigkeit. Dabei mußte dem Anspruch der Untertanen auf annähernde Gleichbehandlung Rechnung getragen werden.

Im Bereich des Sexualverhaltens bedeutete dieser Prozeß, daß »alte Gewohnheiten«, die einst unter der Voraussetzung der abgestuften Macht von Familiengruppen befriedigend funktioniert hatten, gleichsam in den Sog der Formalisierung gerieten und dadurch eine bedrohliche Sprengkraft entwickelten. Weder reichten die verbliebenen familiären Druckmöglichkeiten aus, um eine durch Geschlechtsverkehr angebahnte Ehe zuverlässig zum Abschluß zu bringen, noch waren Mittel verfügbar, um einen Mißbrauch des gewaltlosen Rechtsweges als Vehikel des sozialen Aufstiegs per Eheklage mit Sicherheit zu unterbinden. So war alles gefährdet, was bisher garantiert gewesen war: die Versorgung gezeugter Kinder, die Versorgung und Placierung von Frauen sowie die Beschränkung von Eheschließungen auf gleichrangige Männer und Frauen. Vor allem der letztere Punkt verlangte dringend nach Abhilfe, wenn nicht unabsehbare Konsequenzen für die gesamte Sozialordnung riskiert werden sollten.

Es gab in dieser Zwangslage unter den veränderten Machtverhältnissen offenbar nur den Ausweg, *gleichmäßig* verbindliche Regelungen auszubilden, die auf ihre Weise die soeben aufgezählten elementaren Aufgaben erfüllten. Die Lösung, die vor allem im 16. Jahrhundert (in Ländern wie Städten) gefunden wurde und bis ins 19. und 20. Jahrhundert bestimmend blieb, fügt sich genau in die Linie der vorangegangenen Entwicklung ein. Wieder zog die Zentralinstanz ein wesentliches Stück bisher familiärer Kompetenz an sich, indem sie nun die Stiftung einer legitimen Ehe in ihre Regie nahm.[65] Insbesondere in protestantischen Bereichen wurde nun die Trauung in der Kirche für obligatorisch erklärt, etwa: »Um Argwohn, Hinterrede, Betrug zu vermeiden, so wollen wir, daß eine jegliche Ehe, die rechtmäßig eingegangen ist, öffentlich in der Kirche bezeugt und ... zusammengegeben werde«.[66] Damit war erstmals eine Amtsperson von Obrigkeits wegen zwingend in den Prozeß der Eheschließung eingeschaltet. Es ist bezeichnend, daß die kirchliche Handlung, die in dem Zitat noch ganz traditionell als »öffentliche Bezeugung« oder Bestätigung des vor Zeugen geschlossenen Familienvertrags verstanden wird, sehr rasch die Bedeutung des ehebegründeten Aktes gewann. Dies geschah, wie es scheint, gleichsam unterderhand, ohne daß – selbst auf kirchlicher Seite – eine ausgesprochene Absicht in dieser Richtung zu erkennen wäre.[67] Demgegenüber verlor der (ältere) Familienvertrag immer mehr an Gewicht – die wohl entscheidende Stufe auf einem Weg, an dessen Ende die heute nahezu belanglos gewordene Verlobung steht.

Durch diesen Schritt wurde zugleich die Voraussetzung für die Einrichtung von Eheregistern geschaffen[68], die ein wichtiges Instrument waren, um den Folgen zunehmender geographischer Mobilität für das Sexualverhalten zu begegnen, vor denen die Familien- und Nachbarschaftskontrolle versagen mußte. Pfarrer sollten nur Ortsansässige trauen bzw. sich von Fremden vorher eine Bescheinigung aus der Herkunftsgemeinde vorlegen lassen, daß sie noch frei seien.

Daß es erst im 16. Jahrhundert zu einer solchen Formalisierung der Eheschließung kam, hängt nicht zuletzt damit zusammen, daß zuvor für Ehesachen offiziell die Kirche zuständig war, die andererseits von der aufsteigenden Zentralmacht mehr und mehr als Konkurrentin bekämpft wurde. Eine radikale Lösung der oben beschriebenen Problematik war auch aus diesem Grund erst zu einem Zeitpunkt möglich, als der Gegensatz zwischen Kirche und Staat umfassend bereinigt, d. h. die Kirche in den reformierten Gebieten grundsätzlich der staatlichen Herrschaftsausübung dienstbar gemacht wurde. Institutioneller Ausdruck dessen sind die neugeschaffenen Ehegerichte, die in ihrer gemischten geistlich-weltlichen Zusammensetzung ausdrücklich oder doch faktisch als staatliche Behörden fungieren.

Es widerspricht der obrigkeitlichen Orientierung des neuen Regulierungssystems nicht, sondern ergänzt sie nur, wenn im selben Atemzug gesagt wird, daß Ehen Minderjähriger nur mit elterlicher Einwilligung gültig seien.[69] Denn diese Kompetenz hat die Familie (die mittlerweile weithin auf die Kernfamilie reduziert ist) nicht mehr aus eigener Machtvollkommenheit, sondern sie wird ihr vom Staat als Recht zugesprochen. Für Sanktionen im Notfall ist das Ehegericht und schließlich der Rat zuständig. Gerade der Punkt, an dem diese Bestimmung über ähnlich lautende ältere (siehe oben, Abschnitt 2.2) hinausgeht, wirft ein helles Licht auf die veränderte Gewichtsverteilung zwischen Regierung und

Familienoberhäuptern: Zuwiderhandeln zieht nicht nur die familiäre, vom Rat lediglich bekräftigte Strafe des Erbverlusts nach sich, sondern läßt die Ehe selbst nichtig werden – eine Konsequenz, die den Übergang der letztlichen Kontrollbefugnis an eine Zentralinstanz voraussetzt.

3.2 Im Blick auf das Thema dieser Untersuchung ist an dem soeben beschriebenen Formalisierungsschub vor allem hervorzuheben, daß er vielleicht hauptsächlich auf die Regulierung des Sexualverhaltens zielte, indem er legitime Sexualbetätigung kompromißlos auf eine vorschriftsmäßig eingegangene Ehe beschränkte. Besonders direkt ist diese Absicht in der Tatsache greifbar, daß sich sehr bald die Tendenz durchsetzte, den vorehelichen Geschlechtsverkehr – »das unordentliche und ungebührliche Beischlafen vor dem Kirchgang«, wie es in einer der ersten entsprechenden Verlautbarungen heißt[70] – unter Strafe zu stellen. Damit war die Rolle des »Beilagers« im Prozeß der Eheschließung, die durch den Rückgang der Familienmacht zweideutig und problematisch geworden war (siehe oben, Abschnitte 1.3 und 2.3), energisch geklärt.

Noch in anderer Hinsicht diente die zwingende Vorschrift einer amtlichen Trauung der Ausschaltung nicht-ehelicher Sexualbetätigung, wenn nämlich gleichzeitig das »Zur-Unehe-Sitzen«, das Zusammenleben von Mann und Frau ohne formelle Eheschließung, verboten wurde. Man setzte einen definitiven, unumgänglichen, quasi-staatlichen Akt fest, durch den fixiert wurde, welche Beziehung ab wann als Ehe gelten konnte, um sexuelle Verbindungen jenseits dieser Grenze zu unterdrücken. »Wer, sei es Geistlicher oder Weltlicher, seine Metze bei sich hat oder in einem besonderen Haus aushält, soll sie in Monatsfrist entweder zur Ehe nehmen oder sich gänzlich von ihr trennen.«[71] Das Ehegericht wachte als Sittengericht, unter denunziatorischer Mithilfe der Pfarrerschaft und vor allem der Nachbarn, über die Einhaltung dieser Bestimmungen und ging gegen Verstöße auch aus eigener Initiative vor.[72]

Es ist wahrscheinlich, daß die Regulierungsbemühungen, die in den zahllosen Reformations-, Zucht-, Ehe- oder Kirchenordnungen des 16. Jahrhunderts ihren Niederschlag finden, unter anderem den Zweck verfolgten, auch Angehörige relativ niedriger Schichten, die zuvor eher im Schatten des (schriftlich aufgezeichneten) Gesetzes gelebt hatten, auf einheitliche Normen der Sexualbetätigung zu verpflichten. Das Verbot der »Unehe« wird 1525 vom Rat der Stadt Zürich ausdrücklich an alle seine Mitbürger adressiert, »sie seien Frauen oder Männer, jung oder alt, arm oder reich«.[73] Es gibt keine Gruppe, die vom Anspruch des Gesetzes ausgenommen ist. Dies entspricht der dargestellten Entwicklungslinie zur Ausbildung generalisierter Verhaltensnormen, die für alle Einwohner eines lokal begrenzten Gebietes gleichermaßen verbindlich sein sollen (siehe oben, Abschnitt 2.5).[74]

Dieselbe Generalisierung hat aber noch eine andere Stoßrichtung. Die verbotene »Unehe« umfaßt nicht allein ehebrüchige Verbindungen zwischen einem verheirateten Mann und einer Frau oder Beziehungen, die nach dem neuen Verständnis formlos eingegangen waren, im Rahmen eines älteren Systems aber als vollgültige Ehen gewirkt hatten (»heimliche Ehen«; siehe oben, Abschnitt 2.3); vielmehr ist damit speziell auch das gleichsam institutionalisierte, notorische Zusammenleben eines höherstehenden Mannes mit einer tieferstehenden Frau gemeint, zwischen denen eine Ehe von vornherein ausgeschlossen war – mit einem Wort: das Konkubinat herkömmlicher Prägung (siehe oben, Abschnitt 1.6). Das belegt bereits die Tatsache, daß als Musterfall für die »offene Hurerei«, wie diese Verbindung auch genannt wird, in den Quellen regelmäßig das Verhältnis eines Klerikers zu seiner Magd oder seiner Köchin erscheint.[75] Das einschlägige Zürcher Statut erwähnt darüber hinaus eigens die Situation, daß »eines ehrbaren Bürgers Sohn mit Huren ein solches schamloses, unzüchtiges und ärgerliches Leben führt, daß ehrbare Leute dadurch verletzt und geärgert werden«, und schreibt für diesen Fall Verwarnung und bei Hartnäckigkeit eine Geldstrafe vor.[76] In der Folgezeit können auch angesehene Witwer zur Ehe mit einer Magd gezwungen werden.[77]

Die verstärkte Intoleranz gegen uneheliche Sexualbeziehungen, die sich schon im 15. Jahrhundert ankündigt, wendet sich also nicht zuletzt gegen Privilegien der Mitglieder höherer Schichten; Straßburg z. B. sieht sich genötigt, ein allgemeines Verbot der »Unehe« von 1437 in einem besonderen Erlaß für Ratsherren und andere städtische Amtsträger einzuschärfen, die bei Zuwiderhandeln für den öffentlichen Dienst untauglich erklärt werden.[78] Wie es scheint, duldete die Stadtgesellschaft, sosehr sie im übrigen Abstufungen zwischen sozialen Gruppen und deren Symbole herausarbeitete, im Bereich des Sexualverhaltens keine offiziellen, durch Abstammung und Besitz begründeten Vorrechte mehr. Wieviel Zündstoff eine etwa fortdauernde Ungleichbehandlung in dieser Sphäre in sich barg, wird durch eine Rostocker Episode von 1527 beleuchtet: Ein gewisser Claus Rikenberck war, offenbar weil im Zuge einer aktuellen Normverschärfung ein Exempel statuiert werden sollte, mit seiner Konkubine an den Pranger gestellt worden. Dort rief er der umstehenden Bevölkerung zu, »man wolle das Recht mit ihm bestärken, aber da wären wohl Bürgermeister und Ratsleute, die ihren eigenen Mägden wohl Kinder machten und sie dann ihren Knechten gäben«.[79] Er wurde deswegen aus der Stadt verwiesen, kehrte aber rachedurstig zurück und erlitt die Todesstrafe.[80] Ohne Zweifel müssen solche Ereignisse der Autorität des Rates sehr gefährlich gewesen sein.

Entsprechend gewinnt man den Eindruck, daß der neue, verallgemeinerte Code des Sexualverhaltens stärker von Zünften, d. h. jetzt der Masse der besitzschwächeren Handwerker, getragen wurde und wohl auch eine Spitze gegen die Mitglieder der ratsfähigen Familien enthielt. Jedenfalls gehörte in Basel zu den Forderungen, mit denen die aufrührerische Weberzunft 1525 ihrem Verlangen nach konsequenter Reformation gegen den Rat Ausdruck gab, auch der mahnende Hinweis auf »die Frauen zur Unehe«.[81] Mit etwas anderer Zielrichtung ist dieselbe restriktive Haltung der vom Stadtregiment weitgehend ausgeschlossenen Gruppen für Lübeck bezeugt: Dort kam es 1530 zu Unruhen, in deren Verlauf die Einführung der Reformation erzwungen wurde; der auf dem Höhepunkt dieser Geschehnisse zeitweilig eingerichtete Bürgerausschuß scheint sich vor allem durch Mandate gegen Dirnen und gegen Ehebruch hervorgetan zu haben.[82]

Ein Motor der forcierten Kontrolle des Sexuallebens mag nicht selten die protestantische Geistlichkeit gewesen sein, die sich durch Kanzelagitation mit dem Volk gegen die Stadtregierung verbündete und auf diese Weise wohl auch auf eine strengere Sittenzucht hinarbeitete (eine derartige Opposition läßt sich besonders zu Beginn der Reformationszeit beobachten). Andreas Musculus, seit 1542 Prediger in Frankfurt/Oder, schreibt Hunderte von Beschwerdezetteln an den Rat der Stadt, darunter auch: »Etliche Bürger haben unzüchtige Weiber, halten mit ihnen Haus, zeugen Kinder außerhalb der Ehe, wie Wolff Sporn. Er habe dem Rat wohl zehn dergleichen Bürger namhaft gemacht; anstatt sie zu bestrafen, hetze der Rat sie ihm auf den Hals.« Der Rat dagegen führt vor dem Kurfürsten von Brandenburg Klage, daß »Musculus die unwürdigsten Dinge auf die Kanzel bringe, die Personen hart angreife und mit Namen nenne, den Magistrat beschimpfe und das Volk aufrührerisch mache«. In diesem Konflikt entscheidet der *Landesherr* zugunsten des Pfarrers: »Und soll der Rat sonst darauf achten, daß leichtfertiges Beiwohnen in unserer Stadt Frankfurt nicht geduldet, sondern Zucht und Ehrbarkeit unter den Bürgern und Einwohnern erhalten werde«.[83]

3.3 Man kann das um 1500 aufkommende städtische Regime der Kontrolle des Sexualverhaltens, das maßgeblich durch innerstädtische Machtkämpfe herbeigeführt wurde, pointiert dadurch kennzeichnen, daß der Ansatzpunkt der Kontrolle sich nun auf Sexualäußerungen als solche verschob. Das System der auf Frauen konzentrierten Handlungskontrolle, das in hohem Grad auf den unterschiedlichen Machtmitteln der männlichen Mitglieder von Verwandtschaftsgruppen beruht hatte (siehe oben, Abschnitt 1.4), war obsolet geworden. Die neue Form *generalisierter Herrschaftsausübung* brachte es mit sich, daß der *generalisierte Sexualtrieb* als Gegenüber der Kontrollbemühungen hervortrat. Anders gefaßt: In der Figuration von Obrigkeit vs. Untertanenvolk erscheint eine weite Kreise der Gesellschaft ergreifende Tendenz, die pointiert als sexualfeindlich zu beschreiben ist und für die es im davorliegenden Zeitraum, wie in den ersten Kapiteln dargelegt, keine Parallele gibt. Man könnte im Weiterdenken dieser Feststellung zu dem Schluß kommen, daß erst jetzt, als Folge benennbarer Prozesse, die Sexualität die Bedeutung einer vergleichsweise isolierten, ins Private abgedrängten, unter permanentem Aufwand sozialer (und psychischer) Energie bekämpften, weil als gesellschaftsfeindlich erfahrenen Macht gewann, als die sie sich einer modernen Psychologie erweist. Innere Dauerkonflikte mit Abkömmlingen des Geschlechtstriebs, deren prägende Kraft für den Persönlichkeitsaufbau heutiger Menschen feststeht, sind vielleicht erst durch dessen so bewirkte soziale Exponierung möglich geworden.

Daß vor allem im 16. Jahrhundert das Sexualverhalten *per se* zum Objekt sozialer Kontrolle wird, zeigt sich mit aller Deutlichkeit daran, daß die erwähnten Vorschriften über die »Unehe« und die Form der Eheschließung in einer breiten Front mit anderen, gleichgerichteten Bemühungen zur Unterbindung nichtehelicher Sexualbetätigung auftreten. Ein besonders eklatantes Beispiel dieser sehr konsequenten Politik ist die Schließung der Bordelle, die damals, als Abschluß einer längeren Entwicklung, in allen Städten angeordnet und durchgeführt wird.[84] In Wismar gebietet der Rat 1572, »daß alle losen Weiber, die sich nicht bessern und nicht in den Ehestand begeben wollen, die Stadt räumen sollen binnen acht Tagen«; ebenso werden »alle die Mägde, die frommen Leuten nicht dienen wollen, sondern um ihres freien Lebens willen sich auf ihre eigene Hand mit Nähen niederlassen«, aus der Stadt gewiesen, weil sie »unter diesem Scheine oft große Unzucht treiben«.[85] Das heißt, bereits selbständige unverheiratete Frauen gelten jetzt *a priori* als eine Gefahr.

Ein wichtiger Aspekt dieser Entwicklung zur direkten Einschränkung von Sexualäußerungen, wie sie der obrigkeitlichen Herrschaftsausübung mittels generalisierter Normen entspricht, ist, daß damit im Vergleich zu früher der Abstand zwischen den Verhaltensanforderungen an Frauen und Männer verringert wird. Männliche Potenzbeweise hören definitiv auf, eine öffentlich anerkannte Auszeichnung zu sein. Nichteheliche Sexualbetätigung wird nun bei beiden Geschlechtern inkriminiert. Auch wenn die gegen Männer gerichteten Strafen nicht allzu wirksam gewesen sein mögen, bedeutet es doch einen enormen Einschnitt, daß nun auch ihnen grundsätzlich, also unabhängig von der Gunst oder Ungunst der Situation, eine Zügelung ihrer Sexualbetätigung abverlangt wurde.

Die Umlenkung der Verhaltenskontrolle auf Sexualäußerungen selbst impliziert zugleich, daß Menschen ein zunehmender Zwang zum Selbstzwang zugemutet wird. Im Unterschied zur Eheschließung, dem früheren Ansatzpunkt der Kontrollbemühungen, die ein öffentlicher Akt von Gruppen war und bis auf weiteres, trotz aller Wandlungen, blieb, ist das Geschlechtsleben mehr eine Sache von Individuen. Wo es direkt in den Fokus gesellschaftlicher Regulierung gerät, rückt die Front der Verhaltenssteuerung stärker nach innen. Anders ausgedrückt besagt diese Gewichtsverlagerung zwischen Fremd- und Selbstzwang, daß nun nicht mehr nur Handlungen, sondern bereits Impulse zu Handlungen der Kontrolle unterliegen. Kontrolle von Handlungen bzw. ihren Folgen ist ein Mechanismus der Kontrolle von außen (siehe oben,

Abschnitt 1.2), Kontrolle von Impulsen ein solcher der Kontrolle von innen. Daß es zu einer derartigen Vorverschiebung der Front der Verhaltensregulierung kam, beruht nicht zuletzt auf der vergrößerten Entfernung der Kontrollinstanzen von dem unmittelbaren Zusammenleben der Menschen, d. h. auch auf dem relativen Machtverlust von Familiengruppen als den vielleicht wichtigsten vorherigen Trägern der Kontrolle und auf der damit verbundenen Schwächung der Möglichkeiten einer unmittelbaren Überwachung von Frauen. – Man ist wohl berechtigt, in diesem sozialpsychischen Prozeß einen Schritt zu erhöhter Individualisierung zu erkennen.

3.4 Obwohl sich so der Verhaltensdruck auf Angehörige beider Geschlechter verstärkte, läßt sich doch nicht übersehen, daß die bei weitem größere Last zunächst den Frauen aufgebürdet wurde. Wie vorher die Kontrolle männlicher Sexualbetätigung durch die schützende Überwachung von Frauen erfolgte, so wird jetzt den Frauen letztlich die Verantwortung auch für das Sexualverhalten der Männer auferlegt. Weiterhin sind es nur Frauen, die durch Sexualkontakte in Verruf kommen können. Eine Klage auf Erfüllung eines Eheversprechens wird sofort aussichtslos, wenn der Beklagte etwa entgegenhält, »sie sei keine Jungfrau gewesen, andere seien auch bei ihr gewesen«, und dies durch Zeugen erhärtet. Dabei kann es beinahe schon genügen, wenn der Gemeindepfarrer aussagt, er habe »von ihr gesehen, daß sie mit einem Gesellen gegangen ist unter dem Kirchhof hin, der hat sie in den Mund geküßt, daß es schallte«.[86] Wo Frauen sich verteidigen, muß es wiederum durch »Kundschaft« *ihres* »züchtigen Wesens, Wandels und guten Leumunds« geschehen[87] – der umgekehrte Verweis auf ein etwaiges Sündenregister des Mannes liegt außerhalb des Vorstellungskreises der Zeitgenossen. Dem korrespondiert, daß gelegentlich speziell Mädchen ermahnt werden, »ihre Ehre zu wahren«.[88] Was auf dem Spiel steht, ist jetzt viel mehr ihre individuelle Ehre und nicht so sehr die Ehre ihrer Väter und Brüder (siehe oben, Abschnitt 1.4). Zentrum dieser Mädchenehre ist nach wie vor die Jungfräulichkeit, deren Bedeutung mittlerweile noch gesteigert erscheint.

Es liegt auf der Linie dieser einseitigen Verantwortung von Frauen auch für das Sexualverhalten von Männern, daß Wismar das Problem nichtehelicher Sexualkontakte unter anderem durch

Entfernung alleinstehender (niedriggestellter) Frauen, die potentiell verlockend wirken, zu lösen versucht.[89] Die Situation stellt sich also in den Augen der Zeit so dar, daß die eigentliche Gefahr einer Überschreitung der verschärften Normen von Frauen ausgeht. Frauen werden offenbar zunehmend als Bedrohung erlebt – als Bedrohung der noch wenig zuverlässigen Selbstkontrolle von Männern. Sexualfeindlichkeit, so könnte man zugespitzt sagen, äußert sich als Frauenfeindlichkeit. In dieselbe Richtung deutet es, wenn die Weitergeltung der Gewohnheit, daß Sexualkontakt einen Anspruch auf Ehe begründet – wie bereits 100 Jahre zuvor in Ulm[90] –, mit entschiedenen Einschränkungen versehen wird. Immer wieder finden sich strenge Vorschriften gegen »schamlose Töchter«, die Knaben zum Geschlechtsverkehr verleiten, um dann mit Hilfe des Gesetzes eine Ehe zu erreichen.[91] Solche Frauen sollen vor Gericht keinen Erfolg haben. Nicht besser ergeht es denen, die sich mit einem verheirateten Mann einlassen. Es erscheint wenig glaubhaft, daß eine derartige Angst vor der Verführung argloser Männer durch gewissenlose Frauen durchweg der Wirklichkeit entsprach. Viel eher muß man vermuten, daß hier Frauen den Preis für einen durchgreifenden Wandel von Standards des Sexualverhaltens und von Mechanismen seiner Kontrolle zu bezahlen haben, den mitzutragen Männer nicht in gleicher Weise vorbereitet (und bereit) waren.

Die Verstärkung des Drucks besonders auf Frauen zeigt sich ganz analog auch in der Behandlung des Problems unehelicher Kinder. Vor der Reformation waren Sexualkontakte zwischen ledigen Personen nicht strafbar gewesen; für Kinder hatte der Vater aufzukommen. Diese Ordnung der Dinge erfuhr um die Wende des 16. zum 17. Jahrhundert eine einschneidende Veränderung. In Basel z. B. trat in dieser Zeit an die Stelle privater Vaterschaftsklagen ein Offizialverfahren, das nicht mehr dazu diente, einen Versorger für das Kind zu finden, sondern die »salva venia Hur« für ihre Unzucht büßen zu lassen[92]; es galt strikte Denunziationspflicht etwa für Hebammen und Pfarrer. Der Mann wurde zu einer Geldstrafe verurteilt; im übrigen zahlte er ein Minimum an Unterhaltskosten, das gerade sicherstellte, daß das Kind nicht der Gemeinde zur Last fiel. Das Kind aber blieb bei der Mutter, die als uneheliche Mutter für ihr Leben stigmatisiert und vom Verkehr mit ehrbaren Jungfrauen ausgeschlossen blieb. Mit einem Wort: Die weit überwiegende Last fällt nun auf die beteiligten Frauen; verglichen mit der Entehrung, die ihre soziale Existenz vernichtet, ist die Schande, die allmählich wohl auch den Vater eines unehelichen Kindes zu treffen beginnt, nur ein schwacher Schatten.

3.5 Weiterhin läßt sich also feststellen, daß die Regulierung des Sexualverhaltens einer geschlechtsspezifischen Variation unterliegt, die ohne Frage zentral dadurch bedingt ist, daß Geschlechtsverkehr nur für Frauen biologische Folgen hat (während Männer sehr viel mehr durch gesellschaftliche Maßnahmen zur Mitverantwortung für ihre Kinder gezwungen werden müssen). Die auffälligste Verkörperung dieser Differenz sind nach wie vor die unterschiedlichen Strafen, die Männer und Frauen bei normwidrigem Verhalten erleiden (siehe oben, Abschnitt 1.1). Gegen Männer richten sich bewußt eingeführte, in einem speziellen Akt ausgesprochene Sanktionen, die nun von der Obrigkeit ausgehen und in denen sich eine gezielte soziale Anstrengung ausdrückt. Für Frauen dagegen wiegt die strafende Initiative des Staates, die auch hier nicht fehlt, sicherlich weniger schwer als die primär im vorstaatlichen Bereich wirksame Schande, die fortan ihre ganze Zukunft verdüstert.

Es ist von Bedeutung, daß die empfindlichste Strafe von Mädchen und Frauen bei einem Verstoß gegen den Code des Sexualverhaltens im Ehrverlust, im sozialen Verruf, besteht. Eine derartige Sanktion, deren Vorformen schon seit langem als ein Moment von Nachbarschaftskontrolle neben der familiären (besonders mütterlichen) Aufsicht eine wichtige Rolle gespielt hatten (siehe oben, Abschnitt 1.2), ist das Pendant zu einer bestimmten Art der Verinnerlichung von Zwängen. Was hier verhaltensregulierend wirkt, ist nicht so sehr die Angst vor der Kritik einer inneren Instanz, sondern die vor dem negativen Urteil anderer. Wer die Normen übertritt, empfindet nicht Schuld, sondern Scham. Dieser Mechanismus der Verhaltensregulierung durch Leumund bezeichnet eine spezifische Balance im Verhältnis von Außen- und Selbstkontrolle, von Handlungs- und Impulssteuerung (siehe oben, Abschnitt 3.4). Gegenüber dem Verinnerlichungsgrad, den die Psychoanalyse mit dem Begriff des Über-Ichs erfaßt, ist er deutlich stärker auf Außenkontrolle von Handlungen ausgerichtet. Gegenüber dem dominierenden Außenzwang, wie er für die Zeit davor charakteristisch war, verlangt er eine deutlich höhere

Selbstzügelung. Nach dem oben Gesagten (siehe besonders Abschnitt 2.4) gewinnt diese Stufe oder Form der Verhaltenssteuerung desto mehr an Gewicht, je länger die Interdependenzketten zwischen Menschen werden, was sich manifest bereits an der Zahl und Vielfalt der einem jeden begegnenden Menschen ablesen läßt.

Daß es zunächst in besonderer Weise Frauen sind, denen so ein Zwang zum Selbstzwang auferlegt wird, und daß diese Kontrolle über den Mechanismus der Schamangst wirkte, könnte weitreichende Folgen für den unterschiedlichen psychischen Aufbau von Männern und Frauen gehabt haben. Freud hat gefunden, daß in seiner Klientel Frauen ein schwächeres Über-Ich hatten als Männer, ein Über-Ich, das weniger selbständig, das offener für Einflüsse von außen war.[93] Man kann sich vorstellen, daß dies mit der hier herausgearbeiteten Entwicklung zusammenhängt. Die Kontrolle des Sexualverhaltens beginnt, gewiß in dem hier untersuchten deutschsprachigen Raum, als Kontrolle *weiblicher* Sexualhandlungen. Als der Schutz und die Wachsamkeit der Familienangehörigen an Wirksamkeit verloren, wurden Frauen statt dessen mit Macht gedrängt, mehr oder weniger selbst auf ihren guten Ruf als das Zentrum ihrer sozialen Existenz zu achten. Üble Nachrede, die bei Frauen *eo ipso* sexuell definiert ist, konnte die schlimmsten Folgen haben und mußte um jeden Preis vermieden werden. So mögen sich Frauen zutiefst auf das Urteil anderer über sie eingestellt haben – ein Mangel an Autonomie, der in der früheren Form der Augenkontrolle bereits angelegt war und seine spezifischen sozialen Wurzeln hat. Diese Situation dürfte, für die entsprechenden Kreise, bis ins 19. Jahrhundert angedauert haben.

Demgegenüber spielte sich die Zügelung des Sexualverhaltens bei Männern ganz anders ab. Zuvor war es wesentlich die physische Gewalt der männlichen Verwandten einer Frau, die ihrer sonst freigegebenen Sexualbetätigung Grenzen setzte (siehe oben, Abschnitt 1.4). Allmählich trat an deren Stelle eine Zentralinstanz, die ersatzweise (und ein Stück weit) den Schutz der bis dahin auf ihre Familie angewiesenen Frauen übernahm. Was jedoch auf diese Weise eingeschränkt wurde, waren nach wie vor nur Beziehungen zwischen Gleichrangigen – und selbstverständlich Annäherungen an höherstehende Frauen (siehe oben, Abschnitt 2.2 f.). Mit der Zeit scheint die Strafdrohung ernsthafter und vor allem allgemeiner geworden zu sein; Träger der Kontrolle aber blieb die Obrigkeit selbst (zum Unterschied vom Nachbarschaftsverband, der für Frauen von beherrschender Bedeutung war). Die Selbststeuerung des Sexualtriebs mußte demnach bei Männern einen ganz anderen Weg nehmen als bei Frauen – einen Weg, der um 1900 zu dem geführt hat, was Freud als Über-Ich, als die Verinnerlichung einer Autorität und als eher männlich beschrieb.

Anmerkungen

1 Genau gesagt, konzentriert sich dieser Artikel, der aus Vorüberlegungen zu einer Dissertation über Eheschließungsvorgänge im Mittelalter erwachsen ist, auf einen Teilaspekt des Themas: auf Sexualbeziehungen zwischen unverheirateten Männern und Frauen.
2 Vgl. Anm. 46 und Text dazu.
3 Kentenich 1912, S. 111.
4 Schultheiß 1960, S. 65 f. – Zur Bestimmung der Tatbestandsmerkmale vgl. Anm. 22.
5 So eine einschlägige Ulmer Formulierung: Mollwo 1905, S. 233; vgl. Abschn. 2.3.
6 Schultheiß 1960, S. 208*.
7 Z. B. Hach 1839, S. 203.
8 Den Begriff der »sozialen Existenz« hat Norbert Elias in einer bisher unveröffentlichten Arbeit vorgestellt.
9 Die folgende Nacherzählung berücksichtigt wenig den eigentlichen Gang der Geschichte und hebt nur die für den Zusammenhang dieser Untersuchung wichtigen Momente hervor.
10 »Das heselîn«, in: v. d. Hagen 1850, Bd. II, S. 1-18.
11 Keussen 1894, S. 55; Regest eines Kölner Falles von 1401/03; vgl. auch Anm. 42 und Text dazu.
12 »Diu nahtigal«, in: v. d. Hagen 1850, Bd. II, S. 71-82.
13 Friedberg 1865, S. 84.
14 Vgl. Elias 1969, Bd. I, S. 243.
15 Tucher'sches Memorialbuch 1872, S. 17 und S. 19.
16 Frensdorff 1871, z. B. S. 18. – Von dem Herausgeber werden derartige Fälle, getreu der Systematik des mittelalterlichen Kirchenrechts, unter dem Titel »*impedimentum vis ac metus*« [Ehehindernis der Gewalt und Furcht] abgehandelt. Mit dieser Klassifizierung erschöpft sich sein Impetus zur Erhellung der Quelle. Wie ein Vergleich mit der obigen Interpretation zeigt, wäre es eine Aufgabe von Soziologen, den Vorhang solcher Schemata, die zwar Ordnung schaffen, aber zumindest im

Laufe der Zeit ein ganz unangemessenes Eigengewicht erlangen, zu lüften und zu einem Verständnis der tatsächlichen Lebensverhältnisse vorzudringen. Zu diesem Zweck müssen, wie es hier nach Möglichkeit geschieht, Rechtsnormen durch reale Fälle und nicht Einzelfälle durch Rechtsnormen beleuchtet werden.

17 Grosch/Lauter/Flach 1957, S. 164 und S. 168.

18 Erdmann 1950, S. 66.

19 Vgl. Anm. 37.

20 Daß es am Ende zu einer, doch wohl standesungleichen Ehe kommt, bleibt ein offenes Problem der Interpretation.

21 Rössler 1852, S. 240.

22 Siehe Anm. 4 und Text dazu. – Aufgrund der in Abschnitt 1.4 angedeuteten engen Verbindung zwischen Sexualkontakt und Eheschließung wurde bei der anfänglichen Interpretation des Falles vorausgesetzt, daß die »Beleidigung« Sexualkontakt mit umfaßte.

23 Friedberg 1865, S. 85.

24 Schultheiß 1960, S. 70 (siehe auch S. 50); Eintrag von 1347. Dort passim zugleich vielfältige Beispiele für das allgemeine Benennungsprinzip.

25 Wackernagel 1907 ff., Bd. II/2, S. 923.

26 Siehe Anm. 17 und Text dazu.

27 Z. B. Köhler 1932, Bd. I, S. 241; Basler Reformationsordnung von 1529; hier beschränkt auf Defloration eines unbescholtenen Mädchens durch einen ledigen Mann (siehe unten, Abschnitt 3.4).

28 Wickram 1973, S. 18. – Ich werte solche jungen Belege immer wieder als Indizien für ältere Verhältnisse, die unmittelbar nur wenig bezeugt sind. Man stößt hier auf ein Problem der Quellenlage überhaupt: Insbesondere Rechtsquellen – alles in allem für die Fragestellung dieser Studie das ergiebigste Material – behandeln im Mittelalter nur, was in wechselnden Frontstellungen akut konfliktträchtig ist (vgl. Ebel 1971, S. 133). Das heißt, man ist oft darauf angewiesen, selbstverständliche Normen des menschlichen Zusammenlebens früherer aus Bestimmungen späterer Zeiten zu erschließen, in denen jene Normen fragwürdig und darum der Neuregelung bedürftig geworden sind. Es ist speziell das System der Familienmacht, das zur Zeit seiner Geltung ganz überwiegend durch vor-schriftliches Gewohnheitsrecht gestützt war und somit hauptsächlich aus Belegen seines Niedergangs rekonstruiert werden muß.

29 Vgl. etwa, außer dem Pössnecker Fall (Anm. 17), Hach 1839, S. 337 oder Mollwo 1905, S. 233, wo die Alternative Heirat/Entschädigung ohne Hinweis auf Standesdifferenzen auftaucht. Vielleicht aber muß ein solcher Vorbehalt in die grundsätzlichen Formulierungen als stillschweigend mitgedacht eingetragen werden.

30 Hildebrandt 1974, S. 256-258. – Diese spröde Liste offenbart, wie es

scheint, eine gewisse Einseitigkeit der sozialgeschichtlichen Beschäftigung mit mittelalterlichen Städten, bei der viele der hier aufgezählten Gegebenheiten keine oder keine angemessene Beachtung finden.

31 Wackernagel 1907 ff., Bd. I, S. 97.

32 Die zusätzliche Rolle von Nachbarschafts- und Standesverbänden, auf die bereits der dominierende Mechanismus der »Ehre« verweist, wird in diesem Artikel nur en passant berücksichtigt.

33 Nach den wegweisenden Darlegungen von Norbert Elias zur Dynamik der Etablierung eines Gewaltmonopols stellt sich für die weitere Arbeit die Aufgabe, diesen Prozeß und seine Auswirkungen auch auf Ebenen unterhalb der für lange Zeit größten Integrationseinheiten (der aufkommenden National- bzw. Territorialstaaten) und unterhalb der obersten Führungsschichten (sowie außerhalb Frankreichs) zu verfolgen. In diesem Sinne wird hier versucht, einerseits die Rolle von Verwandtschaftsverbänden als den vielleicht wichtigsten Gewaltträgern auf einer Stufe relativ geringer Zentralisierung, andererseits die Entwicklung speziell in deutschen Stadtstaaten herauszustellen.

34 Eine vorläufige, thesenhafte Interpretation städtischer Prozesse unter dem Aspekt der Etablierung eines Gewaltmonopols und der damit einhergehenden Persönlichkeitsveränderungen habe ich in meinem Oxforder Vortrag versucht. In der folgenden Darstellung muß fast durchweg das Material des engeren Themenkreises auch die allgemeineren Aussagen zur Stadtentwicklung stützen.

35 Größere Städte werden hier immer wieder als Stadtstaaten bezeichnet, um deutlich zu machen, daß Städte in bestimmten Jahrhunderten eine maßgebliche Integrationseinheit auf dem Wege der Staatsbildung darstellten. Das gilt, aufgrund eigentümlicher historischer Bedingungen, wohl in besonderer Weise für das Gebiet des Deutschen Reiches (siehe oben, Abschnitt 3.1).

36 Vgl. etwa Anm. 39 und Text dazu.

37 Z. B. Hach 1839, S. 189 (1. Hälfte des 13. Jahrhunderts; vgl. Ebel 1971, S. 201 f.); Rössler 1852, S. 327 ff. (Mitte des 14. Jahrhunderts). In Brünn wird der inkriminierte Tatbestand als »Entführung«, »Raub« bezeichnet. Der letztere Begriff *(raptus)* steht dem Tatbestand der Notzucht zumindest nahe (vgl. Rössler 1852, S. 349: . . . *oppresserit vel rapuerit*).

38 Siehe Anm. 4 und Text dazu.

39 Hach 1839, S. 362; erster Beleg 1297 (diese Datierungen nach Korlén 1952; vgl. besonders die Tabellen S. 27 ff., 42, 237 f.).

40 So jedenfalls in Lübeck, wo nur die erste Bestimmung (Anm. 37) in der lateinischen Fassung des Stadtrechts erscheint.

41 Hach 1839, S. 252, mit einer ähnlichen Rangdifferenzierung wie im Zitat zu Anm. 39.

42 Rössler 1852, S. 285 f.

43 Schultheiß 1960, S. 69. – Man beachte auch das Moment geographischer Mobilität und zunehmender Nachrichtenverbindung.
44 Daß weiterhin eine gewisse Spannung zwischen familiären, städtischen, aber auch kirchlichen Zwangsmitteln bestand, soll hier außer acht bleiben. Für das Stadtregiment jedenfalls kam alles darauf an, die gewaltsame Selbsthilfe hintanzuhalten.
45 Mollwo 1905, S. 231-233.
46 Ebd., S. 232.
47 Statistische Angaben nach Frensdorff 1871, S. 7.
48 Ebd., z. B. S. 11, 12, 14. – Auf die ohne Zweifel sehr wichtige Kompetenz der Kirche im Bereich von Sexualverhalten und Eheschließung wird in diesem Artikel nicht weiter eingegangen.
49 Diese Formulierungen bei Geiger 1971, S. 176.
50 Dieser Begriff wird von der gesamten Forschung als zureichende Beschreibung der sozialen Wirklichkeit etwa im 15. Jahrhundert verwendet. Tatsächlich aber ist er dezidiert eine Kategorie einerseits der Kirche und dann vor allem des 16. Jahrhunderts, d. h. einer bereits fortgeschrittenen Stufe der Verhaltensregulierung, auf der man sich mit seiner Hilfe von einer früheren Stufe absetzte. Wer ihn umstandslos übernimmt, macht sich eines Anachronismus schuldig, der dem Verständnis der realen Situation nicht förderlich ist. Der soziologische Blick erscheint hier gegenüber dem systematisch-juristischen, der faktisch die Vergangenheit aus der Perspektive der Gegenwart betrachtet, als sachadäquater.
51 Siehe Anm. 42 und Text dazu.
52 Z. B. Hach 1839, S. 362; Rössler 1852, S. 239.
53 Berthold von Regensburg 1965, Bd. I, S. 208; vgl. auch Anm. 43 und Text dazu.
54 Feger 1955, S. 176.
55 So hat, um nur ein für diese Untersuchung einschlägiges Beispiel zu nennen, die verhaltensregulierende Funktion von Zünften gegenüber ihrer wirtschaftlichen Bedeutung schwerlich bereits die Aufmerksamkeit gefunden, die sie verdient. Derartige kleinere, eher überblickbare, sozial mehr oder weniger homogene Gruppen scheinen eine Zeitlang als Instanzen auch der Kontrolle sexuellen Verhaltens an die Stelle der entmachteten – und auseinandergerissenen – Familien- (und Nachbarschafts-)verbände getreten zu sein. – Ich kann diese Zwischenform zwischen familiärer und obrigkeitlicher Verhaltenskontrolle hier nicht näher behandeln.
56 Maschke 1969, S. 2.
57 Ein derartiger Zusammenhang wird durch die eindrucksvollen Beobachtungen von Feger 1955 (bes. S. 31*ff.) an der Konstanzer Stadt- und Stadtrechtsgeschichte wahrscheinlich gemacht.
58 Die Ausbildung dieses Herrschaftsinstruments läßt sich besonders pla-

stisch an den als Serie von 1345 bis 1619 erhaltenen und publizierten »Bürgersprachen« der Stadt Wismar ablesen (Techen).

59 Zu Entstehung und Eigenart städtischer Obrigkeit vgl. die instruktive Fallstudie von Naujoks 1958.

60 Mollwo 1905, S. 231; siehe Anm. 45 und Text dazu.

61 Hach 1839, S. 252, Fn. 14 zu Nr. XII (zur Datierung und Bewertung der Handschrift vgl. Ebel 1971, S. 207); siehe auch Anm. 39.

62 Zink 1866, S. 139 f.

63 Einige Aspekte der Differenz zwischen Stadt- und Territorialstaaten werden von Naujoks 1958 behandelt.

64 Ein Beispiel sind die Auseinandersetzungen in Frankfurt/Oder, die im Text zu Anm. 83 angeführt werden. Hier wirkt, vielleicht typischerweise, die protestantische Geistlichkeit als Transmissionsriemen landesherrlicher Einflüsse.

65 Vorstufen dieses Prozesses, die sich bereits im 14./15. Jahrhundert beobachten lassen, werden hier übergangen.

66 Egli 1879, S. 328; Zürcher Eheordnung von 1525. – Ich hebe aus der Palette der Formvorschriften nur diese als für die Zukunft folgenreichste hervor.

67 Vgl. Köhler 1932, Bd. I, S. 103 ff.

68 Egli 1879, S. 328.

69 Ebd.

70 Richter 1846, Bd. I, S. 281; Württemberg 1537.

71 Köhler 1932, Bd. I, S. 242; Wiedergabe eines Passus der Basler Reformationsordnung von 1529; ebenso Egli 1879, S. 452.

72 Köhler 1932, Bd. I, S. 144.

73 Egli 1879, S. 521.

74 Dem Sexualverhalten städtischer Unterschichten wird in diesem Artikel, teilweise aufgrund der ungünstigen Quellenlage, keine spezielle Aufmerksamkeit gewidmet.

75 Z. B. Egli 1879, S. 452.

76 Ebd.

77 Fall von 1654 aus Frankfurt/Oder, angeführt bei Spieker 1858, S. 345, Anm. 13.

78 Urkundenbuch Straßburg IV/2, S. 138 f., 66.

79 Dies ist also genau der oben (Abschnitt 1.6) anhand eines Wickram-Schwanks (siehe Anm. 29) herausgestellte Normalfall älterer Zeiten. Wickram, dessen Geschichte in Freiburg angesiedelt ist, spiegelt im übrigen gleichfalls die hier behandelte Entwicklungsstufe wider: »Nun verfügt aber die Stadtordnung allda, so ein Ratsherr die Ehe bricht, wird er von allen Ehren abgesetzt« (1973, S. 17).

80 Ebel 1971, S. 247.

81 Guggisberg/Füglister 1978, S. 54.

82 Hach 1839, S. 148.

83 Spieker 1858, S. 121, 133, 136 f.

84 Daß die Schließung der Bordelle sich zeitlich und sachlich so genau in eine ganze Reihe sexualfeindlicher Maßnahmen einfügt, spricht gegen die landläufige Erklärung, sie sei (auch) zur Bekämpfung der sich ausbreitenden Syphilis angeordnet worden (z. B. Steinhausen 1929, S. 284). Man gewinnt den Eindruck, daß diese Begründung weniger aus den Quellen erhoben ist als vielmehr der wie ein Denkzwang wirkenden Neigung des 19. (und 20.) Jahrhunderts entspringt, alle möglichen Verhaltensstandards rational oder rationalisierend auf hygienische Erfordernisse zurückzuführen, die ihrerseits ein Reflex des Aufstiegs der Berufsgruppe naturwissenschaftlich erzogener Mediziner sein dürfte (zur nachträglichen »hygienischen Motivierung« von Tischsitten etc. vgl. Elias 1969, z. B. Bd. I, S. 155, und allgemein zum Thema des »medizinischen Materialismus« Goudsblom 1979).

85 Techen 1906, S. 345.

86 Köhler 1932, Bd. I, S. 85, 87.

87 Egli 1879, S. 712.

88 Köhler 1932, Bd. I, S. 241.

89 Siehe Anm. 85 und Text dazu.

90 Siehe Anm. 60 und Text dazu.

91 Z. B. Köhler 1932, Bd. I, S. 263.

92 Zellweger 1947, S. 14 (Zitat aus einer Quelle von 1717).

93 Freud 1968, S. 29 f. – Freud selbst führt diese Eigenart auf ontogenetische Faktoren, auf den spezifischen, anatomisch determinierten Verlauf des Ödipusschicksals bei Mädchen, zurück. Die hier angedeutete Betrachtungsweise eröffnet die Perspektive auf ein mögliches Forschungsprogramm, das darauf zielen würde, die verschiedensten Gegebenheiten des menschlichen Seelenlebens, die Freud aufgrund seiner Arbeit mit einzelnen Patienten vielleicht etwas zu rasch als universell beschrieben hat, als das Produkt bestimmter historisch-sozialer Entwicklungen zu erweisen. Man könnte sich vorstellen, daß ein entsprechender Umgang mit Material aus der Geschichte westlicher Gesellschaften ein ähnliches Niveau der Distanzierung und theoretischen Fruchtbarkeit erreicht, wie es z. B. einige psychoanalytisch informierte Vertreter der Ethnologie auf ihrem Gebiet etabliert haben. Einstweilen aber ist ein solcher quasi ethnologischer Ansatz der Erforschung historischer Vorgänge, der die Freudsche Psychologie zugleich ganz ernst nimmt und in Richtung auf eine nicht allein phylogenetische, sondern in genauerem Sinn soziogenetische Theorie weiterentwickelt, noch kaum ernsthaft ins Auge gefaßt worden. Eine Ausnahme bildet einmal mehr das in dieser Hinsicht bahnbrechende Werk von Norbert Elias (1969).

Berthold von Regensburg, *Vollständige Ausgabe seiner deutschen Predigten* mit Einleitung und Anmerkungen von Franz Pfeiffer und Joseph Strobl. Neuausgabe von Kurt Ruh, 2 Bde., Berlin 1965 (in: Deutsche Neudrucke, Reihe: Texte des Mittelalters).

Ebel, Wilhelm, *Lübisches Recht*, Bd. 1, Lübeck 1971.

Egli, Emil (Hg.), *Aktensammlung zur Geschichte der Zürcher Reformation in den Jahren 1519-1533*, Zürich 1879 (= Aalen 1973).

Elias, Norbert, *Über den Prozeß der Zivilisation*. Soziogenetische und psychogenetische Untersuchungen, 2 Bde., Bern ²1969, Frankfurt/M. 1976.

Erdmann, Karl (Hg.), *Briefsammlungen der Zeit Heinrichs II.*, Weimar 1950 (= Monumenta Germaniae historica. Die Briefe der deutschen Kaiserzeit, Bd. 5).

Feger, Otto, *Vom Richtebrief zum Roten Buch. Die ältere Konstanzer Ratsgesetzgebung*. Darstellung und Texte, Konstanz 1955 (= Konstanzer Geschichts- und Rechtsquellen 7).

Frendsdorff, Ferdinand, »Ein Urtheilsbuch des geistlichen Gerichts zu Augsburg aus dem 14. Jahrhundert«, in: *Zeitschrift für Kirchenrecht* 10 (1871), S. 1-37.

Friedberg, Emil, *Das Recht der Eheschließung in seiner geschichtlichen Entwicklung*, Leipzig 1865 (= Aalen 1965).

Freud, Sigmund, »Einige psychische Folgen des anatomischen Geschlechtsunterschiedes«, in: *Gesammelte Werke*, Bd. 14, Frankfurt/M. ⁴1968, S. 17-30.

Geiger, Gottfried, *Die Reichsstadt Ulm vor der Reformation*. Städtisches und kirchliches Leben am Ausgang des Mittelalters, Ulm 1971 (= Forschungen zur Geschichte der Stadt Ulm, Bd. 11).

Goudsblom, Johan, »Zivilisation, Ansteckungsangst und Hygiene. Betrachtungen über einen Aspekt des europäischen Zivilisationsprozesses«, in: *Materialien zu Norbert Elias' Zivilisationstheorie*, hg. von Peter Gleichmann, Johann Goudsblom und Hermann Korte, Frankfurt/M. 1979, S. 215-253.

Grosch, Reinhold, unter Mitarbeit von Karl Theodor Lauter und Willy Flach (Hg.), *Die Schöffenspruchsammlung der Stadt Pössneck*. Teil 1: Der Text der Sammlung, Weimar 1957 (= Thüringische Archivstudien, Bd. 7).

Guggisberg, Hans R., und Hans Füglister, »Die Basler Weberzunft als Trägerin reformatorischer Propaganda«, in: *Stadt und Kirche im 16. Jahrhundert*, hg. von Bernd Möller, Gütersloh 1978 (= Schriften des Vereins für Reformationsgeschichte 190), S. 48-56.

Hach, Johann Friedrich, *Das alte lübische Recht*, Lübeck 1839 (= Aalen 1969).

von der Hagen, Friedrich Heinrich (Hg.), *Gesamtabenteuer. Hundert altdeutsche Erzählungen*, 3 Bde., Stuttgart/Tübingen 1850 (= Darmstadt 1961).
Hildebrandt, Reiner (Hg.), *Summarium Heinrici*, Bd. 1: Textkritische Ausgabe der ersten Fassung Buch I-X, Berlin/New York 1974 (= Quellen und Forschungen zur Sprach- und Kulturgeschichte der germanischen Völker, NF Bd. 61).
Kentenich, Gottfried, »Zur Sittengeschichte des ausgehenden 13. Jahrhunderts«, in: *Archiv für Kulturgeschichte* 10 (1912), S. 111 f.
Keussen, Hermann, »Kölner Prozeßakten 1364-1520«, in: *Mitteilungen aus dem Stadtarchiv von Köln* 9 (1894), S. 45-64.
Köhler, Walther, *Zürcher Ehegericht und Genfer Konsistorium*, 2 Bde., Leipzig 1932/42 (= Quellen und Abhandlungen zur schweizerischen Reformationsgeschichte, 2. Serie, Bd. 7, 10).
Korlén, Gustav, *Norddeutsche Stadtrechte*, Bd. 2: Das mittelniederdeutsche Stadtrecht von Lübeck nach seinen ältesten Formen, Lund/Kopenhagen 1952 (= Lunder germanistische Forschungen, Bd. 23).
Maschke, Erich, »Mittelschichten in den deutschen Städten des Mittelalters«, in: *Städtische Mittelschichten*, hg. von Erich Maschke und Jürgen Sydow, Stuttgart 1969 (= Veröffentlichungen der Kommission für geschichtliche Landeskunde in Baden-Württemberg B/69), S. 1-31.
Mollwo, Carl (Hg.), *Das rote Buch der Stadt Ulm*, Stuttgart 1905 (= Württembergische Geschichtsquellen 8)
Naujoks, Eberhard, *Obrigkeitsgedanke, Zunftverfassung und Reformation. Studien zur Verfassungsgeschichte von Ulm, Eßlingen und Schwäbisch Gmünd*, Stuttgart 1958 (= Veröffentlichungen der Kommission für geschichtliche Landeskunde in Baden-Württemberg B/3).
Richter, Ludwig Aemilius (Hg.), *Die evangelischen Kirchenordnungen des 16. Jahrhunderts*, 2 Bde., Weimar 1846.
Rössler, Emil Franz (Hg.), *Die Stadtrechte von Brünn aus dem 13. und 14. Jahrhundert*, Prag 1852 (= Aalen 1963).
Schröter, Michael, »Centralizing and Civilizing Processes in German Towns from the 13th to the 16th Century«, Vortrag auf der Tagung der *Theory Group* der *British Sociological Association* in Oxford (Balliol College), 5./6. 1. 1980 (unveröffentlichtes Manuskript).
Schultheiß, Werner (Hg.), *Die Acht-, Verbots- und Fehdebücher Nürnbergs von 1285 bis 1400*. Mit einer Einführung, Nürnberg 1960 (= Quellen und Forschungen zur Geschichte der Stadt Nürnberg, Bd. 2, 1./2. Lieferung).
Spieker, Christian Wilhelm, *Lebensgeschichte des Andreas Musculus*. Ein Beitrag zur Reformations- und Sittengeschichte des 16. Jahrhunderts, Frankfurt/Oder 1858 (= Nieuwkoop 1964).
Steinhausen, Georg, *Geschichte der deutschen Kultur*, Leipzig ^{3}1929.
Techen, Friedrich, *Die Bürgersprachen der Stadt Wismar*, Leipzig 1906 (=

Hansische Geschichtsquellen, NF Bd. 3).
»Tucher'sches Memorialbuch 1386-1454«, in: *Die Chroniken der deutschen Städte vom 14. bis ins 16. Jahrhundert,* Bd. 10: Die Chroniken der fränkischen Städte. Nürnberg (Bd. 4), Leipzig 1872 (= Göttingen ²1961), S. 14-26.
Urkundenbuch der Stadt Straßburg, Bd. 4, 2. Hälfte: Stadtrechte und Aufzeichnungen über bischöflich-städtische und bischöfliche Ämter, bearbeitet von Aloys Schulte und Georg Wolfram, Straßburg 1888.
Wackernagel, Rudolf, *Geschichte der Stadt Basel,* 3 in 4 Bänden, Basel 1907 ff.
Wickram, Georg, *Sämtliche Werke,* hg. von Hans-Gert Roloff, Bd. 7: Das Rollwagenbüchlein, Berlin/New York 1973 (in: Ausgaben deutscher Literatur des 15. bis 18. Jahrhunderts).
Zellweger, Laurenz, *Die Stellung des außerehelichen Kindes nach den Basler Rechtsquellen,* Diss. jur. Basel 1947 (masch.).
»Das Leben des Burkard Zink«, in: *Chroniken der deutschen Städte vom 14. bis ins 16. Jahrhundert,* Bd. 5: Die Chroniken der schwäbischen Städte. Augsburg (Bd. 2), Leipzig 1866 (= Göttingen ²1961), S. 122-143.

Ton Zwaan

Öffentliche Gewaltanwendung, gesellschaftliche Struktur und bürgerliche Zivilisation

Ein Exkurs über die innerstaatliche Gewaltanwendung in der Entwicklung der niederländischen Gesellschaft (1648-1965)*

1

Im Vergleich zu den ersten zwei Jahrzehnten nach dem Zweiten Weltkrieg ist öffentliche Gewaltanwendung mit mehr oder weniger politischem Charakter in den Niederlanden seit Mitte der sechziger Jahre üblicher geworden. Demonstrationen, die in Unruhen übergehen, politisch motivierte Gewalttaten, Blockaden, Besetzungen von Botschaften, Lehranstalten und Betrieben, terroristische Aktivitäten und die kürzlich aufgetretenen gewalttätigen Ereignisse bei Hausbesetzungen, bei Aktionen gegen Kernenergie und bei der anti-militaristischen Bewegung – dies alles gehört für den niederländischen Zeitungsleser und Fernsehzuschauer allmählich zu den regelmäßig wiederkehrenden innenpolitischen Nachrichten.[1]

Sieht man einmal ab von den terroristischen Aktionen – bei denen Niederländer übrigens bis heute kaum eine Rolle gespielt haben –, dann sind in den Niederlanden die Gewalttaten als solche bisher begrenzt geblieben. Sachbeschädigung kommt mehr vor als

* Dieser Aufsatz ist eine stark gekürzte Fassung meines Beitrags zur Konferenz über »Zivilisationstheorien und Zivilisationsprozesse«, organisiert von der Arbeitsgruppe Figurationssoziologie des Niederländischen Soziologischen und Anthropologischen Vereins, die am 17. und 18. Dezember 1981 in Amsterdam abgehalten wurde. Für stilistische Verbesserungen und inhaltliche Kommentare danke ich Leonoor Broeder, Cees Cruson, Henk Driessen, Lisette van de Hoogen, Rieke Leenders und Piet de Rooy. Johan Goudsblom und Hermann Korte haben die Mühen der Kürzung auf sich genommen. Peter Gleichmann danke ich für den ausführlichen schriftlichen Kommentar, den er mir freundlicherweise hat zukommen lassen. – Die Übersetzung besorgte Heidi Dahles.

Gewalt gegen Personen, gewöhnlich gibt es nur eine geringe Anzahl Leichtverletzter, nur in besonderen Ausnahmefällen ist von Schwerverletzten die Rede. Tote hat es bisher nur durch Terrorismus gegeben. Obwohl es eine Tendenz zu mehr und besserer Ausrüstung und Bewaffnung sowohl bei Privatpersonen als auch bei der Polizei gibt, ist die Anwendung schwerer Handfeuerwaffen vorläufig noch tabu. Außerdem gibt es Hinweise darauf, daß man sich in zunehmendem Maße der Gefahren der Gewalteskalation bewußt wird und Versuche unternimmt, eine solche Eskalation zu vermeiden.[2]

Im Gegensatz zu dem relativ geringen Maß tatsächlicher Gewaltanwendung – läßt man den Terrorismus wiederum außer acht – steht die außerordentlich große Aufmerksamkeit, der Ernst und die Beunruhigung, mit der die Massenmedien, das Publikum und die Behörden die öffentliche Gewaltanwendung behandeln. In vielen Reaktionen klingen das Bewußtsein der Verletzlichkeit unserer komplexen Gesellschaft und die Sorge um die eigene Sicherheit deutlich mit. Manchmal läßt sich ein Unterton von Rachelust bemerken, der aus beängstigenden Gefühlen der eigenen Bedrohtheit erwächst. Beinahe alle Reaktionen auf die Gewaltanwendung spiegeln aber die große Empfindlichkeit und Abneigung gegenüber Gewalt wider, die für weite Teile der niederländischen Gesellschaft kennzeichnend geworden sind. Die niederländische Bevölkerung verurteilt größtenteils die Anwendung von Gewalt zur Lösung von Konflikten, und man reagiert meist schockiert, wenn andere in den Niederlanden keine solche Abneigung erkennen lassen.[3]

In diesem Aufsatz werde ich versuchen, eine Antwort auf die Frage zu geben, woher es kommt, daß so viele Niederländer Gewaltanwendung zur Lösung gegenseitiger Meinungsverschiedenheiten ablehnen, warum so viele relativ überempfindlich gegenüber Gewaltanwendung geworden sind und woher diese Abneigung gegen Gewalt stammt.

Selbstverständlich handelt es sich hier nicht um statische und gleichbleibende Eigenschaften, die alle Niederländer in gleichem Maße von Geburt an besitzen, sondern um relativ dauerhafte Aspekte der kollektiven Mentalität der Mehrzahl der Niederländer, d. h. um Aspekte ihrer spezifischen Zivilisation.[4] Diese Aspekte haben im Verlauf der historischen Entwicklung der niederländischen Gesellschaft Form und Inhalt bekommen, denn eine Zivilisation ist doch vor allem das Ergebnis von Kontinuität und Wandel kollektiver Erfahrungen einer bestimmten Bevölkerung, die von Generation auf Generation weitergegeben werden.

Um die dominierende Haltung der Niederländer gegenüber der Anwendung von Gewalt besser zu verstehen, habe ich zunächst aus einer historisch-soziologischen Perspektive, die sich an der Zivilisationstheorie von Norbert Elias[5] orientiert, nach der Häufigkeit, dem Umfang und der Art innerstaatlicher öffentlicher Gewaltanwendung[6] in den Niederlanden seit dem Ende des Krieges gegen Spanien (Westfälischer Frieden, Münster 1648) bis ungefähr in die Mitte der sechziger Jahre unseres Jahrhunderts gefragt. Auf die Wiedergabe einer inventarisierenden Übersicht, in der die Ergebnisse dieser historischen Studien zusammengefaßt sind, muß hier aus Platzgründen verzichtet werden.[7] Der zweite Abschnitt beginnt deshalb mit den Schlußfolgerungen aus dieser historischen Übersicht. Im dritten Abschnitt wird dann der Versuch unternommen, einige Erklärungen für den spezifischen Charakter des historischen Musters der öffentlichen Gewaltanwendung in den Niederlanden zu liefern. Dabei wird der Position der Niederlande in der Gesamtheit der zwischenstaatlichen Machtbalancen innerhalb Europas, den relevanten Aspekten der innerstaatlichen Gesellschaftsstruktur, dem Verlauf des Staatenbildungsprozesses und der bürgerlichen Zivilisation, die damit eng verbunden die niederländische Gesellschaft jahrhundertelang dominiert hat, Aufmerksamkeit geschenkt.

2

Betrachtet man die Zeit von 1648 bis 1965, so läßt sich als erstes feststellen, daß sich die niederländische Gesellschaft insgesamt ziemlich friedlich entwickelt hat. Genauer gesagt kann die Häufigkeit der öffentlichen innerstaatlichen Gewaltanwendung in jedem dieser Jahrhunderte als relativ gering bezeichnet werden. Im Vergleich zu Ländern wie England, Frankreich und Deutschland fällt auf, daß die niederländische Geschichte seit Ende des Krieges gegen Spanien im Jahre 1648 keine regionalen Aufstände, keine gewalttätigen Bauernbewegungen, keine Bürgerkriege und keine Revolution gekannt hat.[8] Wir haben gesehen, daß politische

Morde in der niederländischen Geschichte äußerst selten vorgekommen sind und daß man aus den Zahlen der Todesopfer und Verwundeten in den verschiedenen Fällen innerstaatlicher Gewaltanwendung schließen kann, daß der Umfang dieser Gewaltanwendung gering war. Übrigens geht es hierbei natürlich nicht allein um quantitative Angaben; viel wichtiger ist deren soziologische Bedeutung: In der niederländischen Geschichte findet man keinen Zeitraum, in dem innerstaatliche Gewaltanwendung längere Zeit andauerte und einen größeren Umfang annahm. Es hat also nie eine Situation gegeben, in der eine ›Kultur der Gewaltanwendung‹ hätte entstehen können, in der man begonnen hätte, Gewaltanwendung als normal und selbstverständlich zu betrachten.

Zweitens läßt sich eine sehr deutliche Abnahme der Gewaltanwendung nachweisen, wenn man das 17. und 18. Jahrhundert einerseits mit dem 19. und 20. Jahrhundert andererseits vergleicht. Während sich in der ersten Periode mit einer gewissen Regelmäßigkeit Aufstände ereigneten, war dies im zweiten Zeitraum kaum noch der Fall. Der letzte Staatsstreich datiert von 1813, und seitdem hat keine Gruppe oder Partei in der niederländischen Gesellschaft mehr versucht, die Staatsmacht auf illegale Weise zu ergreifen.

Drittens können wir in der Gewaltanwendung, wie sie historisch auftrat, grob zwei Formen unterscheiden. Zum einen handelt es sich um lokale Empörungen, die sich nicht ausbreiten konnten und an denen vor allem Menschen aus den unteren Schichten der Städte teilnahmen. Öffentliche Gewaltanwendung auf dem Lande ist in den Niederlanden sehr selten vorgekommen. Es waren gewöhnlich spezifische Umstände oder behördliche Maßnahmen – Arbeitslosigkeit, Lebensmittelknappheit, als zu hoch empfundene Preise, ein Steuerbeschluß oder ein als unerlaubt oder ungerecht betrachteter behördlicher Eingriff –, die gewöhnlich die Proteste in Gang brachten.[9] Die tatsächliche Gewalttätigkeit seitens der Aufständischen blieb fast immer begrenzt. Der Gebrauch von Feuerwaffen blieb stets die Ausnahme, die Bewaffnung der Demonstranten im 17. und 18. Jahrhundert beschränkte sich auf Messer und Dolche – die in jener Zeit vermutlich im täglichen Leben öfter getragen wurden und von denen übrigens selten Gebrauch gemacht wurde; im 19. und 20. Jahrhundert sind auch diese verschwunden. Steinwürfe, gewöhnliches Handgemenge,

Einschüchterung und Bedrohung von Personen, Zerstörung und Plünderung von Sachen und Eigentum waren die Regel. Nur in seltenen Fällen gab es infolge des Aufruhrs Tote. Auf die schnelle und wirksame Unterdrückung dieser Unruhen, wobei es nur wenige Todesopfer gab, ist oben bereits hingewiesen worden. Nach 1800 kamen solche Unruhen kaum mehr vor.[10]

Die andere Form der Gewaltanwendung bilden Staatsstreiche und ›Umwälzungen‹. Staatsstreiche – im weitesten Sinne, sowohl gescheiterte als auch erfolgreiche – sind in den Jahren 1650, 1672, 1747/48, 1787, 1795, 1798 und in darauffolgenden Jahren und schließlich 1813 erfolgt. Hierbei handelte es sich selbstverständlich nicht um lokale Ereignisse; es war das Ziel, die Machtverhältnisse in der Gesellschaft als ganzer zu verändern. An den Staatsstreichen waren stets Teile der herrschenden Gruppen beteiligt. Die Hauptparteien in den innerstaatlichen Machtverhältnissen waren zur Zeit der Republik die Oranienpartei des Statthalters einerseits und die Regenten von Holland, vor allem diejenigen aus Amsterdam, d. h. die ›Staatsorientierten‹ anderseits. Auf allen Verwaltungsebenen – den Generalstaaten [*Staten Generaal*], den Provinzialstaaten [*Staten Provinziaal*] der verschiedenen Provinzen und den Stadträten – bestanden zwischen den zwei ›Parteien‹ mehr oder weniger deutliche Spannungen, selbstverständlich jeweils noch kompliziert durch den örtlichen Fraktionsstreit zwischen den Regentenfamilien. Die ›dritte‹ Partei der von der Politik ausgeschlossenen Bürger, die sich im Osten des Landes bereits zu Beginn des 18. Jahrhunderts bemerkbar machte und dann – schon sehr viel entschiedener – in den vierziger Jahren jenes Jahrhunderts, spielte bei der Entwicklung der revolutionären Situation der achtziger Jahre eine entscheidende Rolle. Der ›alte‹ Rahmen der Gegensätze blieb jedoch bestehen. Die Gewaltanwendung in jenen Jahren war eng mit den bestehenden Gegensätzen zwischen Oraniern und Staatsorientierten verbunden. In den Jahren 1672, 1747/48 und in den achtziger Jahren, aber auch im Jahre 1795 war vielerorts die Rede von einem geheimen Einverständnis zwischen Personen und Gruppen der herrschenden Schicht und den Aufrührern. Das Ausmaß der Gegensätze zwischen den Autoritäten setzte der Gewaltanwendung deutliche Grenzen. Sobald die Macht der zu entthronenden Fraktionen ausreichend untergraben war, wurde die Ordnung nötigenfalls mit militärischen und gerichtlichen Mitteln wiederhergestellt. Es würde zu weit gehen, das Entstehen und den Verlauf der Unruhen ganz und gar der Manipulation der herrschenden Gruppen zuzuschreiben, aber daß die Aufständischen im Machtstreit zwischen den Gruppen ausgenutzt wurden, ist unverkennbar. Vor allem in den Krisenjahren 1672, 1747/48, 1787 und 1795 haben herrschende Fraktionen in ihren gegenseitigen Spannungen und Konflikten Aufstände und Unruhen als Druckmittel eingesetzt. Diesen Jahren ist gemeinsam, daß eine jeweils rasch wachsende militärische Bedrohung bzw. die Gefahr einer äußeren Intervention die relativ stabilen innerstaatlichen Machtverhältnisse stark angriff und den rivalisierenden Parteien und Fraktionen Möglichkeiten verschaffte, die unter normalen Friedensbedingungen nicht oder kaum gegeben waren.

Obwohl bei den verschiedenen Staatsstreichen vor 1798 in ziemlich großem Umfang Gewaltmittel mobilisiert wurden und die Bedrohung, die sie darstellten, manches Mal die entscheidende Wendung brachte, muß doch darauf hingewiesen werden, daß die tatsächliche Gewaltanwendung stets sehr beschränkt blieb. Es ist nie zu umfangreichen bewaffneten Konfrontationen und Blutvergießen gekommen.

Und dies bringt mich zur vierten Schlußfolgerung. Es fällt auf, daß bei Unruhen die Vergeltungsmaßnahmen von geringem Umfang und die Verfolgung politischer Gegner nach Umwälzungen wenig intensiv waren. Am weitesten gingen die Verfolgungen wahrscheinlich 1787.[11] Der Mord an den Brüdern de Witt war und ist eine blutrünstige Dissonanz in einem Code, in dem der friedliche – und meist nur vorübergehende – Rücktritt für ›Herren‹, deren politische Position nicht länger haltbar war, die Regel darstellt. Johan de Witt war von 1653 bis 1672 Landesadvokat der Provinzialstaaten von Holland. Dieser Beamte, der kein Stimmrecht besaß und allerlei Sekretärsfunktionen wahrnahm, hatte eine wichtige Stellung in den Provinzialstaaten und auch in den Generalstaaten inne. Im Namen der Generalstaaten unterhielt er Kontakte zu ausländischen Mächten und leitete im Grunde die Außenpolitik. De Witt wurde für die Katastrophe von 1672 und für die Opposition gegen den Statthalter verantwortlich gemacht. Nach seinem Rücktritt wurde er zusammen mit seinem Bruder Cornelis grausam ermordet (Rowen 1978).

Auch die großen Emanzipationsbewegungen des Bürgertums zwischen etwa 1740 und 1850 und die der unteren Schichten in den Städten und auf dem Land zwischen 1870 und 1920 bilden keine Ausnahme: eine scharfe und gewalttätige Reaktion, die aus der Geschichte anderer europäischer Länder so bekannt ist, ist in den Niederlanden nie vorgekommen.

Im letzten Abschnitt dieses Aufsatzes will ich einige Erklärungen für dieses spezifische historische Muster innerstaatlicher Gewaltanwendung anbieten.

3

1. Zu Anfang des 17. Jahrhunderts pries Johan van Oldenbarnevelt, Landesadvokat der Provinzialstaaten von Holland, bereits den schwach entwickelten Sinn für Gewaltanwendung, der für den niederländischen Landescharakter so kennzeichnend sei: »(wir sind) zum Kriege nicht geneigt, so wenig, daß wir auch, wenn ein Krieg uns drohte, unsere Kinder und Freunde, so viel wir vermochten, abseits gehalten und davon abgeraten haben.« Mehr als drei Jahrhunderte später wies auch der bekannte niederländische Historiker Johan Huizinga auf den »... geringen militärischen Charakter des niederländischen Volkes« hin.[12] Man könnte nun schnell geneigt sein, den geringen Umfang innerstaatlicher Gewaltanwendung in der niederländischen Geschichte aus der hier festgestellten kollektiven Abneigung gegenüber dem Krieg und dem Militär zu erklären. In gewisser Hinsicht wäre dies nicht falsch, aber das Problem ist viel komplizierter. Die Abneigung gegenüber allem Militärischen ist ein Aspekt eines spezifisch bürgerlichen Zivilisationsstandards, der als solcher wieder einer Erklärung bedarf. Vor allem die Genese dieser Zivilisation und ihr Fortbestehen über längere Zeit hin erfordert eine nähere Erklärung. Nun hat Norbert Elias anhand einer spezifischen Untersuchung des konkreten Beispiels Frankreich sehr wertvolle, allgemeine theoretische Einsichten in Zusammenhänge zwischen Zivilisations- und Pazifikationsprozessen entwickelt. Insofern wir diese Einsichten auf einem ausreichend hohen Abstraktionsniveau handhaben, können wir sie auf der Suche nach Zusammenhängen zwischen Zivilisation und zwischen- und innerstaatlichen Pazifikationsprozessen auch auf das ganz andere Beispiel der Niederlande anwenden. Dies kann uns Einsichten in den relativ gewaltlosen Verlauf der niederländischen Geschichte und in die

vorherrschenden Haltungen der zeitgenössischen Niederländer gegenüber der Anwendung von Gewalt verschaffen. Im folgenden werde ich zuerst die Pazifikation nach außen beleuchten, dann die bürgerliche Zivilisation und schließlich den Zusammenhang von innerstaatlicher Pazifikation und gesellschaftlicher Struktur. Im Grunde handelt es sich hier um drei eng miteinander verflochtene Aspekte der umfassenden gesellschaftlichen Entwicklung in den Niederlanden, die sich gegenseitig gestützt und verstärkt haben.

2. Eine über längere Zeit geschützte geographische Lage ist zweifellos die grundlegende Voraussetzung für die Entwicklung einer pazifizierten und geordneten Staatsgesellschaft. Dies unterstellt relativ pazifizierte Beziehungen zu anderen umliegenden Gesellschaften und ziemlich stabile Machtbalancen zwischen den beteiligten Ländern. Nach dem Frieden mit Spanien waren die Voraussetzungen in dieser Hinsicht für die Republik günstig. Das kleine Gebiet an den Deltas der großen Flüsse an der nördlichen Peripherie des Kontinents war gegen Ende des 16. Jahrhunderts ein größtenteils abgeschlossenes und relativ gut gegen Überfälle von außen abgesichertes Land. Die Feldzüge der Statthalter Maurits und Frederik Hendrik vergrößerten das Territorium in der ersten Hälfte des 17. Jahrhunderts noch auf seine heutige Ausdehnung. Seit Mitte des 17. Jahrhunderts konnte sich die Gesellschaft, umgeben von ziemlich stabilen Grenzen, weiterentwickeln. Die Gründung der Republik im 16. Jahrhundert und der Widerstand gegen die militärische Bedrohung durch Spanien waren zu einem großen Teil eigener wirtschaftlicher und militärischer Stärke sowohl zur See als auch zu Lande zu verdanken.

In der zweiten Hälfte des 17. Jahrhunderts begann diese Macht jedoch allmählich zu schwinden. So wie der Aufstieg der Republik zur Weltmacht in direktem Zusammenhang mit der damaligen Schwäche und innerstaatlichen Zerrissenheit der umgebenden Staaten stand, so war auch der Niedergang eng mit der zunehmenden Erstarkung dieser Staaten verbunden – vor allem der Englands und Frankreichs. Unter ihren absolutistischen Regierungen führten diese eine merkantilistische Handelspolitik, was nachteilige Folgen für die Republik hatte, deren wirtschaftliche Macht primär auf Seefahrt und Handel beruhte. Die strukturellen Hindernisse, die der fortdauernden Machterhaltung der Republik im Wege standen – das kleine Terrain, die geringe Bevölkerungszahl, das Fehlen wichtiger Bodenschätze als Grundlage einer eigenen Industrie, der kleine inländische Markt, die schwache Staatsorganisation und später auch das ziemlich hohe Lohnniveau –, erwiesen sich immer deutlicher als Determinanten im Prozeß des Machtverlustes, dem die Republik unterworfen war. Ihr Fortbestehen und das des späteren Königreiches der Niederlande wurde immer mehr von den Rivalitäten und Machtbalancen zwischen viel stärkeren westeuropäischen Staaten abhängig, lange Zeit vor allem derer zwischen England und Frankreich; später beteiligte sich auch Preußen beziehungsweise Deutschland an dieser Jahrhunderte dauernden Kraftprobe. Da keiner der beteiligten Staaten, selbstverständlich aus unterschiedlichen Gründen, dem anderen bleibende Herrschaft über das Gebiet der Niederlande gönnte, konnte sich die niederländische Gesellschaft ziemlich autonom, aber dennoch sehr abhängig, weiterentwickeln. Solange die Machtbalance zwischen den großen Gegnern mehr oder weniger im Gleichgewicht blieb, brauchte die Republik nicht allzuviel zu befürchten; betrachteten sie sich doch gegenseitig als Feinde und hatten seitens der Republik keine größere Aggression zu befürchten.

Wie richtig dies ist, mag sich aus der Tatsache ergeben, daß bei jeder militärischen Störung des Gleichgewichts das niederländische Gebiet beinahe unverzüglich angegriffen werden konnte: dies war in den Jahren 1672, 1747, 1787, 1795-1813 und 1940-45 der Fall.[13] Die geschilderten Umstände erklären auch, warum sich die niederländische Diplomatie mehr und mehr in die Richtung des behutsamen Manövrierens zwischen den damaligen Großmächten entwickelte, wobei man wechselnde Koalitionen bildete. Das ziemlich starke Bemühen der englischen und französischen und später auch der preußischen Regierungen um die innerstaatlichen Verhältnisse der Republik und des späteren Königreiches können ebenfalls in diesem Licht gesehen werden.

Die Tatsache der eigenen Kleinheit, der relativen Machtlosigkeit und des militärischen Unvermögens innerhalb der europäischen Beziehungen wurde in der zweiten Hälfte des 17. Jahrhunderts und im Laufe des 18. Jahrhunderts immer spürbarer – auch mußte man noch einige schwere Lektionen einstecken – und ist seitdem nicht mehr gewichen. Der vergleichsweise schwache niederländische Nationalismus, der Pazifismus in den außenpolitischen Beziehungen zu anderen europäischen Staaten und das lange und konsequente Festhalten an seiner Neutralitätspolitik – bis 1940 – können auf diese Weise im Prinzip erklärt werden.[14] Innerhalb der Figuration miteinander konkurrierender europäischer Staaten waren die aufeinander folgenden politischen Eliten in den Niederlanden gezwungen, auf Gewaltanwendung bei der Klärung zwischenstaatlicher Konflikte zu verzichten: die Erfolgschancen waren nämlich gleich null.[15] Diese besonderen Eigentümlichkeiten der Pazifikation nach außen können zum Teil auch die schwache militärische Tradition erklären, die ein Bestandteil der bürgerlichen Zivilisation ist.

3. Der militärische Kampf gegen Spanien wurde zu Lande größtenteils von Ausländern geführt, meist deutschen und wallonischen Söldnern, und im Grunde ist dies während der ganzen Zeit der Republik der Fall gewesen. Die Utrechter Union – das eigentliche Grundgesetz der Republik – hatte zwar von der gemeinsamen Verteidigung der Provinzen *met lyff, goet ende bloet* (mit Leib, Gut und Blut) viel Aufhebens gemacht, aber in Wirklichkeit kam dies auf gemietetes Leben und Blut fremder Soldaten hinaus. Wahrscheinlich spielten hierbei verschiedene Motive eine Rolle: bei der Bevölkerung, die sich mit Handel, Schiffahrt und Fischerei, Einzelhandel, Handwerk und Industrie befaßte und darin ihr Auskommen fand, genoß der Soldatenberuf geringes Ansehen. Andererseits bestand bei den Heerführern wenig Interesse an der Werbung von Bürgern und Bauern, weil dort Berufssoldaten als besser geeignet betrachtet wurden. In einem Memorandum von 1568 werden bereits fremde Truppen statt eines einheimischen Heeres befürwortet, »car nous trouvons tousjours que les gens de ce pays sont plus dédiés et affectionnés à l'industrie que à la guerre« (da wir immer wieder erfahren haben, daß das Volk der Niederlande mehr dem Gewerbe als dem Krieg zuneigt und gewogen ist).[16] Natürlich war auch die Tatsache, daß man über genügend Kapital verfügte, um Söldner zu bezahlen, von entscheidender Bedeutung.

Das geringe Ansehen des Soldatenberufes und das Mißtrauen gegenüber dem Militär kam auch zum Ausdruck in der äußersten Vorsicht, mit der Provinzial- und Stadtregierungen die Staatstruppen zu behandeln pflegten: »Man hatte, wie man sagte, mit diesen Mietstruppen den halben Feind im Haus und den ganzen vor der Tür.«[17] Oft nahmen die Stadträte die militärische Hilfe bei

Unruhen und Aufständen lieber nicht in Anspruch, und es kam sogar vor, daß Truppen, die im Kriegsfall zur Verteidigung von Städten geschickt wurden, dort nicht beziehungsweise erst nach langen Schikanen zugelassen wurden. Angst vor Eingriffen in die städtische Autonomie, die unvermeidlichen Kosten und die Belastung, die die Einquartierung mit sich brachte, haben hier ebenfalls eine Rolle gespielt.

Kurzum: die übergroße Mehrheit der Niederländer in der Republik hatte weder militärische Übung, noch sammelte sie militärische Erfahrungen. Diese gesellschaftliche Voraussetzung blieb hier sehr lange bestehen: allgemeine Wehrpflicht ohne Möglichkeit zur finanziellen Abfindung wurde erst 1898 eingeführt, das Lossystem wurde 1938 abgeschafft, die zahlenmäßige Beschränkung der Rekrutenaushebung erst 1948. Der Historiker Roorda weist darauf hin, daß die Bevölkerung bereits im Jahre 1672 den Krieg zu Lande nicht mehr gewohnt war, und seine Beschreibung der äußerst unzulänglich verlaufenden Mobilmachung und der nahezu fehlenden Kampfkraft der Bürger und Bauern läßt an Deutlichkeit nicht zu wünschen übrig. Auch später änderte sich daran nichts; sobald man bei der Verteidigung gegen feindliche Truppen auf eigene Kräfte angewiesen war, konnte von Kampf kaum die Rede sein. Es fehlte an Kenntnissen und Erfahrungen, und ein mögliches ideologisches Motiv – das vor dem 19. Jahrhundert nicht von Bedeutung war –, das den Kampfgeist hätte anfachen können, wog die nahezu sichere Niederlage nicht auf. Trotz all ihrer Exerziervereine, ihrer verbalen Kampflust und sogar ihrer Bewaffnung waren auch die Patrioten der achtziger Jahre des 18. Jahrhunderts keine Ausnahme von dieser Regel.

Außer auf die schwache militärische Tradition möchte ich auch noch auf einige andere Elemente der bürgerlichen Zivilisation hinweisen, die seit dem 16. Jahrhundert in der niederländischen Gesellschaft vorhanden sind und die im Kern während der gesamten niederländischen Geschichte, trotz der vielen und bisweilen tiefgreifenden Veränderungen, eine bemerkenswerte Kontinuität gezeigt haben. In ihren bekannten Untersuchungen der mittelalterlichen Gesellschaft haben sowohl Pirenne als auch Bloch festgestellt, daß das Wort ›Bürger‹ – das ursprünglich vom französischen *bourgeois* abgeleitet ist, sich aber bald über andere Gebiete und Sprachen verbreitete – seit dem 11. Jahrhundert für Stadtbewohner *im Gegensatz* zum Ritter, Kleriker und Hörigen gestanden hat. Seit der ersten Blüte der städtisch-bürgerlichen Kultur in Westeuropa, die von den kleinen Gruppen der Kaufleute und Handwerker getragen wurde, lebten darin auch die Ideale der persönlichen Freiheit im Gegensatz zur dienstbaren Gebundenheit, die Ideale der Ordnung und Sicherheit gegenüber Unordnung und Gewalttätigkeit. Tatsächliche persönliche Handlungsfreiheit, die zur Entwicklung von Handel und Handwerk unentbehrlich war, mußte auf die Dauer zu einem Recht erhoben werden und konnte nicht eine Gunst der Feudalherren bleiben, die auch wieder entzogen werden konnte. Dieses Recht mußte anfangs unwilligen weltlichen und kirchlichen Behörden abgerungen werden: durch Verhandlungen, mit Geld und mit Gewalt. Dank der zunehmenden Anerkennung der Stadtrechte wurde persönliche Freiheit zum rechtmäßigen Status der Bürger, was auch zu Formen der Selbstverwaltung führte. Für die städtische Gesellschaft, die auf Handel und Gewerbe beruhte, mußten nun neue Gesetze, Rechte und Pflichten erarbeitet und friedliche Mittel der Konfliktregulierung entwickelt werden. Willkürliche Gewaltanwendung, das Recht des Stärksten, war damit nicht zu vereinbaren. Obwohl der Begriff der Demokratie jener Zeit noch ganz fremd war, weist Bloch auf die Gleichheit der Bürger auf kommunaler Ebene hin.[18]

Bekanntlich dauerte es viele Jahrhunderte, bevor sich diese Elemente der frühbürgerlichen Zivilisation wirklich durchsetzen konnten. Im 16. Jahrhundert bildeten sie dennoch das gemeinsame kulturelle Erbe der führenden bürgerlichen Gruppierungen in der jungen Republik. Im folgenden wird deutlich werden, wie günstig die Voraussetzungen in den Niederlanden dafür waren, diese bürgerliche Zivilisation zu verbreiten und, nachdem sie einmal in den innerstaatlichen sozialen und politischen Strukturen verankert war, über die Generationen hinweg zu erhalten.

4. Die nördlichen Niederlande, wo die Republik entstand, waren nie einer tiefgreifenden Feudalisierung unterworfen; infolgedessen fehlte es dort an einem mächtigen Adel. Der Aufstand gegen Spanien machte außerdem der zentralisierenden Herrschaft eines zum Absolutismus neigenden Fürsten ein Ende. Die Gesellschaft, vor allem im Westen des Landes, war im hohen Maße verstädtert und wurde in politischer, wirtschaftlicher und kultureller Hinsicht von einer Schicht reicher, bürgerlicher Kaufleute und Regen-

ten dominiert. Dies bedeutete, daß der einzig wirkliche Rivale im Kampf um die kulturelle Vorherrschaft, nämlich der Adel, hier eine untergeordnete Rolle spielte. Man blieb in militärischen Angelegenheiten, in denen man selbst nicht bewandert war, von einer kleinen Gruppe Adliger abhängig. Deren militärisches Ethos, deren Auffassungen von Ehre und Größe und deren dynastische Strebungen bedeuteten für die Republik nicht nur Schutz, sondern brachten sie auch manches Mal ernsthaft in Gefahr. Jene Ambitionen wurden aber gewöhnlich im Zaum gehalten durch die finanzielle, rechtliche und politische Abhängigkeit dieser Adligen von den Bürgern, und ihr Zivilisationsmodell hat in der niederländischen Kultur kaum Wurzeln geschlagen; dafür blieb ihre Position zu sehr an der Peripherie der Gesellschaft.

Um nun mehr Einsicht in die innerstaatliche Gesellschaftsstruktur zu erhalten, wäre aus der Sicht von Norbert Elias' theoretischen Erkenntnissen als erstes nachzuprüfen, wie die Verfügungsmacht über die Gewaltmittel und über die Steuereinziehung reguliert war. Im Vergleich zu Elias' Material über Frankreich fällt nun sogleich auf, daß in der Republik von einem zentral beherrschten Gewalt- und Steuermonopol auf nationaler Ebene keine Rede sein konnte. Im Gegenteil: die tatsächliche Verfügungsgewalt über beides ruhte in den Händen der sieben beinahe souveränen Provinzen. Der Leser möge sich erinnern (vgl. Anm. 7), daß diese Provinzen von Kollegien hauptsächlich städtischer Abgeordneter regiert wurden. Auch in den einzelnen Städten, die von Regentenfamilien regiert wurden, bestand weitgehende Autonomie bezüglich der Verfügungsmacht über Gewalt- und Steuermittel. Es wird deutlich sein, daß bei einem solchen Mangel an zentralen Monopolen ein sehr hohes Maß an Dezentralisation und eine vielpolige Struktur der Verfügungsmacht über Gewalt- und Steuermittel herrschte. Im Grunde blieb diese Struktur bis ans Ende der Republik im Jahre 1795 bestehen. Im Laufe von mehr als zweihundert Jahren hat es kaum Impulse zur Zentralisierung gegeben, und es kam denn auch keine starke zentrale Bürokratie zustande. Auf jeder Ebene – in den Städten, Provinzen und der Republik als ganzer – hielten sich komplexe Machtbalancen zwischen den beteiligten Machthabern gegenseitig im Gleichgewicht; dasselbe gilt für die Beziehungen zwischen den Ebenen. Ich bin der Meinung, daß die hier geschilderte Struktur größtenteils die Erklärung sowohl für die relativ pazifizierte gesellschaftliche Entwicklung als auch für die Formen und den Verlauf der Fälle innerstaatlicher Gewaltanwendung liefert. Warum?

Zuerst förderte diese Struktur die soziale Integration relativ kleiner Sozialverbände innerhalb eines selbst wieder überschaubaren – und deshalb relativ leicht beherrschbaren – Territoriums. Die kleine Gruppe von Regentenfamilien, die einen bestimmten Ort regierte, war in erster Linie auf diesen Ort orientiert. Nicht nur wohnten sie, die oft von einem Geschlecht abstammten, das schon seit mehreren Generationen an diesem Ort Eigentum, Ansehen und Macht besaß, dort inmitten derjenigen, über die sie herrschten; sie mußten sich auch um Ruhe und Ordnung, die Erhaltung der Rechte und Pflichten – nach innen wie nach außen – sowie um ein gewisses Maß an Wohlstand und dergleichen kümmern. Ihre Vorsicht bei Entschlüssen, die sich nachteilig für ihre Mitbürger auswirken oder die die örtlichen Beziehungen stören konnten, ihre eigenartige Kombination von Mut und Behutsamkeit beim Vorgehen gegen Zusammenrottungen und Unruhen, ihr bemerkenswerter Legalismus – der übrigens auch bei dem von der politischen Macht ausgeschlossenen Bürgertum lebendig war – und ihre Zurückhaltung bei Vergeltungsaktionen können aufgrund ihrer Stellung innerhalb der örtlichen Lebensverbände erklärt werden. Die Sicherheit ihrer Güter, Besitzungen und Familien war in entscheidenden Momenten, etwa Unruhen, ebenfalls vom Funktionieren der Bürgerwehr, die aus dem Bürgertum rekrutiert wurde, abhängig. Sie mußten Rücksicht nehmen auf die Interessen der Bürger und hatten sicher auch Verständnis für die Lasten, die den kleinen Mann bedrückten. Von Versuchen, diese Lasten zu erleichtern, zum Beispiel durch Steuersenkung, ist gewöhnlich nichts zu spüren; wohl aber gelang es den Regenten, während des ganzen Zeitraums der Republik die Zufuhr und den Preis von Getreide relativ stabil zu erhalten.[19]

Andere Gruppen dieser lokalen Sozialverbände waren eher noch stärker auf die örtliche Integrationseinheit hin orientiert. Viele Handwerksleute und Einzelhändler waren schließlich auf den örtlichen Markt angewiesen und hatten demnach ein Interesse daran, gute Beziehungen zu ihren Mitbürgern zu unterhalten. Außerdem hatten die Regenten oft bestimmte Ämter zu vergeben und konnten Patronagefunktionen für diejenigen erfüllen, die formell an der politischen Macht keinen Anteil hatten.[20] Auch die Arbeiter und Arbeitsleute, die ja auf Arbeitsmöglichkeiten angewiesen waren, waren in dieses System lokaler Beziehungen eingebunden. Unter den Bedingungen einer derartigen Stabilität waren die Voraussetzungen für die Erhaltung der politischen Ordnung und einer prosperierenden Wirtschaft günstig. So werden dann auch große Teile des Groß- und Kleinbürgertums wie auch der Unterschichten die allgemeinen Bestrebungen der Regenten geteilt haben. Historiker haben oft in sehr anachronistischer Weise auf die Korruption der Regenten hingewiesen. In der Tat war dies eine regelmäßig wiederkehrende und im 18. Jahrhundert stets lauter werdende Klage. Man muß jedoch sehen, daß es bis zum Ende jenes Jahrhunderts keine realisierbare politische Alternative gab. Analysen, die sich in erster Linie auf Klassengegensätze richten, neigen dazu, das Gewicht der kleinen Integrationseinheiten, aus denen die Republik aufgebaut war, hinsichtlich ihres Einflusses auf Interessen, Gegensätze, Bindungen, Identifikationen und Identitäten zu unterschätzen oder sogar völlig zu übersehen.

Eine zweite, sehr wichtige und weitreichende Folge der geschilderten Struktur waren die ständigen Interessengegensätze nicht nur innerhalb der Bevölkerung, sondern auch unter den Machthabern. Alle Schichten der Bevölkerung waren gleichsam durch kommunale und provinziale Bindungen in Interessengruppen zersplittert, und diese Zersplitterung war auf den verschiedenen Ebenen der politischen Organisation institutionalisiert. Parteien, örtliche Regentenfraktionen und einzelne Regentenfamilien waren ständig zur Vorsicht, Behutsamkeit, zu Überlegung und Koalitionsbildung gezwungen. Im Rahmen einer solchen Struktur war friedliches Zusammenleben geboten und in jedermanns Interesse. Ruhe und Ordnung sind nun einmal unentbehrliche Voraussetzungen für das Verwalten und Regieren (und oft auch für das Profitieren). Die herrschenden Gruppen waren sich darüber sehr klar, und dies setzte dem Ausmaß der Zersplitterung untereinander, das man sich erlauben konnte, deutliche Grenzen. Die Chancen, ein Ziel durch Gewaltanwendung zu erreichen, waren gerade wegen dieser Zersplitterung sehr gering. Trotzdem wurde dies von Zeit zu Zeit versucht, und zwar immer dann, wenn die Chancen auf Ausschaltung eines Feindes vorübergehend günstiger zu sein schienen; vor allem wenn sich die Machtverhältnisse zwischen den ›Parteien‹ und Fraktionen unter dem Einfluß äußerer Aggression verschoben, wie es in den Jahren 1672, 1747 und 1787 der Fall war.[21]

Der ziemlich friedliche Verlauf der gesellschaftlichen Entwicklung in den Niederlanden während des 17. und 18. Jahrhunderts und die gemäßigte innerstaatliche Gewaltanwendung werden nun vor dem Hintergrund dieser Erörterungen verständlich. Ebenso kann nun vielleicht der Kontrast zwischen dem 17. und 18. Jahrhundert einerseits und dem 19. und 20. Jahrhundert andererseits hinsichtlich der Anwendung von Gewalt erklärt werden. Unter der französischen Besatzung um 1800 wurde der Zersplitterung der politischen Macht und der öffentlichen Finanzen ein Ende bereitet. Es kam ein nationaler Einheitsstaat zustande: zentral geführt und auf ein zentrales Macht- und Steuermonopol gestützt. Damit wurde den herrschenden Gruppen auf provinzialer und kommunaler Ebene das Bestimmungsrecht über beide genommen und damit auch die Chancen, diese zu eigenen Gunsten zu verwenden. Zwar hatte man aus den erwähnten Gründen davon schon in den zwei vorangegangenen Jahrhunderten ziemlich wenig Gebrauch gemacht; doch von nun an war dies endgültig ausgeschlossen. Diese Entwicklung machte auch lokale Aufstände gegen örtliche Regierungen sinnlos. Die Zentralisierung des Staates verschaffte diesem lange Zeit – bis weit ins 20. Jahrhundert hinein – eine Übermacht gegenüber den verschiedenen gesellschaftlichen Interessengruppen; sie bahnte den Weg zum allmählichen Aufbau eines bürokratischen Regierungs- und Verwaltungsapparates und eröffnete, langfristig betrachtet, die Perspektive auf gleiche Bürgerrechte für alle Teile der Bevölkerung und auf die Demokratisierung innerhalb einer zunehmend unpersönlichen und von Gesetzen regulierten Gesellschaftsordnung.[22]

Dieser Strukturwandel um 1800 kann auch auf die erstaunliche Tatsache Licht werfen, daß das Streben der Bürger nach Emanzipation mit mehr Gewaltanwendung verbunden war (Anfang des 18. Jahrhunderts, 1747/48, 1784-87) als die Emanzipation der Arbeiter (nach 1870). Die Schwächung traditioneller Organisationsformen der letzteren, ihr Mangel an Bewaffnung, das Jahrhundert der großen Armut (1770-1870) und schließlich die Emanzipation unter einer gemäßigt bürgerlichen Führung in einer ›versäulten‹[23], bereits seit einem dreiviertel Jahrhundert zentral regierten Staatsgesellschaft haben darauf wahrscheinlich großen Einfluß gehabt.

Wenn wir nun schließlich zu der Frage zurückkehren, wie es

kommt, daß so viele Niederländer Gewaltanwendung zur Lösung gegenseitiger Konflikte ablehnen, warum so viele überempfindlich gegenüber Gewaltanwendung geworden sind und woher diese Abneigung vor Gewalt stammt, können wir jetzt eine bündige Antwort geben. Nicht eigene moralische Vortrefflichkeit oder höhere Einsichten sind dafür der Grund, sondern eine Geschichte spezifischer Zusammenhänge zwischen äußerer Pazifikation, bürgerlicher Zivilisation und gesellschaftlicher Struktur, in der innerstaatliche Gewaltanwendung meist nicht möglich, selten erforderlich und nie von Nutzen war.

Anmerkungen

1 Dies bedeutet nicht, daß die Chance groß wäre, im täglichen Leben direkt damit in Berührung zu kommen – nicht größer als die, anderen Formen von Gewaltanwendung zu begegnen. Die Niederlande gehören zu den am meisten pazifizierten Gesellschaften der Welt.

2 Die neue Vorschrift zur Gewaltanwendung der niederländischen Polizei ist äußerst einschränkend; seitens der Polizei werden außerdem ernsthafte Versuche unternommen, gewaltlose Taktiken zu entwikkeln, und Gewaltgebrauch wird immer öfter hinausgeschoben (vgl. Van Reenen 1979). Auch seitens der Bewegung der Hausbesetzer, um ein Beispiel zu nennen, wird Eskalation gefürchtet, wie sich bei der Räumung einiger besetzter Gebäude an der Prins Hendrikkade in Amsterdam zeigte. Beim Herannahen einer großen Polizeimacht hatten die Besetzer mit Ausnahme eines einzigen die Häuser bereits verlassen. Vergleiche die Sonderausgabe von *Jeugd en Samenleving* (1981/82) zur Hausbesetzerbewegung.

3 Auch die immer wiederkehrenden Klagen von Demonstranten und Hausbesetzern über polizeiliche Gewaltanwendung, unzureichenden Polizeischutz gegen Schlägertrupps der Hausbesitzer oder gegen Aggression anderer können in diesem Licht betrachtet werden. Man ist schockiert und empört über die Entdeckung, daß Gewalt Gegengewalt hervorlockt. Die neuesten Entwicklungen in der öffentlichen Gewaltanwendung seit 1965 bleiben hier übrigens außer Betracht; sie hängen eng mit dem einschneidenden strukturellen und kulturellen Wandel zusammen, der sich während der letzten Jahrzehnte in der niederländischen Gesellschaft vollzogen hat. Ich werde darauf in einer anderen Veröffentlichung zurückkommen.

4 Im Rahmen dieses Aufsatzes kann ich den Unterschieden in Mentalität und Zivilisation innerhalb der niederländischen Bevölkerung keine besondere Aufmerksamkeit schenken. Damit will ich die Bedeutung solcher Unterschiede nicht leugnen; die hier aufgezeigten Zusammenhänge setzen jedoch ein höheres Abstraktionsniveau voraus.

5 Elias 1969.

6 Ich beziehe mich hier auf Gewaltanwendung, die öffentlich ist, einen kollektiven Charakter hat und innerhalb eines politischen Kontextes stattfindet. Vergleiche zur Diskussion über die Definition von »Gewalt«: Tilly 1978, S. 143-188.

7 Siehe dazu die niederländische Fassung dieses Beitrags: Ton Zwaan, »Politiek, geweld, maatschappelijke structur en burgerlijke civilisatie«, in: *Sociologisch Tijdschrift* 9 (1982) 3, S. 433-475. – Seit ihrer Gründung als relativ autonomer Gesellschaftsverband in der zweiten Hälfte des 16. Jahrhunderts bis gegen Ende des 18. Jahrhunderts waren die Niederlande eine Republik mit einer für jene Zeit ziemlich ausgeprägten behördlichen Struktur. Zum Verständnis der damals herrschenden Machtverhältnisse und der aufgetretenen Gewaltanwendung ist eine kurze Schilderung dieser Struktur nötig.

Als 1648 der Friede von Münster einer achtzig Jahre langen Periode des Widerstandes und des Krieges gegen Spanien ein Ende bereitete, zählte die kleine Republik der Sieben Vereinigten Niederlande ungefähr 1,8 Millionen Einwohner. Beinahe die Hälfte davon wohnte in der westlichen Provinz Holland, der größte Teil in Städten. Die Republik war 1579 in der Utrechter Union gegründet worden, als sieben Provinzen ein militärisches Bündnis gegen Spanien schlossen. Die gemeinsamen Aufgaben, zu denen man sich zusammengeschlossen hatte, betrafen vor allem Auslandsbeziehungen, Kriegführung und die Erhebung der dazu benötigten Steuergelder. Jede der sieben Provinzen besaß eine eigene Provinzialstaatenversammlung, die innerhalb des eigenen Territoriums nahezu souverän war. So wurde zum Beispiel die mächtige Provinz Holland von den Provinzialstaaten von Holland regiert, in denen die Ritterschaft der Provinz eine Stimme und Abgeordnete der achtzehn Städte der Provinz ebenfalls je eine Stimme hatten. Die Provinzialstaaten der übrigen Provinzen setzten sich in vergleichbarer Weise zusammen, wobei zu bemerken ist, daß die Macht des Adels in den östlichen Provinzen etwas größer war als in den westlichen, wo die Abgeordneten der Städte dominierten. Für die Gemeinschaftsaufgaben der Republik als ganzer war die Versammlung der Generalstaaten zuständig, die sich aus Abgeordneten der sieben Provinzen zusammensetzte. In wichtigen Angelegenheiten mußte diese Versammlung zu einem einstimmigen Beschluß kommen, während jeder der Abgeordneten primär die Interessen seiner Provinz vertrat. Innerhalb dieser Gesamtstruktur nahm der Statthalter eine wichtige Stellung ein. Ursprünglich war er Vertreter des königlichen Landesherrn gewesen, doch beim Aufstand gegen Spanien war diese Funktion verlorengegangen, und der Statthalter wurde zum »ersten Diener der Provinzialstaaten«, die ja die Souveränität verkörperten. Die Provinzialstaaten der einzelnen Provinzen konnten einen Statthalter einsetzen und aus dem Amt entlassen; seine wichtigste Aufgabe war militärischer Art: er war Oberbefehlshaber des Heeres (*kapitein-generaal*) und in Holland auch der Flotte (*admiraal-generaal*).

Innerhalb der Provinzen war die Autonomie der einzelnen Stadtregierungen relativ groß; sie bestanden gewöhnlich aus Versammlungen einiger Dutzend Regenten (*de vroedschap*), die die wichtigsten städtischen Beamten einsetzten – die Bürgermeister für die täglichen Regierungsgeschäfte, Schulzen und Schöffen für die Rechtspflege usw. Wenn Mitglieder einer solchen Versammlung starben, wurden ihre Nachfolger aus der Oberschicht der reichen und angesehenen Familien des Regentenpatriziats kooptiert. Der Provinzialstatthalter konnte dabei aus einer Liste auswählen, die ihm die *vroedschap* vorlegte und die meist die doppelte Anzahl von Namen umfaßte.

Gut zweihundert Jahre lang blieb diese Struktur nahezu unverändert. Innerhalb der gesamten Republik gab die Provinz Holland, die sechzig Prozent der benötigten Steuergelder beitrug, oft den Ausschlag. Innerhalb der Provinzialstaaten von Holland nahmen die Abgeordneten von Amsterdam die mächtigste Position ein. Dies schuf einen strukturellen Gegensatz zum Statthalter, gewöhnlich einem Prinzen aus dem Haus Oranien, vor allem in Angelegenheiten, die Heer und Flotte betrafen. Die reichen Kaufmannsregenten aus dem Westen, die an Handel und Seefahrt interessiert waren und alle Kriegsführung, die dabei keinen Vorteil einbrachte, ablehnten, gaben einer starken Flotte den Vorzug, während der Statthalter territoriale Ambitionen hatte und, teilweise auch zum Schutz der östlichen Provinzen, wo er mehr Macht und Anhänger unter dem Adel besaß, ein starkes Heer erstrebte. Von den beiden ›Parteien‹, die sich entlang dieser Spannungsachse gruppierten, war eine auf die Staaten hin orientiert (*staatsgezinden*) und die andere auf den Statthalter, gewöhnlich ein Prinz aus dem Hause Oranien (*prinsgezinden*).

Vgl. als kurze Übersicht über die niederländische Geschichte die hervorragende Arbeit von Goudsblom 1979; zur politischen Struktur Fockema Andreae 1960 und Wansink 1971. Der inventarisierende Überblick über die öffentliche Gewaltanwendung stützt sich auf: Brugmans 1972-73, 6 Bde.; Dekker 1977, 1978, 1982; Dekker (Hg.) 1979; Faber 1980; Haley 1979; Hovy 1980; Jansen 1974; de Jongste 1980a, 1980b; Kossmann 1976; Romein und Romein 1973; Roorda 1978, 1979; Schama 1977; Veenendaal 1980; de Wit 1965, 1980.

8 Vergleiche Williams 1972, S. 157-242, S. 322-398, S. 485-529; für Frankreich und Deutschland im 19. Jahrhundert siehe auch Tilly, Tilly und Tilly 1975; für England Hobsbawm und Rudé 1969; Foster 1977.

9 Im allgemeinen scheint es sinnvoll zu sein, die Erklärungen für das Entstehen und die Entwicklung von Unruhen – besonders im vorindustriellen Europa – in der zuletztgenannten Richtung zu suchen. Geht man einmal von der Tatsache aus, daß für viele die Lebensbedingungen prekär waren und die materiellen Unsicherheiten und Schwankungen viel größer als heutzutage in Europa, scheint es angemessen zu unterstellen, daß Veränderungen in der öffentlichen Politik schnell ein labiles Gleichgewicht bedrohten und dadurch Widerstand und Protest hervorriefen. Interesse an Stabilität deutet auf ›Konservatismus‹ hin, und Widerstand gegen Untergrabung dieser Stabilität war dann auch meistens ›konservativ‹: gerichtet auf Wiederherstellung des ›alten‹ Zustands. Auch für spätere Protestbewegungen sind diese Erkenntnisse von Bedeutung; vergleiche Barrington Moore Jr. 1979.

10 Außergewöhnlich – und schwierig zu erklären – ist die Tradition der Aufstände in Amsterdam. Hier gab es auch im 19. und 20. Jahrhundert einige Volksunruhen.

11 Beim Einfall der Preußen wurde die Stadt Gorinchem ziemlich schwer beschossen und geplündert – um ein ›Beispiel‹ zu geben. Was die rechtliche Vergeltung betrifft: es wurden vier Todesurteile in Abwesenheit ausgesprochen; in der Stadt Utrecht wurden die Besitzungen von sechsunddreißig Bürgern und oppositionellen Regenten konfisziert und die Betroffenen selbst für ›ewig‹ aus der Provinz verbannt, einigen hundert anderen wurden leichtere Strafen auferlegt (de Wit 1980; Wertheim-Gijse Weenink 1973, S. 146 ff.). Beide Autoren sprechen von »scharfen Verfolgungen« und »Terror«; vielleicht sagt das mehr über die Tatsache, daß sie Niederländer des 20. Jahrhunderts sind, als über das Vorgefallene.

12 Für das Zitat von Oldenbarnevelt vergleiche Spits 1979, S. 195; Huizinga 1976, S. 39.

13 Eine Ausnahme bildet der Erste Weltkrieg, in dem die Niederlande neutral bleiben konnten, nicht zuletzt weil sie in jener Zeit für die kriegsführenden Staaten von keinerlei militärisch-strategischer Bedeutung waren. In Westeuropa haben die südlichen Niederlande und das spätere Belgien als Durchgangsgebiet viel mehr unter Landkriegen gelitten.

14 Auch der heutige Pazifismus, der international unter der Bezeichnung ›Hollanditis‹ bekannt ist, kann in diesem Licht betrachtet werden. Bereits vor 1940 kannten die Niederlande eine umfangreiche pazifistische Bewegung.

15 Während die Niederlande in Europa in einem Landkrieg übrigens

keine Chance hatten, konnten sie noch lange Zeit zur See und vor allem bei der Kolonisation außereuropäischer Gebiete militärisch erfolgreiche Aktionen durchführen und sich Illusionen über die Effektivität der Gewaltanwendung hingeben. In den Kriegen auf Java und nahezu ganz Indonesien im 19. Jahrhundert war selbstverständlich der militärisch-technologische und organisatorische Vorsprung von ausschlaggebender Bedeutung. Gegen den japanischen Angriff im Jahre 1942 konnte man aber kaum Widerstand leisten. Die Versuche, Indonesien als Kolonie nach dem Zweiten Weltkrieg zu behalten – unter anderem mit Hilfe sogenannter polizeilicher Aktionen –, mußten unter dem Druck der Vereinigten Staaten aufgegeben werden. Die Gewalttätigkeit der polizeilichen Aktionen machte übrigens deutlich, daß Niederländer sehr wohl zu Gewaltanwendung imstande sind, wenn sie nicht durch außer- und innerstaatliche gesellschaftliche Zwänge gebremst werden.

16 Spits 1979, S. 195.

17 Ebd., S. 191.

18 Bloch 1962, Bd. 2, S. 352-355; Pirenne 1936, S. 50-57.

19 Dies erklärt, warum Unruhen wegen schlechter Ernährungslage nahezu völlig fehlten; vergleiche Faber 1976.

20 Roorda (1978, S. 57) erwähnt, daß die Regenten in allen Städten Dutzende, zuweilen sogar Hunderte (niedrigere) Ämter zu vergeben hatten. In einer Fußnote fügt er hinzu, daß im 18. Jahrhundert eines der sechs Ämter, die in Amsterdam zu vergeben waren, 1417mal verliehen wurde.

21 Einige andere Aspekte der ›alten‹ Gesellschaftsstruktur in der Republik, die wahrscheinlich von Bedeutung sind, um die relative Friedfertigkeit begreifen zu können, kann ich hier nur andeuten. Ein solcher Aspekt ist das Fehlen einer zentralen Staatsmacht vor 1800; einer Staatsmacht, die an der Vergrößerung ihres eigenen Einflusses und ihrer Herrschaft über bis dahin relativ autonome Gebiete – sowohl in geographischer als in sozialer Hinsicht – mit Hilfe bürokratischer und militärischer Mittel interessiert war. In anderen Ländern war dies eine äußerst bedeutungsvolle Quelle von Unruhen, Protest und Widerstand (siehe zum Beispiel Ranum 1981). In den Niederlanden kommt dieser Prozeß erst eigentlich in der zweiten Hälfte des 19. Jahrhunderts in Gang, als die Gesellschaft als ganze bereits einige Jahrhunderte der ökonomischen und kulturellen Integration hinter sich hatte. Spannungen, die eventuell auf Gewaltanwendung hinausliefen, wurden auch durch die faktische Abhängigkeit der Kirche und der religiösen Führer von den weltlichen Behörden verhindert. Das Ausbleiben ernsthafter Glaubenskriege nach 1650 kann zum Teil hierdurch erklärt werden. Als dritter Aspekt scheint mir von Bedeutung zu sein, daß die wirtschaftlichen Unternehmen im weitesten Sinne – und man vergesse

hierbei nicht die zahllosen kleinen Selbständigen in einer vorindustriellen Gesellschaft – in keiner besonders engen Abhängigkeit von der politischen Macht oder religiösen Sanktionen standen. Wie mir scheint, ist gerade diese letztgenannte, selbst wieder relative und in Westeuropa von Land zu Land variierende Ausdifferenzierung von Wirtschaft, Politik und Glauben ein grundlegendes und unterscheidendes Merkmal der westeuropäischen Kultur gegenüber anderen Zivilisationen wie denen in Ost- und Südeuropa, den islamitischen Gebieten und Asien gewesen.

22 Nahezu alle diese Prozesse sind eigentlich erst nach 1870 mit zunehmender Industrialisierung und zunehmendem Organisationsgrad der niederländischen Gesellschaft in Gang gekommen, wobei dem Staat immer mehr Aufgaben und Befugnisse übertragen wurden, was schließlich auf den Versorgungsstaat der Nachkriegsjahre hinauslief.

23 Mit Versäulung (*verzuiling*) wird im Niederländischen der Prozeß angedeutet, in dem sich verschiedene gesellschaftliche Gruppen (Protestanten, Katholiken, Sozialisten und sogar Liberale) jeweils aufgrund ihrer eigenen Lebensanschauung in zunehmendem Maße gesellschaftlich und politisch organisierten. Seit dem letzten Jahrzehnt des 19. Jahrhunderts bis in die sechziger Jahre des 20. Jahrhunderts hat diese versäulte Struktur – in der jede Gruppierung eine Minderheit bildete – die niederländische Gesellschaft stark geprägt. Dies trug nicht nur in hohem Maße zur Zersplitterung der Arbeiterklasse bei, sondern auch zu dem relativ friedlichen Charakter der niederländischen Gesellschaft: jede Gruppierung war stets gezwungen, Koalitionen mit anderen zu bilden und mittels Überlegung und Verhandlung eigene Ziele zu verfolgen; vergleiche Lijphart 1968 und Goudsblom 1967, S. 71-127.

Literatur

Algemene Geschiedenis der Nederlanden, 15 Bde., Haarlem 1977-1983 (im folgenden: AGN).

Bloch, M., *Feudal Society,* 2 Bde., London 1962. Deutsch: *Die Feudalgesellschaft,* Berlin 1982.

Brugmans, H., *Geschiedenis van Amsterdam,* 6 Bde., Utrecht/Antwerpen 1972-1973.

Dekker, R. M., »Oproeren in de provincie Holland«, *Tijdschrift voor Sociale Geschiedenis* 9 (1977), S. 299-329.

ders., »Vrouwen in oproeren in de Republiek«, *Tijdschrift voor Sociale Geschiedenis* 12 (1978), S. 305-316.

ders., *Holland in beroering. Oproeren in de 17de en 18de eeuw*, Baarn 1982.
ders. (Hg.), *Oproeren in Holland gezien door tijdgenoten*, Assen 1970.
Elias, N., *Über den Prozess der Zivilisation*, 2 Bde., Bern/München 1969.
Faber, J. A., »De Noordelijke Nederlanden van 1480 tot 1780«, in: *AGN*, Bd. 5, S. 196-251.
ders., *Dure tijden en hongersnoden in preïndustrieel Nederland*, Amsterdam 1976.
Fockema Andreae, S. J., *De Nederlandse Staat onder de Republiek*, Amsterdam 1960.
Foster, J., *Class Struggle and the Industrial Revolution*, London 1977.
Goudsblom, J., *Dutch Society*, New York 1967.
ders., »De Nederlandse samenleving in een ontwikkelingsperspectief«, *Symposion* 1 (1979) 2, S. 8-27.
Haley, K. D. H., »De Republiek in de tijd van het eerste stadhouderloze tijdperk«, in: *AGN*, Bd. 8, S. 266-281.
Hobsbawm, E. J., und G. Rudé, *Captain Swing*, London 1969.
Hovy, J., »Institutioneel onvermogen in de 18e eeuw«, in: *AGN*, Bd. 9, S. 126-138.
Huizinga, J., *Nederland's beschaving in de zeventiende eeuw*, Groningen 1972.
Jansen, H. P. H., *Kalendarium. Geschiedenis van de lage landen in jaartallen*, Utrecht/Antwerpen 1974.
Jongste, J. A. F. de, »En bewind op zijn smalst. Het politiek bedrijf in de jaren 1727-1747«, in: *AGN*, Bd. 9, S. 44-59 (a).
ders., »De Republiek onder het erfstadhouderschap«, in: *AGN*, Bd. 9, S. 73-91 (b).
Kossmann, E. H., *De Lage Landen, 1780-1940*, Amsterdam 1976.
Lijphart, A., *Verzuiling, pacificatie en kentering in de Nederlandse politiek*, Amsterdam 1968.
Moore Jr., B., *Injustice. The Social Basis of Obedience and Revolt*, London 1979. Deutsch: *Ungerechtigkeit. Die sozialen Ursachen von Unterordnung und Widerstand*, Frankfurt/M. 1982.
Pirenne, H., *Economic and Social History of Medieval Europe*, London 1936.
Ranum, O., »Hoffelijkheid, absolutisme en de opkomst van de Franse staat, 1630-1660«, *Symposion* 1 (1981) 2, S. 82-103.
Reenen, P. van, *Overheidsgeweld. Een sociologische studie van de dynamiek van het geweldsmonopolie*, Alphen aan den Rijn 1979.
Romein, J. und A. Romein, *De lage landen bij de zee*, Amsterdam 1973.
Roorda, D. J., *Partij en factie: de oproeren van 1672 in Holland en Zeeland*, Groningen 1978.

ders., »De Republiek in de tijd van stadhouder Willem III, 1672-1702«, in: *AGN*, Bd. 8, S. 282-296.

Rowen, H. H., *John de Witt. Grandpensionary of Holland 1625-1672*, Princeton 1978.

Schama, S., *Patriots and Liberators. Revolution in the Netherlands 1780-1813*, New York 1977.

Spits, F. C., »Unie en militie«, in: S. Groenveld und H. Leeuwenberg (Hg.), *De Unie van Utrecht*, Den Haag 1979, S. 182-198.

Tilly, Ch., *From Mobilization to Revolution*, Reading, Mass. 1978.

Tilly, Ch., L. Tilly und R. Tilly, *The Rebellious Century, 1830-1930*, Cambridge, Mass. 1975.

Veenendaal, A. J., »De Republiek voor het laatst als grote mogendheid, 1702-1727«, in: *AGN*, Bd. 9, S. 16-30.

Wansink, H., »Holland and Six Allies: The Republic of the Seven United Provinces«, in: J. S. Bromley und E. H. Kossmann (Hg.), *Britain and the Netherlands*, Bd. 4, Den Haag 1971, S. 133-155.

Williams, E. N., *The Ancien Regime in Europe. Government and Society in the Major States 1648-1789*, Harmondsworth 1972.

Wit, C. H. E. de, *De strijd tussen aristocratie en democratie in Nederland, 1780-1848*, Heerlen 1965.

ders., »Oud en modern. De Republiek 1780-1795«, in: *AGN*, Bd. 9, S. 113-125.

Zwaan, Ton, »Politiek geweld, maatschappelijke structuur en burgerlijke civilisatie«, *Sociologisch Tijdschrift* 9 (1982) 3, S. 433-475.

Godfried van Benthem van den Bergh
Dynamik von Rüstung und Staatenbildungsprozessen*

»Der Anstoß zur Abrüstung, für den Nuklearwaffen eine besondere Dringlichkeit gaben, ist letztlich ein Anstoß dafür, das internationale System selber zu erneuern.«

Michael Mandelbaum, *The Nuclear Revolution*

Einleitung

Soweit unsere Erinnerung in Form von erhaltenen Zeugnissen menschlicher Geschichte in die Vergangenheit zurückreicht, ist der Krieg die Geißel der Menschheit gewesen. Aber Kriege waren auch ein wichtiger Anreiz zur Entwicklung von Technik, komplexeren Formen sozialer Organisation und größeren territorialen Herrschaftseinheiten.[1] Seit 1945 hat der Fortschritt der Zerstörungstechnik in der Gestalt von Kernwaffen die Menschheit jedoch in eine neue Entwicklungsphase gedrängt. Obwohl ein großer Atomkrieg zwischen den Großmächten wahrscheinlich nicht das Ende der Menschheit bedeutete, würde er alle wichtigen Zentren der Zivilisation zerstören.[2] Die Überlebenden wären im Stand ihrer sozialen und politischen Organisation wohl um Jahrtausende zurückgeworfen; wahrscheinlich würde eine Vielzahl bewaffneter Banden entstehen, die zu einem wilden Kampf jeder gegen jeden gezwungen wären.[3] Diese nahezu apokalyptischen Folgen eines Atomkrieges sind allgemein bekannt. Die politischen Führer der Großmächte sind sich der selbstmörderischen Konsequenzen jeder direkten militärischen Auseinandersetzung untereinander sehr wohl bewußt. Aber dieses Bewußtsein genügt nicht. Obwohl eine nukleare Auseinandersetzung für die absehbare Zukunft sehr unwahrscheinlich ist, können die unbeabsichtigten und ungeplanten Folgen der internationalen Rivalitäten und Spannungen dennoch zum Atomkrieg führen.[4]

* Dieser Beitrag ist Teil einer unveröffentlichten Studie: *The Taming of Nuclear Weapons. Towards a functional equivalent of the monopoly of violence of the state at the international level.* Übersetzt von Bernd Schwartz und Annette Treibel.

Es ist deshalb die wichtigste Aufgabe unserer Zeit, das aufzuhalten, was Norbert Elias die »Abtrift zum Atomkrieg« genannt hat.[5] Schon seit längerem werden deshalb Pläne für einen »Ewigen Frieden« entworfen, und man versucht, einem internationalen Recht zur Geltung zu verhelfen bzw. die Abrüstung voranzutreiben; mit wenig Erfolg, wenn auch nicht völlig vergeblich. Alle Bestrebungen nach »Frieden« oder »Abrüstung« müssen jedoch auf einer Analyse der Struktur der Prozesse aufbauen, die man zu beeinflussen oder in eine andere Richtung zu lenken hofft. Dieser Aufsatz versucht, eine knappe – und deshalb manchmal skizzenhafte – Analyse der grundlegenden Dynamik von Rüstung und Staatenbildungsprozessen zu geben.

Warum unterhalten Staaten Streitkräfte, und warum produzieren und erwerben sie fortwährend neue Waffen? Wenn wir mehr über die Möglichkeiten von Rüstungskontrolle, Abrüstung und besonders von friedlicheren zwischenstaatlichen Beziehungen erfahren wollen, muß diese Frage beantwortet werden.

So formuliert, führt die Frage jedoch leicht in die Irre, denn sie legt die Annahme nahe, daß Staaten zu irgendeinem Zeitpunkt *keine* Waffen besessen und plötzlich aus einem besonderen Grund die Entscheidung getroffen hätten, sich zu bewaffnen – auf die gleiche Art und Weise, wie sich einzelne Menschen in einem bestimmten Augenblick ein Gewehr oder eine Alarmanlage kaufen, um sich gegen Raub oder Überfall und ihr Haus oder Geschäft gegen Einbrecher zu schützen.

Wir müssen deshalb zunächst folgende Fragen klären: Was sind Staaten? Oder vielmehr: Wie sind Staaten, wie wir sie heute kennen, aus vorstaatlichen Gesellschaften entstanden, und wie haben sie sich zu den relativ dauerhaften Nationalstaaten entwickelt, die wir heute gerne für die »natürlichen Einheiten« halten, in die die Menschheit eingeteilt ist? In welcher Hinsicht unterscheiden sich Staaten von anderen Formen sozialer Organisation wie Firmen, Gewerkschaften, politischen Parteien, Dörfern, Nachbarschaften, Universitäten und so weiter? Der Unterschied wird unmittelbar einsichtig, wenn wir uns fragen, warum Banken und Gewerkschaften gewöhnlich keine Privatarmeen unterhalten, um andere Banken zu bekämpfen oder Klassenkampf zu führen.

Staaten unterscheiden sich also von anderen Arten sozialer Organisation darin, daß sie das Monopol der Anwendung von

Gewalt und physischem Zwang wirksam beanspruchen, um »Recht und Ordnung« zu erhalten und innerhalb ihrer Grenzen ihre Regeln und Verordnungen durchzusetzen, während auf ihrem Territorium niemand sonst zum legalen Gebrauch von Gewalt befugt ist. Der vorhergehende Satz ist eine leicht ergänzte Version von Max Webers berühmter Definition eines Staates.[6] Eine solche Formulierung beschreibt jedoch die besonderen Merkmale eines Staates so, als existiere er im Nichts. Deshalb muß sie um die Eliassche Beschreibung der Natur von Staaten erweitert werden. Staaten sind

»Einheiten, die den Gebrauch von physischer Gewalt in den Beziehungen ihrer Angehörigen zueinander einer verhältnismäßig scharfen Kontrolle unterwerfen, während sie zugleich ihre Angehörigen auf den Gebrauch von physischer Gewalt in Beziehungen zu Nichtangehörigen vorbereiten und sie in vielen Fällen dazu ermutigen.«[7]

Staaten können, wenn sie verhältnismäßig stabil und dauerhaft geworden sind, die Loyalität und Identifikation ihrer Mitglieder verlangen. Aus dieser Sicht sollten Staaten als die historisch späteste Form der allgemeineren Kategorie von *Schutz- und Trutz-* oder *Überlebenseinheiten* angesehen werden. In früheren Phasen der menschlichen Entwicklung waren Gruppen von Jägern und Sammlern, Sippen, Stämme, befestigte Dörfer und Städte, militärisch-bürokratische Reiche und von feudalen Kriegern beherrschte Gebiete solche Schutz- und Trutzeinheiten. Die grundlegende Funktion dieser politischen Einheiten ist es, ihre Mitglieder gegen Angriffe anderer solcher Einheiten, die ihr Überleben bedrohen, zu schützen bzw. für ihre eigenen Ziele andere Einheiten anzugreifen. Berücksichtigt man die konkurrierende Natur der Beziehungen zwischen diesen Einheiten, so kann man die Angriffs- und Verteidigungsfunktion dabei nicht voneinander trennen. Menschen haben immer in voneinander abgegrenzten Überlebenseinheiten gelebt. Ihre Größe und Struktur mag sich geändert haben, aber ihre grundlegenden Aufgaben sind dieselben geblieben.

Die Entwicklung von Schutz- und Trutzeinheiten verstehen wir als einen Prozeß, bei dem die Befriedung immer größerer Gebiete mit der Entwicklung einer immer spezialisierteren Organisation der (möglichen) Gewaltanwendung einhergeht.

Im Europa des frühen Mittelalters waren die Schutz- und Trutzeinheiten z. B. in erster Linie feudale Burgen und befestigte Städte.[8] Aber während dieser Periode und sogar noch in späteren Jahrhunderten war das tägliche Leben viel gewalttätiger als in den heutigen Nationalstaaten: die Unterscheidung zwischen Gewaltkontrolle innerhalb der Schutz- und Trutzeinheiten und der Vorbereitung von Gewalt gegen andere Einheiten war sehr viel weniger ausgeprägt als in späteren Phasen der Staatenentwicklung.[9] Sogar innerhalb der Städte waren bewaffnete Rivalitäten zwischen führenden Familien an der Tagesordnung, wie man in der toskanischen Stadt San Gimignano feststellen kann: die Silhouette wird dort immer noch von befestigten Schutzhäusern beherrscht, die rivalisierende Adelsfamilien teils zum Schutz, teils aus Statusgründen hatten erbauen lassen.

Aus den dauernden Kämpfen zwischen den mächtigsten Feudalherren entstanden Territorialstaaten, die von dynastischen Monarchen regiert wurden.[10] Der Prozeß der Staatenbildung – verstanden als Monopolisierung des Gebrauchs von Gewalt in der Hand eines einzigen Herrschers – war tatsächlich ein sehr gewalttätiger Ausscheidungskampf. Um 1500 zählte Europa noch fünfhundert unabhängige politische Einheiten, von denen jedoch um 1900 nicht mehr als ungefähr zwanzig übriggeblieben waren.[11] Der Rest wurde ausgeschaltet – und in *National*staaten eingegliedert, die sich im 19. Jahrhundert zu entwickeln begannen. Von den noch existierenden Vielvölkerreichen – dem Österreich-Ungarischen, Osmanischen und Russischen Reich – überlebte nur das letzte.

Die sich ändernde Art der Bewaffnung war eine der notwendigen Bedingungen für die Entwicklung von Staaten, wie wir sie heute kennen. Im frühen Mittelalter waren die schwerttragenden und gepanzerten Ritter den Söldnern zu Fuß weit überlegen. Erst nach der Entwicklung von Feuerwaffen begann sich die Machtbalance zwischen der späteren »Kavallerie« und »Infanterie« zu ändern. Mit Musketen bewaffnete Söldner konnten eine große

Überlegenheit über gepanzerte Ritter auf Pferden erlangen.[12] Deshalb waren die Feudalherren, welche das Geld aufbringen und Söldnertruppen bezahlen konnten, in der Lage, ihre Rivalen allmählich auszuschalten. Dabei handelte es sich in den meisten Fällen um solche Feudalherren, die mit einem Fürsten- oder Monarchentitel ausgestattet waren. Diese dynastischen Herrscher konnten allmählich die feudale Kriegeraristokratie unterwerfen und beherrschen und viele von ihnen zwingen, an ihre Höfe zu kommen und dort zu leben. Aber Monarchen und Fürsten waren nur imstande, die Kontrolle über die Gebiete, welche sie – manchmal nur nominell – regierten, auszudehnen und zu verstärken, wenn die Rivalitäten zwischen diesen größeren Gebietseinheiten weiter andauerten. Die dynastischen Staaten, die sich in Europa vom 14. bis 16. Jahrhundert gebildet hatten, entwickelten sich so allmählich zu den sogenannten absoluten Monarchien und höfischen Gesellschaften des 17. und 18. Jahrhunderts.

Der Unterhalt eines stehenden Heeres erfordert ausreichende Geldmittel. Und eine hinlängliche, kontinuierliche Ausstattung mit finanziellen Mitteln setzt eine immer entwickeltere Organisation der Steuererhebung voraus. Die beiden grundlegenden Zentralmonopole von Staaten, das Gewaltmonopol und das Steuermonopol, bedingen sich also bei ihrer Entstehung gegenseitig. Sie waren die notwendigen Voraussetzungen für jede weitere Entwicklung. Aber wie Elias überzeugend gezeigt hat, konnte das Steuermonopol, welches sich aus den sogenannten »Feudalhilfen« herausbildete, zunächst nur in Kriegszeiten dauerhaft durchgesetzt werden.[13] Besonders entscheidend für die Entwicklung der königlichen Steuermonopole, die von einer nur in Ansätzen vorhandenen staatlichen Bürokratie getragen wurden, war der Hundertjährige Krieg. Dieser wurde zwischen den von den rivalisierenden Häusern der Kapetinger und Plantagents (und ihrer Nachfolger) kontrollierten Gebietseinheiten ausgefochten, und erst danach entstanden Frankreich und England, wie wir sie heute kennen.

Nach dem Hundertjährigen Krieg (1339-1453) wurde Frankreich zu dem am weitesten zentralisierten und zum mächtigsten dynastischen Staat in Westeuropa. Der französische Hof und die französische Staatsbürokratie wurden das Modell für die anderen dynastischen Staaten in Europa. Die anderen europäischen Monarchen waren gezwungen, dem Vorbild der französischen Staatsorganisation zu folgen, wenn sie mit der französischen Militärmacht mithalten und weiterhin am internationalen Machtkampf teilnehmen wollten.[14] Erst nachdem durch königliche »Ordnungskräfte« große Gebiete zu Staaten in unserem heutigen Sinne befriedet worden waren, konnte sich die ausgeprägte Unterscheidung zwischen Innen- und Außenpolitik herausbilden, die sich noch heute in der Struktur der Ministerkabinette und auch in der Trennung zwischen außen- und innenpolitischen Nachrichten in den Massenmedien widerspiegelt.[15] Innerhalb der Staatsgebiete wurden die Auseinandersetzungen und Rivalitäten zwischen sozialen Klassen und organisierten Gruppen weniger gewalttätig und wurden in zunehmendem Maße durch konstitutionell und gesetzlich gesicherte Verfahren geregelt. In der Innenpolitik wurde der Verzicht auf Gewalt allmählich selbstverständlich.

Wie selbstverständlich dies schon im 19. Jahrhundert galt, zeigt deutlich die Marxsche Behandlung von Politik und Staat, die darin Oberflächenphänomene oder Teile eines »Überbaus« statt eine grundlegende Dynamik der menschlich-gesellschaftlichen Entwicklung sieht.[16] Zur Zeit von Marx war es im Hinblick auf den Gebrauch von Gewalt zur entscheidenden Frage geworden, ob eine »Revolution«, d. h. ein gewalttätiger Kampf um die Kontrolle der zentralen staatlichen Institutionen, gerechtfertigt und/oder notwendig ist oder nicht. Das Gewaltmonopol des Staates wurde bereits als selbstverständlich angesehen. Inzwischen ist in Westeuropa politische Gewalt in der Innenpolitik zur Ausnahme geworden. Wann immer Gewalt hier für politische Zwecke benutzt wird, ist die Mehrheit der Bürger sehr beunruhigt. Politische Gewalt innerhalb von Staaten wird jetzt normalerweise als »Terrorismus« angesehen und behandelt.[17] Aus diesem Grund können die Mitglieder moderner industrialisierter Staaten manchmal nicht begreifen, weshalb Gewaltverzicht in den zwischenstaatlichen Beziehungen nicht einfach durch internationale Rechtsnormen oder politische Verfahren erreicht werden kann.

Ist der Tschad noch ein Staat?

Die Bedeutung eines relativ stabilen Gewaltmonopols des Staates mag besser verstanden werden, wenn man die Entwicklung des afrikanischen Staates Tschad seit seiner Unabhängigkeit 1960 untersucht. Als international anerkannter Staat ging der Tschad aus einem der überseeischen Gebiete hervor, die seit Inkrafttreten des *Loi Cadre* im Jahre 1956 relativ unabhängig verwaltete Gebiete des französischen Kolonialreiches waren.

In den letzten Jahren ist die Unterscheidung zwischen Innen- und Außenpolitik im Tschad völlig zusammengebrochen. Einer der am besten informierten Beobachter der politischen Entwicklung im Tschad, Rob Buijtenhuijs, hat deshalb die Frage gestellt: Ist der Tschad noch ein Staat?[18]

Nach 1975 gab es im Tschad keine nationale Armee mehr, die ein effektives Gewaltmonopol des Staates zugelassen hätte. Rivalisierende bewaffnete Fraktionen – einige von ihnen begannen als »Freiheitsbewegungen«, gegründet von nomadischen und islamisierten, im nördlichen Landesteil lebenden Gruppen, die von den christianisierten seßhaften Völkern des Südens beherrscht wurden, deren Vertreter das Kapital kontrollierten – kämpften miteinander und bildeten wechselnde Koalitionen. Die bewaffneten Rivalitäten im Tschad führten der Reihe nach zu ausländischen Interventionen, zuerst einer französischen und kürzlich einer libyschen. In der Zwischenzeit hat sich Libyen unter dem vereinten Druck der Organisation afrikanischer Staaten (OAU) wieder zurückgezogen; möglicherweise spielten auch Frankreich, die USA und die libyschen Rivalitäten mit Ägypten und dem Sudan eine Rolle. Aber Libyen fehlten auch die Mittel für eine effektive Verwaltung der Teile des Tschad, die es zusammen mit der Fraktion des nominellen Präsidenten Goukouni Oueddei kontrollierte.

Nur die Unterstützung der OAU hat es ermöglicht, dem Tschad den äußeren Anschein eines Staates zurückzugeben. Daß die Mitgliederstaaten der OAU die Finanzierung einer neu eingeführten nationalen Armee und einer zentralen Staatsverwaltung vorbereiten, ist auf die dauernde Angst ihrer Führer vor ähnlichen zentrifugalen Kräften oder Unabhängigkeitsbewegungen in ihren eigenen, noch keineswegs stabilisierten Staaten zurückzuführen.

Die gegenwärtige Situation in Afrika, in welcher die Unterscheidung zwischen Innen- und Außenpolitik kaum zu treffen ist, zeigt die Bedeutung einer genaueren Untersuchung der Implikationen und Merkmale eines relativ stabilen Gewaltmonopols des Staates. Die Kenntnis dieser Implikationen ist unerläßlich, will man die grundlegenden Bedingungen für friedlichere zwischenstaatliche Beziehungen und eine sichtliche Mäßigung der Rüstungsprozesse verstehen.

Implikationen des staatlichen Gewaltmonopols

Die Entwicklung eines relativ stabilen Gewaltmonopols des Staates hat für die Art der Interdependenzen zwischen Individuen und organisierten Gruppen oder sozialen Klassen innerhalb der Territorialgrenzen einer Staatsgesellschaft mehrere Implikationen:

1. Individuen, Gruppen, Organisationen oder Klassen können sich der Autorität und Macht eines zunächst *persönlichen* (oder in Afrika und Asien eines kolonialen) Herrschers und später der zentralen öffentlichen Institutionen des Staates nicht widersetzen. Das heißt nicht, daß Privatpersonen oder organisierte Gruppen innerhalb eines Staates machtlos wären: Man sollte immer in Begriffen von Macht*balancen*, mit einem kleineren oder größeren Maß an Ungleichheit, denken.

2. Die Zentralinstitutionen eines Staates können, wie oben betont, wirksam für sich allein das Recht in Anspruch nehmen, Gewalt anzudrohen und anzuwenden, um »Recht und Ordnung« zu erhalten und staatliche Regeln und Anordnungen durchzusetzen; demgegenüber ist einzelnen Bürgern oder organisierten Gruppen innerhalb des Staatsgebiets der Gebrauch von Gewalt zur Beilegung ihrer Konflikte gesetzlich verboten. Sie dürfen in ihren Beziehungen zueinander keine Gewalt mehr androhen oder ausüben – natürlich auch nicht, wenn sie mit Einrichtungen oder Vertretern des Staates zu tun haben. Wenn einzelne Bürger oder organisierte Gruppen heutzutage Gewalt gebrauchen und versuchen, ihr Verhalten in politischen Begriffen zu rechtfertigen, werden sie als »Terroristen« angesehen und behandelt.

In Strafgesetzen gibt es eine Anzahl von Bestimmungen, die den Gebrauch von Gewalt unter bestimmten Umständen erlauben, so bei Notwehr gegen rechtswidrige Angriffe. Aber die Regel, daß gewalttätige Selbsthilfe verboten ist, bildet dennoch die Grundlage jedes Strafgesetzbuches. Tatsächlich war das Strafgesetz, das inzwischen zum selbstverständlichen Merkmal zeitgenössischer Staaten geworden ist, zunächst ein Mittel für Monarchen oder Herrscher über Stadtstaaten, private Gewalt oder gewalttätige Selbsthilfe innerhalb ihrer Grenzen oder Mauern auszuschalten.[19]

In vielen Staaten werden die mit dem staatlichen Gewaltmonopol ausgestatteten Einrichtungen allmählich demokratischen Kontrollverfahren und besonderen Normen unterworfen. Dies beginnt mit der *Habeas-Corpus-Akte* und entwickelt sich allmählich zur Erklärung von Menschenrechten – angefangen mit der *Declaration des Droits de l'Homme et du Citoyen*, die während der Französischen Revolution proklamiert wurde, bis zur *Declaration of Human Rights* der Vereinten Nationen und ähnlichen Erklärungen, die von regionalen Organisationen wie dem Europarat verabschiedet wurden.

Wenn solche Kontrollverfahren nicht entwickelt worden oder nicht angemessen sind, so daß eine Regierung gegen ihre eigenen Bürger nach Belieben Gewalt anwenden kann, sprechen wir von einer Diktatur oder einem Terrorregime; die Unterdrückung wird in einer willkürlichen Weise angewandt, um die Bevölkerung als ganze einzuschüchtern.

3. Es entwickeln sich eine Anzahl von Organisationen oder Einrichtungen wie z. B. die Armee, die Polizei, der Geheimdienst und das staatliche Gerichtswesen, die sich auf die Androhung und den Gebrauch von Gewalt (letzteres besonders in zwischenstaatlichen Beziehungen) und die Gewaltkontrolle innerhalb des Staates spezialisieren. Diese Organisationen kontrollieren entscheidende Machtquellen, die sie allzu leicht für ihre eigenen Ziele benutzen können. Obwohl in einigen Staaten Gegenkräfte entwickelt worden sind, wurde das Problem »Wer kontrolliert die Kontrolleure« noch nicht ausreichend gelöst. Die Kontrolle über den monopolisierten Gebrauch von Gewalt ist noch in vielen Gesellschaften die entscheidende Machtquelle, wie die große Zahl von Militärregierungen in zeitgenössischen Staaten zeigt.[20]

4. Mit der erzwungenen Einberufung zum Militär in Kriegs- oder auch in Friedenszeiten können Staaten einen großen Teil der männlichen und in einigen Fällen auch der weiblichen Bevölkerung verpflichten, im Namen ihres eigenen Staates gegen Mitglieder anderer Staaten tatsächlich Gewalt anzuwenden oder die Anwendung von Gewalt vorzubereiten. So bleibt eine merkliche Spannung zwischen dem strikt durchgesetzten Verbot von gewalttätigem Verhalten innerhalb des Staatsgebietes und der oft als heroisch empfundenen Verpflichtung, Gewalt gegen Menschen fremder Staatsangehörigkeit anzuwenden. Jedoch ist es in einigen Staaten heute möglich, den Kriegsdienst aus Gewissens-

gründen zu verweigern. Dies zeigt, daß es in zeitgenössischen Staaten zunehmend schwieriger wird, die Doppelmoral bezüglich Gewalttätigkeit zu rechtfertigen. In Form von Entwicklungshilfe und internationaler Zusammenarbeit beginnen sich Gefühle der Solidarität und Identifikation mit der Menschheit als ganzer zu institutionalisieren. Augenscheinlich wird es schwieriger, einen uneingeschränkten Nationalismus aufrechtzuerhalten.

Als Einzelne oder als Organisationen innerhalb des Staates wurden Menschen immer mehr gezwungen, ihre gewalttätigen Impulse und andere spontane oder überlegte Formen gewalttätigen Verhaltens zu beherrschen. Sie müssen ihre Konflikte in friedlicherer Weise durch Verhandlungen oder Gerichtsverfahren austragen. Familienfehden, private Rache, Duelle, Privatarmeen, all diese normalen Merkmale früherer Kriegerzivilisationen sind nicht länger erlaubt. Ob Individuen Waffen besitzen dürfen wie in den Vereinigten Staaten oder nur aufgrund einer Lizenz wie in den Niederlanden, macht in dieser Hinsicht wenig Unterschied. Jeder, der Feuerwaffen oder andere gewaltsame Mittel benutzt, wird im Prinzip in jedem Staat vor Gericht gestellt und verurteilt werden.

5. Die Art und das Ausmaß an individuellen Selbstkontrollen haben sich, wie Norbert Elias für Westeuropa gezeigt hat, gewandelt.[21] Jedoch führte die veränderte Art von Selbstkontrolle, der wachsende »gesellschaftliche Zwang zum Selbstzwang«, dann wiederum zur Entwicklung eines hohen Grades an Ambivalenz gegenüber der Gewaltanwendung. Bevor sich dynastische Staaten in Westeuropa entwickelten, waren Blutrache, Mord, Plünderei und Raub relativ üblich und wurden allgemein hingenommen. Es war eher die Regel als die Ausnahme, sich die Erzeugnisse anderer, speziell der Bauern, gewaltsam anzueignen. Beschreibungen des täglichen Lebens im europäischen Mittelalter zeigen sehr deutlich, daß die Kontraste zwischen Arm und Reich, zwischen Jammern und Überschwang, zwischen Lust und Reue viel extremer waren als in zeitgenössischen industrialisierten Nationalstaaten.[22] Natürlich waren es besonders die Oberschichten, die sich zu dieser Zeit so leicht ihren unmittelbaren Trieben und Wünschen hingeben konnten. Leibeigene, Bauern und die niedrigen städtischen Klassen hatten sich in den Beziehungen mit Höherstehenden zurückzuhalten; wahrscheinlich lernten Kinder in Familien von Hausbediensteten von früh an, sich besser zu kontrollie-

ren als ihre ›Herrschaften‹.[23] Das Modell des englischen Butlers ist hier das beste Beispiel.

Indessen waren während des größten Teils des Mittelalters die oberen Schichten, sowohl die Stadtbürger wie auch die feudalen Adligen, ständig zum Kampf bereit und fanden auch Gefallen daran.[24] Ritter wurden für Turniere und für den Krieg ausgebildet. Sie hätten die Regeln der Friedfertigkeit, die wir für selbstverständlich halten, verachtet.[25] Die Teilnahme an Turnieren und Schlachten gab ihrem Leben einen Sinn. Aber auch das städtische Leben war stark von Familienfehden beeinflußt. Oft war die Androhung oder Anwendung von Gewalt notwendig, um die eigene soziale Position zu verbessern. Nicht nur Mitglieder des Adels hatten ihre eigenen Privatarmeen, sondern auch Stadtbürger schlossen sich, um zu kämpfen, bewaffneten Gruppen an, die meist aus Familienmitgliedern und Freunden bestanden. Jedoch bedeutet die physische Unsicherheit, in der Menschen in jenen Tagen lebten, nicht, daß sie ängstlicher oder depressiver waren als Menschen heute. Gerade aufgrund der Unsicherheiten und Risiken ihrer Lebensbedingungen konnten sie möglicherweise ihr Leben sehr viel intensiver genießen als wir.[26] Menschen, die in industrialisierten Nationalstaaten leben, können sich nur schwer vorstellen, was es bedeutet, in einer Gesellschaft ohne ein relativ stabiles Gewaltmonopol zu leben. In der gegenwärtigen Welt gibt es jedoch noch viele Länder, wo private Gewalt alltäglich geblieben ist.

6. Ein relativ stabiles staatliches Gewaltmonopol erfordert jedoch nicht zwangsläufig eine gleichmäßige Verteilung von Machtchancen innerhalb des Staatsgebietes. Ebensowenig unterstellt es soziale Harmonie: Rivalitäten und Machtkämpfe gehen weiter, aber in veränderter Form. Dennoch sind, je mehr sich die Machtverhältnisse zwischen Herrschenden und Beherrschten und zwischen den sozialen Klassen innerhalb eines Staates ausbalancieren, die Chancen um so größer, daß politische Verfahren zur Regelung innerstaatlicher Machtkämpfe und Konkurrenz gefunden und Konflikte in einer Art und Weise beigelegt werden können, die einen hohen Grad öffentlicher Anerkennung findet. Das, was wir jetzt als liberale oder parlamentarische Demokratie verstehen, hat sich im wesentlichen so entwickelt.

Ein relativ stabiles Gewaltmonopol ist eine unabdingbare Voraussetzung für die friedliche Regelung von Konflikten vor

Gericht, für die Entwicklung eines Mehrparteiensystems und für das Recht auf Rede- und Versammlungsfreiheit. Die politischen Rechte und Freiheiten des einzelnen Bürgers wie auch die Entwicklung einer relativ unabhängigen und sich selbst steuernden »Wirtschaft« hängen von der vorangegangenen Einrichtung eines zentralen Gewaltmonopols des Staates ab.

Die Entwicklung eines staatlichen Gewaltmonopols ist somit die Grundlage für friedliches Verhalten innerhalb von Staaten, wie es die wachsende soziale Differenzierung und zunehmende Länge und Komplexität menschlicher Interdependenzketten erfordert. Diese Entwicklung geht jedoch mit der Bildung von stehenden Heeren und anderen spezialisierten zentralstaatlichen Einrichtungen einher, die dann wiederum politische, militärstrategische und wirtschaftliche Rivalitäten stimulieren. Konkurrenz zwischen Staaten und die wachsende Macht und Kontrolle von zentralstaatlichen Institutionen über die Bevölkerung sind also untrennbar miteinander verbunden.

Andererseits haben sich besonders in parlamentarischen Wohlfahrtsstaaten Gestalt und Natur der staatlichen Kontrolle beträchtlich geändert. Aber solange zwischenstaatliche Konkurrenz in ihrer bisherigen Form weiterbesteht, sind parlamentarische Demokratie und politische Freiheiten der Bürger unsicher und von der Forderung nach »nationaler Sicherheit« bedroht.[27] Daher kommt der Frage, ob die zwischenstaatliche Konkurrenz gemildert werden kann, eine ebenso große Bedeutung zu wie der Frage, wie die »Abtrift zum Atomkrieg« aufzuhalten ist. Beides sind in Wirklichkeit zwei Seiten derselben Medaille.

Zwischenstaatlicher Wettbewerb und Rüstungsprozesse

Einer der wichtigsten Aspekte im Prozeß der Staatenbildung liegt in der Entwicklung von relativ stabilen und dauerhaften Gewaltmonopolen, begleitet von der Entwicklung stehender Heere mit immer raffinierteren Waffen. Paradoxerweise geht die innere Befriedung mit der Einführung der allgemeinen Wehrpflicht und der Einbeziehung der Staatsbevölkerung als ganzer in die Vorbereitung und das Führen von Kriegen einher.[28]

Die grundlegendste Antwort auf die Frage, weshalb Staaten sich bewaffnen, findet man also in der Natur der zwischenstaatlichen

Beziehungen, die aus der Dynamik von Staatenbildungsprozessen hervorgegangen sind. Hier ist entscheidend, daß zur Beilegung von Disputen und Konflikten kein Gewalt- und Machtmonopol auf internationaler Ebene existiert und Beziehungen zwischen Staaten nicht durch Verfahren, Normen und Erlasse geregelt sind. Natürlich haben Staaten durch gegenseitiges Übereinkommen internationale Verträge verschiedenster Art geschlossen, bilateral und multilateral. Sie erkennen im allgemeinen auch zumindest die Verfahrensregeln eines internationalen Rechtes an, aber in letzter Instanz gibt nach wie vor das militärische Macht- und Gewaltmonopol den Ausschlag.

Aus diesem Grund ist die Situation, in der Staaten sich befinden, mit dem Ur- oder »Naturzustand« oder mit Anarchie verglichen worden. Eine neuere Studie kennzeichnet die Figuration von Staaten metaphorisch als »anarchische Gesellschaft«.[29] Ein anderer Weg, die prekäre Situation von Staaten als eine Funktion der Konkurrenz zwischen ihnen zu beschreiben, ist John Herz' Begriff des »Sicherheitsdilemmas«: Das Fehlen eines zentralen Gewaltmonopols auf Weltebene schließt mit ein, daß Staaten sich nie sicher sein können, daß sie nicht von anderen Staaten angegriffen werden oder daß die überlegene Militärmacht ihrer Gegner sie nicht zu politischen Zugeständnissen zwingen wird.[30] Um sich der überlegenen Macht anderer Staaten nicht unterordnen zu müssen, neigen Staaten dazu, sich so gut wie möglich zu bewaffnen oder mit anderen starken Mächten zu verbünden. Solche Rüstungsprogramme oder Allianzen werden jedoch von anderen Staaten als eine Bedrohung ihrer eigenen Sicherheit wahrgenommen, wodurch sie sich gezwungen fühlen, ihre eigene Rüstungskapazität und/oder ihre Allianzen zu verstärken. Mit anderen Worten: Selbst wenn kein einziger Staat einen anderen in Wirklichkeit angreifen würde oder angreifen *wollte,* wird das Sicherheitsdilemma die Dynamik von Waffenproduktion und -erwerb in vollem Gang halten.

In der politischen Philosophie des 18. Jahrhunderts wurde das Sicherheitsdilemma, entsprechend den Theorien über den Gesellschaftsvertrag, als »Naturzustand« formuliert. In Hobbes' Metaphern: Jeder Staat ist eines anderen Staates Wolf. Der Urzustand, in dem Staaten sich befinden, ist ein Zustand der kontinuierlichen Kriegsgefahr.

Der Ausdruck »Sicherheitsdilemma« basiert bis zu einem gewissen Grade auf der Annahme, daß das Problem zwischenstaatlicher Beziehungen durch Handlungen und Absichten einzelner Staaten entsteht. Aber Rüstungsprozesse und bewaffnete Konflikte resultieren weniger aus den Entscheidungen oder Eigenschaften einiger (oder aller) Staaten als aus der Art, in der sie miteinander verbunden sind. Das »Sicherheitsdilemma« ist eine Eigenschaft dessen, was Norbert Elias eine »Doppelbinder-Figuration« genannt hat.

»Grundlegend für die Struktur eines solchen Prozesses ist, wie schon gesagt, das archaische Gepräge einer Figuration von Menschengruppen, die interdependent sind, weil jede von ihnen ohne Rückhalt und Schutz, ohne die Chance der Appellation an eine überlegene Macht oder einen bindenden Kanon der Selbstzügelung und des zivilisierten Verhaltens, der jederzeit möglichen Gewaltausübung durch die andere Gruppe oder die anderen Gruppen ausgeliefert ist. Wo immer Menschengruppen in der Form einer solchen Figuration zusammenleben, werden sie mit großer Regelmäßigkeit in einen Machtkampf und, wenn sie an der Spitze einer Staatenhierarchie stehen, in einen Vormachtkampf mit einer starken Tendenz zur Selbstreproduktion hineingezogen.«[31]

In einer solchen Figuration bleiben die Mitglieder der rivalisierenden Einheiten leicht in einem kritischen Prozeß gefangen, der für sie nur sehr schwer kontrollierbar ist:

»Hohe Exponiertheit gegenüber den Gefahren eines Prozesses erhöht die Emotionalität menschlicher Reaktionen. Hohe Emotionalität der Reaktion verringert die Chance einer realistischen Beurteilung des kritischen Prozesses und damit einer realistischen Praxis ihm gegenüber. Eine relativ unrealistische Praxis unter dem Druck starker Affekte verringert die Chance, den kritischen Prozeß unter Kontrolle zu bringen.«[32]

Diese Formulierung kann vielleicht deutlich machen, daß »Doppelbinderprozesse« wie etwa der Kalte Krieg durch ein hohes Maß an Zirkularität gekennzeichnet sind. Ein hohes Gefahrenniveau steigert die Emotionalität der Reaktionen – und umgekehrt:

»Vielleicht wäre eine realitätsgerechtere, eine ›rationalere‹ Handlungsweise möglich, wenn beide Seiten, die in dieser Form aneinander gebunden sind, sich selbst und einander als die Doppelbinderfiguration wahrnehmen könnten, die sie zusammen bilden. Das ist zunächst vielleicht zu viel erwartet. Noch sind die Völker der Erde, und besonders Regierungen, zu stark in der Kreisläufigkeit ihrer Doppelbinderprozesse gefangen, um die Gefahren, die sie füreinander und für sich selbst darstellen, dauerhafter kontrollieren zu können.«[33]

In einem »Naturzustand« oder einer »Doppelbinderfiguration« – der letztere ist der soziologischere Ausdruck – sind die Beziehungen zwischen den Einheiten nicht unstrukturiert oder ungeordnet. Anarchie wäre deshalb eine irreführende Metapher. Zwischenstaatliche Beziehungen werden durch die Machtbalance zwischen ihnen geregelt; nicht durch Normen und Verfahren, die von einem internationalen Gewaltmonopol durchgesetzt werden, sondern von der Autorität, die eine Militärmacht aufbringen kann, welche den rivalisierenden Einheiten und besonders den Hegemonialmächten überlegen ist. Die Struktur und Regelung der Beziehungen zwischen Staaten ist eine Funktion der Machtbalancen zwischen ihnen, häufig »Machtgleichgewicht« genannt. Das Ausbalancieren der Machtverhältnisse, in die Staaten oft eingebunden sind, findet seinen Ausdruck in einer Freund-Feind-Logik, die sich im Verlauf der menschlichen Geschichte kaum geändert hat. So können die Vorschriften von Kautilya für kluge Staatsmänner im alten Indien auch noch auf das Verhalten von Staaten in der heutigen Welt angewandt werden.[34] Der Feind deines Feindes ist dein Freund – wie dies z. B. in den frühen siebziger Jahren von den Vereinigten Staaten und China entdeckt wurde. Außerdem neigen Nachbarn immer noch dazu, Feinde zu werden, wie es bei den Rivalitäten und Feindseligkeiten zwischen ideologisch verbundenen Staaten wie der Sowjetunion und China oder Vietnam und Kambodscha deutlich geworden ist. Dann jedoch, wenn sich Nachbarn, wie die Mitglieder der NATO, in einer Allianz gegen eine Großmacht zusammengeschlossen haben, wird es für sie möglich, Freunde zu bleiben und dies als den ›natürlichen‹ Zustand ihrer Beziehungen wahrzunehmen.

Die Staaten, die wir jetzt in Europa kennen, sind aus dem Kampf um Gebiete und Macht zwischen den stärksten Territorialherren entstanden.[35] Dieser Machtstreit hatte die Form eines Ausscheidungskampfes in dem Sinne, daß zuerst mehr und mehr Territorialherren und später mehr und mehr Staaten entweder erobert wurden oder gezwungen waren, sich aus der selbständigen Teilnahme am Machtkampf zurückzuziehen. In den zwischenstaatlichen Beziehungen gibt es natürlich Gegenbewegungen zu diesen Ausscheidungs- oder Hegemonialkämpfen, wie z. B. die nationalistischen Bewegungen, die zuerst eine Anzahl von Vielvölkerreichen in Europa und später die europäischen Kolonialreiche haben zerfallen lassen; Reiche, deren Plätze von einer Anzahl kleinerer Staaten eingenommen wurden.

Dies sind nur ein paar Illustrationen; und hier ist auch nicht der Ort, die vielen besonderen Merkmale der Entwicklung von Staaten in der gegenwärtigen Welt detailliert zu analysieren. Was ich an dieser Stelle betonen möchte, ist einfach, daß die zwischenstaatlichen Beziehungen als solche nicht statisch sind, auch wenn das »Sicherheitsdilemma« oder der »Naturzustand« ihr dauerhafter Hintergrund sein mögen.

Wir können vielmehr einen strukturierten Prozeß beobachten, eine unerbittliche Tendenz zur Bildung größerer Einheiten und zur Monopolisierung von Macht als Folge der dauernden Rivalitäten in den zwischenstaatlichen Beziehungen.

Diese strukturierte Tendenz manifestiert sich in der Bildung sogenannter Großmächte – jetzt die Vereinigten Staaten und die UdSSR und vielleicht China –, aber auch im Niedergang früherer Großmächte wie Spanien, Schweden oder Holland oder, in einem späteren Stadium, England, Frankreich und Deutschland zu einer untergeordneten, zweitrangigen Position.

Die europäische Geschichte wurde zu einem großen Teil von diesen Ausscheidungskämpfen zuerst zwischen feudalen Territorialherren, dann zwischen dynastischen Staaten und, seit dem 19. Jahrhundert, zwischen Nationalstaaten geprägt. Diese Kämpfe sind jedoch zeitweise durch einen allgemeinen Verhaltenscode eingeschränkt worden: während des 18. Jahrhunderts durch die Übereinkunft der Dynastien über ein Gleichgewicht der Mächte (damals ›europäischer Katechismus‹ genannt) und in den Kriegen, die der Französischen Revolution folgten, durch das ›Europäische Konzert‹.[36] Aufgrund des Europäischen Konzerts und der Gleichgewichtspolitik der Großmächte verlief das 19. Jahrhundert recht friedlich. Die deutsche Einigung unter preußischer Führung zerstörte jedoch das Machtgleichgewicht in Europa, wozu wohl auch die Machtgewinne von Italien und Rußland beigetragen haben. Die Bestrebungen Deutschlands waren für die Machtbalance in Europa entscheidend: Seine wachsende Stärke und insbesondere sein Versuch, eine starke Flotte aufzubauen, ließen England, das schwächer zu werden begann, seine Rolle als Hüter des Kräftegleichgewichts auf dem Kontinent aufgeben und in eine dauerhafte Allianz mit Frankreich und Rußland treten.[37] Auf diese Weise wurde die offene Machtbalance zwischen den Großmächten, der sich die Aufrechterhaltung des Friedens verdankte, beendet.

Dieses Ende basierte auf den geänderten Machtverhältnissen zwischen den Großmächten und führte dazu, daß Konflikte gegen Ende des 19. Jahrhunderts nicht mehr so leicht eingedämmt werden konnten wie zu Beginn und in der Mitte des vorigen Jahrhunderts. Diese Situation hat stark, wenn nicht gar entscheidend, zum Ausbruch des Ersten Weltkrieges beigetragen.

Der fortwährende Kampf um Hegemonie in Europa – der letzte Versuch wurde von Hitler unternommen – führte schließlich zum Ersatz der westeuropäischen Großmächte durch die Vereinigten Staaten und die Sowjetunion.[38] Die früheren europäischen Großmächte wurden auf den Status von zweitrangigen Staaten herabgesetzt. Nach dem Zweiten Weltkrieg gab es nur noch zwei Staaten, die in der Lage waren, andere Staaten zu beherrschen und zu kontrollieren.

In letzter Instanz kann nichts außer einem anderen Staat, der gleich mächtig oder mächtiger ist, eine stärkere Militärmacht von dem Versuch abhalten, schwächere Staaten zu beherrschen und zu kontrollieren. Wo immer es zwei solche Staaten innerhalb eines bestimmten Gebietes gegeben hat – Athen und Sparta im frühen Griechenland, Persien und das Griechisch-Makedonische Reich Alexanders des Großen, Rom und Karthago und so weiter –, betrachteten sie einander als Rivalen und versuchten zu verhindern, daß ihr Gegner in dem Gebiet zur Hegemonialmacht wurde, das innerhalb ihrer Reichweite lag.[39] Wir können die Ursprünge des Kalten Krieges und der fortgesetzten Rivalitäten zwischen der Sowjetunion und den Vereinigten Staaten nicht erklären, wenn wir die Regelmäßigkeit dieser Dynamik nicht in Rechnung stellen. Als *der* Grund für den Beginn des Kalten Krieges wurde abwechselnd der vermeintliche Expansionismus der Sowjetunion oder der angebliche Imperialismus der Vereinigten Staaten vorgebracht. Beides trifft nicht zu. Wichtig ist nur, daß am Ende des Zweiten Weltkrieges die Vereinigten Staaten und die Sowjetunion hinsichtlich ihrer Machtpotentiale die zwei Staaten an der Spitze der Hierarchie der Staatengemeinschaft waren, die inzwischen den ganzen Erdball bedeckt. Aufgrund ihres Hegemonialstatus konnten sie sich nur als Rivalen wahrnehmen. Man mag über die Frage spekulieren, ob der Kalte Krieg in dieser Intensität entfacht worden wäre, wenn der Gegner nicht in einer derart ideologisch verzerrten Perspektive wahrgenommen worden wäre. Das ist und bleibt eine relevante Frage.

Was macht einen Staat zu einer Großmacht? Was legt die Hierarchie fest, die wir in den Beziehungen zwischen Staaten beobachten können? Entscheidend sind die Machtdifferentiale, eine komplexe Mischung aus Machtquellen wie Bevölkerungszahl, Kapitalquellen, Bodenschätzen, Grad der Produktivität, Bildungsstand, Grad der nationalen Integration, technologische Kapazität, strategische Position usw. Aber die entscheidende Machtquelle bleibt das Gewaltpotential, die Fähigkeit, Mittel zur physischen Gewalt zu organisieren und anzuwenden. In den zwischenstaatlichen Beziehungen dienen Rüstung und Armeen nicht nur zu Angriff und Verteidigung, erfüllen nicht nur militärisch-strategische Zwecke; sie sind auch als ein Mittel zum Ausbau und zur Erhaltung der Position eines Staates innerhalb der Machthierarchie zu begreifen. In heutiger Zeit besteht die Machtquelle, die darüber entscheidet, ob ein Staat eine Großmacht (oder eine Supermacht, wie die Menschen heutzutage sagen) ist, in der Verfügung über eine unverwundbare Nuklearwaffe, die sich mit ausreichend mobilen konventionellen Streitkräften verbindet. Aber entscheidend ist eine unverwundbare Nuklearwaffe, was Raketen und Raketenträger, besonders U-Boote, und eine hochentwickelte Kommando-, Kontroll-, Kommunikations- und Geheimdienststruktur (C^3I) miteinschließt. In diesem Sinne ist China ein interessanter Fall. Die Sowjetunion hat versucht, die Entwicklung einer chinesischen Nuklearwaffe zu verhindern. Das war einer der wichtigsten Gründe für die Entwicklung der chinesisch-russischen Spaltung. Aber seit 1972 wurde China zum vollwertigen Partner im Spiel der Großmächte, wenn es hinsichtlich seines Nuklearpotentials auch noch keine Großmacht ist.

Die chinesischen Motive, Nuklearwaffen zu erwerben, waren den Gründen sehr ähnlich, aus denen de Gaulle sich entschloß, für Frankreich die Entwicklung einer eigenen, von den USA unabhängigen Nuklearmacht zu beschleunigen. De Gaulle befaßte sich sehr viel weniger mit der ›Glaubwürdigkeit‹ des amerikanischen Atomschirmes über Westeuropa – was als Argument benutzt wurde, um eine unabhängige französische Abschreckung zu rechtfertigen – als mit dem Versuch, für Frankreich wieder den

Status einer Großmacht zurückzugewinnen. Die französische Nuklearmacht war und ist ein Mittel, um den Status Frankreichs in der Hierarchie der Staaten zu erhöhen.

Um die bisherigen Argumente zusammenzufassen: der wichtigste Grund und das wichtigste Motiv für Waffenproduktion ist mit der Natur und der Entwicklung der Figuration von Staaten verbunden – mit der Tatsache, daß Staaten in der Mehrzahl gezwungen sind, zu konkurrieren und Rivalen zu werden, ob sie wollen oder nicht, daß sie gefangen sind in dem, was Norbert Elias einen »Doppelbinderprozeß« genannt hat.[40]

Anlässe für Schuldzuweisungen

Es ist offenbar sehr schwierig, die Rivalitäten und Machtkämpfe zwischen Staaten unvoreingenommen zu untersuchen, wenn man die zwischenstaatliche Figuration als ganzes betrachtet. Wenn wir weit genug in die Geschichte zurückgehen, sehen die meisten Menschen durchaus, daß alle Beteiligten in gleicher Weise in den Kampf verstrickt waren. Aber sobald man die Entwicklungen der zeitgenössischen internationalen Beziehungen analysiert, ist dies sehr viel schwieriger. Die meisten Menschen identifizieren sich mit ihrem eigenen Staat oder der jeweiligen Allianz – oder einer bestimmten politisch-ideologischen Sichtweise – und betrachten die Welt durch getönte Brillen. Politiker, Strategen und Ideologen unterschiedlicher Überzeugung haben ein Interesse an der emotionalen Beteiligung der Öffentlichkeit, weil sie dadurch bei der Mobilisierung militärischer oder anderer Mittel und bei der Erhöhung des Machtpotentials ihres eigenen Staates oder ihrer eigenen Gruppe mehr Unterstützung erhalten. Deshalb neigen sie dazu, als Ursprung der Drohung und als Grund ihrer eigenen Rüstung nur den Gegner anzusehen. Normalerweise wird dabei entweder auf besondere Merkmale des politischen und sozialen Systems des feindlichen Staates (Kapitalismus oder Kommunismus) oder auf die angeblich aggressiven und expansionistischen Absichten des Gegners Bezug genommen.

Die Beschuldigung des Gegners oder Rivalen ist immer noch eine unerschöpfliche Quelle der Propaganda und Polemik: Die Diskussionen über den Kalten Krieg bezeugen dies, heute wie in der Vergangenheit. In dieser Tendenz, den anderen zu beschuldigen – die selbst ein Aspekt des »Doppelbinderprozesses« ist –, finden wir die Wurzel einer Anzahl von Theorien, welche die Ursachen von Rüstung und bewaffneten Konflikten in den innenpolitischen Verhältnissen und Prozessen einzelner Staaten statt in der zwischenstaatlichen Figuration als ganzer sehen.[41]

Typische und häufig vorgebrachte Gründe der Schuldzuweisung sind »der militärisch-industrielle Komplex« und die Interessen der »herrschenden Klasse«, unter der gewöhnlich die bürgerliche oder kapitalistische, manchmal aber auch die »neue Klasse« in kommunistischen Staaten verstanden wird. Aber es ist in gleicher Weise unbegründet, entweder den kommunistischen oder den kapitalistischen Staaten inhärente expansionistische Tendenzen oder Aggressivität zuzuschreiben. Was hier geschieht, ist gegenseitiges Schuldzuweisen, das keinen intellektuellen Respekt verdient. Aber dies besagt nicht, daß innenpolitische Prozesse und Faktoren bei Rüstungsprozessen und internationalen Konflikten keine Rolle spielen. Der internationale Machtkampf – und besonders die Nachkriegsrivalität zwischen den Vereinigten Staaten und der Sowjetunion – haben dazu geführt, daß bei der Waffenentwicklung und -produktion das althergebrachte Interessengeflecht eine institutionelle Form erhielt.[42]

Sehr wahrscheinlich sind es keine einheitlichen und konspirativen »Komplexe«, sondern Interessenkonstellationen, die den besonderen Ablauf der Rüstungsprozesse beeinflussen. Diese Einflüsse können jedoch wiederum nicht als »Innenpolitik« von den Rivalitäten zwischen den Großmächten losgelöst werden. Keine der beiden Großmächte kann es sich erlauben, eine angemessene industrielle Kapazität zur Waffenproduktion oder das wissenschaftliche und technologische Potential zur Entwicklung neuer Waffen *nicht* zur Verfügung zu haben. Man muß deshalb immer beide Ebenen der Analyse, die internationale und die innenpolitische, in ihrer wechselseitigen Verbundenheit untersuchen.

Dies gilt auch für eine Theorie, die unter Friedensforschern lange Zeit sehr populär gewesen ist: Dieter Senghaas' Theorie des »Autismus«, ein Versuch, Konzepte der Individualpsychologie auf das Verhalten von Staaten anzuwenden. Gemäß Senghaas' eigener Formulierung sprechen wir von Autismus, wenn »in einem latenten oder manifesten Konfliktfeld, gerade auch in der internationalen Politik, ein Kommunikationsmuster (entsteht), in welchem die Umweltbilder, wie sie im Innensystem eines Akteurs entstehen, die tatsächlichen, realitätsadäquaten Informationen aus der Umwelt selbst dominieren«.[43] Senghaas' These ist, daß Waffenproduktion nicht durch *reale* wechselseitige Konflikte entsteht, sondern durch einen Komplex von psychologischen Prozessen und Interessenkonstellationen. Die Eigenschaften des »Autismus« machen den Gegner zu einem Kriminellen, proklamieren fiktive Konflikterwartungen und schließen einen gegen neue Informationen ab. »Autismus« läßt die Waffenproduktion zu einem autonomen Prozeß werden, der sich nicht von der Bedrohung durch einen Rivalen herleitet.

Das Sichabschließen gegen neue Informationen kann man an der öffentlichen Meinung in den Großmächten tatsächlich beobachten; es korrespondiert mit der Stärke des Nationalismus und geht in hohem Maße mit der Ideologisierung der Vorstellung vom Gegner sowie mit einer starken Identifikation mit dem eigenen Staat und der Schuldzuweisung an den Gegner einher.

Aber, dies sei nochmals betont, bei den Rivalitäten zwischen hegemonialen Staaten zählt nicht, ob die Sowjetunion Westeuropa und die Vereinigten Staaten wirklich bedrohen oder angreifen will (oder umgekehrt), sondern ob sie es tun *könnte*; und dies ist immer im Licht der historischen Kontinuität von Ausscheidungskämpfen und hegemonialen Rivalitäten zwischen Großmächten zu sehen, die durch die Tatsache, daß kleinere Staaten sich um die Rivalen gruppieren, noch verstärkt werden. Deren Rivalitäten und Konflikte beeinflussen und verstärken also die Auseinandersetzung zwischen den Großmächten und natürlich auch umgekehrt. Was Senghaas »Autismus« nennt, ist deshalb besser mit Elias' Ausdruck des *Doppelbinderprozesses* wiederzugeben; denn es handelt sich um die zirkularen Beziehungen zwischen einem hohen Spannungs- und Gefahrenzustand und einem hohen Grad von emotionaler Beteiligung, was eine am Ende distanziertere und realistischere Sicht des Konflikts für beide Parteien sehr schwierig macht.

Um die Dynamik von Rüstungsprozessen und internationalen Konflikten zu untersuchen, sollte man deshalb auf die Frage nach dem Schuldigen – die nicht nur Regierungen, sondern auch Friedensbewegungen gerne noch aufwerfen – verzichten.

Rüstungsprozesse und auch bewaffnete Konflikte zwischen Staaten entstehen aus der fortwährenden Konkurrenz und den

Ausscheidungskämpfen zwischen ihnen, obwohl die spezifische Form, die diese Konflikte annehmen, durch die innenpolitischen Figurationen der beteiligten Einheiten beeinflußt wird. Jeder Versuch zur Abrüstung oder Unterstützung friedlicher Verfahren der Konfliktbeilegung zwischen Staaten hat diese unerbittliche Konkurrenzdynamik, die durch solche Doppelbinderprozesse aufrechterhalten wird, in Rechnung zu stellen.

Anmerkungen

1 Siehe J. U. Nef, *War and Human Progress*, New York ^{2}1968; ferner: M. Elvin, *The Pattern of the Chinese Past*, London 1973.

2 Vgl. Office of Technology Assessment, Congress of the United States, *The Effects of Nuclear War*, Montclair und London 1980; R. Beres, *Apocalypse. Nuclear Catastrophe in World Politics,* Chicago 1980.

3 Die weit verbreitete Verfügbarkeit von kleinen und mittelgroßen Feuerwaffen wird solche Kämpfe zwischen bewaffneten Banden sehr wahrscheinlich und Hobbes' Argumente von der Notwendigkeit eines *Leviathan* wieder sehr relevant machen. Es dürfte trotzdem lange Zeit dauern, bevor solche Leviathane oder einigermaßen stabile Monopole der Gewalt (und Besteuerung) wieder entstehen.

4 Vgl. H. de Lange, »Kernwappens, Zwartkijkers, Havikken en het Doemdenken«, in: *De Gids*, Bd. 144 (1981), 9/10; B. Brodie, »The Development of Nuclear Strategy«, in: *International Security*, Spring 1978, S. 63-74; ferner M. E. Howard, »Surviving a Polemic«, in: *Encounter*, November 1980, S. 15-22.

5 Siehe N. Elias, »Die Fischer im Mahlstrom«, in: *Engagement und Distanzierung*, Frankfurt/M. 1983, S. 75.

6 Max Webers Formulierung lautet wie folgt: »Staat soll ein politischer Anstaltsbetrieb heißen, wenn und insoweit sein Verwaltungsstab erfolgreich das Monopol legitimen physischen Zwanges für die Durchführung der Ordnungen in Anspruch nimmt.« M. Weber, *Wirtschaft und Gesellschaft*, Tübingen ^{5}1975, S. 29.

7 N. Elias, *Was ist Soziologie*, München ^{2}1971, S. 151.

8 Vgl. N. Elias, *Über den Prozeß der Zivilisation*, Bd. 2, Bern ^{2}1969, S. 76-88.

9 Vgl. B. Tuchmann, *Der ferne Spiegel*, Düsseldorf 1980, oder J. R. Hale, *Renaissance Europe 1480-1520*, London 1971.

10 Siehe die umfassende Analyse in N. Elias, a.a.O.

11 Vgl. Ch. Tilly, »Western State-Making and Theories of Political

Transformation«, in: Ch. Tilly (Hg.), *The Formation of National States in Western Europe*, Princeton 1975.

12 Siehe N. Elias, a.a.O., S. 9-11; A. Vagts, *A History of Militarism*, New York 1959, besonders Kap. 1. Vgl. auch N. Perrin, *Giving up the Gun: Japan's Conversion to the Sword 1543-1879*, Boulder 1980.

13 N. Elias, a.a.O., S. 275-311.

14 Vgl. Ch. Tilly, a.a.O., besonders die Beiträge von Tilly, Finer und Ardant. Ferner: A. Vagts, a.a.O., Kap. 4 und 5.

15 Als Wendepunkt dieser Entwicklung gilt meist der Westfälische Friede von 1648 als der Beginn der ›modernen‹ internationalen Beziehungen. Siehe J. H. Herz, *Weltpolitik im Atomzeitalter*, Stuttgart 1961, besonders Teil I (»Entstehung und Wesenszüge des modernen Staatensystems«), S. 25-64.

16 G. van Benthem van den Bergh, *Is a Marxist Theory of the State possible?* Institute of Social Studies, Occasional Paper, no. 61, The Hague 1977.

17 Die äußerst negativen Konnotationen des Ausdruckes ›Terrorismus‹ brachten wahrscheinlich die Vereinigten Staaten unter Präsident Reagan dazu, den »internationalen Terrorismus« als ihren Hauptfeind zu bezeichnen. Nach der Wiederannäherung an China war es nicht länger möglich, in ähnlicher Weise vom »internationalen Kommunismus« zu sprechen.

18 R. Buijtenhuijs, »Is Tsjaad noq een Staat?«, und Doornbos, »Enkele opmerkingen over Tsjaad en Noordoost Afrika«, unveröffentlichte Aufsätze für den Arbeitskreis *Staat und Gesellschaft in Afrika* am Zentrum für Afrika-Studien an der Universität Leiden, Dezember 1981. Ferner: R. Buijtenhuijs, *Le Frolinat et les révoltes populaires du Tchad 1965-1976*, Paris/The Hague 1978.

19 Siehe F. E. Frenkel, »Antropologie en Strafrecht«, in: *De Gids*, Bd. 145 (1982), 3/4; A. S. Diamond, *The Evolution of Law and Order*, 1951.

20 Die jüngsten Ereignisse in Polen sind in diesem Sinne sehr instruktiv, besonders die unerwartete Leichtigkeit, mit der das Militär die Kontrolle des Landes übernahm und die »Solidarität« ausschaltete. Das Militär brauchte keine Wehrpflichtigen einzusetzen – eine begrenzte Anzahl von gut trainierten Spezialtruppen erwies sich als ausreichend.

21 N. Elias, a.a.O., besonders die »Zusammenfassung: Entwurf zu einer Theorie der Zivilisation«, Bd. 2, S. 312-455.

22 In *Der ferne Spiegel*, a.a.O., schreibt Barbara Tuchman: »Die Menschen des Mittelalters existierten unter geistigen, moralischen und physischen Umständen, so verschieden von den unsrigen, daß es fast eine fremde Zivilisation bildete.« (Englische Ausgabe, S. 14) Vgl. auch J. Huizinga, *Der Herbst des Mittelalters*, Stuttgart [11]1975.

23 In einer Komödie des 18. Jahrhunderts – *Fausses Confidences* von Marivaux – ist der Held ein Diener, der nicht nur in der Lage ist, sich selbst besser zu kontrollieren als die gesellschaftlich Höherrangigen, sondern auch mit großem Geschick die Beziehungen zwischen ihnen arrangiert.

24 »In den frühen Phasen des städtischen Lebens teilten die Bürger mit den Rittern die kriegerischen Neigungen und die Praxis des Waffengebrauchs«, schreibt M. Bloch, *Feudal Society*, London 1965, S. 353. Siehe auch N. Elias, a.a.O., besonders »Blick auf das Leben eines Ritters«, Bd. 1, S. 283-301.

25 Zur Entwicklung des Pazifismus siehe P. Mayer (Hg.), *The Pacifist Conscience*, Harmondsworth 1966.

26 Der japanische Schriftsteller Yukio Mishima erfährt dies noch als einen Verlust. In seiner Einleitung zu den Verhaltensmaßregeln des Samurai (*Hagekure*, London 1977) erläutert er in einer Überschrift: »Das ausgeglichene Klima von heute, in dem man weder schön leben noch schrecklich sterben kann.«

27 Siehe R. Falk, *Human Rights and State Sovereignty*, New York, und ders., »Nuclear Weapons and the End of Democracy«, *World Futures Studies Federation* Conference on the future of political institutions, Den Haag, Dezember 1981. Siehe auch M. Mandelbaum, *The Nuclear Revolution*, Cambridge 1981, Kap. 7.

28 Siehe A. Vagts, a.a.O., und St. Andreski, *Military Organisation and Society*, London ²1968.

29 H. Bull, *The Anarchical Society: A Study of Order in World Politics*, London und Basingstoke 1977.

30 J. H. Herz, a.a.O., besonders Kap. 10 (»Das Sicherheitsdilemma im Atomzeitalter«).

31 N. Elias, *Engagement und Distanzierung*, a.a.O., S. 138.

32 Ebd., S. 83.

33 Ebd., S. 134.

34 Wie Paul Seabury in seiner Einleitung zu einem Auszug aus Kautilyas *Arthasastra* schreibt: »In den auswärtigen Beziehungen gilt das Grundprinzip, daß benachbarte Staaten abwechselnd Feinde und Verbündete sind. Daher rät der Arthasastra dem König im Verkehr mit seinen Feinden und Verbündeten zu einer Politik der Machtbalance. Um eine Niederlage seines Staates zu verhindern und möglichst einen Sieg davonzutragen, muß der König einer wohlüberlegten Politik fortwährend wechselnder Koalitionen mit anderen Staaten gegen seine Feinde folgen.« P. Seabury (Hg.), *Balance of Power*, San Francisco 1965, S. 7. Siehe auch M. Russel, *Theories of International Relations*, New York und London 1963, besonders Kap. 3, S. 37-51.

35 »Man sieht die Bewegung: Erst steht Burg gegen Burg, dann Territorium gegen Territorium, dann Staat gegen Staat, und heute erscheinen

am Horizont der Geschichte die ersten Anzeichen und Kämpfe um eine Integration von Gebieten und Menschenmassen in einer noch höheren Größenordnung.« N. Elias, *Über den Prozeß der Zivilisation*, a.a.O., Bd. 2, S. 118.

36 Zur dynastischen Machtbalance siehe E. V. Gulick, *Europe's Classical Balance of Power*, Ithaca 1955. Ferner L. Dehio, *The Precarious Balance. The Politics of Power in Europe 1494-1945*, London 1963; über das ›Europäische Konzert‹: R. B. Mowat, *The Concert of Europe*, London 1930; R. Rosecrance, *Action and in World Politics*, Boston und Toronto 1963, besonders Kap. 4-7; F. H. Hinsley, *Power and the Pursuit of Peace*, Cambridge 1963, Kap. 3.

37 Siehe L. Dehio, a.a.O.; A. J. Grant und H. Temperley, *Europe in the Nineteenth and Twentieth Centuries (1789-1950)*, London [6]1953, besonders Kap. 4 (»The Great Alliances and the Balance of Power«).

38 Wie von A. de Tocqueville schon vor einem Jahrhundert vorhergesagt wurde. Zu einer Analyse des Anwachsens der russischen und amerikanischen Macht siehe P. Dukes, *The Emergence of the Super-Powers*, London 1970.

39 Siehe weiter N. Elias, *Engagement und Distanzierung*, a.a.O.

40 Ebd., S. 79 ff.

41 Siehe G. van Benthem van den Bergh, *De Staat van Geweld*, Amsterdam 1980, besonders Kap. 1 (»De Schuldvraag als Orientatiemiddel«).

42 Für eine ausgezeichnete Analyse siehe W. K. Panofsky, »Science, Technology and the Arms-Build up«, Vortrag auf dem *Colloque Science et Desarmement*, Paris 1981. Auf Holländisch veröffentlicht in: *Transaktie*, Bd. 10 (1981), Nr. 2, S. 229-245.

43 Dieter Senghaas, *Rüstung und Militarismus*, Frankfurt/M. 1972, S. 46.

Bram van Stolk / Cas Wouters
Die Gemütsruhe des Wohlfahrtsstaates*

»Hier wie überall aber ist der Aufbau der Ängste nichts anderes als der psychische Widerpart der Zwänge, die die Menschen kraft ihrer gesellschaftlichen Verflechtung aufeinander ausüben.«

Norbert Elias[1]

In diesem Beitrag stellen wir einige Ergebnisse einer Untersuchung dar über die Probleme von Frauen, die 1979/80 in einem Frauenhaus Zuflucht gesucht hatten.[2] In dieses Zentrum, das wir den ›Bongerd‹ nennen wollen, kamen (und kommen) vor allem Frauen aus der Arbeiterklasse fast immer wegen Schwierigkeiten mit ihrem Partner. Wir waren dort ein Jahr lang zwei Tage in der Woche und sprachen mit ungefähr 250 Frauen, von denen wir vierzig ausführlich interviewten. Bei diesen vierzig Frauen variierte die Dauer ihrer Beziehungen zwischen drei und dreißig Jahren. Mehr als dreiviertel hatten ein oder mehrere Kinder in den Bongerd mitgenommen. Die meisten Frauen im Bongerd waren schon einmal früher von zu Hause weggelaufen, und ungefähr ein Drittel war schon früher einmal in einem Heim aufgenommen worden. Für einige war das Weglaufen und Wieder-Zurückkehren zu einer Lebensweise geworden. – Wir interviewten darüber hinaus zwanzig Männer, deren Frauen im Bongerd aufgenommen waren. Diese Männer besuchten wir zu Hause.

Nach einiger Zeit fielen uns in den Erzählungen der Frauen, mit denen wir sprachen, einige Regelmäßigkeiten auf, die wir zunächst nicht hinreichend beachtet hatten: Sie gehörten gleichsam zu den Standarderzählungen aufgenommener Frauen, und die Mitarbeiter des Bongerd hielten sie denn auch für so normal, daß sie ihnen nie besondere Aufmerksamkeit schenkten. Für diesen Beitrag beschränken wir uns auf die Besprechung nur einer dieser regelmäßig wiederkehrenden Erscheinungen: Eine über-

* Übersetzt von Ilse Urhahn-Winter. – Unser Dank gilt allen, die an dieser Untersuchung beteiligt waren. Besonders dankbar sind wir P. Krolis, der im niederländischen Kultusministerium arbeitet, für seine Informationen über das Sozialhilfegesetz.

wältigende Mehrheit der Frauen vertraute in hohem Maße darauf, daß finanziell für sie gesorgt werden würde, sowohl während ihres Aufenthaltes im Bongerd als auch danach.

Wir hatten gedacht, daß sich mindestens einige Frauen darüber Sorgen machen würden, ob und wie sie sich zukünftig finanziell durchbringen würden. Wir fragten von Anfang an in den Interviews danach und brachten auch in den übrigen Gesprächen, die wir führten, darunter einigen Gruppengesprächen, dieses Thema regelmäßig zur Sprache. Schon bald zeigte es sich, daß wir uns geirrt hatten. Unsere Annahme beruhte offensichtlich darauf, daß *wir* uns Sorgen machen würden, wenn wir an ihrer Stelle wären. Keine der Frauen, die wir sprachen, zeigte diese Besorgnis; die einzigen Ausnahmen waren ein paar Frauen aus den Mittelklassen. Als uns dies deutlich wurde, fragten wir mit noch mehr Interesse nach ihrer heutigen und zukünftigen Einkommensquelle. Die Antworten, die wir erhielten, wiesen so deutlich in dieselbe Richtung, daß wir meinen, dafür eine Erklärung geben zu können.

Von allen für alle

Beinahe alle Frauen, die wir sprachen, wurden während ihres Aufenthalts im Bongerd aufgrund des Sozialhilfegesetzes unterstützt. Dieses Gesetz, das in diesem Beitrag eine Hauptrolle spielt, wurde 1965 ohne namentliche Abstimmung von beiden Kammern der Volksvertretung (*Staten Generaal*) angenommen; nur von den Sozialisten (PvdA) kam ernsthafte Kritik, wenn sich auch die Mitglieder dieser Partei nicht gegen dieses Gesetz aussprachen. Im Gegenteil, die Kritik richtete sich gegen den Gebrauch des Begriffes »notwendige Lebenshaltungskosten«: Das klang zu knauserig und sah als Formulierung zu sehr der des alten Armengesetzes von 1912 ähnlich, in der von »Kosten für den notwendigen Lebensunterhalt« gesprochen wurde. Das neue Sozialhilfegesetz war in einem Geist entstanden, von dem in dem alten Armengesetz nichts zu spüren war: einer vom Staat getragenen Verantwortlichkeit aller für alle. Das Armengesetz war in viel höherem Maße Ausdruck einer Klassengesellschaft, in der die Steuerzahler – die Bürger – nur dann bereit waren, die schlimmste Not der Armen des Landes zu lindern, wenn es ›unvermeidlich‹ war. Das alte Armengesetz war für die, die sich darauf beriefen, in zwei wesentlichen Punkten erniedrigender als das Sozialhilfegesetz. Erstens galt das Subsidiaritätsprinzip, was in diesem Falle hieß, daß der Staat erst dann Unterstützung gewährte, wenn Familie, Kirchen oder unterstützungspflichtige Verwandte das nicht taten, und zwar selbst dann nicht, wenn sie dazu vom Staat aufgefordert worden waren. Zweitens konnte man gegen Bescheide, die aufgrund des Armengesetzes gegeben worden waren, nur in besonderen Ausnahmefällen Einspruch erheben (wenn man glaubwürdig nachweisen konnte, daß bei der Entscheidung ›Diskriminierung‹, wie wir es heute nennen würden, eine Rolle gespielt hatte). Gegen Entscheidungen, die die Sozialhilfe betreffen und für die der Bürgermeister und die Stadträte verantwortlich sind, kann dagegen zuerst bei der Provinz (*Gedeputeerde Staten*) und dann bei der Krone Einspruch erhoben werden. Das Sozialhilfegesetz kennt kein Subsidiaritätsprinzip, sondern arbeitet komplementär: Leistungen, die aufgrund anderer sozialer Einrichtungen bezogen werden können, haben Vorrang. Im Gegensatz zu beinahe allen übrigen Sozialleistungen – z. B. für Senioren, Arbeitslose oder Invaliden – ist die Sozialhilfe nicht auf dem Versicherungsprinzip aufgebaut; Sozialhilfe wird aus den allgemeinen Mitteln des Reiches finanziert (90% vom Reich und 10% von den Gemeinden).

Die Einführung des Sozialhilfegesetzes wurde von einer umfangreichen Aufklärungskampagne des Staates, aber auch der Kirchen flankiert, die damals noch ungefähr 30 000 Menschen unterstützten. Mit dem Slogan »Sozialhilfe ist kein Almosen, sondern ein Recht« versuchte der Staat zu verhindern, daß sich Menschen aus Scham oder Verlegenheit davon zurückhalten ließen, das neue Gesetz in Anspruch zu nehmen. Wer dafür in Betracht kam, solle »erhobenen Hauptes« das Büro des Sozialamtes betreten, fand die betreffende Ministerin Klompé damals. Das Sozialhilfegesetz wird im allgemeinen als Schlußpunkt der sozialen Gesetzgebung gesehen, die ›letzte Bastion‹ der sozialen Sicherheit, auf die sich jeder Niederländer verlassen kann, wenn es erforderlich ist.

Soziale Klassen

Die Zählungen, die wir anhand der Aufnahmeformulare des Jahres 1980 im Bongerd durchführten, zeigten, daß nur 3% der Frauen ihren Aufenthalt im Bongerd selbst bezahlten. Obwohl die finanzielle Situation der Frauen niemals ein Selektionskriterium bei der Aufnahme sein sollte, ist das in der Praxis dennoch der Fall. Es klingt paradox – aber nur für Frauen, die für Sozialhilfe in Betracht kommen, stellen die Aufenthaltskosten kein Problem dar. Nur verhältnismäßig wenige niederländische Frauen werden imstande und dazu bereit sein, die Aufenthaltskosten im Bongerd (hfl 110,– pro Person und Tag) länger als ein paar Tage selbst zu tragen, besonders wenn sie Kinder bei sich haben. Das Ergebnis dieser unbeabsichtigten Auswahl ist, daß im Bongerd zum größten Teil Frauen aus der Arbeiterklasse aufgenommen werden. Aber bessergestellte Frauen fühlen sich wahrscheinlich auch nicht besonders vom Bongerd angezogen. Der soziale Klassenunterschied zwischen ihnen und den im Bongerd aufgenommenen Frauen wird meistens zu groß sein, um sich dort heimisch zu fühlen. Drei Frauen aus den Mittelklassen, die wir besser kennenlernten, hielten es dort nicht lange aus und nannten als wichtigsten Grund dafür den Unterschied in Klasse und Lebensstil. Außer diesen drei Frauen schienen es die Frauen ganz normal zu finden, daß von den sozialen Institutionen für sie gesorgt wurde. Aus dem, was sie sagten, aber noch mehr aus dem, was sie nicht sagten, zeigte es sich »selbstschweigend« – um mit dem holländischen Soziologen A. de Swaan zu sprechen –, was für sie von Bedeutung war. Über die Erstattung der Aufenthaltskosten im Bongerd wurde beinahe nur dann gesprochen, wenn (meistens wegen eines Umzugs) unklar war, welche Gemeinde die Sozialhilfe zu leisten hatte, und wenn noch nicht sicher war, ob nicht sonst jemand aufgrund seiner finanziellen Situation für Unterstützungsleistungen herangezogen werden konnte. Das kam nur selten vor. Wenn wir dann selbst die Erstattung der Aufenthaltskosten im Bongerd zur Sprache brachten, bekamen wir immer Reaktionen wie die folgende:

»Ach, die Kohlen vom Sozialamt kommen doch automatisch hierher; darüber mach' ich mir keine Sorgen.«

Über das Taschengeld, das Teil der Sozialhilfe ist, wurde wohl ab und zu geredet, vor allem von Frauen, die kein eigenes Geld bei sich hatten und die von niemand sonst einen Zuschuß erhielten. Diese Frauen konnten nur schwer mit dem Taschengeld auskommen, vor allem, wenn sie etwas für die Kinder kaufen wollten, stark rauchten oder abends gern ausgingen. Frauen, die mit ihrem Taschengeld nicht auskamen, haben uns mehrfach vorgerechnet, wie schnell es zu Ende ist. Außer den älteren Frauen nannte auch niemand Geldsorgen als eines der Eheprobleme. Wenn man sie nach der finanziellen Seite des Zusammenlebens fragte, antworteten die meisten im selben Stil wie die 28jährige Frau eines Lastwagenfahrers:

»Ich kann nicht sagen, daß wir – mein Mann und ich – es schlecht gehabt hätten. Wir konnten uns Sachen kaufen, ausgehen, wann wir Lust hatten. Wir hatten es nicht nötig, ein bißchen sparsamer zu leben, um samstags ausgehen zu können.«

Eine Frage in diese Richtung gab wohl manchmal Anlaß zu der Kritik, daß der Mann zuviel Geld für sich ausgab und ihr zuwenig abgab; aber Klagen über ein zu geringes Einkommen, Abzahlungsprobleme und dergleichen haben wir nicht gehört. Eher war das Gegenteil der Fall; denn wir sprachen drei Frauen, die daran zweifelten, ob der Wohlstand, in dem sie gelebt hatten, wohl eine so günstige Wirkung auf ihre Ehe gehabt hatte. Beide Frauen waren mit einem Mann verheiratet, der zuviel trank. Eine der beiden äußerte während eines Gespräches:

»Ach, vielleicht haben wir es sogar zu gut gehabt. Wenn nicht so viel Geld dagewesen wär', wär's vielleicht gut geblieben, dann hätte er jedenfalls nicht so viel Schnaps kaufen können.«

Auch für die Zukunft rechneten die Frauen fest darauf, daß finanziell weiterhin für sie gesorgt würde, falls sie keine bezahlte Arbeit hatten oder anstrebten. Die wenigen Frauen, die wieder zu ihrem Mann zurückkehren wollten, verließen sich natürlich darauf, daß dieser dann wieder für sie aufkommen würde. Es fiel uns auf, daß auch Frauen, die schon längere Zeit in einer der Gruppen im Bongerd lebten, sich wenig mit Fragen zu beschäftigen schienen wie: Welche Sozialhilfe kann ich bekommen; welche Voraussetzungen sind damit verbunden, wie hoch ist die Sozialhilfe?

In den Interviews fragten wir die Frauen nach ihren Zukunftserwartungen; keine von ihnen hatte Angst vor finanziellen Problemen. Die dringendste Sorge war jedesmal die Wohnungsfrage; darüber hinaus sprachen sie von der Erziehung der Kinder und ihrer zukünftigen Beziehung zu ihrem Mann und/oder einem neuen Partner. Die Frauen, die keine Stellung hatten – das waren weitaus die meisten –, dachten manchmal über die Möglichkeiten nach, eine zu finden. Sofern sie nicht zu ihrem Mann zurückwollten und kein oder ungenügendes Einkommen aus Arbeit oder Alimenten erwarteten, wieder weitaus die meisten, wiesen sie uns kurz und manchmal etwas erstaunt auf die Sozialhilfe hin:

»Dann krieg' ich doch Sozialhilfe!«
»Na, dann wird schon für mich gesorgt. In diesem Land verhungert keiner.«
»Wieso? ... Ich krieg' natürlich Sozialhilfe für Freddie und für mich.«

Drei ältere Frauen, die wir interviewten, reagierten ähnlich, machten aber Bemerkungen oder frischten Erinnerungen auf, die zeigten, daß sie eine solche Unterstützung weniger selbstverständlich fanden als die jüngeren. Aus ihren Worten konnte man hören, daß sie die Sozialhilfe als Luxus empfanden. Eine Frau, deren Mann vor 26 Jahren aus Gesundheitsgründen seine Stellung aufgegeben hatte, sagte:

»Jetzt mach' ich mir 'mal ein schönes Leben von der Sozialhilfe. Ferien? Weiß nicht, was das ist; nie gehabt. Als er aufhörte zu arbeiten, starben wir fast vor Armut. Die Unterstützungen waren damals nicht so hoch. Er saß gemütlich zu Haus, und ich ging arbeiten, um ein paar Pfennige dazu zu verdienen, von fünf bis zehn Uhr abends; für die Jungen, damit sie zur Schule konnten. Da kannst du dich drauf verlassen, daß ich die Armut gekannt hab'.«

Dieselbe Frau rief während eines Gespräches einmal aus:

»Erst haben wir die Armut gekannt und dann den Überfluß.«

Eine Frau, die dreißig Jahre mit einem Alkoholiker verheiratet war, der ihr niemals genügend Haushaltsgeld gegeben hatte, sagte:

»... wenn er nach Amerika fuhr, war er jedesmal 17 Tage weg, und dann hatten wir Ruhe, aber ich hatte gerade 80 Gulden in der Woche damals; ich sag' dem Büro: ›Davon kann ich nicht auskommen mit den Kindern‹, und dann haben sie ihn von der Gesellschaft gezwungen, mir mehr Geld zu geben. Na, dann war der Teufel los, wenn er nach Hause kam ... Nach all den Jahren möcht' ich auch mal 'n bißchen Geld im Portemonnaie haben. Jetzt will ich mal eine eigene Wohnung, und daß ich Hilfe krieg'; jetzt will ich mal die Sozialhilfe genießen.«

Selbstverständlich erinnerten sich die jüngeren Frauen viel weniger an die Armut von früher. Sie legten in ihren Äußerungen eine Gemütsruhe an den Tag, die sich sowohl auf die Vergangenheit als auch auf die Zukunft bezog.

Das System sozialer Gesetze, durch das der Wohlstand verteilt und jedem soziale (lies: materielle) Sicherheit geboten wurde, ist anscheinend in seiner relativ kurzen Existenzperiode schon zu einer so selbstverständlichen sozialen Tatsache geworden, daß die Angst vor (künftigen) Geldsorgen größtenteils weggefallen ist. Die sozialen Bedingungen unseres Wohlfahrtsstaates sind damit in der Persönlichkeit dieser Frauen erkennbar geworden; ihre Gemütsruhe auf finanziellem Gebiet ist die Gemütsruhe im Wohlfahrtsstaat. Nur da, wo der niederländische Wohlfahrtsstaat gescheitert ist, nämlich bei der Bewältigung der Wohnungsnot, fehlte diese Sorglosigkeit; Wohnungsprobleme ließen die Frauen nicht schlafen. Die soziale Sicherheit, die der Wohlfahrtsstaat bietet, so zeigt es sich in unseren Interviews, ist zu einem gewissen Grad verinnerlicht und zu einem Gefühl der persönlichen Sicherheit geworden.

Wenn wir von der ›Gemütsruhe des Wohlfahrtsstaates‹ sprechen, soll das nicht bedeuten, daß alltägliche Geldsorgen fehlten. Es gibt sie schon, aber nur innerhalb bestimmter Grenzen; die Sorgen scheinen nicht mehr so hoch anzuwachsen, daß sie die hier gemeinte Gemütsruhe beeinträchtigen. Es ist eine Tatsache, daß die sozialen Institutionen für ein Existenzminimum sorgen, das die Individuen gegen die Risiken des Lebens absichert und sie auffängt, wenn sie unter die Räder zu geraten drohen. Wir wollen hier darauf aufmerksam machen, daß die Gefahren, gegen die dieses soziale Netz Schutz bietet, offenbar kaum noch im Bewußtsein der Frauen, die wir sprachen, vorkommen. Die Gemütsruhe, die wir meinen, war nicht das Ergebnis einer bewußten und wohlerwogenen Einschätzung der eigenen finanziellen Lage und Aussichten, sondern der subjektive Reflex der Einrichtungen des Wohlfahrtsstaates in der persönlichen Einstellung.

Die Kampagne, die der niederländische Staat in den sechziger Jahren unternahm, um das eingebürgerte Wort ›Unterstützung‹ *(steun)* durch das neue Wort ›Sozialhilfe‹ *(bijstand)* zu ersetzen – mit dem Hinweis, Sozialhilfe sei kein Almosen, sondern ein

Recht –, war offenbar sehr erfolgreich. Wer nicht der Arbeiterklasse angehört, kann diese Gemütsruhe im Wohlfahrtsstaat wahrscheinlich nicht im selben Maße teilen, weil die Angewiesenheit auf Sozialhilfe für Menschen anderer Bevölkerungsschichten einen sozialen Abstieg impliziert, der ihrer Selbstachtung widerspricht. Eine der Frauen aus der Mittelklasse sagte uns dazu, als wir sie später außerhalb des Bongerd sprachen:

»... ich gehörte dort nicht hin; all die Frauen, die so leicht von der Sozialhilfe leben – das könnte ich nicht.«

Leben von der Sozialhilfe bedeutete für sie einen Verlust an Achtung und Selbstachtung. Bei keiner der anderen Frauen war eine Einbuße an Achtung oder Selbstachtung festzustellen, weil sie Sozialhilfe in Anspruch nahmen.

Die Männer, die wir interviewten, zeigten dieselbe Gemütsruhe. Es handelt sich hier selbstverständlich nur um einen Eindruck, weil wir im Vergleich zu der Anzahl Frauen nur wenige Männer sprachen. Unsere männlichen Befragten waren meistens über ihre Beziehung zu Frau und Kindern tief beunruhigt, aber keiner von ihnen machte sich über seine finanzielle Sicherheit Sorgen. Von sich aus redeten sie nicht darüber, ebensowenig wie ihre Frauen. Aber bei letzteren war dies vielsagender, weil sich ja deren Einkommensquelle veränderte und nicht die der Männer. Auch die Männer hatten das beruhigende Gefühl, ein redliches Einkommen zu haben, entweder durch Arbeit oder Sozialhilfe. Außerdem gaben einige von ihnen zu erkennen, daß sie sich frei fühlten, zwischen diesen beiden Einkommensmöglichkeiten zu wählen. Mit den Worten eines Versicherungsvertreters:

»Ich kann nicht arbeiten, wenn ich Krach habe. Das weiß sie, und das kannst du sie auch fragen. Ich hab' mit allem aufgehört. Ich tu nichts mehr.« (Frage: Wie kommst du dann an Geld?) »Na, noch von meinem alten Arbeitgeber her, und jetzt hab' ich Krankengeld.«

Ein Rotterdamer Hafenarbeiter mit zwei Kindern hatte sogar das Gefühl, zwischen drei Einkommensquellen wählen zu können:

»Ich hab' auch mit den Chefs gesprochen von dem Betrieb, wo ich arbeite. Die fanden meine Lage auch so verflixt. Ich hab' gesagt: Hör mal, ich hab' immer gut bei euch gearbeitet; ihr seid meine längste Stellung, wo ich geblieben bin, aber es tut mir leid, meine Arbeit interessiert mich einfach nicht ... ich fang' an, Fehler zu machen, das geht nie gut für mich oder für'n anderen. Ich arbeite mit Maschinen, die unter Druck stehen. Dafür hatten sie Verständnis, und dann hab' ich mich krank schreiben lassen. Man muß jetzt alles selber tun: waschen, bügeln, kochen, so ist man den ganzen Tag beschäftigt; die Kleinen zur Schule bringen, ihnen bei den Hausaufgaben helfen. Ich will jetzt nicht, daß sie wieder Probleme bekommen. Jetzt geht es gut, sie haben gute Noten. Ich will jetzt weiter für sie sorgen. Ich hab' alles mal ausgerechnet, und jetzt hab' ich Sozialhilfe beim Sozialamt beantragt.«

Hin und wieder zeigte sich in dem, was die Männer sagten, daß ihre finanzielle Gemütsruhe auf dem Gefühl beruhte, es werde schon für einen gesorgt. So verstand ein Dachdecker das Sozialamt auch als eine Instanz, die ihm zukünftig zu einer Wohnung verhelfen könnte:

»Werd' ich aus meinem Haus geworfen, na ja gut, dann geh' ich zum Sozialamt; beim Sozialamt setz' ich mich hin, darum. Werfen sie mich raus, na, dann geh' ich wieder rein. Genau so lang, bis sie vom Sozialamt herkommen, denn dafür sind die Typen doch da, oder nicht! Von diesen Instanzen kriegt man manchmal auch eine Wohnung. Das weiß ich genau.«

Es gibt Instanzen, die für einen sorgen: »Dafür sind die Typen da.« Ein Elektriker, der seit zwei Monaten eine Invalidenrente bekam, betrachtete diese als eine Art garantiertes Existenzminimum:

»Was ich jetzt von der Invalidenrente krieg', schau, da gewöhnt man sich natürlich dran. Den Schritt zurück, daß man weniger verdienen soll, nee, das könnt' ich nicht mehr. Du kannst wohl sagen, such 'was Arbeit, so zum Spaß, aber andererseits ist es doch kein Hobby, denn es muß Geld bringen, und für 1200 Gulden netto im Monat kann ich keine Familie ernähren. Man will nicht weniger, vor allem nachher nicht mehr, wenn man Alimente zahlen muß.«

Die finanzielle Sorglosigkeit, die auch die Männer zeigten, schloß nicht aus, daß auch sie Geldsorgen kannten, und zwar vor allem solche, die mit einer drohenden Ehescheidung zusammenhingen. Eventuelle Alimente und die zukünftige Vermögensteilung waren für alle Männer, die das auf sich zukommen sahen, Anlaß zu großer Sorge. Ein Kranführer sagte sehr erregt:

»Sagt sie, ich hab' doch gesagt, daß du alles haben kannst. Ich sag: Das kannst du jetzt schon sagen, aber dann sagt's der Richter noch nicht. – Ja, aber du hältst dich am Materiellen fest. – Ich sag: Und ihr euch am Finanziellen vom Sozialamt, denn wenn du das nicht kriegst, dann hast du nichts zu essen, und dann fällst du doch wieder aufs Materielle zurück, denn wenn dann die Scheidung ausgesprochen wird, und sie kommen taxieren, und sie sagen, hier steht alles zusammen für 20 000 Gulden, also jeder 10 000, dann kommst du's doch holen. Und dann sagen, man soll nicht materiell denken. Na, dann mußt du die Hände davon lassen.«

Nur durch ihre Rückkehr und die Aufgabe der Scheidungsabsicht könnte seine Frau den Wunsch dieses Mannes erfüllen und »die Hände davon lassen«. Das deutet darauf hin, daß die Angst vor zukünftigen finanziellen Entwicklungen bei weitem nicht nur den materiellen Verlust betrifft, sondern viel mehr den immateriellen: der Verlust ihres Familienlebens beschwor bei vielen Männern das Schreckbild der völligen sozialen Deklassierung herauf.

Ein Vergleich mit den Vereinigten Staaten

Wie sehr die soziale Sicherheit, die die sozialen Einrichtungen in den Niederlanden bieten, bei den von uns Befragten zu einem Gefühl der persönlichen Sicherheit geworden ist, läßt sich anhand eines kurzen Vergleichs mit einem Land wie den Vereinigten Staaten unterstreichen. Das Durchschnittseinkommen der Arbeiter ist dort höher, aber die sozialen Einrichtungen sind dort nicht so umfangreich. In Untersuchungen über Männer und Frauen aus der Arbeiterklasse zeigt sich denn auch nirgends eine ähnliche Gemütsruhe wie in den Niederlanden; im Gegenteil.

Lilian Rubin spricht in ihrem bekannten Buch *Worlds of Pain. Life in the Working-Class Family*[3] sogar vom Wohlstand als einem »Mythos«[4], weil diese Menschen in einem Netz von Abzahlungsregelungen gefangen seien, »das sie mit einer quälenden Angst erfüllt, von der sie nicht loskommen können«.[5] Vor allem in der gegenwärtigen Rezession, so Rubin, wird zumindest ein Teil von ihnen Zeiten erleben, »in denen der Fortschritt, den sie im Vergleich zu ihren Eltern erreicht hatten, verlorengehen wird, in denen die Hoffnung der Verzweiflung weichen wird und alle Mühe vergebens zu sein scheint«.[6] Auch in besseren Zeiten haben die amerikanischen Arbeiter, Rubin zufolge, niemals die Gemütsruhe des Wohlfahrtsstaates gekannt, wie sie aus unseren Interviews hervorgeht: »Denn direkt unterhalb des scheinbaren Wohlstands haben die Arbeiterfamilien immer mit der quälenden

Angst vor Arbeitslosigkeit und zuwenig Arbeit gelebt – immer in dem Bewußtsein, daß jeder Rückgang der Überstunden, jede Entlassung sie über den Rand des Abgrunds stürzen würde.«[7]

Diese quälende Angst vor dem Abgrund steht in scharfem Kontrast zu dem Gefühl der sozialen und persönlichen Sicherheit, das wir bei den niederländischen Frauen aus der Arbeiterklasse antrafen (die Daten über Männer weisen in dieselbe Richtung). Für eine zweiunddreißigjährige Frau, verheiratet mit einem Industriearbeiter, der es bis zum Abteilungschef gebracht hatte, war diese Sicherheit anscheinend so groß und Sozialhilfe so selbstverständlich, daß sie auf unsere Frage, wie sie nach der Scheidung finanziell auszukommen dachte, antwortete:

»Na, Geld ist für mich Nebensache geworden; das kann mir gestohlen bleiben. Ich hab' es mein ganzes Leben lang gehabt, und ach, wenn ich hör, daß jemand ernsthaft über was anderes reden kann, na, dann find' ich das besser. Vielleicht werd' ich enttäuscht, ich weiß es nicht. Ich hab' immer Geld gehabt, und ich würd' es prima finden, mal ohne zu sein.«

»Ohne Geld sein« bedeutet: nicht mehr Geld haben, als die Sozialhilfe bietet. Es liegt auf der Hand, daß die Bestimmtheit einer solchen Aussage mit dem Zorn gegen ihren Mann zusammenhängt, daß diese Frau also einigermaßen übertreibt. Dennoch bleibt der Kontrast zu Rubin groß genug, um – mit den Worten des Mottos dieses Beitrages – feststellen zu können, daß mit der Einrichtung der Versorgungsarrangements in unserem Land der aus den gesellschaftlichen Verflechtungen bedingte Aufbau der Ängste derartig verändert worden ist, daß die Angst vor der materiellen Not verblaßt ist und daß soziale Sicherheit zu persönlicher Sicherheit geworden ist.

Der Wohlfahrtsstaat als Konkurrent der Männer

Die Einrichtungen des Wohlfahrtsstaates haben auch Folgen für die Bindungen zwischen Mann und Frau, für die Art und Weise, wie Frauen in der Ehe oder einer festen Beziehung von ihrem Mann abhängig sind. In der zuletzt zitierten Aussage bringt die Frau das Geld, das ihr Mann nach Hause brachte, implizit in Zusammenhang mit seinem Unvermögen, »ernsthaft über etwas reden« zu können. Durch die Garantie der sozialen Sicherheit wurden die Frauen von ihren Männern unabhängiger, weil die traditionelle Machtquelle ihres Partners, die Ernährerrolle, für sie an Bedeutung verlor. In vielen Fällen hat das Gefühl der Sicherheit auf materieller Ebene eine Veränderung des Wertschätzungsmusters der Frauen ihren Männern gegenüber bewirkt, und zwar in der Weise, daß dabei die Abhängigkeit und das Sicherheitsbedürfnis der Frauen in der Beziehung abnahmen. Das Modell der Sicherheit in festen Beziehungen hat stark an Bedeutung eingebüßt, und die Folge war, daß auf der Ebene der Beziehungen experimentiert werden konnte. So ist z. B. »über etwas ernsthaft reden zu können« zu einem Wert geworden, der im Vergleich zu früher an Bedeutung zugenommen hat.[8]

Nachdem ein gewisser Wohlstand selbstverständlich wurde, scheinen die immateriellen Erwartungen und Bedürfnisse in einer intimen Beziehung auf breiter Ebene sogar zuzunehmen. Die materielle Befriedigung ist offenbar häufig die Basis größerer emotionaler Unzufriedenheit. Eine dreißigjährige Frau drückte dies folgendermaßen aus:

»Wenn seine Unterwäsche nicht bereitlag, brachte er demonstrativ den ganzen Schrank in Unordnung. Dann konnte ich ein oder zwei Stunden wieder aufräumen. Ich hab' nur immer gesagt: Ja, ich bin verheiratet, und er sieht mich als seinen persönlichen Besitz an, und ich muß für ihn tun, was er will, und er braucht nichts dafür zu tun als arbeiten, Geld nach Hause zu bringen.«

Eine etwas jüngere Frau äußerte sich genauso geringschätzig über die große Bedeutung, die ihr Mann, ein Taxifahrer, seiner Ernährerrolle beimaß, als sie sagte:

»Vielleicht war er sehr unzufrieden, aber das zeigte er nie, auch nicht seinen Freunden. Er sagte immer, wenn es auch noch so schlecht zwischen uns ging, ›wir haben es doch ganz gut, nicht wahr?‹ Das meinte er finanziell. Da war er stolz drauf. Wenn wir jemand besuchten, dann mußte ich vor, und er kam danach. Er war auch stolz auf mich, er legte Wert aufs Äußere. Nicht weil ich es war, sondern als lebender Beweis für seinen Erfolg.«

Beide Frauen haben es leichter als früher, sich geringschätzig über den Wert auszulassen, den ihre Männer auf das Geld legen, das sie nach Hause bringen, weil es für sie eine Alternative in Form der Sozialhilfe gibt. Diese Alternative ermöglicht ihnen zugleich, der Unzufriedenheit mit ihrer Beziehung größere Bedeutung beizulegen. Mit den sozialen Einrichtungen beabsichtigte man, den Wohlstand zu verteilen und möglichst vielen soziale Sicherheit zu verschaffen; aber unbeabsichtigt und unvorhergesehen hat sich damit zugleich das Machtverhältnis zwischen den Geschlechtern zugunsten der Frauen verschoben. Der Wohlfahrtsstaat ist gleichsam in Konkurrenz zu den Männern getreten. Die meisten Männer, die wir sprachen, befestigten dieses Bild vom Staat als Konkurrenten, indem sie offen oder versteckt ihre Wut oder Eifersucht auf die sozialen Einrichtungen, deren sich die Frauen bedienten, an den Tag legten. Der Kranführer, dessen Äußerung »ihr Frauen klammert euch an das Finanzielle vom Sozialamt« wir bereits zitierten, sagte:

»Wenn du selbständig sein willst, dann mußt du dich nicht in so'n Heim verkriechen, dann mußt du, wenn es nur irgendwie möglich ist, acht Stunden am Tag arbeiten und von deiner Hände Arbeit leben. Aber nicht vom Sozialamt.«

Seine Frau hatte ihre drei schulpflichtigen Kinder mit in den Bongerd genommen. – Ein Bauarbeiter brachte seine Eifersucht folgendermaßen zum Ausdruck:

»Was sie jetzt tut, ist Weglaufen, und eine Frau kann auf dem Gebiet viel mehr als ein Mann. Denn wo soll ich hin, wenn ich weglauf? Was hat denn ein Mann für eine Zukunft? Sie wird vollkommen unterstützt. Sie kriegt von jedem Hilfe. Sie hat da Ärzte, Sozialarbeiter und noch mehr. Aber ich hab' hier nichts.«

Ein anderer Bauarbeiter sagte:

»Einer Frau helfen allerhand Instanzen, aber bei einem Mann denkt man, ja, der Kerl kann's selbst, der regelt alles mal selbst und wenn er sich auf die Straße legt. So geht das nun mal. Doch ist es immer noch der Mann, der das Geld auf den Tisch legt. Das ändert sich jetzt vielleicht, weil die Frauen das auch tun, aber ursprünglich bringt der Mann das Geld nach Hause, der muß doch eigentlich für die Familie sorgen. Und jetzt auf einmal, wie bei Marijke und mir, kriegt man den Laufpaß.«

Auch bei manchen Frauen war zu merken, daß sie wußten, daß sich ihr Mann in einer Art Konkurrenzposition zum Staat befand und daß sie, indem sie die Hilfe der Behörden akzeptierten, unabhängiger von ihrem Mann wurden:

»Sjaak glaubte nicht, daß ich weglaufen würde, weil er immer sagte: Du kannst doch nirgends hin, du hast doch kein Heim. Aber ja, du weißt wie's ist, als Frau steht man ganz allein, und wie soll man dann so'ne Scheidung regeln. Dabei braucht man doch Hilfe. Und das beschäftigt mich im Moment. Man braucht also einen Rechtsanwalt und, na ja, auch Geld. Das hab' ich nicht, ich hab' keinen Pfennig. Jetzt krieg' ich so'n Rechtsanwalt umsonst ...«

Zur Legitimation der Hilfe, die sie in Anspruch nimmt, verweist diese Frau darauf, daß sie eine Frau ist. Auch der Kranführer teilt diese Einschätzung, wenn er auch darüber klagt:

»Als Frau wird ihr da natürlich enorm geholfen. Hat sie mitten in der Nacht Probleme mit sich selbst, dann geht sie zu so 'nem Sozialarbeiter und fängt ein Gespräch an. Und nach einer oder zwei Stunden, dann geht sie schlafen. Brauch' ich so was, dann gibt's das nicht, oder ich muß anfangen zu telefonieren.«

Der Ausdruck »als Frau«, den beide gebrauchen, weist darauf hin, daß sie die traditionelle Arbeitsteilung zwischen Mann und Frau trotz der augenblicklich dramatischen Umstände noch weitgehend akzeptieren: eine Frau ist für die Familie da, außerhalb dieser steht sie allein und braucht die Hilfe ihres Mannes oder, wenn diese nicht ausreicht oder ausbleibt, Hilfe von anderen. Sein Widerstand richtet sich nur gegen die Kritik seiner Frau an ihm selbst; eine Kritik, die dadurch, daß andere für ihn einsprangen, sozusagen offiziell sanktioniert wurde, denn diese Hilfe wurde in allen Fällen vom Staat bezahlt. »Als Frau« bleiben die Frauen abhängig, so scheint es jedenfalls, aber durch das Weglaufen zum Bongerd wählen sie eine Abhängigkeit, die unpersönlicher und nicht so schwerwiegend ist wie die Abhängigkeit von einem (›schlechten‹) Partner.

Die beiden Frauen, die die Konkurrenzposition ihres Mannes zum Staat am zutreffendsten ausdrückten, waren eine etwas ältere Frau und eine Surinamerin. Erstere war schon beinahe sechzig; sie hatte ein paarmal zu ihrem Mann gesagt:

»Hast du gedacht, daß ich dich brauch'? Es gibt doch noch so was wie's Sozialamt, das kann für mich sorgen.«

Die Surinamerin ließ sich kurz nach ihrer Ankunft in den Niederlanden scheiden unter dem Motto:

»Die Gemeinde gibt mir keinen Tritt.«

Als ›Ernährer‹ hält man den Staat für einen viel sichereren und vertrauenswürdigeren Partner. Es gibt also eine gewisse Kontinuität in der Gewöhnung der meisten Frauen daran, daß für sie finanziell gesorgt wird (und werden wird). Die Wahlmöglichkeiten der Frauen sind jedoch, vor allem durch das Sozialhilfegesetz, vergrößert. Abgesehen von der stark zurückgegangenen Möglichkeit eigener Arbeit, können sie nun leichter zwischen finanzieller Abhängigkeit von ihrem Mann und finanzieller Abhängigkeit vom ›Väterchen Staat‹ wählen. Darüber hinaus können sie mit der finanziellen Sicherheit im Hintergrund, die der Staat bietet, zugleich die Qualitäten und Fehler ihres eigenen Mannes gegen die eines anderen Mannes abwägen oder sich leichter dazu entscheiden, ohne festen Partner weiterzuleben.[9]

Schlußfolgerungen

Als wir dies alles in Betracht zogen, fanden wir in unserer Untersuchung starke Indizien dafür, daß eine Veränderung des Staatshaushaltes binnen kurzer Zeit eine Veränderung des Affekthaushaltes zur Folge haben kann, daß eine schnelle Veränderung der sozioökonomischen Ordnung in wohl besonders kurzer Frist das Gefühlsleben zu prägen vermag. Der Zusammenhang zwischen Prozessen der Staatenbildung (hier: die Einrichtung von Versorgungsarrangements) und die Entwicklungen in der Persönlichkeitsstruktur (hier durch das repräsentiert, was wir die Gemütsruhe im Wohlfahrtsstaat nannten) ist der Kern der Zivilisationstheorie von Norbert Elias. Das von ihm stammende Motto dieses Artikels bezieht sich darauf. Die Entwicklungen, die er behandelt, vollziehen sich allmählich im Laufe mehrerer Jahrhunderte.

Unser Material weist darauf hin, daß sich solche Prozesse auch in viel kürzerer Zeit abspielen können; »die Zwänge, die die Menschen kraft ihrer gesellschaftlichen Verflechtung aufeinander ausüben«, sind durch die Entwicklung des Wohlfahrtsstaates innerhalb einer Generation so verändert worden, daß die Angst vor Armut und sozialer Deklassierung – noch vor vierzig Jahren weit verbreitet – verblaßt und beinahe vergessen zu sein scheint. Die Versorgungsarrangements und das damit zusammenhängende Gefühl der Sicherheit sind Ausdruck von Demokratisierungsprozessen in einer reicher werdenden Gesellschaft. Diese Gemütsruhe des Wohlfahrtsstaates scheint jetzt ebenso weitverbreitet und selbstverständlich zu sein wie vor kurzer Zeit noch die Angst vor Armut. Diese Eindämmung materieller Unsicherheit, die so weit geht, daß die Armut als Bedrohung offenbar kaum noch im Bewußtsein auftaucht, können wir als Veränderung im Affekthaushalt und damit in der Persönlichkeitsstruktur bezeichnen, die sich schnell – innerhalb weniger Jahrzehnte – vollzogen hat. Die Persönlichkeit vieler Mütter der Frauen, die wir sprachen, und erst recht der Großmütter war durch die Angst vor der Armut mitbestimmt.[10] Einige andere Frauen, die wir sprachen, hatten diese Angst noch in ihren Kinderjahren kennengelernt und sich erst später teilweise von ihr befreit. In ihrem Fall ist der Begriff Mentalitätsveränderung[11] zutreffender als der Terminus Persönlichkeitsveränderung, weil sich letzterer auf Veränderungen bezieht, die über Generationen laufen. Unser Material aus den Interviews und anderen Gesprächen weist nicht nur auf eine Veränderung der Persönlichkeit von sowohl Frauen wie Männern hin, sondern auch auf eine Veränderung des Machtverhältnisses zwischen den Geschlechtern in Ehen und festen Beziehungen. Die Veränderung der Persönlichkeit betrifft die Bildung einer persönlichen Einstellung, die wir die Gemütsruhe im Wohlfahrtsstaat genannt haben. Wenn es gerechtfertigt ist, hier von einer persönlichen Einstellung zu sprechen, dann wird diese Gemütsruhe bei wachsender sozialer Unsicherheit nicht im selben Verhältnis abnehmen. Das allmähliche Schwinden dieser Gemütsruhe wird hinter dem Tempo des wirtschaftlichen Rückgangs zurückbleiben.

Schon während unserer Untersuchung gab es Anzeichen für dieses Nachhinken. In dieser Zeit war die wirtschaftliche Misere schon so weit fortgeschritten, daß sie täglich ein wichtiges Thema für die Medien darstellte. Die öffentliche Diskussion über die (Un)möglichkeit, das System der Sozialleistungen auf die Dauer finanzieren zu können, war schon einige Zeit im Gang. Bei den Gesprächen, die wir führten, brachte keiner unserer Befragten die davon ausgehende Drohung mit seinem persönlichen Schicksal in Zusammenhang.

Die Reichweite dieser Interpretation erstreckt sich auf die im Bongerd aufgenommenen Frauen; aber aufgrund unserer Informationen über gleichartige Einrichtungen scheint es uns unwahrscheinlich, daß unsere Ergebnisse nicht auch für die dort aufgenommenen Frauen gelten sollten. Inwieweit die hier gegebene

Interpretation für die Frauen aus der Arbeiterklasse generell gilt, kann man auf der Grundlage unserer Untersuchung nicht genau sagen. Man kann jedoch einige Entwicklungen nennen, die anzeigen, daß die Gemütsruhe im Wohlfahrtsstaat in den Niederlanden während der letzten Jahrzehnte generell stark angewachsen ist. Die Zunahme solcher Einrichtungen wie der des Bongerd und das schnelle Wachstum der Zahl der dort aufgenommenen Frauen wie auch die steigende Zahl der Ehescheidungen, nach denen Sozialhilfe beantragt wird, weisen jedenfalls darauf hin, daß sich immer weniger Frauen bei der Entscheidung, ihren Mann zu verlassen, von dem Gedanken zurückhalten lassen, dann Sozialhilfe beanspruchen zu müssen.

Die größeren Wahlmöglichkeiten auf dem Gebiet finanzieller Abhängigkeiten (vor allem durch das Sozialhilfegesetz) haben die *direkte* Abhängigkeit der Frauen von ihren Männern verringert. Die Integration des Wohlfahrtsstaates ist jedoch noch nicht so weit fortgeschritten, daß die *indirekten* Abhängigkeiten, das heißt die durch den Staat vermittelte Abhängigkeit aller voneinander, auch als wechselseitige Verantwortlichkeit erfahren wird. Die Vergrößerung wurde von den meisten eher als eine Erweiterung der persönlichen Freiheit empfunden, als eine Verringerung der Interdependenzen. Daß zugleich die weniger sichtbaren und indirekteren Abhängigkeiten vom Staat gewachsen sind, scheint kaum in ihre Erfahrungswelt eingegangen zu sein. Jetzt, da die Angst vor der Armut so nachgelassen hat, scheint das als eine Abnahme des gesellschaftlichen Zwanges erfahren zu werden, als ob sich die Zwänge, die die Menschen kraft ihrer gesellschaftlichen Verflechtung aufeinander ausüben, verringert hätten. Das ist jedoch nicht so; auch die Sozialhilfe bedeutet ein Abhängigkeitsverhältnis, wenn auch ein indirekteres. Die Einrichtung von Versorgungsarrangements wie das Sozialhilfegesetz hat die Menschen nicht so sehr voneinander unabhängiger gemacht, sondern – wie de Swaan sagt – die Abhängigkeit »von mehr Menschen jeweils verringert«, wobei der Staat im Schnittpunkt all dieser Interdependenzverhältnisse steht. De Swaan spricht in diesem Zusammenhang von Verstaatlichung.[12]

Die (ungeplanten und unvorhergesehenen) Entwicklungen, die wir in diesem Artikel signalisierten, haben vor allem für Frauen, die in erniedrigenden Beziehungen lebten, befreiend gewirkt. Das gestiegene Selbstvertrauen dieser Frauen, ihre gehobene Selbstachtung beruhen zum guten Teil auf ihrer neugewonnenen finanziellen Unabhängigkeit. Aber die Sicherheit, die sie gewonnen haben, ist nun nicht mehr so sicher. Die gegenwärtige Welle von Sparmaßnahmen bedeutet in diesem Zusammenhang weit mehr als eine finanzielle Einschränkung.

Anmerkungen

1 N. Elias, *Über den Prozeß der Zivilisation*, Bern ²1969, Bd. 2, S. 446.
2 Über diese Untersuchung berichteten wir bereits unter dem Titel »Machtwinst, respect en zelfrespect« in: *Amsterdams Sociologisch Tijdschrift* 7 (1980) 3, S. 191-222, sowie in *Vrouwen in Tweestrijd*, Deventer 1983.
3 L. B. Rubin, *Worlds of Pain. Life in the Working-Class Family*, New York 1976.
4 Ebd., S. 204.
5 Ebd., S. 205.
6 Ebd., S. 206.
7 Ebd., S. 151.
8 Wieviel Wert Frauen heutzutage darauf legen, mit ihrem Mann ›reden zu können‹, kommt ausführlich in dem unter Anm. 2 aufgeführten Artikel zur Sprache. In einem Interview (*NRC-Handelsblad*, 24. 10. 1981) sagte Lilian Rubin jüngst: »Ich höre Frauen so oft klagen, daß sie nicht mit ihrem Mann reden können.«
9 Es scheint uns, daß durch die Einrichtung sozialer Arrangements die Wahlmöglichkeiten nicht nur für Frauen, sondern auch für Männer zugenommen haben, wenn auch auf einem anderen Gebiet: Männer können heute leichter zwischen finanzieller Abhängigkeit von ihren Chefs oder vom Staat wählen. Vor allem in Zeiten des Arbeitskräftemangels galt auch für sie, daß sie aufgrund der vom Staat gebotenen finanziellen Sicherheit die Vor- und Nachteile ihres Arbeitsplatzes freier gegen die eines neuen abwägen konnten. Das gilt auch jetzt noch, wenn auch in geringerem Maße wegen der gestiegenen (Angst vor) Arbeitslosigkeit.
10 Die Kraft, mit der die Angst vor Armut die Persönlichkeitsstruktur des Menschen prägen kann, wird oft unterschätzt. In der Regel unterschätzen die Menschen diese Kraft um so mehr, je stärker ihre Persönlichkeit durch die Gemütsruhe im Wohlfahrtsstaat und/oder durch die Gemütsruhe einer privilegierten (Klassen-)Stellung gekennzeichnet ist.

11 Man spricht sich in letzter Zeit dafür aus, den ›einheimischen‹ Begriff der Mentalität als sozialwissenschaftlichen Terminus zu bevorzugen. Siehe die Nummer »Facetten van Mentaliteiten« in der Zeitschrift *Symposion* 3 (1981) 1/2.

12 A. de Swaan, »De mens is de mens een zorg; over verstatelijking van verzorgingsarrangementen«, in: *De Gids* 139 (1976) 1/2, S. 35-48.

Hermann Korte
Die etablierten Deutschen und ihre ausländischen Außenseiter

1. In den letzten Jahren haben sich Vorgänge und Aktionen gehäuft, die zu der Annahme berechtigen, daß es in der Bundesrepublik Deutschland sowohl eine steigende allgemeine Fremdenfeindlichkeit als auch eine ansteigende gezielte Feindlichkeit gegenüber Ausländergruppen gibt. Es stehen nicht nur »Ausländer raus«-Parolen an manchen Häuserwänden. Berichtet wurde auch diese schreckliche Inschrift: »Die Juden haben es hinter sich, die Türken haben es noch vor sich«. Diese Parolen und Inschriften sind ein Zeichen dafür, daß die Hemmschwelle, sich feindlich gegenüber Ausländern zu äußern, langsam sinkt.

Es gibt jedoch nicht nur diese Art der Häuserwandpropaganda, die man zum Beispiel 1980 auch im Wahlkampf in Nordrhein-Westfalen von der NPD hörte, sondern auch intellektuelle Äußerungen, so z. B. in biologistischen wissenschaftlichen Artikeln[1], die sich vor einer Überfremdung des deutschen Volkes fürchten, oder die ebenso feinsinnigen wie rechtskonservativen Formulierungen des Generalsekretärs des Deutschen Roten Kreuzes, Schilling, der unter dem Mantel einer scheinbar freundlich-akademischen Diskussion[2] im Prinzip das gleiche fordert wie die Wahlprogramme rechter Parteisplitterungen und das neo-rassistische »Heidelberger Manifest«, nämlich »Ausländer raus!«

Wie kann man das erklären, daß in einem – wie man doch gemeinhin annimmt – relativ aufgeklärten Land so etwas entsteht? Es gibt verschiedene Ebenen der Erklärung. Man kann z. B. die recht einfache Erklärung formulieren: Deutsche sind strukturell ausländerfeindlich, faschistoid, unduldsam mit Andersdenkenden. Deutsche sind überhaupt nicht tolerant und hilfsbereit gegenüber Mitmenschen, auch nicht gegenüber deutschen Mitbürgern. Der Nächste, das sind immer nur wenige.

Das ist sicherlich eine Möglichkeit der Erklärung, die auch eine gewisse Plausibilität hat. Sie reicht aber zu einer soziologischen Erklärung nicht aus, ebensowenig wie die Einbeziehung von Vorgängen in anderen Ländern. So hat der französische Kommunistenführer Marchais seine Wahlkämpfe wiederholt mit ausländerfeindlichen Parolen gewürzt. In Großbritannien gibt es traditionell starke ausländerfeindliche Tendenzen. Offensichtlich gibt es Ausländerfeindlichkeit nicht nur in der Bundesrepublik. Ethnozentrismus und Nationalismus sind auch in den sogenannten hochentwickelten Industriestaaten nicht überwunden und führen immer wieder fast zwangsläufig zu Rassendiskriminierung und Fremdenfeindlichkeit.[3]

Auch diese Feststellung, die etwas umfassender ist und die nicht allein auf die Bundesrepublik bezogen ist, hat eine gewisse Plausibilität, reicht aber als Erklärung ebenfalls nicht aus. Ich versuche es hier mit einer allgemeineren, einer soziologischen Analyse.

2. Die Beschäftigung ausländischer Arbeitskräfte in der Bundesrepublik Deutschland, insbesondere seit dem Mauerbau im August 1961, aber auch im Zusammenhang mit der Wiedereinführung der Wehrpflicht und der Bildungsreform, hat ein fehlendes Arbeitskräftepotential ausgeglichen, hat den schnellen Anstieg von Produktivität und Wohlstand ermöglicht und z. B. auch Arbeitszeitverkürzungen zugelassen. Die Vierzig-Stunden-Woche wäre ohne die zusätzliche Einbeziehung von Ausländern in das Beschäftigungssystem so schnell nicht erreicht worden. Das gleiche gilt für die Verlängerung des Jahresurlaubs.

Die Beschäftigung ausländischer Arbeitskräfte hat für die deutschen Arbeitnehmer die berufliche Situation verbessert, sie hat den Wechsel in produktivere und auch einkommensbessere Sektoren ermöglicht, insbesondere in den tertiären Bereich; sie hat sozialen Aufstieg ermöglicht und das Beschäftigungsrisiko der deutschen Arbeitnehmer gesenkt. Bei konjunkturellen Schwankungen, zumindest bis Mitte der siebziger Jahre, wurden die ausländischen Arbeitnehmer in der Regel immer eher entlassen als deutsche Mitarbeiter.

Aufgrund der demographischen Struktur, verursacht durch sinkende Geburtenziffern und steigende Lebenserwartung, wird die deutsche Bevölkerung bis Mitte der neunziger Jahre langsam schrumpfen. Das produzierende Gewerbe wird trotz Rationalisierung und trotz Automation auf eine bestimmte Größenordnung in der Erwerbspersonenzahl fixiert bleiben. Bereits daraus ergibt sich zwangsläufig die Notwendigkeit, diese Bevölkerungsdifferenz durch ausländische Arbeitnehmer auszugleichen.

Die Ausländer nehmen den Deutschen nicht die Arbeitsplätze weg, sondern sie garantieren eigentlich sehr vielen Deutschen die Arbeitsplätze, denn sie verrichten in sehr vielen Fällen die harten, die schlechter bezahlten, die mit wenig Sozialprestige ausgestatteten Jobs. Sie verrichten Arbeiten, die vor und hinter hochtechnisierten Arbeitsabschnitten notwendig sind, die aber bei der derzeitigen Produktionsstruktur nicht wegzurationalisieren, nicht wegzuautomatisieren sind, aber gleichwohl für die Gesamtheit des Produktionsprozesses unentbehrlich sind.[4] Trotzdem hört man das Argument ›Die Ausländer nehmen uns die Arbeitsplätze weg‹ von allen Seiten, von Gewerkschaftern ebenso wie von arbeitslosen Siebzehnjährigen, von Facharbeitern ebenso wie von teilzeitarbeitenden Hausfrauen. Immer sind es die Ausländer, die angeblich an der hohen Arbeitslosigkeit Schuld haben und den Deutschen angeblich die Arbeitsplätze wegnehmen.

Es muß also – jedenfalls legt soziologische Erfahrung dies nahe – Gründe geben, warum dieses Argument immer häufiger auftaucht. Eine eher vordergründige Erklärung ist die, daß Ausländer in der schwierigen wirtschaftlichen Situation und im Hinblick auf die bedrückenden Arbeitslosenzahlen eine Sündenbockfunktion zugeschrieben bekommen. Aber warum es die Ausländer sind und nicht auch eine andere Gruppe oder bestimmte Ereignisse im In- oder Ausland, muß man dann immer noch erklären. Dies ist möglich, wenn man einmal die drei Hauptbereiche betrachtet, in denen Deutsche und Ausländer zusammenleben: Betrieb, Wohnbereich und Schule.[5]

3. Ganz allgemein wird das Zusammenleben in diesen Bereichen davon bestimmt, daß die sogenannte Gastarbeiterpolitik in der Bundesrepublik gescheitert ist. Gastarbeiterpolitik in der Bundesrepublik Deutschland und in Westeuropa war allgemein von der Vorstellung geprägt, man könne ausländische Arbeitnehmer zu den Bedingungen von Saisonarbeitern, d. h. also mit einer schlechteren Bezahlung und mit schlechteren sozialen und rechtlichen Bedingungen über längere Zeiträume beschäftigen. Dieser Versuch ist spätestens mit dem Anwerbestop gescheitert, und man kann heute sagen, daß diese Art von Gastarbeiterpolitik zu Ende ist. Es gibt inzwischen einen stationär gewordenen Anteil von ausländischen Arbeitnehmern, der mit der Zeit immer größer wird. Diese Menschen leben in der Regel mehr als zehn Jahre in

der Bundesrepublik und lernen immer besser, in der ihnen fremden Gesellschaft zu leben. Dabei entstehen Konflikte zwischen ihnen und der deutschen Bevölkerung.

Da gibt es z. B. Konflikte im Betrieb, wie die typische Karriere ausländischer Arbeitnehmer. Den ›Aufstieg‹ vom Hilfsarbeiter zum Facharbeiter gibt es nicht sehr oft, sondern die eigentliche Karriere von ausländischen Mitarbeitern in größeren Betrieben ist die vom Aushilfspersonal zum Stammpersonal.[6] Deswegen werden Ausländer heute bei Rezessionen auch nicht mehr so schnell entlassen, jedenfalls nicht immer vor den Deutschen. Damit wächst aber wiederum die Zugehörigkeit zum Stammpersonal, und damit wachsen auch die Ansprüche auf Teilhabe an formalen und informellen Positionen. Ausländer wollen jetzt in den Betriebsrat, sie wollen freigestellte Betriebsräte werden, sie wollen nicht nur durch einen Dolmetscher vertreten sein, d. h., sie nehmen deutschen Kollegen angesehene Positionen weg. Sie nehmen aber auch andere Positionen ein, die bisher Deutschen vorbehalten waren. Ein Ausländer ist jetzt auch der ›Fleißige‹, er ist der ›Beliebte‹, er ist der ›Hilfsbereite‹ – alle diese informellen Positionen sind in einem Betrieb, in einer Abteilung, in einer Arbeitsgruppe von ganz entscheidender Bedeutung für die Art und Weise, wie man sich am Arbeitsplatz fühlt und wie man dort eingestuft wird.

Bei den Jugendlichen gibt es im Beschäftigungssystem eine ganz spezielle Konkurrenz. In der *Frankfurter Allgemeinen Zeitung* fand sich der kennzeichnende Satz: »Auf der untersten Ebene der Berufstätigkeit treffen sie [gemeint sind die Hauptschulabsolventen] auf die Konkurrenz der belastbareren ausländischen Arbeiter, die mit entschiedener Aufstiegsmentalität die jungen Deutschen überflügeln und diese dann unter Umständen als Versager erscheinen lassen.«[7] Hier kann man etwas beobachten, was für das Verständnis der Konflikte zwischen Ausländern und Deutschen allgemein von Bedeutung ist. Die Unterschichtung des unteren Teils der sozialen Rangskala der deutschen Bevölkerung durch Ausländer funktioniert nicht mehr durchgehend, d. h., die Vorstellung, daß die Ausländer immer die unterste soziale Position einnehmen, was bis Mitte der siebziger Jahre ganz eindeutig war, baut sich heute ab, sowohl im Betrieb als auch beim Übergang von der Hauptschule in den Bereich der beruflichen Ausbildung.

Zunehmend werden ausländische Jugendliche deutschen Hauptschulabsolventen vorgezogen, wobei die Bezeichnung »belastbarer« ganz verschiedene Dimensionen meinen kann. Es kann z. B. auch bedeuten, daß ausländische Jugendliche wegen ihrer insgesamt unsicheren rechtlichen Position in geringerem Umfange sich gewerkschaftlich organisieren und so insbesondere in mittelständischen oder kleineren Betrieben deutschen Jugendlichen vorgezogen werden, bei denen man immer ›befürchten‹ muß, daß sie sich gewerkschaftlich organisieren und engagieren. Die erste Generation der ausländischen Arbeitnehmer wurde zum Teil dazu benutzt, Löhne zu drücken. Es sieht so aus, als ob die zweite Generation dazu benutzt würde, gewerkschaftliche Orientierung und betriebliche Mitbestimmung zumindest etwas abzuschwächen.

Konfliktträchtige Probleme finden sich auch im Wohnumfeld. Deutsche neiden den Ausländern die zum Teil niedrigeren Mieten und vor allem die insgesamt geringeren Anstrengungen für jenen Wohnungsstandard, für den die Deutschen sehr viel Zeit, Energie und auch Geld aufwenden. Den Ausländern wird geneidet, daß sie in der Lage sind, z. B. mehr Geld für Konsumgüter auszugeben, weil sie für Miete und Wohnung einen geringeren Anteil ihres Familieneinkommens ausgeben, als dies deutsche Familien tun.

Aber es gibt einen Punkt, der weit gravierender ist. Immer mehr Ausländer konkurrieren mit Deutschen um gut ausgestattete, größere Wohnungen in guten Wohngegenden. Es handelt sich dabei meistens um solche Ausländer, die schon lange in der Bundesrepublik Deutschland leben, frühzeitig ihre Familien nachgeholt haben und relativ gut deutsch sprechen. Diese Ausländer werden als Konkurrenz empfunden, weil sie Wohnungen haben wollen, die auch für Deutsche interessant sind, dabei gleichzeitig ›die gute Wohnlage‹ verderben und weil deshalb befürchtet wird, daß z. B. die Grundstückspreise abbröckeln. Hier wird ganz deutlich, warum die Befürchtung existiert, daß Ausländer den Deutschen etwas wegnehmen.

Noch sind die Bemühungen der Ausländer um bessere Wohnungen meistens erfolglos. Dies wird Folgen haben. Wenn es dieser relativ gut befähigten Gruppe der Ausländer nicht gelingt, in normalen deutschen Umgebungen zu leben, werden sie sich um so bewußter der eigenen Nation, der eigenen Kultur, der eigenen Religion zuwenden und sich von der deutschen Gesellschaft enttäuscht abwenden. Sie werden die Abstoßung durch die Machtstärkeren zunächst durch einen stärkeren Gruppenzusammenhalt beantworten.

Ein weiterer Bereich, in dem sich Konkurrenz und Konflikte entwickeln, ist die Schule. Die Bildungspolitik in der Bundesrepublik war in den letzten 20 Jahren zu einem nicht unwesentlichen Teil darauf ausgerichtet, über bessere Schulbildung und bessere Ausbildung sozialen Aufstieg der Arbeiter und Angestellten zu ermöglichen. Ausländerkinder in zu großen Klassen behindern objektiv gesehen deutsche Kinder, wobei man festhalten muß, daß die ausländischen Kinder in gleicher Weise behindert werden. Aus dem Blickwinkel der deutschen Eltern betrachtet, die immer noch von der Vorstellung einer deutschen ›Regelklasse‹ ausgehen, in der vielleicht 30 deutsche und 2 ausländische Kinder sind, ist eine Klasse, in der – und das ist kein Einzelfall – 17 türkische und 15 deutsche Kinder sind, mit diesen Vorstellungen nicht in Einklang zu bringen. Objektiv ist es dann so, daß für das eigene Kind nicht genug getan werden kann und die Eltern befürchten müssen, daß die Startposition ihrer Kinder durch solche Klassen verschlechtert wird. Allerdings gilt das nicht nur für deutsche Kinder, sondern in gleicher Weise für ausländische Kinder. Nur, wenn man untersucht, wo das Argument herkommt, daß die Ausländer den Deutschen die Arbeitsplätze wegnehmen, dann findet man hier eine weitere Wurzel.

Die Problematik kann an der Situation im Ruhrgebiet verdeutlicht werden, wo – sinnbildlich gesprochen – die vierte Generation der polnischen Einwanderer mit der zweiten türkischen Generation konkurriert. Hier wird der soziale Konflikt und die soziale Konkurrenz offenbar, weil es sich bei der vierten Generation der polnischen Einwanderer um eine Menschengruppe handelt, deren Eltern mit der sozialen Eingliederung auch den sozialen Aufstieg geschafft haben. Die Eltern haben die Unterschicht verlassen, haben es geschafft, eine mittlere Angestellten- oder Facharbeiterposition einzunehmen, aber es ist nicht mehr sicher, ob die vierte Generation, also die heute Fünfzehn- bis Sechzehnjährigen, diese erreichte soziale Position behalten oder sogar ausbauen können.

Dies ist kein Prozeß, bei dem die Ausländer nur unbeteiligte Objekte sind. Sie reagieren und handeln auch. Ein Eingliederungsprozeß in die bundesrepublikanische Gesellschaft war für sie in den sechziger und frühen siebziger Jahren zunächst relativ uninteressant. Sie hatten andere Ziele. Jetzt, wo immer größere Anteile gleichberechtigt mit den Deutschen leben wollen, stoßen sie dabei auf Barrieren in allen Bereichen. Sie stoßen auf Machtpositionen, die Deutsche bereits innehaben, auf bestimmte Möglichkeiten, Ausländer auszuschließen, insbesondere was den sozialen Aufstieg, die allgemeine Teilhabe an politischen Entscheidungen und politischer Macht angeht. Die Folge ist eine beginnende Selbstisolierung der Ausländer in manchen Bereichen, eine Rückbesinnung auf die eigene Gruppe, die eigene Nationalität, die eigene Religion.

Dies verstärkt allerdings einen weiteren Konflikt, zu dem man zur Zeit nur Indizien und Vermutungen anführen kann, von dem aber angenommen werden kann, daß er von großer Bedeutung für die steigenden Aversionen und Aggressionen ist. Die Eindeutigkeit und selbstbewußte Darstellung nationaler, kultureller und religiöser Sitten, Gebräuche und Lebensweisen besonders durch den türkischen Bevölkerungsanteil beunruhigt die deutsche Bevölkerung zutiefst. Man fürchtet diese Eindeutigkeit, weil sie auf die Zerrissenheit deutscher Kultur und Nation verweist, die man schon erfolgreich verdrängt zu haben meinte. Man fürchtet, dieser Eindeutigkeit und diesem Selbstbewußtsein nichts entgegensetzen zu können, und spürt, daß man diese Menschen nicht ohne Folge für die eigene Kultur einbürgern kann.

4. Vergleicht man diese konfliktreiche Situation mit anderen, aus der Literatur bekannten, dann weist vieles darauf hin, daß man es in der Bundesrepublik, aber ähnlich auch in anderen westeuropäischen Staaten, mit einer neuen Migrationssituation zu tun hat, auf die die alten migrationspolitischen Konzepte nicht mehr passen und die traditionellen soziologischen Migrations- bzw. Assimilationstheorien zu einer adäquaten Analyse nicht mehr ausreichen.

Bei den politischen Diskussionen in der Bundesrepublik Deutschland – so zum Beispiel bei der ganztägigen Ausländerpolitikdebatte im Bundestag am 4. 2. 1982 – stehen sich immer wieder zwei Konzepte gegenüber. Die eine Seite fordert eine stärkere Rückkehr, die Förderung der Rückkehrbereitschaft, die andere Seite eine bessere Integration, die mit der Einbürgerung abgeschlossen ist. Es stehen sich damit zwei Konzepte gegenüber, die bisher ausreichten, Migrationen, insbesondere Arbeitsmigration, ausländerpolitisch in den Griff zu bekommen.

Diejenigen, die einer Rückkehr das Wort reden, sind an dem recht alten Konzept des Saisonarbeiters orientiert, für den die Rückkehr in sein Heimatland, seine Heimatregion das Normale ist. Eine Normalität, die notfalls auch durch rechtliche Maßnahmen erzwungen wurde. Die westeuropäische Gastarbeiterpolitik war an dem Modell des Saisonarbeiters orientiert, ohne allerdings eine eventuell notwendig werdende Erzwingung der Rückkehr rechtlich abzusichern.

Diejenigen Politiker, die für eine Integration und eine Erleichterung der Einbürgerung plädieren, sind am Modell der Einwanderung orientiert, dem anderen klassischen Modell von Massenmigration. Einwanderung zum Zwecke der Besiedelung oder zum dauerhaften Ausgleich von demographischen Lücken ist von den Einwanderungsländern stets zahlenmäßig gesteuert worden. In den letzten Jahrzehnten wurde darüber hinaus verstärkt eine qualifizierende Auswahl (z. B. nach Berufssparten, Altersgruppen) getroffen. Die meist frühzeitige Einbürgerung war und ist mit bestimmten Auflagen verbunden (z. B. Militärpflicht, Residenzpflicht in bestimmten Regionen).

Mit diesen beiden traditionellen Konzepten (Einwanderung und Saisonarbeiter) ist jedoch die Situation der in der Bundesrepublik und in den anderen westeuropäischen Staaten lebenden Arbeitsmigranten nicht adäquat zu beschreiben. Man kann zwar davon ausgehen, daß ein kleiner Teil der Ausländer einwandern, eine neue Staatsbürgerschaft annehmen will und ein anderer Teil bald zurückkehren wird. Die meisten Gastarbeiter dürften sich aber relativ dauerhaft niedergelassen haben, auf lange Zeit bleiben wollen, ohne allerdings ihre Staatsbürgerschaft zu ändern.

In den beiden traditionellen Fällen konnte es nicht zu schwerwiegenden Machtkonflikten kommen. Saisonarbeiter haben kaum eine Chance, irgendwelche gesellschaftlichen Positionen, die von Einheimischen besetzt sind, zu erlangen. Sie sind als Gruppe ebenso machtlos wie als Einzelne. Wegen der Rotation kommt unter ihnen auch kein Zusammenhalt, kein politischer Zusammenschluß zustande. Geregelte und kontrollierte Einwanderungen führen auch in den seltensten Fällen zu solchen Konflikten, die die Positionen, das Ansehen der Einheimischen bedrohen könnten. Die zahlenmäßige Dosierung, residenzielle Auflagen und bis in die jüngste Vergangenheit obrigkeitsstaatliche Aufsicht sorgten dafür, daß die Einwanderer den Einheimischen keine ernsthaften Konkurrenten werden konnten. Einwanderer wurden, wie es Politikern mit Hinweis auf die im Ruhrgebiet eingewanderten Polen gern ausdrücken, »verkraftet«.[8]

Es liegt auf der Hand, daß politische Aktivitäten und Maßnahmen, die an einem dieser beiden Modelle orientiert sind, den Kern der aktuellen Ausländerproblematik nicht treffen und die steigende Feindlichkeit der Menschen gegeneinander nicht abbauen können. Im Gegenteil: Die meisten Vorschläge und Maßnahmen verstärken die gesellschaftlichen Konflikte, da sie die beteiligten Gruppen, vor allem aber die Ausländer, zu mehr Gruppenzusammenhalt zwingen. Politiker, die sich an diesen Modellen orientieren, argumentieren zwangsläufig aus einer vermeintlich selbstverständlichen Position der Stärke und können die sich entwickelnden gesellschaftlichen Machtkonflikte weder erkennen noch hilfreich, d. h. zum Nutzen und Wohl der beteiligten Menschen, in sie eingreifen.

5. Von den Sozialwissenschaften kommt in dieser Situation wenig Hilfe. Insbesondere die soziologische Migrationsforschung und -theorie ist ebenfalls an diesen traditionellen Migrationsmustern orientiert und hat – wohl auch mangels empirischer Relevanz – dem Machtaspekt bisher wenig Beachtung geschenkt. Machtkonflikte waren kein Thema. Dies gilt bis heute im großen und ganzen für die verschiedenen Assimilationstheorien. Dies trifft aber auch, was manchem auf den ersten Blick paradox erscheinen mag, für politökonomische Ansätze zu.

Begründet liegt dies darin, daß politökonomische Analysen sich im wesentlichen auf Saison-Arbeitsmigranten beziehen und diese als Teil der industriellen Reservearmee verstehen.[9] Die zyklischen Entwicklungen der ökonomischen Verhältnisse im Kapitalismus machen für das Kapital eine Arbeitsreserve erforderlich, auf die gegebenenfalls ohne große Zeitverzögerung zurückgegriffen werden kann. Ist der nationale Arbeits-›Markt‹ erschöpft, wird auf ausländische Arbeiter zurückgegriffen. Neben dieser Kompensationsfunktion besteht eine weitere Funktion der industriellen Reservearmee darin, die Ansprüche an Lohn- und Arbeitsbedingungen niedrig zu halten. Schließlich kann man die ausländischen Mitglieder der industriellen Reservearmee als Konjunkturpuffer benutzen, indem man sie bei Rezessionen schnell abschiebt, wobei die internationale Schichtung es den Heimatländern verwehrt, sich unter Umständen schützend vor ihre Landsleute zu stellen.

Aus dieser gerafften Darstellung der Grundlinien politökonomischer Analysen der Gastarbeiterfrage wird zweierlei deutlich. Erstens ist die Gruppe *per definitionem* und auch *de facto* machtlos. Von *Castles/Kossack*[10] wird sogar ausdrücklich bezweifelt, ob diese Gruppe, die prinzipiell zur Arbeiterklasse gehört, überhaupt ein Klassenbewußtsein entwickeln kann, eine Voraussetzung, um an Klassenkämpfen, also an Machtkonflikten, teilzunehmen.

Zweitens wird klar, daß diese Beschreibung auf die heutige Situation der ausländischen Arbeitnehmer in Deutschland und in Westeuropa nicht mehr zutrifft. Von daher ist verständlich, daß der Höhepunkt derartiger politökonomischer Analysen zu Anfang der siebziger Jahre lag und in den letzten Jahren keine ernst zu nehmende Arbeit aus dieser Richtung mehr erschienen ist. Von daher wird aber auch verständlich, warum die deutschen Gewerkschaften sich gegenüber den ausländischen Kollegen trotz des hohen Organisationsgrades, der in manchen Branchen über dem der deutschen Arbeiter lag und liegt, lange Zeit ziemlich reserviert verhalten haben und warum sich dies erst in den letzten Jahren zu ändern beginnt.

Soweit sich zur Zeit Sozialwissenschaftler mit diesen Problemen befassen, orientieren sie sich an Assimilations- und Handlungstheorien, die Machtunterschiede und Machtkonflikte ebenfalls kaum einbeziehen. Dies hat Gründe in der Tradition dieser wissenschaftlichen Beschäftigung. Es hat aber auch Ursachen, die in den theoretischen Grundorientierungen liegen, die den Blick für diese zentrale Problematik sogar eher verstellen.

6. Seit der großen Einwanderungswelle in die USA zu Beginn dieses Jahrhunderts – in den ersten zwei Jahrzehnten kamen mehr Menschen in dieses Land als im 19. Jahrhundert – haben sich zahlreiche nordamerikanische Sozialwissenschaftler mit der Frage beschäftigt, was passiert bzw. was passieren muß, damit sich die neu hinzukommenden ethnischen Gruppen an die amerikanische Kultur anpassen. Die Philosophie des überlegenen *american way of life* schlägt sich nicht nur in entsprechenden wissenschaftlichen

Schriften nieder – etwa 1920 Edward C. Hartmann, *The Movement to Americanize the Immigrants* –, sondern auch in Israel Zwangwills Schauspiel *The Melting Pot* (Erstaufführung New York 1909) nieder. Dieses Stück popularisierte die Vorstellung, daß die USA ein Schmelztiegel seien, in dem die verschiedenen Rassen und Nationalitäten zu einer neuen, überlegenen Kultur und größeren amerikanischen Rassen ›eingekocht‹ werden, am Beispiel eines Generationskonfliktes bei jüdischen Einwanderern. Zwar gab es auch Gegenbewegungen, die das Recht jeder Gruppe auf eine eigene Lebenswelt mit Begriffen wie *ethnic federation, cultural pluralism* oder *cultural democracy*[11] anstrebten, aber spätestens seit den rigiden Einwanderungsbeschränkungen zu Beginn der zwanziger Jahre wurde nur noch der Vorgang der Assimilation untersucht.

Die soziologische Betrachtung von Assimilationsvorgängen nimmt ihren Anfang bei Definitionen wie der von Park/Burgess (1921): »A process of interpenetration and fusion in which persons and groups acquire the memories, sentiments, and attitudes of other persons or groups and by sharing their experience and history are incorporated with them in a common cultural life.«[12] Diese Definition und die spätere Formulierung von Park – »As soon as the immigrant no longer exhibits the marks which identify him as a member of an alien group, he acquires by that fact the actual if not legal status of a native«[13] – zeigen die grundsätzliche Ausrichtung: Untersucht wird, wie die Neuhinzugekommenen sich an die im Einwanderungsland bereits bestehende soziokulturelle Umgebung anpassen. Zwar wird in den vierziger und fünfziger Jahren – nicht zuletzt unter dem Einfluß des soziologischen Strukturfunktionalismus – die Systematisierung verbreitert und nach *adjustment, accomodation, adaptation* und *assimilation*[14] unterschieden, aber die Untersuchungsrichtungen und Definitionen ändern sich auch dann nicht, wenn sie in einer anderen Gesellschaft als der der USA vorgenommen werden. So wird in einer Untersuchung über »The cultural Assimilation in Brazil« Assimilation bezeichnet als »a process of progressive adjustments whereby an immigrant little by little becomes adapted to the physical and sociocultural environment of the country of his adoption«.[15]

Zwar wird die Systematisierung der Assimilationsvorgänge mit den Jahren sehr differenziert – so z. B. bei Eisenstadt[16] und Gordon[17] –, aber die einseitige Orientierung am Anpassungsvorgang der Neuhinzugekommenen an die bereits bestehenden Verhältnisse bleibt. Es bleibt auch das geringe Interesse an Machtunterschieden. Dies wohl auch deshalb, weil es durch die strengen Einwanderungsbeschränkungen und Regularien der USA-Gesellschaft möglich war, eine Gefährdung der bestehenden Machtverhältnisse durch die Neuhinzugekommenen zu verhindern.

Gordon hat diese relativ stabilen Machtunterschiede in seinem Begriff der *eth-class* übernommen, in die jeder Einwanderer sich eingliedern muß. Abgesehen davon, daß man hier ein treffendes Beispiel legitimatorischer Begriffsbildung findet, hat die von Gordon vorgelegte, sicherlich ausdifferenzierte Untersuchung von Einwanderungsvorgängen eine weitere Weiche gestellt, die neben der einseitigen Anpassung noch weiter von den Machtunterschieden in einer Gesellschaft fortführt. *Eth-class* unterstellt, es sei die ethnische Zugehörigkeit, die im Mittelpunkt der Betrachtung zu stehen habe. Die Aufmerksamkeit wird auf etwas gelenkt, was von dem Hauptgrund für die Existenz von Klassen, nämlich den Machtunterschieden, ablenkt. Aus einem Erkennungszeichen (Hautfarbe, Rasse) wird in Anpassung an die gesellschaftlichen Machtverhältnisse ein soziologischer Grund. Die ethnische Zugehörigkeit wird so das vermeintlich herausragende Moment, und dadurch wird von dem Tatbestand abgelenkt, daß machtstärkere Gruppen in der Lage sind, die Mitglieder der *eth-class* vom Zugriff auf Machtpositionen ebenso auszuschließen wie von Kontakten mit den Mitgliedern der machtstärkeren Gruppe.

7. Gordon hatte mit seiner Arbeit 1964 einen vorläufigen Schlußpunkt in der assimilationstheoretischen Debatte gesetzt, die neuerdings von Esser[18] mit seiner handlungstheoretischen Analyse der Integration und Assimilation von Migranten und ethnischen Minderheiten wieder aufgenommen wurde. Bei ihm finden sich drei Dimensionen: Assimilation beschreibt den Grad der Übernahme kultureller Verhaltensmuster, Integration den personalen Gleichgewichtsstand und Empathie den Grad des Anspruchsniveaus und der kognitiven Komplexität. Esser bleibt insofern der Tradition der Assimilationstheorie treu, als auch er vornehmlich an den Handlungen der Migranten und nicht an den Handlungen der Mitglieder der Aufnahmegesellschaft interessiert ist. Im Gegenteil: Während die Migranten in ihren subjektiven,

individuellen Handlungen erfaßt werden, werden die Individuen im Aufnahmeland als Aufnahmesystem oder Aufnahmekontext verobjektiviert; sie werden zu Randbedingungen.

Ähnliches gilt für die Behandlung von gesellschaftlichen Machtunterschieden. Zwar wird die Existenz von Machtunterschieden nicht geleugnet, sie gehören zu den »relationalen Beziehungen«. Da gesellschaftliche Abläufe als individuell aufeinander bezogene Handlungen verstanden werden, können relationale Beziehungen auch über Lern- und Handlungstheorie erklärt und als Randbedingungen für handelnde Individuen mitberücksichtigt werden.

Auch wenn die methodische Orientierung am Handeln von Individuen manche wichtige und interessante Einsicht vermitteln kann, so kann diese inhaltsleere Abstraktion von all dem, was seit Marx, Weber und Elias über die Entwicklung und die Bedeutung von Machtunterschieden in menschlichen Gesellschaften erarbeitet worden ist, in »relationale Beziehungen« bzw. Randbedingungen nicht überzeugen. Dies ist allerdings nicht ein einfacher Detailfehler, sondern das Ergebnis eines implizit ökonomischen Rationalitätsbegriffs, der dieser handlungstheoretischen Analyse zugrunde liegt.

Dies kommt am klarsten im Begriff des ›Motivs‹ zum Ausdruck. Während René König noch fragt, »welche Umstände zum Wandern *zwingen*«[19], während sich mit dem Wort Zwang noch die Anschauung von Armut, Not, Arbeitslosigkeit, religiöser oder politischer Verfolgung verbindet, wird daraus bei Esser begriffsnominalistisch ein Wanderungs*motiv*, mit dem gesellschaftlich bedingte Wanderungen in individuelle, subjektive Entscheidungssituationen und Problemlösungsversuche aufgelöst und in einer vornehmlich utilitaristischen Dimension empirisch überprüfbar gemacht werden.

Es kann an dieser Stelle keine ausführliche Auseinandersetzung mit den Prämissen dieser Assimilationstheorie geführt werden. Es wäre zum Beispiel interessant, der Frage nachzugehen, ob und wie diese handlungstheoretische Analyse die Ungeplantheit der Entwicklung von Gesellschaften, die sich trotz der planvollen Handlungen der Menschen, die diese Gesellschaften bilden, ergeben, einbezieht bzw. überhaupt erkennen kann. Auch wäre es im Sinne einer umfassenden Auseinandersetzung nützlich, dem ökonomischen Rationalitätsbegriff nachzuspüren und zu untersuchen, ob hier nicht wiederum – wie im Systemfunktionalismus –

soziologische Erkenntnis unreinlich vermischt wird mit dem individuellen Streben von Soziologen nach Ordnung – nur daß diese jetzt Rationalität heißt.[20]

Dies kann an dieser Stelle nicht geschehen. Meine geraffte Darstellung diente nur dazu aufzuweisen, daß die heutige Assimilationstheorie nicht nur wegen ihres Anknüpfens an den Systematisierungen der älteren Assimilationstheorien, sondern auch wegen ihrer individualistischen Ausrichtung gesellschaftliche Machtunterschiede bisher nicht adäquat erfaßt hat und für die Analyse der sich verstärkenden Machtkonflikte zwischen Deutschen und Ausländern bisher wenig beigetragen hat.

8. Die mit den ausländischen Arbeitnehmern und ihren Familienangehörigen zusammenhängenden Konflikte sind primär nicht ein Nationalitäten- oder Rassenproblem, ein Problem ethnischer Minderheiten, bei denen fremdartiges Aussehen im Vordergrund steht, sondern dieses Andersartigsein, diese anderen Sitten und Gebräuche sind nur Erkennungszeichen, mit denen diese Gruppe identifiziert wird, damit man weiß, wo sie sich befindet, wie man auf sie reagieren muß, und es wird mit ihnen im Prinzip nicht anders verfahren als mit deutschen Randgruppen auch. Es handelt sich bei den ausländischen Arbeitnehmern um eine machtunterlegene Außenseitergruppe mit besonderen Schwierigkeiten hinsichtlich der Sprache und des Rechtsstatus.

Norbert Elias hat diese sozialen Konflikte, ihre Entstehung und Entwicklung, ihre strukturellen Elemente in dem Modell »Etablierte-Außenseiter-Figuration« zusammengefaßt und damit die Möglichkeit gegeben, individuelle und soziale Komponenten miteinander zu verbinden.[21] In einer Etablierten-Außenseiter-Figuration versucht die etablierte Gruppe ihre Position zu halten, abzusichern und – wenn möglich – auszubauen, während die Außenseiter danach streben, ihre Stellung zu verbessern und der der Etablierten anzugleichen, da der Zugang zu den Machtpositionen Vorteile vielfältigster Natur mit sich bringt. Diese Vorteile sind nicht nur materieller Natur, sondern es handelt sich dabei z. B. auch um Bildungschancen oder um Wohnverhältnisse, ganz allgemein um den Abbau von sozialer Ungleichheit und Machtlosigkeit.

Die deutsche Bevölkerung und die ausländischen Arbeitnehmer mit ihren Familien befinden sich zur Zeit in einer Machtbalance, in der die Deutschen die Etablierten und die Ausländer die Außenseiter sind. Der Tatbestand, daß die beiden Gruppen einen unterschiedlichen Rechtsstatus haben, ist dabei von ganz entscheidender Bedeutung. Er berührt nämlich die Tatsache, daß die Rechtsunsicherheit, in der der einzelne Ausländer lebt, ihm seine Außenseiterposition täglich vor Augen führt. Die deutsche Bevölkerung in ihrer Rolle als etablierte Seite legt, obwohl keineswegs homogen strukturiert, gegenüber ausländischen Arbeitnehmern eine relativ große Geschlossenheit an den Tag. Man bestätigt sich untereinander die Höherwertigkeit der eigenen Leistung und betrachtet sich als fleißiger, ordentlicher, sauberer, eben in jeder Beziehung besser als Ausländer. Die deutsche Bevölkerung hält die Ausländer auch für unfähig, jemals den Stand und die Normen der Deutschen zu erreichen. Dies wird dann mit dem Argument rationalisiert: die wollen sich ja gar nicht integrieren. Die Hoffnung, daß sie es nicht können, wird umformuliert in die Behauptung: die können das nicht. Die Sitten der ausländischen Bevölkerung werden als minderwertig abqualifiziert und der Lächerlichkeit preisgegeben. Kontakt mit ihnen wird möglichst gemieden.

Eines der Ergebnisse einer dreijährigen Untersuchung[22], die ich im Bereich der Ruhrkohle durchgeführt habe, war, daß es keine direkten Beziehungen zwischen der Situation am Arbeitsplatz und der Wohnsituation gab. Wir hatten vermutet, daß zum Beispiel die unbestritten schlechte Wohnsituation eine gewisse Auswirkung auf die Situation am Arbeitsplatz haben und daß es entsprechende gegenläufige Auswirkungen geben würde. Dies hat sich zumindest im Ruhrkohlebergbau nicht bestätigt. Die Arbeitssituationen unter Tage sind, aus diesem Blickwinkel gesehen, ›relativ normal‹. Es gibt zwar Konflikte unter den Arbeitskollegen, aber es handelt sich dabei nur um solche Konflikte, die immer dann entstehen, wenn Menschen unter großen Belastungen auf engem Raum zusammenarbeiten müssen. Die Solidarität untereinander endet am Werkstor. Von da an haben beide Gruppen nichts mehr miteinander zu tun. Menschen, die unter sehr schwierigen Arbeitsbedingungen tausend Meter unter der Erdoberfläche täglich 7-9 Stunden zusammenarbeiten, sehen sich außerhalb des Betriebes fast nie. Der Kontakt wird möglichst gemieden, und zwar von beiden Seiten. Die Deutschen grenzen sich gegenüber den ausländischen Kollegen ab. Die ausländischen

Kollegen schämen sich ihrer häuslichen Wohnsituation und haben von daher erhebliche Hemmungen, ihre deutschen Kollegen einzuladen, obgleich ein sehr großer Teil von ihnen Kontakte mit Deutschen wünscht und auch mit Deutschen zusammenwohnen möchte.

Ein besonders wirkungsvolles Mittel der Abgrenzung und der Diskriminierung der ausländischen Arbeitnehmer ist die Benutzung eines stark reduzierten Wortschatzes und eines vereinfachten Sprachstils. Der Vorarbeiter sagt nicht: »Geh bitte und hole dieses oder jenes«, sondern er sagt: »Du gehen, holen das«. Ich habe in einer westfälischen Gaststätte erlebt, daß der Wirt einen etwas fremdländisch aussehenden, aber bodenständigen Blumenhändler aus unserer Stadt fragte: »Du auch trinken Bier?« Als dieser ihm in breitem westfälischen Platt antwortete, wurde deutlich, daß es nur das Aussehen war, das dazu verleitet hatte, in einen diskriminierenden Sprachstil zu verfallen.

9. Solche Beispiele kann man fortführen, sie sind soziologisch gesehen Zeichen eines Machtungleichgewichtes zwischen den beiden Bevölkerungsgruppen, eben zwischen Etablierten und Außenseitern. Die Verwendung diskriminierender Ausdrücke gegenüber Außenseitern hat um so größere Wirkung, je größer die Machtungleichgewichte sind. Je größer die Machtungleichgewichte sind, desto geringere Auswirkungen haben diskriminierende Bezeichnungen, die die Außenseiter für die Etablierten haben. Es kann durchaus sein, daß die ausländischen Arbeitnehmer für Deutsche sehr herabsetzende Bezeichnungen kennen, dies aber wegen des bestehenden Machtunterschiedes überhaupt keine Wirkung hat. Allerdings kann man in den letzten Jahren feststellen, daß die Verwendung diskriminierender Ausdrücke wie ›Makkaronifresser‹ oder ›Kameltreiber‹ zurückgeht.

Dies ist ein kleines Zeichen dafür, daß die Machtungleichgewichte zwischen Deutschen und Ausländern sich langsam, gewiß sehr langsam verringern. Aus den gänzlich machtlosen Gastarbeitern sind inzwischen weniger machtlose ausländische Arbeitnehmer geworden. Man kann sich verändernde Machtverhältnisse zwischen Etablierten und Außenseitern allerdings nur in ihren langfristigen Entwicklungen beobachten und beurteilen. Im Falle der ausländischen Arbeitnehmer und der Deutschen ist die Zeit noch zu kurz, um von solchen Veränderungen bereits auf eine grundlegende Verschiebung der Machtverhältnisse zu schließen. Diese werden wohl erst richtig in Bewegung kommen, wenn die zweite und dritte Generation stärker in den Vordergrund tritt.

Die erste Generation war in die Bundesrepublik gekommen, um Arbeit zu finden und ein Existenzminimum zu erlangen. Sie war als Außenseitergruppe lediglich mit der Schaffung einer ökonomischen Basis beschäftigt. Das Machtungleichgewicht zwischen den etablierten Deutschen und ihnen als Außenseitern hat sie zwar geschmerzt, aber nicht zu Aktivitäten veranlaßt. Das gehörte irgendwie mit zum Job. Man wollte möglichst viel Geld verdienen, war an den Verhältnissen im Heimatland und den dort herrschenden Normen orientiert und hatte dort auch einen starken emotionalen Rückhalt.

Die Angehörigen der zweiten und dritten Generation, die jetzt in der Bundesrepublik aufwachsen, haben viel weitergehende Bedürfnisse. Sie orientieren sich stärker am Lebensstil der gleichaltrigen deutschen Bevölkerung; von daher wird es auch ganz andere Ansprüche und viel größere Anstrengungen geben, das Ungleichgewicht zwischen den etablierten Deutschen und ihnen, den ausländischen Außenseitern, abzubauen bzw. aufzubrechen. Beeinflußt wird dies auch davon, daß die zweite und dritte Generation nicht mehr so ohne weiteres die Möglichkeit der Rückwanderung in die Heimatländer hat bzw. diese Rückwanderung nicht mehr will.[23]

Wer immer sich mit der zukünftigen Entwicklung der Verhältnisse zwischen Deutschen und Ausländern und auch zwischen Ausländergruppen beschäftigt – ob Wissenschaftler, Politiker oder Verwaltungsexperte –, sollte die Probleme nicht auf ethnische Unterschiede oder individuelle Entscheidungen zurückführen. Vor allem Soziologen sollten erkennen, daß eine Überbetonung individueller Handlungschancen, zum Beispiel die Beschreibung kriminellen Verhaltens als Ergebnis einer freien Wahl zwischen individuellen Handlungschancen, letztlich nur einer Absicherung der Ideologie der Etablierten zuarbeitet, die ausländischen Außenseiter seien von ihrer Herkunft unfähig und individuell unwillig, sich den vorherrschenden Normen und Werten anzupassen.

Der figurationssoziologische Ansatz löst keineswegs die bestehenden Probleme zwischen Deutschen und Ausländern, aber er bewahrt davor, die Machtverhältnisse zwischen Menschen und

Menschengruppen zu übersehen, führt deshalb zu einer soziologisch adäquateren Analyse der bestehenden Konflikte[24] und ermöglicht denen, die es wollen, zu angemesseneren politischen und administrativen Problemlösungen zu gelangen.

Anmerkungen

1 Vgl. die Kontroverse zwischen U. Kattmann und I. Eibl-Eibesfeld in: *Unterricht Biologie*, 5. Jg., Febr. 1981, S. 41 f.

2 *Die Zeit*, Nr. 48, 13. November 1980.

3 Vgl. ebenso R. Ko-chih Tung, *Exit Voice Catastrophes. Dilemma between Migration and Participation*, Stockholm 1981.

4 Zusätzliche Details bei H. Korte, »Entwicklung und Bedeutung von Arbeitsmigration und Ausländerbeschäftigung in der Bundesrepublik Deutschland zwischen 1950 und 1979«, in: H. Mommsen/W. Schulze, *Vom Elend der Handarbeit*, Stuttgart 1981, S. 537-560.

5 Forschungsergebnisse zu diesen Lebensbereichen sind ausführlich dokumentiert in: H. Korte/A. Schmidt, *Migration und ihre sozialen Folgen*. Förderung der Gastarbeiterforschung durch die Stiftung Volkswagenwerk 1974-1981, Göttingen 1983.

6 Vgl. Forschungsverbund »Probleme der Ausländerbeschäftigung«, Integrierter Endbericht, Bonn 1979.

7 *Frankfurter Allgemeine*, Editorial, 3. Februar 1981.

8 Zu Einzelheiten der Geschichte der polnischen Einwanderung vgl. Ch. Kleßmann, *Polnische Bergarbeiter im Ruhrgebiet 1870-1945*, Göttingen 1978; ebenso R. C. Murphy, *Gastarbeiter im Deutschen Reich. Polen in Bottrop 1891-1933*, Wuppertal 1982, sowie neuerdings V.-M. Stefanski, *Zum Prozeß der Emanzipation und Integration von Außenseitern: Polnische Arbeitsmigranten im Ruhrgebiet*, Dissertation Bochum 1984.

9 Z. B. M. Nikolinakos, *Politische Ökonomie der Gastarbeiterfrage*, Reinbek 1973.

10 St. Castles/G. Kossack, *Immigrant Workers and Class Structure in Western Europe*, Oxford 1973.

11 Z. B. H. M. Kallen, *Democracy vs. the Melting Pot*, Cambridge 1915.

12 R. E. Park/E. W. Burgees, *Introduction to the Science of Sociology*, Chicago 1921, S. 735.

13 R. E. Park, »Assimilation, social«, *Encyclopedia of the Social Sciences*, New York 1935, Bd. II, S. 281-282.

14 W. S. Bernard, *American Immigration Policy – A Reappraisal*, New York 1950, S. 99.

15 A. Neiva/Jr. Diegues, »The Cultural Assimilation in Brazil«, in: W. D. Borrie u. a., *The Cultural Integration of Immigrants*, Paris 1959, S. 181.

16 S. Eisenstadt, *The Absorption of Immigrants*, London 1954.

17 M. M. Gordon, *Assimilation in American Life. The Role of Race, Religion and National Origins*, New York 1964.

18 H. Esser, *Aspekte der Wanderungssoziologie*, Darmstadt/Neuwied 1980.

19 R. König, in: G. Albrecht, *Soziologie der geographischen Mobilität*, Stuttgart 1972, S. VII.

20 Oder: Von *The Structure of Social Action* zu Raymond Boudons *La Logique du Social.*

21 N. Elias/J. L. Scotson, *The Established and the Outsiders. A Sociological Enquiry into Community Problems*, London 1965, und die neue Einleitung Elias' zur niederländischen Übersetzung: *Do gevestigden and de buitenstanders*, Utrecht/Antwerpen 1979.

22 H. Korte (Hg.), *Wohnsituation der ausländischen Mitarbeiter der Ruhrkohle AG* (Band 3.033 der Reihe Wohnungsbau-kommunaler Hochbau des Instituts für Landes- und Stadtentwicklungsforschung des Landes Nordrhein-Westfalen), Dortmund 1984.

23 Die großen Schwierigkeiten werden bereits bei der Frage deutlich, ob man überhaupt von einer *Rück*wanderung dieser Gruppe sprechen kann. Viele Jugendliche erklären ausdrücklich, sie seien in das Heimatland ihrer Eltern emigriert, ohne ihre Zustimmung und nur deshalb, weil sich ihre Eltern so entschieden hätten. Wenn in den Aufnahmeländern infolge des anwachsenden Familiennachzugs die Frage der Sozialisation von Ausländerkindern zwischen zwei Kulturen und die Auswirkungen auf ihre Identitätsentwicklungen diskutiert werden, so muß dieser Zusammenhang ganz sicherlich auch bei der Migration dieser Kinder in die Heimatländer ihrer Eltern berücksichtigt werden. So dazu: K. Unger, *Die Rückkehr der Arbeitsmigranten. Eine Studie zur Remigration nach Griechenland* (Band 17 der Bielefelder Studien zur Entwicklungssoziologie), Saarbrücken/Fort Lauderdale 1983, sowie A. Schrader/B. W. Nikles/H. M. Griese, *Die zweite Generation. Sozialisation und Akkulturation ausländischer Kinder in der Bundesrepublik*, Kronberg/Ts. 1976, [2]1979.

24 Mir liegen hierzu zwei Arbeiten vor, die leider nicht allgemein zugänglich sind, auf die ich aber trotzdem hinweisen möchte: M. Mihelic, *Interethnische Beziehungen und ethnisches Selbstbewußtsein. Jugoslawische Jugendliche in München.* Diplomarbeit (Soziologie, Betreuer Prof. Bühe) sowie H.-P. Waldhoff, *Deutsche und Türken, eine Etablierten-Außenseiter-Figuration*, Magisterarbeit (Soziologie), Hannover 1983.

Nico Wilterdink

Die Zivilisationstheorie im Kreuzfeuer der Diskussion

Ein Bericht vom Kongreß über Zivilisationsprozesse in Amsterdam*

Delinquentes Verhalten bei Berufsschülern; die Entwicklung des Stierkampfes; öffentlicher Strafvollzug im alten Rom; der Anstieg des betrieblichen Krankenstandes in den Niederlanden nach 1945; Affektkontrolle bei Buschnegern in Surinam; Tierschutz im 19. Jahrhundert; Umgangsformen in Maasländer Adelskreisen; Konfliktregulierung bei den Eskimos; professionelle Sterbehilfe; die Angriffslust mittelalterlicher Krieger – eines haben alle diese Themen gemeinsam: sie alle können als *Zivilisationsprozesse* analysiert werden.

Am 17. und 18. Dezember 1981 veranstaltete die Arbeitsgruppe »Figurationssoziologie« der Vereinigung niederländischer Soziologen und Anthropologen (Nederlandse Sociologische en Anthropologische Vereniging) in Amsterdam einen Kongreß über »Zivilisationstheorien und Zivilisationsprozesse«, auf dem diese und andere Themen zur Sprache kamen. Insgesamt wurden 23 Diskussionspapiere, verteilt über drei Abteilungen (industrielles Europa, vorindustrielles Europa, außereuropäische Gesellschaften), besprochen und drei ausführliche Vorträge gehalten. Außer Soziologen lieferten Anthropologen und Historiker Beiträge zu dieser Veranstaltung. Mehr als zweihundert Interessierte hatten sich als Kongreßteilnehmer angemeldet: »Kein schlechter Erfolg«, bemerkte van Benthem van den Bergh zufrieden in seiner Begrüßungsansprache, in der er ganz nebenbei, wohl unter dem Eindruck dieses Erfolges, die Krise der Sozialwissenschaften für beendet erklärte.

* Ursprünglich in niederländischer Sprache erschienen in: *Amsterdams Sociologisch Tijdschrift* 8 (1982) 4, S. 571-590, unter dem Titel: »De civilisatietheorie in discussie. Opmerkingen bij een congres«. Anläßlich dieser Übersetzung wurden geringfügige Änderungen und Ergänzungen angebracht. Übersetzt von Hes Godschalk-Hessenauer.

Die Ironie will, daß sich gerade während dieses Kongresses große Meinungsverschiedenheiten über die Richtigkeit und Brauchbarkeit der Zivilisationstheorie offenbarten. Die vielfache, teils vorsichtige, teils heftige Kritik kam nicht nur von Außenstehenden, sondern, zum Schrecken mancher, von ›Insidern‹, von Leuten, die zur Schule von Elias gezählt wurden und lange als entschiedene Verfechter dieser Theorie aufgetreten waren. Man könnte, eingedenk der Worte van Benthem van den Berghs, beinahe geneigt sein, von einer »Krise der Zivilisationstheorie« zu sprechen; aber das wäre voreilig und übertrieben. Die Kritik war eher ein Zeichen dafür, daß es den Figurationssoziologen heute weniger als vor einigen Jahren darum geht, einen Konsens aufrechtzuerhalten, und daß sie wichtige, ungelöste Probleme nun deutlicher zu formulieren wagen. Jedenfalls zeigte es sich, daß dieses Gebiet der Sozialwissenschaft vollauf in Bewegung ist.

»Die Zivilisationstheorie«: damit ist hier die Theorie gemeint, die Norbert Elias in seinem *Über den Prozeß der Zivilisation* (1939) entwickelt hat und die später auf unterschiedliche Weise – von Goudsblom, Gleichmann, Dunning, Blok, Kapteyn, Wouters, Brinkgreve, de Swaan und anderen[1] – angewendet und ausgearbeitet worden ist. Obwohl der Kongreß offiziell unter der Flagge Zivilisationstheorie*n* (im Plural) fuhr, war es von Anfang an deutlich, daß jene Theorie im Mittelpunkt stehen würde. Damit ergab sich zugleich ein Problem, das auf diesem Kongreß mehrere Male zur Debatte stand: Wie umfassend ist diese Zivilisationstheorie, welche Reichweite hat sie?

Die Konturen der Zivilisationstheorie

In seiner Eröffnungsansprache skizzierte Goudsblom[2] die Umrisse einer noch zum großen Teil zu entwickelnden Zivilisationstheorie von ungewöhnlicher Reichweite. Der Begriff »Zivilisationsprozeß«, sagte er, verweist uns auf drei Grundtatsachen: (1) Jeder Mensch macht in seinem Leben eine Reihe von Lernprozessen durch, in denen er sich gesellschaftliche Verhaltensnormen zu eigen macht, die Teil seiner Persönlichkeit werden; (2) diese gesellschaftlichen Normen unterscheiden sich von Gesellschaft zu Gesellschaft und verändern sich im Laufe der Zeit; (3) die Normen der verschiedenen Gesellschaften sind nicht unabhängig voneinander, sondern sind Teil von Entwicklungen, die letzten Endes die gesamte Menschheit umfassen. Auf Grund dessen machte Goudsblom einen Unterschied zwischen Zivilisationsprozessen auf drei Ebenen: der von Individuen, der von Gesellschaften oder Kollektiven und der von der Menschheit als ganzer.

Auf der ersten Ebene arbeiten vor allem Psychologen und Psychoanalytiker, auf der zweiten Soziologen und Historiker, die dritte war Anthropologen und Biologen vorbehalten. Goudsbloms Vortrag stellte eine Einladung an die Wissenschaftler all dieser Fachgebiete dar, sich unter die breiten Flügel der Zivilisationstheorie zu scharen und diese zum Ausgangspunkt für ihre Forschung zu nehmen. Erst dann könnten die verschiedenen Teilstudien in einen einheitlichen theoretischen Bezugsrahmen eingeordnet werden.

Aus diesen Bemühungen um Systematisierung und präzise Formulierung ging nicht ganz klar hervor, wie sich dieses allgemeine Modell denn nun zu den von Elias in seinem Buch *Über den Prozeß der Zivilisation* entwickelten Erkenntnissen verhalte. Anders gesagt, es erhob sich die Frage, in welcher Beziehung Goudsbloms umfassendes Schema zur Zivilisationstheorie im engeren Sinn stehe, die sich vornehmlich auf die zweite Ebene dieses Schemas beschränkt. Eine Frage, die sich nach Kenntnisnahme verschiedener Kongreßbeiträge immer dringlicher stellte. Obwohl sich alle Beiträge mit einiger Mühe in dem allgemeinen Zivilisationsmodell unterbringen ließen, stellten viele keinerlei Zusammenhang mit Elias' Zivilisationstheorie her und vermieden es, Begriffe wie Zivilisation zu verwenden.

Dies galt eigentlich schon für den Vortrag von Norbert Elias selbst, der unter dem Titel »Pacification and civilisation« angekündigt war, sich aber eigentlich vor allem mit ›pacification‹ beschäftigte (nach 1939 hat Elias den Begriff Zivilisation nur noch selten verwendet). Elias skizzierte in seinem mit großem rhetorischem Schwung dargebotenen Vortrag ein Panorama der Städte- und Staatenbildung – beginnend bei den Sumerern und sich von dort ausbreitend – und die weitreichenden Konsequenzen dieses Prozesses für das menschliche Zusammenleben. Mit weitausholenden Gebärden auf eine große Landkarte hinter sich weisend, zog er große historische Linien von staatenlosen Gesellschaften, über Völkerwanderungen und die darauf folgende Bildung von Städten und Staaten bis hin zu einem erdachten, von ihm als »my private utopia« bezeichneten nächsten Stadium: einem zukünftigen Weltstaat. In einer für Elias kennzeichnenden Dialektik (er selbst würde eine solche Charakterisierung wahrscheinlich ablehnen) betonte er den Doppelcharakter von Staaten seit ihren ersten Anfängen: eine Verbindung von Schutz und Unterdrückung, von Koordination und Ausbeutung, von Funktionen für die Gemeinschaft als Ganzes und Funktionen für die herrschende Gruppe. Sein Vortrag konnte als erster Ansatz zu einer weitreichenderen Theorie der Staatenbildung angesehen werden, einer Erweiterung des Gegenstandsbereiches von Westeuropa (Goudsbloms zweitem Niveau) auf eine allgemeinere Ebene (das dritte Niveau).

Noch weniger Bezug auf Zivilisationsprozesse ließ der Vortrag von Peter Gleichmann[3] erkennen, in dem der Begriff »Macht« im Mittelpunkt stand. Diverse andere Diskussionsbeiträge, die folgten[4], gingen ebensowenig explizit auf die Zivilisationstheorie ein, obwohl sie unverkennbar von Elias oder der Figurationssoziologie inspiriert waren: zum Beispiel der Forschungsbericht von Cas Wouters und Bram van Stolk über Frauen in einem Frauenhaus (der Titel, »Die Gemütsruhe des Wohlfahrtsstaates«, bezog sich auf die Selbstverständlichkeit, mit der jene Frauen heutzutage Fürsorgeunterstützung beanspruchen), die Betrachtungen von Ruud Stokvis über die Hintergründe des zunehmenden betrieblichen Krankenstandes in den letzten Jahrzehnten, Ermittlungen von Paul Kapteyn an einer Berufsschule und Ton Zwaans Versuch zur Unterbauung und Erklärung der Behauptung, daß die Niederlande schon jahrhundertelang eine relativ gewaltlose Gesellschaft darstellten.

Andere Beiträge legten je nach Gelegenheit dar, in welcher Weise sich der eigene Forschungsgegenstand mit der Zivilisationstheorie in Zusammenhang bringen ließe. So enthielt der Beitrag von Christien Brinkgreve eine Reihe von ausgearbeiteten Thesen über die Beziehung zwischen Psychoanalyse und Zivilisierung – über das Aufkommen der Psychoanalyse als Antwort auf ›Zivilisationskrankheiten‹, die Ausrichtung der Psychoanalyse auf Zivilisierung im Sinne von ›Gefühlskontrolle‹ und ›Selbststeuerung‹ und das von den Psychoanalytikern entworfene Ich-Ideal als das eines beherrschten und selbstkontrollierten Menschen. Der Vortrag von de Swaan über die ›zivilisierende‹ Wirkung der sich ständig ausbreitenden Herrschaft der Medizin (das Wort »zivilisierend« sprach er mit äußerster Zurückhaltung, beinahe hörbar in Anführungsstrichen aus) schloß sich diesen Ausführungen mehr oder weniger an.

Einige wenige Diskussionsbeiträge berichteten von Untersuchungen, die deutlicher und direkter auf der Eliasschen Zivilisationstheorie aufbauten. Ein solcher Beitrag war die Studie von Hennie Oosterbaan über die Veränderungen im Umgang zwischen Personal und Patienten in einem Krankenhaus; ein weiterer die Untersuchung von Herman Roodenburg über Verhaltensvorschriften von gegenreformatorischen Moralisten.

Der heutige Stand der Zivilisationstheorie ließe sich folgendermaßen zusammenfassen: Es ist eine empirisch unterbaute Theorie über Zivilisationsprozesse entwickelt worden, die sich mit den Veränderungen der Umgangsformen und des Affekthaushalts in Westeuropa vom Mittelalter an in Zusammenhang mit der Staatenbildung und anderen gesellschaftlichen Entwicklungen beschäftigt. Auf der Grundlage dieser Theorie wurden Behauptungen von weit größerer Reichweite aufgestellt, etwa über den Zusammenhang zwischen Staatenbildung und Zivilisierung, die jedoch noch nicht oder kaum geprüft worden sind. Außerdem zeichnet sich die Zivilisationstheorie durch eine bestimmte Verfahrensweise aus: eine Kombination von Methodik, Thematik und Terminologie, die (das jedenfalls ist ihr Anspruch) auf alle Gesellschaften anwendbar ist. Das zivilisationstheoretische Programm besteht darin, diese drei Seiten der Zivilisationstheorie enger miteinander zu verbinden, die empirisch gesicherten Teile der Theorie weiter auszubauen, zu spezifizieren, nötigenfalls zu modifizieren, die Hypothesen von größerer Reichweite zu überprüfen und das allgemeine Modell neuen Befunden anzupassen.

Wie und wie weit dieses Programm auch immer ausgeführt werden wird – in völliger Harmonie und Kooperation wird dies nicht möglich sein. Wenn wir mit Popper die Auffassung teilen, daß Kritik der Motor wissenschaftlichen Fortschritts ist, haben wir keinen Anlaß, darüber zu trauern. Vielleicht war dieser Kongreß eine Kostprobe dessen, was uns auf diesem Gebiet in den nächsten Jahren noch bevorsteht. Die Kritik, die in den verschiedenen Papieren und Vorträgen zum Ausdruck kam, bezog sich hauptsächlich auf zwei Fragen: (1) Wie wirklichkeitsgetreu ist das Bild des westeuropäischen Zivilisationsprozesses, das in *Über den Prozeß der Zivilisation* dargestellt wird? (2) Inwieweit ist der Zivilisationsbegriff auf außereuropäische Gesellschaften anwendbar?

Erster Kritikpunkt: Zivilisationsprozesse in Westeuropa

Bereits am ersten Kongreßtag, an dem hauptsächlich Entwicklungen des 20. Jahrhunderts zur Sprache kamen, war es zu Teilkritik an Elias' Zivilisationstheorie gekommen. Diese Kritik war indessen so höflich, vorsichtig und ›immanent‹ geblieben, daß sie keinerlei Unstimmigkeiten verursacht hatte und von zumindest einem Kongreßteilnehmer überhaupt nicht bemerkt worden war.

Am nächsten Tag war das anders. In der ersten Sektion ›Vorindustrielles Europa‹ wurde *Über den Prozeß der Zivilisation* selbst unter Beschuß genommen. Ein regelmäßig wiederkehrender Punkt der Kritik richtete sich gegen die in diesem Werk vertretene Auffassung von gewalttätigem Verhalten als einer stark affektgeladenen Triebäußerung, einer mehr oder weniger spontanen Äußerung von Angriffslust. Gewalt, so wurde von verschiedener Seite bemerkt, sei sehr oft eine in hohem Maße kontrollierte, berechnende und als pragmatisch und rational zu bezeichnende Form des Verhaltens, die Voraussicht, Abwägung der Risiken und starken »Selbstzwang« erfordere, – ganz gleich, ob es sich dabei um die ritterliche Kampfart im 11. Jahrhundert handele (Mayke de Jong, Benjo Maso), um das ritualisierte Verhalten von Stierkämpfern (Henk Driessen) oder die Art und Weise, in der Mitglieder relativ gewalttätiger außereuropäischer Gesellschaften einander gewöhnlich nach dem Leben trachten (René Jagers). Maso fügte dem hinzu, daß die Entwicklung der »Angriffslust« mittelalterlicher Krieger anders verlaufen sei, als man auf Grund der Zivilisationstheorie oder jedenfalls einer geradlinigen Interpretation dieser Theorie annehmen sollte: soweit empirisch nachprüfbar, wurde die Angriffslust im Laufe des späten Mittelalters (12.-15. Jahrhundert) nicht schwächer, sondern stärker; ritterliche Tugenden wie Mut, Verwegenheit und Furchtlosigkeit wurden angesichts der bedrohten Position der Adligen eher noch stärker.

Als dritter Einwand wurde angeführt, daß in *Über den Prozeß der Zivilisation* die Bedeutung der Kirche und Klöster als Zentren herrschaftlicher Verfügungsgewalt, Verhaltenssteuerung und Zivilisierung grob unterschätzt werde. Mayke de Jong verwies hierauf in ihrer Besprechung der aktiven konfliktregulierenden Rolle der Mönche im Flandern des 11. Jahrhunderts, Bram Kempers erinnerte an die ›Zivilisierungsoffensiven‹ der Geistlichkeit in Italien.

Zu guter Letzt wurde Elias' Umgang mit Quellenmaterial kritisiert. So wertete Maso ein von Elias angeführtes Zitat aus einer Chronik des 13. Jahrhunderts, das die Grausamkeit der damaligen Ritter illustrieren sollte, als »Kriegspropaganda«.[5] Kempers verspürte in *Über den Prozeß der Zivilisation* eine Diskrepanz zwischen Quellen, mit Hilfe deren der Zivilisationsprozeß beschrieben wird – vor allem Tisch- und Hofzuchten sowie andere Höflichkeitsvorschriften, deren wichtigste aus Italien stammen und dort in Zeiten stagnierender Staatsbildung von Autoren verfaßt wurden, die überwiegend der Geistlichkeit und dem städtischen Bürgertum verpflichtet waren –, und der Erklärung dieses Prozesses, bei der der Nachdruck auf die folgenreiche französische Staatsbildung sowie auf die Bedeutung des französischen Hofadels gelegt wird.[6]

Alle diese Anmerkungen waren, meiner Meinung nach, nicht nur sinnvoll und überzeugend, sie hatten zudem etwas Erfrischendes; endlich schien es gelungen, die Debatte über die Zivilisationstheorie auf einem höheren Niveau zu führen als dem bloßen Hin und Her zwischen globaler Ablehnung oder Zustimmung; endlich schien man bemüht zu sein, aufgrund empirischer Befunde Korrekturen an der Theorie vorzunehmen. Kritik allein ist natürlich nicht ausreichend (Goudsblom nannte eine solche »falsifikationistische« Wissenschaftsauffassung »das Schießbuden-Modell«); sie ist jedoch eine Voraussetzung für Weiterentwicklung, das heißt Präzisierung und gegebenenfalls Modifizierung der Theorie. Die Befürchtung, daß *Über den Prozeß der Zivilisation* damit seinen exemplarischen Charakter einbüßen werde, dürfte sich dabei als unbegründet herausstellen. Aber vielleicht kann der Wunsch, den Elias in der zweiten Auflage dieses Werkes selbst formuliert hat, schließlich doch noch in Erfüllung gehen: nämlich daß diese Untersuchung »nach gründlicher Überprüfung und Diskussion, nach kritischer Siebung des unbrauchbaren oder widerlegten Bestandes entweder als Ganzes oder in einzelnen ihrer Aspekte in den gemeinsamen empirisch-theoretischen Wissensfundus des Faches« eingehen möge.[7]

Aber die Wissenschaft verläuft selten im Einklang mit Idealen, wie sie in obigem Zitat formuliert sind; das zeigte sich auch wieder bei diesem Kongreß. Nach der überwiegend sachlichen Kritik in der Sitzung am Vormittag wurde während der Schlußsitzung am Nachmittag ein prinzipieller, emotionaler und Emotionen weckender Angriff auf die Zivilisationstheorie unternommen. Dieser kam von einem Mann, der über Jahre hinweg zusammen mit Goudsblom und van Benthem van den Bergh zu den engagiertesten Verfechtern einer an Elias orientierten Sozialwissenschaft gezählt hatte – Anton Blok.

Zweiter Kritikpunkt: Der Zivilisationsbegriff und die außereuropäischen Gesellschaftsformationen

In seinem Diskussionsbeitrag hatte Blok bereits deutlich zu verstehen gegeben, daß er sich von Elias' Zivilisationstheorie distanzieren wolle. Eine erste Analyse des Begriffspaares *primitiv/zivilisiert* hatte ihn zu dem Schluß gebracht, daß diese und entsprechende Begriffe die Oberherrschaft der einen Gruppe (die sich ›zivilisiert‹ nenne) über die andere Gruppe (die ›primitiv‹ genannt werde) legitimierten. »Es ist das Verdienst der Eliasschen Theorie der Zivilisationsprozesse, daß sie auf das Thema, das Idiom wie auch auf die Funktion der *Zivilisierung* aufmerksam macht, nicht nur im Hinblick auf Westeuropa, sondern auch auf andere Gesellschaften einschließlich der sogenannten Primitiven.«

Das Universalthema aller Zivilisierung sei die Kontrolle körperlicher Verrichtungen, anders gesagt, das Zurückdrängen des Animalischen in Menschen. In verschiedenen Kulturen sei dieses Thema jedoch in unterschiedlicher Weise behandelt worden, und dementsprechend würden verschiedene Maßstäbe für Zivilisierung angelegt. Daher sei es denn auch unmöglich, meinte Blok, einen »wissenschaftlichen« Begriff der Zivilisation zu entwickeln, einen allgemein gültigen Maßstab, an dem der jeweilige Grad der Zivilisierung abgelesen werden könne und aufgrund dessen sich eine Unterscheidung in mehr oder weniger zivilisierte Gesellschaftsformationen vornehmen lasse:

»Es gibt keinen allgemeinen Gradmesser für Zivilisierung. Es gibt demnach auch keine primitiven und zivilisierten Gesellschaften. Was es gibt, ist ein Universalidiom der Zivilisierung. Damit wird – sei es auch immer wieder anders formuliert – der Gegensatz zwischen ›menschlich‹ und ›tierisch‹ zum Ausdruck gebracht und der Unterschied zwischen größerer oder geringerer Kontrolle über Körperfunktionen. Mehr Beherrschung und Kontrolle fungiert als Symbol für und Legitimierung von Superiorität und Macht«.

Diese von der strukturalistischen Anthropologie angeregte Kritik hatte diejenigen, die mit früheren Arbeiten von Blok vertraut waren, überrascht, und man wartete denn auch nicht ohne Spannung auf die Nachmittagssitzung, in der Blok sein Diskussionspapier erläutern würde. Und man muß sagen, daß er die geweckten Erwartungen vollends erfüllte und sogar noch übertraf. Er begann ohne Umschweife mit der Feststellung, daß man am Vortag »Gebetsmühlen« gedreht habe, daß diese nun glücklicherweise zum Stillstand gekommen wären, »und ich habe nicht die Absicht, diesen Prozeß umzukehren«. Der Begriff Zivilisation, so betonte er im weiteren Verlauf seiner Darlegung, ist eine *einheimische* Kategorie, westlichen Normen, Voreingenommenheiten, Superioritätsgefühlen fest verpflichtet; und diese einheimische Kategorie läßt sich nicht ohne weiteres in eine *soziologische* Kategorie verwandeln, die geeignet wäre, Verhaltensweisen und Gefühle von Menschen in wissenschaftlich fundierter Weise zu typisieren. In *Über den Prozeß der Zivilisation*, meinte Blok, werde ohne weiteres und ohne nähere Argumentation ein Übergang von der einheimischen auf die soziologische Kategorie vollzogen, und das habe zur Folge, daß in jenem Werk sowie in davon beeinflußten Untersuchungen »die ›Wir‹- und ›Sie‹-Perspektive, die einheimische und die soziologische Kategorie ständig durcheinandergerieten« und daß »faktisch sehr deutlich die Annahme nahegelegt (werde), die Zivilisationsnormen, die sich in Westeuropa entwickelt haben, seien allgemeine Normen, die sich auch auf Gebiete außerhalb Europas anwenden ließen. Ich vertrete denn auch die Auffassung, daß das nicht möglich ist, ohne den Bedenklichkeiten des Ethnozentrismus ausgeliefert zu sein.«

Diese Worte riefen Bestürzung hervor, vielleicht nicht einmal so sehr des Inhalts wegen als durch die monotone Wiederholung derselben Einwände und den beschuldigenden, nahezu beschwörenden Ton, in dem sie vorgebracht wurden. Eine verwirrende Diskussion schloß sich an. Van Benthem van den Bergh warf Blok unter anderem vor, daß er die Zivilisationstheorie auf Biegen und Brechen in ein dichotomes Denkmodell einzwänge (vor allem in den Gegensatz primitiv/zivilisiert), »obwohl sich das im Widerspruch befindet mit dem Entwicklungsmodell als solchem«. Eddy Szirmai fand, daß Blok mit seiner überwiegend moralistischen Kritik die Aufmerksamkeit von der Frage, um die es eigentlich gehe, abgelenkt hätte, nämlich ob Mitglieder sogenannter primitiver Gesellschaften sich auch tatsächlich als »weniger zivilisiert« erweisen würden, wenn man wissenschaftlich vertretbare Kriterien anlege, wie z. B. den Grad der Entwicklung eines Über-Ich. Goudsblom räumte ein, daß das Verhältnis zwischen »einheimischem« und »wissenschaftlichem« Gebrauch des Begriffs Zivilisierung ein wichtiges Problem darstelle, aber er bezweifelte, daß beide Verwendungen immer scharf gegeneinander abgegrenzt werden könnten. Auch bei Blok selbst sei der Unterschied nicht immer deutlich gewesen, sagte er, und er illustrierte dies mit der direkten Frage an Blok, ob er mit seiner Behauptung »das Thema aller Zivilisierung ist die Kontrolle körperlicher Verrichtungen« diesen Begriff nun als einheimische oder wissenschaftliche Kategorie gebraucht habe. Blok zögerte eine ganze Weile, antwortete, daß er das erst noch einmal nachlesen müsse, und sagte schließlich: »Ich habe hier den Versuch unternommen – ob mit Erfolg, kann ich nicht sagen –, eine wissenschaftlichere Kategorie zu entwickeln.« Cas Wouters bemerkte, daß ein wichtiges Kriterium zur Unterscheidung von Zivilisationsstufen von Blok übergangen worden sei, nämlich der psychische Abstand zwischen Kindern und Erwachsenen. Cees Cruson wies darauf hin, daß nahezu *alle* sozialwissenschaftlichen Begriffe »einheimischen« Ursprungs seien und daß das Verhältnis einheimisch/wissenschaftlich denn auch ein allgemeines Problem der Sozialwissenschaften darstelle.

All dies sind sinnvolle Bemerkungen, auf die Blok jedoch kaum einging und die ihn anscheinend nur zu einer noch provozierenderen Stellungnahme reizten. Seine Verteidigung mündete in die folgende denkwürdige Exklamation aus:

»(Für die Bestimmung des affektiv-kognitiven Entwicklungsgrads einer Gesellschaft gibt es) keine allgemeine Norm. Und in dem Buch von Elias wird sehr deutlich unterstellt, daß eine solche doch bestehe. Und diese kommt zustande durch einen – wohlbemerkt unmerklichen – Übergang einer einheimischen, westeuropäischen Kategorie zu einem allgemeinen Begriff von ›Zivilisation‹, der angewendet wird, angewendet werden kann, auf alle Gesellschaften. Ich habe darauf hingewiesen, daß das nicht nur ethnozentristisch ist; es ist ethnozentristisch, es ist evolutionistisch, es ist unilinear, evolutionistisch, es ist (. . .) Fortschrittsglaube; und es ist außerdem, und damit sind wir bei einer der Funktionen des Zivilisierungsbegriffs und der Zivilisationstheorie, es ist außerdem ein Aspekt einer Machtstruktur, Teil des Kontrollapparats einer mächtigen Gruppe, legitimiert deren Vorherrschaft; noch unfreundlicher gesagt, es ist rassistisch; es bedeutet, daß anderen Menschen, anderen Kulturen eine authentische Menschlichkeit aberkannt wird.«

Langsam wurde klar, daß hier jemand das Wort führte, der einen mühseligen, umgekehrten Bekehrungsprozeß durchmachte: um von seiner alten Überzeugung abzukommen, genügte es sichtlich nicht, auf Schwächen der Theorie hinzuweisen, sondern mußten die Anhänger dieser Theorie auch *moralisch* disqualifiziert werden. Später wiederholte Blok den Vorwurf »Rassismus« an anderer Stelle, diesmal unter Bezugnahme auf einen Satz von Elias am Vortag, daß Menschen in den nicht-pazifizierten Gesellschaften Afrikas »wie wilde Tiere lebten«. Niemand ging ernstlich auf diese Beschuldigung ein, begreiflicherweise, denn sie ist absurd. (Um zu erläutern, wie absurd die Qualifizierung »rassistisch« in bezug auf die Zivilisationstheorie ist, sei hier folgendes angemerkt. Die Zivilisationstheorie erklärt Unterschiede in der Mentalität, der Persönlichkeitsstruktur und den Fähigkeiten von Menschen aus sozialen Prozessen, nicht aus erblichen Eigenschaften; sie ist also ihrem Wesen nach nicht rassistisch. Auch Elias' Ausspruch »sie lebten wie wilde Tiere« hatte nichts mit Rassismus zu tun. Man muß schon ein sehr schlechter Zuhörer gewesen sein, um nicht verstanden zu haben, daß Elias mit diesem Vergleich die *sozialen Bedingungen* meinte, unter denen Menschen in nicht-pazifizierten Gesellschaften notgedrungen leben mußten.)

Wie sehr Blok sich von Emotionen bestimmen ließ, zeigte sich denn auch in seinem Ausruf: »Es versetzt mich in höchstes Erstaunen festzustellen, daß ich anscheinend der erste sein muß, der nach zehn Jahren ausspricht: ›Diese Theorie ist durch und durch ethnozentristisch!‹« Und in der Tat, obwohl der normative und spezifisch westliche Charakter des Zivilisationsbegriffs schon des öfteren zur Debatte gestellt worden ist – nicht zuletzt von Elias –, hat wahrscheinlich noch niemand zuvor dies so grob heraus gesagt. Das Erstaunliche an der Sache ist dabei vor allem, wie es möglich ist, daß ein Anthropologe plötzlich entdeckt, daß eine Theorie ›durch und durch ethnozentristisch‹ ist, nachdem er selbst zehn Jahre lang damit gearbeitet hat.

Aus den Reihen der Anthropologen kam mehr Kritik an der Zivilisationstheorie oder, genauer gesagt, an Behauptungen, die im Namen der Zivilisationstheorie aufgestellt worden sind. Im Gegensatz zu Anton Blok meinte der Anthropologe Thoden van Velzen jedoch, daß der Zivilisationsbegriff durchaus zu verwenden sei (»ich bin auch der Meinung, daß man ihn verwenden muß, und ich lasse mir von niemandem sagen, daß das unzulässig ist«) und daß sich mehr oder weniger zivilisierte Gesellschaften voneinander unterscheiden ließen. Aber im Gegensatz zu dem, was Elias und andere hier und da behauptet oder nahegelegt haben, zeigen seiner Meinung nach gerade viele kleine außereuropäische Gesellschaften eine außerordentlich hohe Zivilisationsstufe. So zeichnete sich eine von ihm untersuchte Buschneger-Gemeinschaft in Surinam (die Djoeka oder Aukaner) aus durch äußerst höfliche, umsichtige und beherrschte Umgangsformen, durch einen geringeren Grad offen gezeigter Aggressivität (vor allem bei Männern) und Selbstbeherrschung als bestimmende Norm.[8]

Die anwesenden Zivilisationssachverständigen waren einigermaßen aus der Fassung gebracht. Man suchte eifrig nach Erklärungen, um mit dieser bedrohlichen Anomalie fertig zu werden. Zum Beispiel: die untersuchten Buschneger lebten bereits in einem pazifizierten Staatsverband (dagegen Thoden van Velzen: es gibt Anzeichen dafür, daß diese Gemeinschaft schon im 18. Jahrhundert eine hohe Zivilisationsstufe erreicht hat, und von Pazifizierung war damals noch kaum die Rede); oder: es gab ein strukturelles Äquivalent für die Pazifizierung, nämlich den Schutz, den der Urwald bot; in diesem und anderen Fällen (die Eskimos von Jean Briggs) wurden Menschen in unwirtliche Gebiete vertrieben, wo traumatische Erfahrungen fortwirkten und elende Verhältnisse diese Menschen unter großen Druck setzten; der starke *Selbstzwang* ging in dieser Gesellschaft mit einem stets fühlbaren *Fremdzwang* einher (dagegen Thoden van Velzen: auch in Paramaribo behalten diese Djoeka diese Verhaltensweise bei). Schließlich räumte Bram de Swaan ein: Anscheinend ist Staatsbildung keine notwendige Voraussetzung für ein Verhalten, das wir als einen hohen Grad von Zivilisation interpretieren können, und das hat weitreichende Folgen für die Zivilisationstheorie.

Sowohl Thoden van Velzen wie seine Opponenten schienen davon auszugehen, daß sein Bild von der Djoeka-Gemeinschaft nicht – jedenfalls nicht auf den ersten Blick – mit der Zivilisationstheorie in Einklang zu bringen sei, obwohl diese Theorie genaugenommen gar keine Aussagen über primitive Gesellschaften macht. Wurde die Theorie also doch um evolutionistische Prämissen erweitert? Anders ausgedrückt: Setzte man doch voraus, daß sogenannte primitive Gesellschaften eine frühere (im Sinne von weniger zivilisierte) Phase in der Entwicklung der Menschheit repräsentieren? Sollte diese Theorie also doch allgemeingültige Grundaussagen enthalten, deren Falsifizierung drohte?

So ließ dieser Kongreß die Zuhörer mit vielerlei Fragen zurück. Interessante Forschungsergebnisse wurden vorgetragen, scharfsinnige Bemerkungen gemacht und Kontroversen ausgefochten, aber einige fundamentale Probleme der Theorie waren ihrer Lösung kaum näher gebracht. Indes trug der Kongreß dazu bei, daß diese Probleme jetzt deutlicher formuliert werden können. Anders gesagt: Die Anomalien der Zivilisationstheorie sind durch diesen Kongreß schärfer beleuchtet worden. Das Wissen um diese Anomalien kann lähmend, aber auch fruchtbar, ja sogar anspornend wirken. Letzteres scheint mir in diesem Fall am wahrscheinlichsten.

Schlußbetrachtung: Einige Probleme der Zivilisationstheorie

Zwei der grundlegendsten Probleme der Zivilisationstheorie, die auf dem Kongreß wiederholt zur Sprache kamen, beziehen sich auf die *Wertung* der Zivilisationsprozesse und die Bestimmung ihrer *Richtung*. Ist eine Wertung der Zivilisierung im Sinne von erwünscht und unerwünscht, höher und niedriger, unvermeidlich? Sollte sie vermieden werden? Ist eine ›objektive‹ Unterscheidung zwischen mehr und weniger Zivilisation möglich? Zeichnet sich auf dieser Grundlage eine Richtung der Zivilisationsprozesse ab?

In seinem Diskussionsbeitrag formulierte Anton Blok mit seinem Unterschied zwischen der einheimischen und der soziologischen oder wissenschaftlichen Kategorie ›Zivilisation‹ ein bekanntes Problem in einer neuen und erhellenden Weise. Aber diese Formulierung rief ihrerseits neue Probleme hervor. Darf z. B. ein Sozialwissenschaftler den ›einheimischen‹ Zivilisationsbegriff auf eine Gesellschaft anwenden, in der dieser Begriff selbst eine Rolle spielt, oder darf er das nicht?

Das Verhältnis zwischen einheimischem und wissenschaftlichem Sprachgebrauch ist, wie einige Redner während des Kongresses bemerkten, ein allgemeines Problem der Sozialwissenschaften.[9] In der Geschichtsforschung und in der Soziologie werden fortwährend ›einheimische‹ – in bezug auf die untersuchte Gesellschaft ›eigenständige‹ – Begriffe verwendet, nicht nur, um damit ein in der betreffenden Gesellschaft geläufiges Idiom zu benutzen, sondern auch, um die Verhaltensweisen und Gruppen zu beschreiben, auf welche diese Begriffe sich beziehen. Man denke allein schon an Stratifikationsbegriffe wie ›Adel‹, ›dritter Stand‹, ›Honoratioren‹, ›gewöhnliches Volk‹ usw. Auch wenn der Historiker oder Soziologe hier die Terminologie der mächtigen Gruppen übernimmt, legitimiert er damit noch lange nicht die Machtverhältnisse. Erstens kann er von den wertenden Bedeutungen Abstand nehmen, indem er aufzeigt, *daß* sie diese Bedeutungen und die damit verbundenen Funktionen haben, indem er sie, anders ausgedrückt, als Verfahrensweisen behandelt, mit denen Menschen ihr Zusammenleben selbst ordnen und werten. Zweitens haben diese Begriffe für die heutigen Leser gewöhnlich nicht mehr dieselben Gefühlswerte, die sie bei ihrem ursprünglichen Gebrauch besaßen. Vor allem bei Begriffen, die sich auf vergangene, aber noch nicht allzuweit zurückliegende Phasen der eigenen Gesellschaft beziehen, ist der Bedeutungsgehalt kompliziert: Autoren und Leser sind sich der alten Wertvorstellungen, mit denen bestimmte Begriffe behaftet sind, zwar noch irgendwie bewußt, übertragen sie aber nicht mehr auf ihren eigenen Sprachgebrauch; das Ergebnis ist oft Ironie. Bezeichnungen wie ›Herrschaften‹, ›Honoratioren‹, ›bessere Kreise‹, ›Vornehmheit‹, ›Würde‹ und ›Erhabenheit‹ gehörten im 19. Jahrhundert noch zum sprachlichen Allgemeingut, während sie heutzutage nur noch in ironischer Distanz gebraucht werden.

In gewissem Sinn gilt das wohl auch für die Begriffe ›Bildung‹ und ›Kultur‹.[10] Der enorme Wert, den man ihnen im 19. Jahrhundert beimaß; der Ernst, mit dem Menschen sich selbst und andere als gebildet bzw. ungebildet einstuften und ihr gegenseitiges Verhalten als kultiviert oder ungehobelt abstempelten; die Selbstverständlichkeit, mit der Kultur mit Stand und Vaterland verbunden war – all dies gilt heute in sehr viel geringerem Maße. Mit der

Verringerung der Machtdifferentiale innerhalb der westlichen und zwischen den westlichen und nicht-westlichen Gesellschaften haben diese Worte an Bedeutung und Funktion eingebüßt, am meisten wohl in Kreisen der sogenannten »Neuen Klasse«, der auch die Sozialwissenschaftler angehören.[11] Die Verwendung der Begriffe ›Bildung‹ und ›Kultur‹ in soziologischen und historischen Abhandlungen beinhaltet heute unausgesprochen eine gewisse Distanz gegenüber den althergebrachten und noch gut bekannten Wertvorstellungen, die mit diesen Begriffen verbunden sind.

Die Assoziation von ›Kultur‹, ›Bildung‹ oder ›Zivilisation‹ mit ›höher‹, ›besser‹, ›humaner‹ ist wahrscheinlich nie unumstritten gewesen. Immer wieder kamen romantische Gegenbewegungen auf, die behaupteten oder vermuteten, daß die ›wahre Menschlichkeit‹ nicht bei den (sogenannten) Gebildeten zu finden sei, sondern bei Hirten auf dem Lande, edlen Wilden, einfachen Arbeitern, bei den frommen Menschen des Mittelalters oder unschuldigen Kindern. Im 20. Jahrhundert nahm die Ambivalenz gegenüber der ›Kultur‹ zu, eine Ambivalenz, wie sie z. B. in Freuds *Das Unbehagen in der Kultur* und ganz ohne Zweifel auch in Elias' *Über den Prozeß der Zivilisation* zum Ausdruck kam. Freuds Betonung des repressiven Charakters der Zivilisation kann man bei Elias in historisch nuancierter Form wiederfinden; nicht ohne Grund wurde sein Werk denn auch als Beleg für die unterdrückende und neurotisierende Wirkung der modernen Zivilisation angeführt.[12] Die Namen Freud und Elias symbolisieren die Zweideutigkeit des modernen Zivilisationsbegriffs, der nicht nur mit Fortschritt, Höherwertigkeit und Humanität assoziiert wird, sondern auch mit Entfremdung, Unnatürlichkeit, Repression und Unechtheit.

Indem man die werthaltigen Bedeutungen von Worten wie ›Kultur‹ und ›Zivilisation‹ expliziert und deren soziale Funktionen bloßlegt, kann man zu diesen Bedeutungen Distanz gewinnen, und damit wird auch ein wissenschaftlicher Gebrauch dieser Begriffe möglich. Hierin liegt auch die Bedeutung des ersten Kapitels von *Über den Prozeß der Zivilisation*: indem der Autor die Aufmerksamkeit auf die Soziogenese und die Funktionen der *Zivilisation* richtet, indem er nachdrücklich darauf hinweist, daß dieser Begriff alles zusammenfaßt, »was die abendländische Gesellschaft der letzten zwei oder drei Jahrhunderte vor früheren oder vor ›primitiveren‹ zeitgenössischen Gesellschaften voraus zu haben glaubt«[13], gibt er zu erkennen, daß er sich dieses einheimischen Gebrauches durchaus bewußt ist und daß er nicht gewillt ist, diesen unbedenklich zu übernehmen. Auch bei älteren Begriffen wie ›courtoisie‹ oder ›civilité‹ wird im weiteren Verlauf des Buches auf deren Legitimationsfunktion hingewiesen.

Der Übergang zu einem wissenschaftlichen Begriff der ›Zivilisation‹ ist damit noch nicht vollzogen. Dazu müssen die empirischen Bezüge dieses Begriffes präzisiert werden; mit anderen Worten, aus der Bedeutungsvielfalt des einheimischen Begriffs wäre eine empirisch und theoretisch vertretbare Auswahl zu treffen. Elias hat aus der Unzahl von Bedeutungen des Begriffs *Zivilisation* eine Reihe zusammenhängender empirischer Bezüge selektiert (vor allem solche, die an ältere Begriffe wie ›civilité‹ anschließen) und diese in einen theoretischen Rahmen eingeordnet.

Eine solche Verfahrensweise ist nicht nur legitim, sie ist auch unvermeidlich, jedenfalls, wenn man ärgerliche Neologismen und finsteren Jargon vermeiden will. Auch Blok trifft eine, durch Elias beeinflußte, Wahl unter den diversen Bedeutungen von ›Zivilisierung‹, wenn er sagt: »Das Thema aller Zivilisierung ist die Kontrolle körperlicher Verrichtungen.« Ganz abgesehen von der Unbestimmtheit dieser Umschreibung (gibt es auch nicht-körperliche Verrichtungen?) ist dies gewiß kein getreues Abbild des Spektrums der verschiedenen Bedeutungen von Zivilisierung; faktisch wird der Begriff Zivilisierung hier in einer bestimmten – wenn auch nicht gerade sehr deutlichen – Art und Weise *definiert*. Auch für andere sozialwissenschaftliche Begriffe gilt, wie gesagt, daß sie mit dem einheimischen Sprachgebrauch verbunden sind, in dem sie vielerlei und oft stark werthaltige Bedeutungen haben. Diese Bedeutungen schwingen zwar im sozialwissenschaftlichen Gebrauch mit, können sich aber durch Veränderungen im einheimischen Sprachgebrauch wie auch durch wissenschaftliche Gewöhnung abnutzen.

Bei Begriffen wie ›Gesellschaft‹ und ›sozial‹ ist dieser Abnutzungsprozeß schon ziemlich weit fortgeschritten; bei ›Zivilisierung‹ und ›Zivilisation‹ ist das viel weniger der Fall, erstens, weil diese Worte im gängigen Sprachgebrauch noch weitgehend mit Wertvorstellungen verbunden sind, zweitens, weil ihre wissenschaftliche Bedeutung nicht fest umrissen ist, und drittens, weil sie bis jetzt noch kaum Eingang in die Sprache der Wissenschaft gefunden haben. Die Frage nach der *Wertung* von Zivilisation bleibt ein dringliches Problem, und sie ist unzertrennbar verbunden mit der Frage nach der *Richtung* des Zivilisationsprozesses.

Während des Kongresses bemerkte Goudsblom in seiner Erwiderung auf Blok unter anderem: »Zivilisation verweist vom Ursprung her auf ›anders‹ und ›besser‹: wir sollten das ›besser‹ vergessen und das ›anders‹ untersuchen.« Aber in seiner Eröffnungsansprache gab er zu, daß der Begriff Zivilisation sehr leicht Gefühlsassoziationen auslöse, die man auch nicht ohne weiteres unterschlagen könne; »dies zu beanspruchen, vielleicht sogar dies überhaupt für erstrebenswert zu halten, wäre auch nicht im Sinne der Sache.« Auf die Frage nach der Art der – unvermeidlichen und vielleicht sogar erwünschten – Wertung von Zivilisationsprozessen seitens derjenigen, die diese Prozesse untersuchen, ging er jedoch nicht näher ein. Und so bleibt die Frage offen, wie der (westeuropäische) Zivilisationsprozeß letzten Endes zu beurteilen ist. Müßte nicht offen zugegeben werden, daß er alles in allem ›Fortschritt‹ bedeutet hat? Oder noch stärker gesagt: Ließe sich die Richtung des Zivilisationsprozesses nicht *anhand* explizierter normativer Auffassungen bestimmen?

In seinem Kongreßvortrag sagte de Swaan in Anschluß an die von Christien Brinkgreve formulierten Thesen über die zivilisierende Wirkung der Psychoanalyse, daß man es mit einer »nahtlosen Verbindung (Kontamination)« zu tun habe, einer »beinahe inzestuösen Verwandtschaft« von Elias' Zivilisationsbegriff und dem Ziel der Psychoanalyse: »der Kernsatz von Freud (...) ›Wo Es war soll Ich werden‹ ist gar keine schlechte Zusammenfassung dessen, worum es bei jenem Zivilisationsprozeß geht.« Anders gesagt, Zivilisierung führe auf dem Weg über größere Selbsterkenntnis zu einer Befreiung von unkontrollierten Zwängen, zu einer bewußteren Kontrolle und Steuerung der eigenen Emotionen und damit zu einem permissiveren Verhalten und flexibleren Umgangsformen. Aber dieses Kriterium zur Bestimmung der Richtung des Zivilisationsprozesses ist bei Elias nicht so deutlich. Dieser spricht zwar von »Vergrößerung der Spielarten«[14], aber auch und viel nachdrücklicher von einer »zunehmenden Straffung und Differenzierung der Kontrollen«[15], von einer »Dämpfung der Triebe«[16], von der Zurückhaltung »spontane(r) Trieb- und Affektentladungen«[17], von der Differenzierung einer stärker werdenden »Kontrollapparatur« und einem immer mehr in den Bereich des Unbewußten verdrängten Triebleben: »Im Laufe dieses Prozesses wird (...) das Bewußtsein weniger triebdurchlässig und die Triebe weniger bewußtseinsdurchlässig.«[18] Die Charakterisierung der »Informalisierung« (Permissivität) der letzten Jahrzehnte als Prozeß vorwärtsschreitender Zivilisierung – Lockerung der Verhaltenscodes und Umgangsformen, bewußterer Steuerung von Impulsen und Emotionen –, die von Wouters, Kapteyn und de Swaan vorgenommen wurde[19], beruht denn auch auf einer Uminterpretation des Zivilisationsbegriffs und bedeutet eine erhebliche Akzentverschiebung gegenüber dem ursprünglichen Entwurf der Theorie von Elias.

Selbststeuerung, Kontrolle des Es durch das Ich, Variationsspielraum, elastische Umgangsformen, flexible Anwendung von Verhaltensvorschriften, »controlled decontrolling of emotional controls«[20] – dies ist ein zwar unbestimmtes, aber dennoch beachtenswertes und gewiß kein borniertes Ideal. Doch es bleibt nichtsdestoweniger ein Ideal, und als solches sollte es auch gesehen werden. Wenn man es als Gradmesser zur Bestimmung von Zivilisierung gebraucht, legt man unverkennbar ein normatives Maß an.

Ein solcher normativer Ausgangspunkt macht es im Prinzip möglich, die Richtung des Zivilisationsprozesses – im Sinne von ›mehr oder weniger‹ oder ›höher und niedriger‹ – zu bestimmen. Es ist jedoch noch sehr die Frage, ob dies ein befriedigender Ausgangspunkt ist; er erfordert nicht zuletzt einen Konsens über eine außerwissenschaftliche Norm, führt leicht zu Teleologie, die Kriterien sind vage, und es ist höchst zweifelhaft, ob Zivilisationsprozesse generell auf der Grundlage dieser Kriterien interpretiert werden können.

Andere Kriterien zur Bestimmung der Richtung des Zivilisationsprozesses sind jedoch ebenfalls anfechtbar. In *Über den Prozeß der Zivilisation* wird stark der Eindruck erweckt, als könnten angeborene oder zumindest in jeder Gesellschaft hervorgerufene ›Triebe‹ als Maßstab dienen: Der Zivilisationsprozeß schreitet in dem Maße voran, wie diese Triebe durch Ich- oder Über-Ich-Steuerung stärker kontrolliert, unterdrückt, kanalisiert, sublimiert werden. Geht man jedoch – wie bei den Anhängern der Zivilisationstheorie heute allgemein üblich – davon aus, daß Verhaltensimpulse größtenteils angelernt sind und von Gesellschaft zu Gesellschaft variieren, dann scheidet dieser Maßstab für den Zivilisationsprozeß aus: Mit der Beherrschung verändert sich dann dasjenige, was beherrscht wird. Elias hat später noch einmal die Möglichkeit erwogen, vom Verhalten von Kindern auszugehen: Weniger zivilisiert ist dann »more to the childhood level«, weiter fortgeschrittene Zivilisierung bedeutet Zunahme des psychischen Abstandes zwischen Erwachsenen und Kindern. Das Problem hierbei ist, daß sich dieser psychische Abstand nicht leicht bestimmen läßt; unter anderem deshalb, weil das Verhalten von Kindern selbst auch Veränderungen unterliegt, die einhergehen mit den Veränderungen der Gesellschaften, in denen sie heranwachsen.

Wenn alles sich ändert, dann ändert sich auch die Richtung des Zivilisationsprozesses. Wenn es, wie Goudsblom in einer Debatte während des Kongresses bemerkte, nicht möglich ist, ›den‹ Zivilisationsprozeß anhand eines Entwicklungsmodells inhaltlich zu bestimmen, dann ist es auch nicht möglich, von einer Richtung des Zivilisationsprozesses zu sprechen und Gradationen (›mehr‹ oder ›weniger‹ Zivilisierung, ›höhere‹ oder ›niedrigere‹ Zivilisationsstufe) zu unterscheiden.

Entfällt damit die Grundlage für die Zivilisationstheorie? Nur für eine bestimmte Interpretation der Theorie; nicht für alle Untersuchungen und theoretischen Überlegungen, die sich auf diesen Nenner bringen lassen. Die Grundvoraussetzung, daß Veränderungen in den Umgangsformen und im »Affekthaushalt« von Menschen Regelmäßigkeiten erkennen lassen und daß diese mit größeren gesellschaftlichen Veränderungen zusammenhängen, bleibt unangetastet. Innerhalb einer bestimmten Gruppe oder Gesellschaft, in einer bestimmten Entwicklungsphase und hinsichtlich bestimmter Verhaltensaspekte können diese Veränderungen in einer gewissen Richtung verlaufen. (Klassisches Beispiel: die »Verhöflichung der Krieger« in Frankreich, ein Prozeß, der Analogien zu Entwicklungen in anderen Gesellschaften aufweist.) Aber man setzt nicht *a priori* voraus, daß die Veränderungen in verschiedenen Gruppen, verschiedenen Gesellschaften und verschiedenen Perioden zusammen eine einzige, große, langfristige Entwicklung in einer einzigen Richtung ergeben, wenn sie einander auch beeinflussen, aufeinander aufbauen und Teil einer Entwicklung sind, die letzten Endes die gesamte Menschheit umfaßt.

Vielleicht wird die Zivilisationstheorie in dieser Richtung (um dies Wort ein anderes und letztes Mal zu gebrauchen) weiter ausgebaut werden. Ausdrücklicher als bisher wird man zugeben müssen, daß das klassische Meisterwerk von 1939 eine beschränkte Reichweite hat, daß das dort verwendete ›Triebmodell‹ unzureichend ist und die Befunde späterer historischer Analysen zu Korrekturen nötigen.

Ob dabei in der Zivilisationstheorie der Begriff *Zivilisation* unverändert im Mittelpunkt stehenbleiben muß, bleibt offen. Dieser Begriff verdankt seine zentrale Stellung in der figurationssoziologischen Forschung der Tatsache, daß die paradigmatische Untersuchung dieses Forschungstypus *Über den Prozeß der Zivilisation* hieß. Dieser Begriff hat eine wichtige sensibilisierende Funktion gehabt; er hat zu realistischeren Auffassungen über die Geschichte der westlichen Moral angeregt und zur Einsicht in jüngste Veränderungen von Verhalten, Gefühl und Moral sowie in Prozesse der »Informalisierung« und »Ent-Tabuisierung« beigetragen. Dieser Begriff hat, kurz gesagt, seinen Wert bewiesen, und es ist ziemlich unwahrscheinlich, daß er durch irgendeine andere, formal stimmige Argumentation aus dem wissenschaftlichen Sprachgebrauch verbannt werden wird (was auch den Wert von abstrakten Betrachtungen wie dieser relativiert). Der Begriff Zivilisation wird außerdem vorläufig noch für die Bezeichnung der Kombination einer bestimmten Methode mit einer bestimmten Thematik und Terminologie benötigt. Im übrigen muß die einheimische Verwendung von Begriffen wie ›Zivilisation‹ und ›Kultur‹ einer näheren Prüfung unterzogen werden: nicht nur der Wortgebrauch, sondern alle Unternehmungen, die im Rahmen dieser oder verwandter Begriffe durchgeführt worden sind, einschließlich ihrer Folgen.

Nichtsdestoweniger bleiben Begriffe wie ›Kultur‹ und ›Zivilisation‹ mit bestimmten Wertvorstellungen in einer bestimmten Phase der westeuropäischen Entwicklung eng verbunden. Es ist denn auch nicht ausgeschlossen, daß das Wort ›Zivilisation‹ mit zunehmender Ausweitung und Vertiefung der Zivilisationstheorie seine zentrale Stellung in dieser Theorie mehr und mehr verlieren wird. Ob die Zivilisationstheorie dann immer noch Zivilisationstheorie heißen muß, ist dabei nebensächlich.

1 Siehe zum Beispiel: P. Gleichmann, J. Goudsblom und H. Korte (Hg.), *Human Figurations. Essays for/Aufsätze für Norbert Elias*, Amsterdam 1977; dies., *Materialien zu Norbert Elias' Zivilisationstheorie*, Frankfurt/M. 1979; J. Goudsblom, *Soziologie auf der Waagschale*, Frankfurt/M. 1977; E. Dunning und K. Sheard, *Barbarians, Gentlemen and Players. A Sociological Study of the Development of Rugby Football*, Oxford 1979; A. Blok, *Anthropologische Perspektiven*, Stuttgart 1982; P. Kapteyn, *Taboe, macht en moraal in Nederland*, Amsterdam 1980; C. Wouters, »Is het civilisatieproces van richting veranderd?«, in: *Amsterdams Sociologisch Tijdschrift* 3 (1976) 3, S. 336-360; ders., »Informalisierung und der Prozeß der Zivilisation«, in: *Materialien zu Norbert Elias' Zivilisationstheorie*, a.a.O., S. 279-298; Ch. Brinkgreve und M. Korzec, »Verhaltensmuster in der niederländischen Gesellschaft (1938-1977). Analyse und Interpretation der Ratgeber-Rubrik einer Illustrierten«, in: ebd., S. 299-310; A. de Swaan, *De mens is de mens een zorg. Opstellen 1971-1981*, Amsterdam 1982; ders., »Uitgaansbeperking en uitgaansangst«, in: *De Gids* CXLII (1979), S. 483-509.

2 In diesem Band, S. 83-104.

3 P. Gleichmann, »Anmerkungen zur Entwicklung der Machtforschung«, unveröffentlichtes Manuskript.

4 Eine Liste aller (auch der hier nicht besprochenen) Kongreßvorträge und -beiträge findet sich im Anschluß an diese Anmerkungen; sie enthält auch Angaben über den Ort inzwischen erfolgter Veröffentlichungen.

5 Maso zielt hier auf das folgende Zitat in *Über den Prozeß der Zivilisation*, Bern [2]1969, Bd. 1, S. 267-278: »›Er verbringt sein Leben damit‹, heißt es da zum Beispiel von einem Ritter, ›zu plündern, Kirchen zu zerstören, Pilger anzufallen, Witwen und Waisen zu unterdrücken. Er gefällt sich besonders darin, die Unschuldigen zu verstümmeln. In einem einzigen Kloster, dem der schwarzen Mönche von Sarlat, findet man 150 Männer und Frauen, denen er die Hände abgeschlagen oder die Augen ausgedrückt hat. Und seine Frau ist ebenso grausam. Sie hilft ihm bei seinen Exekutionen. Ihr macht es selbst Vergnügen, die armen Frauen zu martern. Sie ließ ihnen die Brüste abhauen oder die Nägel abreißen, so daß sie unfähig waren zu arbeiten.‹« Elias beruft sich für dieses Zitat auf A. Lumaire (*La société francaise au temps de Philippe-Auguste*, Paris 1909, S. 272), der dieses der *Historia Albingensis* von Pierre des Vaux-de-Cernay entlehnt hat. In jenem Werk, so Maso, werden die Nordfranzosen dazu aufgerufen, die Ketzer im Süden zu vertreiben; bei dem Ritter aus dem Zitat handele es sich um den Anführer der südlichen Gegner, Bernard de Casenac, der hier zur

Stimmungsmache als »der schlechteste und grausamste von allen« in den schwärzesten Farben dargestellt werde.

6 Kempers untermauerte dies mit Untersuchungen über Bonvesin de Riva, Giovani della Casa, Erasmus und Castiglione, von denen nur der letzte eine ausgesprochen höfisch-aristokratische Figuration repräsentierte.

7 N. Elias, *Über den Prozeß der Zivilisation*, a.a.O., Bd. 1, S. XIII.

8 Die Untersuchungen, auf die er sich hierbei berief, sind ausführlich niedergelegt in: H. U. Thoden van Velzen, *Politieke beheersing in de Djuka maatschappij. Een studie van een onvolledig machtsoverwicht*, Dissertation, Universität Amsterdam 1966.

9 Dies Problem wird dann meist in Form dichotomer Gegensätzlichkeiten gestellt (wie z. B. auch von Blok): Begriffe werden als wissenschaftlich oder unwissenschaftlich, objektiv oder ideologisch, kontextfrei oder kontextabhängig und dergleichen vorgestellt. Nach Maßgabe der hier vertretenen Position, die sich den wissenssoziologischen Ideen von Elias anschließt, kann das Problem am besten aus einer entwicklungsperspektivischen Sicht betrachtet werden: Begriffsbildung in den Sozialwissenschaften ist ein Prozeß, in dessen Verlauf Begriffe allmählich eine ›kontextfreiere‹ Bedeutung erhalten können.

10 Der niederländische Text hat hier nur ein Wort stehen, nämlich *beschaving*, das wörtlich genommen das Gegenteil ausdrückt von ›ungehobeltem‹ Benehmen, das im Niederländischen aber die Gesamtheit der geistigen, moralischen, gestaltenden Leistungen als Ausdruck menschlicher Höherentwicklung abdeckt, wobei mit menschlicher Höherentwicklung vor allem die innere Bildung, die Entwicklung und Kultivierung der geistigen und moralischen Fähigkeiten gemeint ist, die im Deutschen unter anderem durch Begriffe wie ›gebildet‹, ›gesittet‹, ›entwickelt‹, ›kultiviert‹ zum Ausdruck gebracht werden. Dieser Begriff *beschaving* und die hier verwendeten deutschen Entsprechungen – ›Bildung‹ und ›Kultur‹ – müssen in diesem Rahmen als Äquivalent zu dem Begriff ›Zivilisation‹ verstanden werden und nicht als Oppositionen. Vgl. hierzu auch Elias, a.a.O., Bd. 1, S. 7 ff. – (A.d.Ü.)

11 Vgl. zu diesem Begriff A. W. Gouldner, *The Future of Intellectuals and the Rise of the New Class*, London 1979.

12 Siehe z. B. J. van Ussel, *Geschiedenis van het seksuele probleem*, Meppel 1968.

13 N. Elias, *Über den Prozeß der Zivilisation*, a.a.O., Bd. 1, S. 1 f.

14 Ebd., Bd. 2, S. 342 ff.

15 Ebd., Bd. 1, S. IX.

16 Ebd., Bd. 2, S. 369.

17 Ebd., Bd. 2, S. 378.

18 Ebd., Bd. 2, S. 390.

19 Vgl. die in Anm. 1 angegebenen Texte.

20 Dieser Begriff, der heutzutage nahezu zu einem Schlagwort geworden ist, mit dem alle Informalisierungserscheinungen auf einen Nenner gebracht werden können, entstammt einem unveröffentlichten Artikel von Elias, wo er in bezug auf öffentlich ausgetragene Fußballspiele als institutionalisierter Form beherrschter Affektentladung verwendet wird. Seinen heutigen Status verdankt der Begriff von allem der Vermittlung durch Cas Wouters. Vgl. C. Wouters, »Is het civilisatieproces van richting veranderd?«, a.a.O., S. 345 und S. 360 (Anm. 22).

Gesamtverzeichnis der Beiträge zum Kongreß »Zivilisationsprozesse und Zivilisationstheorien«, Amsterdam, 17. und 18. Dezember 1981

Blok, Anton, »Primitief en geciviliseerd« [Primitiv und zivilisiert], in: *Sociologische Gids* XXIX (1982), S. 197-209.

van den Bosch, Dick, »Enige aantekeningen over het beschavingsproces van de Maaslandse adel (11e tot 18e eeuw)« [Notizen zur Entwicklung der Umgangsformen in Kreisen des Maasländer Adels vom 11. bis zum 18. Jahrhundert].

Brinkgreve, Christien, »Over psychoanalyse en civilisering« [Psychoanalyse und Zivilisierung].

van Daalen, Rineke, »De roep om overheidsbemoeienis: civilisatie en statusangst bij de burgerij« [Der Ruf nach behördlichem Einschreiten: Zivilisation und Statusangst beim Bürgertum].

Davids, C. A., »Over dassenbijterij en emancipatie. De dierenbescherming in Nederland vóór de Eerste Wereldoorlog« [Dachshetze und Frauenemanzipation. Tierschutz in den Niederlanden vor dem Ersten Weltkrieg].

Driessen, Henk, »Civiliseringstendensen in het Spaanse stieregevecht« [Zivilisierungstendenzen beim spanischen Stierkampf], in: *Sociologische Gids* XXIX (1982), S. 326-341.

Elias, Norbert, »Civilisation and Pacivication« [Zivilisierung und Pazifikation].

Gleichmann, Peter, »Anmerkungen zur Entwicklung der Machtforschung«.

Goudsblom, Johan, »Over het onderzoek van civilisatieprocessen« [Die Erforschung von Zivilisationsprozessen], in: *De Gids* CXLV (1982), S. 69-78; deutsche Fassung in diesem Band, S. 83-104.

Jagers, René, »Geweld in tribale samenlevingen« [Gewaltanwendung in Stammesverbänden], in: *Sociologische Gids* XXIX (1982), S. 210-224.

de Jong, Mayke, »Monniken, ridders en geweld in elfde-eeuws Vlaanderen« [Mönche, Ritter und Gewaltanwendung im Flandern des 11. Jahrhunderts], in: *Sociologische Gids* XXIX (1982), S. 279-295.
Kapteyn, Paul, »›Een geintje, Mees‹. Over criminaliteit bij jongens van een LTS« [»Ein Scherz, Herr Lehrer«. Über Kriminalität bei Schülern einer Technischen Grundschule].
Kempers, Bram, »De civilisatietheorie van Elias en civilisatieprocessen in Italië, 1300-1550. Over de beschaafde strijd tussen generalisten en specialisten« [Die Zivilisationstheorie von Elias und Zivilisationsprozesse in Italien, 1300-1550. Über den kultivierten Streit zwischen Generalisten und Spezialisten], in: *Amsterdams Sociologisch Tijdschrift*, VIII (1982), S. 591-611.
ten Kroode, Herman, »Stervensbegeleiding: een nieuw woord ... een nieuw beroep?« [Sterbehilfe: ein neues Wort ... ein neuer Beruf?], in: *Maandblad Geestelijke Volksgezondheid* XXXVII (1982), S. 1306-1321.
Maso, Benjo, »Riddereer en riddermoed – ontwikkelingen van de aanvalslust in de late middeleeuwen« [Ritterliche Ehre und ritterlicher Mut. Über Wandlungen der Angriffslust im späten Mittelalter], in: *Sociologische Gids* XXIX (1982), S. 296-325.
Miedema, Jelle, »Staatsvorming en habitus in een tribale samenleving: de Kebar op Nieuw-Guinea« [Staatsbildung und Habitus beim Stamm der Kebar auf Neuguinea].
Oosterbaan, Henny, »Verhoudingen en omgangsvormen in een algemeen ziekenhuis« [Beziehungen und Umgangsformen in einem Allgemeinen Krankenhaus], *Sociologisch Tijdschrift* IX (1982), S. 105-121.
Rasing, Wim, »Over conflictregulering bij de nomadische Inuit« [Über Konfliktregulierung bei den nomadischen Inuit], in: *Sociologische Gids* XXIX (1982), S. 225-242.
de Regt, Ali, »Armenzorg en disciplinering« [Armenfürsorge und Disziplinierung], in: *Amsterdams Sociologisch Tijdschrift* VIII (1982), S. 636-659.
Roodenburg, Herman, »Protestanse en katholieke askese. Gedragsvoorschriften bij contrareformatorische moralisten in de Republiek, 1580-1650« [Protestantische und katholische Askese. Verhaltensvorschriften bei gegenreformatorischen Moralisten zu Zeiten der Republik der Niederlande, 1580-1650], in: *Amsterdams Sociologisch Tijdschrift* VIII (1982), S. 612-635.
Spierenburg, Pieter, und Paul Schulte, »Openbare strafvoltrekking. Een vergelijking tussen de mediterrane samenleving rond het begin van onze jaartelling en pre-industrieel West-Europa« [Öffentlicher Strafvollzug. Ein Vergleich zwischen gesellschaftlichen Lebensformen im Mittelmeerraum zu Beginn unserer Zeitrechnung und im vorindustriellen Westeuropa].

Stokvis, Ruud, »Ziekteverzuim, disciplinering en democratisering« [Betrieblicher Krankenstand, Disziplinierung und Demokratisierung], in: *Amsterdams Sociologisch Tijdschrift* VIII (1982), S. 660-677.

van Stolk, Bram, und Cas Wouters, »De gemoedsrust van de verzorgingsstaat« [Die Gemütsruhe des Wohlfahrtsstaates], in: *Maandblad voor geestelijke Volksgezondheid* XXXVII (1982), S. 599-612; in diesem Band, S. 242-260.

de Swaan, Abram, »Het medisch regiem« [Das Regime der Medizin], in: *Tijdschrift voor sociale geneeskunde* LX (1982), S. 79-85; als »Het medisch regiem III« letzter Teil einer längeren Abhandlung gleichen Titels in: ders., *De mens is de mens een zorg*, Amsterdam 1982, S. 151-207.

Thoden van Velzen, H.U.E., »De Aukaanse (Djoeka) beschaving« [Die Kultur der Djuka in Surinam], in: *Sociologische Gids* XXIX (1982), S. 243-278.

Zwaan, Ton, »Politiek geweld, maatschappelijke structuur en burgerlijke civilisatie. Een verkenning van de binnenstatelijke geweldpleging in de ontwikkeling van de Nederlandse samenleving 1648-1960« [Politische Gewaltanwendung, gesellschaftliche Struktur und bürgerliche Zivilisation. Ein Exkurs über die innerstaatliche Gewaltanwendung in der Entwicklung der niederländischen Gesellschaft, 1648-1960], *Sociologisch Tijdschrift*, IX (1982), S. 433-475; deutsche Fassung in diesem Band, S. 193-216.

Johan Goudsblom
Aufnahme und Kritik der Arbeiten von Norbert Elias

Im ersten Band der *Materialien zu Norbert Elias' Zivilisationstheorie*[1] findet sich ein gleichnamiger Aufsatz von meiner Hand. Es handelt sich dabei um eine redigierte deutsche Fassung eines ursprünglich englischsprachigen Beitrags für die Elias gewidmete Festschrift *Human Figurations*, der den Rezeptionsverlauf des Eliasschen Werkes bis zum Tag des Manuskriptabschlusses am 1. Mai 1977 verfolgt; die dazugehörige Bibliographie wurde für den *Materialien*-Band bis zum 1. Januar 1978 weitergeführt.

Seitdem ist eine Reihe neuer Arbeiten von Elias in deutscher oder englischer Sprache erschienen. Er hat zahlreiche Vorträge gehalten, in Deutschland, England, Amerika, Frankreich, den Niederlanden, Österreich, Dänemark und Italien; in einigen dieser Länder ist er zudem in Fernseh- und Rundfunksendungen zu Worte gekommen und von diversen Zeitungen oder Zeitschriften interviewt worden. Es wurden eine Anzahl größerer oder kleinerer Kongresse und fachlicher Zusammenkünfte – unter anderem von Soziologen, Historikern, Germanisten und Pädagogen – abgehalten, die sich mit seinem Werk auseinandersetzten. Und es sind Übersetzungen seiner Schriften in die meisten Sprachen Westeuropas und dazu noch ins Polnische, Japanische und Koreanische erschienen. Vor allem durch diesen Strom von Übersetzungen ist eine neue Phase in der Entwicklung des Rezeptionsprozesses eingeleitet worden, ein ›Rezeptionsschub‹, dessen Auswirkungen gegenwärtig noch nicht abzusehen sind. Ich verzichte deshalb zum jetzigen Zeitpunkt auf einen Bericht über die neueren Entwicklungen und begnüge mich an dieser Stelle mit einem Verweis auf die am Schluß dieses Bandes abgedruckte Bibliographie der Veröffentlichungen von Elias.

* Originalbeitrag. Übersetzt von Hes Godschalk-Hessenauer, der ich auch für ihre stilistischen und inhaltlichen Anregungen danke.

Im Zuge der wachsenden Bekanntheit des Autors und seines Werkes ist inzwischen auch das Netz der an der Rezeptionsgeschichte des Eliasschen Werkes interessierten Personen größer geworden, und dank ihrer Mithilfe kann ich hier noch einige Ergänzungen für die Periode bis 1978 nachtragen.[2] Obwohl ich seinerzeit nach Vollständigkeit strebte, hat sich gezeigt, daß mir doch ein paar zum Teil sehr interessante Details entgangen sind. Es handelt sich dabei nicht nur um Hinweise anderer auf Elias' Werk, sondern auch um Wiederentdeckungen älterer Schriften von Elias selbst, die für die Rezeptionsgeschichte von großer Bedeutung sind. Es schien mir nützlich, diese neuen Befunde im Vorgriff auf eine ausführlichere Beschreibung bereits hier in Form einer kurzen Ergänzung bekanntzumachen. Die Reihenfolge, chronologisch und nach Ländern und Sprachen gegliedert, entspricht dabei der des ursprünglichen Aufsatzes.

1. Die Periode vor der Veröffentlichung von »Über den Prozeß der Zivilisation«

Von *Idee und Individuum*, der Dissertation, mit der Elias am 30. Januar 1924 in Breslau zum Doktor der Philosophie promovierte, wurde ein maschinenschriftliches Exemplar aufgefunden. Eine Kopie davon befindet sich in dem kleinen, 1981 errichteten Dokumentationszentrum für Figurationssoziologie und Zivilisationstheorie im Soziologischen Institut der Universität Amsterdam. Diese von Hönigswald betreute Arbeit trägt den Stempel der neukantianisch orientierten philosophischen Schulung, die Elias erfahren hatte. Von Soziologie ist diese Arbeit noch weit entfernt. Sie läßt jedoch schon den Versuch ahnen, das Subjekt der Erkenntnis in einen größeren geschichtlichen Rahmen einzuordnen; ein Versuch, der übrigens nicht gerade Hönigswalds Beifall fand.

In unverkennbarem Kontrast zu dieser philosophischen Abhandlung stehen die Diskussionsbeiträge, die Elias nur wenige Jahre später zum Sechsten Deutschen Soziologentag im September 1928 in Zürich geliefert hat, deren Protokolle erst kürzlich wiederveröffentlicht worden sind.[3] Elias äußerte sich hier – als einer der jüngsten Teilnehmer und damit einer der letzten, der zu

Worte kam – zu dem Referat von Karl Mannheim über die Konkurrenz im Gebiete des Geistigen und dem von Richard Thurnwald über die Anfänge der Kunst. Beide Beiträge sind äußerst interessant, nicht nur wegen der ausgesprochen soziologischen Denkweise, die darin zum Ausdruck kommt, sondern auch wegen ihres Charakters als Stellungnahme inmitten des in Zürich versammelten Kreises prominenter und vorwiegend älterer deutscher Soziologen. In der Diskussion über das Referat von Mannheim betonte Elias gegenüber der von Alfred Weber vertretenen idealistischen und individualistischen Betrachtungsweise die Notwendigkeit eines totalen gedanklichen Umschaltens, einer »geistigen Revolution«, bei der man jeden Menschen, auch sich selbst, als »Glied in der Kette« zu begreifen lernt. Seine Erwiderung auf das Referat von Thurnwald nimmt nicht weniger eine solche Perspektive langfristiger Entwicklungen ein, wie zum Beispiel die folgende Bemerkung erkennen läßt: »Wir, die heute Lebenden, haben den Übergang von der Auffassung der Welt als einer Geisterwelt zu der Auffassung der Welt als ›Natur‹ nicht selbst vollzogen, sondern wir sind gezwungen, diese Art, die Welt zu erleben, als eine *Erbschaft*, an die wir gebunden sind, in uns zu verwirklichen.« In ihrer Antwort auf die Diskussionsbeiträge ist keiner der beiden Hauptsprecher auf Elias' Anregungen eingegangen. Man kann in dieser Tatsache, die sich zweifellos aus Elias' Position als einer der jüngsten Anwesenden ohne festen universitären Rang erklärt, eine leise Vorankündigung der stillschweigenden Ignoranz sehen, mit der auch später viele an seinem Werk vorübergingen.

Über die Periode, die Elias in Heidelberg (1925-30) und in Frankfurt (1930-33) verbracht hat, und vor allem über sein Verhältnis zu Alfred Weber und Karl Mannheim, hat er selber ausführlich berichtet in seinen »Notizen zum Lebenslauf«, die in diesem Band auf S. 9-82 wiedergegeben sind. Die Ausstrahlung seines Wirkens als Soziologe blieb in dieser Periode auf einen kleinen Kreis von Kollegen, Doktoranden und Studenten beschränkt, mit denen er dabei in direktem Kontakt stand.[4] Ein einsames Zeichen für eine darüber hinausgehende literarische Ausstrahlung stellen die ausführlichen Betrachtungen dar, die der niederländische Literaturkritiker Menno ter Braak bereits am 8. Januar 1935 anläßlich der in der Emigrantenzeitschrift *Die Sammlung* erschienenen Aufsatzes von Elias über »Kitschstil und

Kitschzeitalter« in der Haager Tageszeitung *Het Vaderland* angestellt hat.

Die längere theoretische Abhandlung *Die Gesellschaft der Individuen*, deren Erscheinen sowohl auf dem Umschlag wie in den Anmerkungen des zweiten Bandes von *Über den Prozeß der Zivilisation* (im Verlag Haus zum Falken, Basel) beziehungsweise im *Jahrbuch der Schwedischen Gesellschaft für Philosophie und Sozialforschung*, Uppsala 1939, angekündigt wurde, ist, wie bekannt, nie im Druck erschienen. Erst kürzlich ist im Nachlaß des schwedischen Philosophen Anders Karitz eine Kopie des Manuskripts aufgetaucht. Der Literaturhistoriker Nils Runeby hat dies Manuskript unlängst als Veröffentlichung der Avdelingen för Idéhistoria der Universität Stockholm in einer begrenzten Auflage herausgegeben.

2. »Über den Prozeß der Zivilisation« Besprechungen der ersten Auflage

Beim Schreiben der ersten Rezeptionsübersicht hoffte ich, alle Rezensionen der ersten Auflage von *Über den Prozeß der Zivilisation* aufgespürt zu haben. Wie sich nachträglich herausgestellt hat, sind dabei mindestens drei meiner Aufmerksamkeit entgangen. Die zunehmende Zahl derjenigen, die sich für diese Rezeptionsgeschichte interessieren und sich die Mühe machen, mich über neue Funde zu unterrichten, stellt an sich schon ein Indiz für das wachsende Interesse dar, das Elias und seinem Werk entgegengebracht wird.

Für die Rezeption in Deutschland ist zunächst erwähnenswert, daß Thomas Mann 1939 das Buch von Elias selbst zugeschickt bekam und es, wie er in seinen Tagebüchern berichtet, auch gelesen hat (Eintrag vom 26., 27. und 31. Juli sowie vom 5. und 8. August 1939): »Das Buch von Elias wertvoller als ich dachte.« Am 12. November 1939 erschien eine mit P.A.S. gezeichnete ausführliche Besprechung in der Samstagsausgabe der *Neuen Zürcher Zeitung*. Wer sich hinter diesen Initialen verbirgt, konnte die heutige Redaktion mir nicht mehr mitteilen. Der Artikel würdigt das Buch als »außerordentlich reich an kulturhistorischem Material«. Vermißt wird dagegen eine Behandlung des klassischen Altertums und der Geistesgeschichte. Vor allem letzteres wird als ernster

Mangel gesehen und charakterisiert »als notwendige Folge materialistischer Philosopheme, die die Betrachtungsweise des Verfassers, vielleicht diesem nicht klar bewußt, bestimmen«. Der Eliasschen Sicht wird die von Alfred Zimmern gegenübergestellt, dem es in seinen Darstellungen zum Zivilisationsproblem gelungen sei, »der freien sittlichen Natur des Menschen« gerecht zu werden, ohne »ihn in deterministische ›Verflechtungszwänge‹ einzuspannen«. Es ist eine idealistisch gefärbte, moralisierende Kritik, wie sie davor auch schon von Alfred Weber gegen Mannheims Referat über intellektuelle Konkurrenz vorgebracht wurde und wie sie – in leicht abgewandelter Form – auch heute noch zu vernehmen ist.[5]

Am 7. November 1939 erschien in der *Nieuwe Rotterdamsche Courant* eine kurze Besprechung von Band 1. Der anonyme Verfasser sprach darin seine Bewunderung über das von Elias zusammengetragene Quellenmaterial aus und bemerkte weiter: »Über den Rest, die Art, wie er die Tatsachen miteinander in Zusammenhang bringt, wie er sie sieht und auslegt, wird sich wohl jeder sein eigenes Urteil bilden. Man braucht sich nur kurz die verschiedenen Richtungen ins Gedächtnis zu rufen, die z. B. in der Psychologie oder in der Soziologie bestehen, um zu erahnen, daß man dies Werk sehr unterschiedlich bewerten wird. Jeder wird darin etwas finden, das seinem Geschmack entspricht: Historiker, Philosophen, Psychologen, Soziologen usw.« Wie vordergründig dies auch gehalten ist – ein vorausschauender Blick kann dem Schreiber dieser Zeilen nicht abgesprochen werden.

Von ganz anderer Art ist die Rezension Raymond Arons über Band 1, der in dem letzten erschienenen Jahrgang der ersten Folge der *Annales Sociologiques* veröffentlicht wurde. In begeistertem Ton pries Aron die Bedeutsamkeit und die Originalität dieser Arbeit, in der anhand konkreter, der alltäglichen Wirklichkeit entnommener Tatsachen der Zusammenhang zwischen soziologischen und psychologischen Phänomenen sichtbar gemacht werde. Er wies dabei insbesondere auf den von Elias beobachteten Zusammenhang zwischen Entwicklungen des Zivilisationsprozesses und den sich wandelnden Klassenverhältnissen hin, einen Zusammenhang, der in späteren Kommentaren relativ wenig Beachtung fand. Er beendete seine Rezension mit dem Versprechen, beim Erscheinen der »angekündigten folgenden Bände dieses Werkes« näher auf diese Probleme einzugehen.

Bei dieser einen Rezension ist es bei Aron jedoch geblieben. Die Unruhen des Krieges dürften das Ihre dazu beigetragen haben, daß sich diese Rezension nicht nachhaltig ausgewirkt hat. Sie ist in Vergessenheit geraten, so wie auch der Beitrag von Borkenau in der während des Krieges abgebrochenen ersten Reihe der *Sociological Review* in Vergessenheit geriet. Indessen hat Aron nicht aufgehört, in persönlichen Gesprächen andere auf Elias' Werk aufmerksam zu machen; indirekt ist es seinem Einfluß zu verdanken, daß der Verlag Calmann-Lévy die Übersetzungen besorgt hat.

Ein Buch allein reicht in den Sozialwissenschaften eben nicht aus, um sich als Autor ein bleibendes Interesse zu verschaffen, auch wenn dieses Buch in erster Instanz hohes Lob von prominenten Rezensenten davontragen konnte. Der Effekt einer Rezension ist nur von kurzer Dauer; für die anhaltende Wirksamkeit eines Buches ist eine Art Nachsorge erforderlich, und eine solche hat *Über den Prozeß der Zivilisation* über lange Zeit fast gänzlich entbehren müssen.

3. Weitere Rezeption bis 1978

Außer den genannten Rezensionen sind auch noch einige Details zum weiteren Verlauf der Rezeptionsgeschichte bis 1978 nachzutragen.

Im *englischen Sprachraum* haben offenbar verschiedene namhafte Historiker *Über den Prozeß der Zivilisation* gekannt und sich hier und da auch recht ausführlich damit auseinandergesetzt: Charles Beard 1942, Ernst H. Gombrich 1952, Arnold Toynbee 1954. Beard ging dabei näher auf die Soziogenese der Begriffe Zivilisation und Kultur ein, Gombrich auf den Zusammenhang zwischen Veränderungen des Affekthaushalts und der künstlerischen Ausdrucksformen und Toynbee auf die Mechanismen der Feudalisierung und der Staatenbildung. Obwohl aus allen drei Texten Verständnis und Anerkennung abzulesen ist, kam, soweit ich ermitteln konnte, keiner ihrer Autoren später noch einmal auf dieses Werk zurück. Ferner können hier noch einige, mehr beiläufige Hinweise auf *Über den Prozeß der Zivilisation* erwähnt werden, die sich bei den amerikanischen Soziologen Erving Goffman, Edward Shils (der Elias in England persönlich kennengelernt hat) und John Murray Cuddihy finden lassen.

Für die Rezeption in *Deutschland* muß als wichtigste Ergänzung nachgetragen werden, daß einer Mitteilung von Katharina Rutschky zufolge etwa 1968 ein Raubdruck von *Über den Prozeß der Zivilisation* erschienen ist, der unter anderem in Berliner Studentenkreisen zirkulierte. Für einige sporadische Hinweise auf Elias von Historikern und Soziologen verweise ich auf die Bibliographie.

In den *Niederlanden* hat es, wie sich herausgestellt hat, noch eine Anzahl weiterer Hinweise aus sehr verschiedenen Bereichen gegeben. So wurde Elias unter anderem von dem Psychoanalytiker Grewel, den Soziologen van Doorn und Klein, den Psychologen Duijker und Frijda, dem Historiker Schöffer, dem Philosophen Fortmann und dem Literaten Rodenko erwähnt.

So kann der Verlauf der Rezeptionsgeschichte bis 1978 präziser beschrieben werden. Die Ergänzungen sind zwar durchaus interessant, sie ändern aber nicht den Gesamteindruck. Es zeigt sich, daß die Rezeption zumindest bis 1970 stark personengebunden war; es waren einzelne Soziologen, Historiker und ein einsamer Psychologe oder Kulturphilosoph, die Elias' Werk erwähnten – übrigens fast ausnahmslos positiv. Nach 1970 läßt der Rezeptionsverlauf etwas mehr soziale Kohärenz und Kontinuität erkennen, zuerst in den Niederlanden, wo sich nach und nach eine Gruppe von »Figurationssoziologen« profilierte und wo damit einhergehend auch ein Schub negativer Reaktionen einsetzte. In dem ganz anderen Kontext der deutschen Sozial- und Geschichtswissenschaften zeigt der Rezeptionsverlauf nach 1970 ebenfalls eine Tendenz zu einer grundsätzlicheren, für oder gegen bestimmte Aspekte des Eliasschen Werkes gerichteten Auseinandersetzung sowie einige Ansätze zu Gruppenbildung. Ein erster Niederschlag dieser systematischeren Aufnahme und Kritik sind die *Materialien zu Norbert Elias' Zivilisationstheorie*.

Anmerkungen

1 P. Gleichmann u. a. (Hg.), *Materialien zu Norbert Elias' Zivilisationstheorie*, Frankfurt/M. 1979.

2 Mein Dank gilt vor allem Erik Backer (Amsterdam), Veit Bader (Amsterdam), Marguerite van Berckel (Driebergen), Gerhard Berger (Stuttgart), Anton Blok (Nijmegen), Peter Gleichmann (Hannover), Johan Heilbron (Amsterdam), Friso Heyt (Amsterdam), Manfred Hupperz (Düren), Han Israëls (Amsterdam), Willem Kranendonk

(Amsterdam), Eberhard Kunze (Bielefeld), Rob du Mée (Amsterdam), Hans-Conrad Peyer (Zürich), Jan Popken (Amsterdam), Herman Roodenburg (Amsterdam), Nils Runeby (Stockholm), Cees Schmidt (Amsterdam), John Scott (Leicester), Pieter Spierenburg (Rotterdam), Jojada Verrips (Amsterdam) und Ton Zwaan (Amsterdam).

3 *Verhandlungen des Sechsten Deutschen Soziologentages vom 17. bis 19. September 1928 in Zürich*, Tübingen 1929.
a) zu Karl Mannheim, »Die Bedeutung der Konkurrenz im Gebiete des Geistigen«, S. 110-11. Nachgedruckt in: V. Meja und N. Stehr (Hg.), *Der Streit um die Wissenssoziologie*, 1. Band, Frankfurt/M. 1982, S. 388-90.
b) zu Richard Thurnwald, »Die Anfänge der Kunst«, S. 281-84.

4 In den letzten Jahren sind verschiedene Publikationen erschienen, die Einblick in die intellektuellen Kreise verschaffen, in denen Elias in Heidelberg und Frankfurt verkehrte. Vgl. vor allem W. Schivelbusch, *Intellektuellendämmerung. Zur Lage der Frankfurter Intelligenz in den zwanziger Jahren*, Frankfurt/M. 1982, und F. K. Ringer, *Die Gelehrten. Der Niedergang der deutschen Mandarine 1890-1933*. Aus dem Amerikanischen übersetzt von K. Laermann, Stuttgart 1983.

5 Vgl. z. B. A. Honneth und H. Joas, *Soziales Handeln und menschliche Natur*, Frankfurt/M. 1980, S. 115-123.

Bibliographie

1. Veröffentlichungen von Norbert Elias

A. Veröffentlichungen in deutscher Sprache

1978 »Zum Begriff des Alltags«, in: Kurt Hammerich und Michael Klein (Hg.), *Materialien zur Soziologie des Alltags* (= *Kölner Zeitschrift für Soziologie und Sozialpsychologie*, Sonderheft 20), Opladen, S. 22-29.

1979 »Über die Einsamkeit der Sterbenden in unseren Tagen«, in: *Werk und Zeit*, H. 3, S. 4-16, Darmstadt.

1980a »Die Zivilisierung der Eltern«, in: Linde Burkhardt (Hg.), *»... und wie wohnst Du?«*, Internationales Design Zentrum Berlin, S. 11-28.

1980b »Renate Rubinstein«, in: Elisabeth Borchers und Hans-Ulrich Müller-Schwefe (Hg.), *Im Jahrhundert der Frau. Ein Almanach des Suhrkamp Verlags*, Frankfurt/M., S. 168-170.

1981a »Gedichte«, in: *Merkur* XXXV, H. 11, S. 1143-45.

1981b »Soziale Prozeßmodelle auf mehreren Ebenen«, in: Werner Schulte (Hg.), *Soziologie in der Gesellschaft* (Referate auf den Veranstaltungen beim 20. Deutschen Soziologentag Bremen 1980), Universität Bremen (Tagungsberichte Nr. 3), S. 764-67.

1981c »Vier Gedichte«, in: Biruta Scheller, Hermann Pfütze und Reinhard Wolff (Hg.), *Schau unter jeden Stein. Merkwürdiges aus Kultur und Gesellschaft. Dieter Claessens zum 60. Geburtstag*. Frankfurt/M., S. 41-44.

1981d »Zivilisation und Gewalt«, in: *Ästhetik und Kommunikation* X, S. 5-12.

1981e »Zivilisation und Gewalt. Über das Staatsmonopol der körperlichen Gewalt und seine Durchbrechungen«, in: Joachim Matthes (Hg.), *Lebenswelt und Soziale Probleme. Verhandlungen des 20. Deutschen Soziologentages zu Bremen 1980*, Frankfurt/M., S. 98-122.

1982a »Kinderspiele. Gedicht«, in: *Merkur* XXXVI, H. 6, S. 502-505.

1982b »Thomas Morus' Staatskritik. Mit Überlegungen zur Bestimmung des Begriffs Utopie«, in: Wilhelm Voßkamp (Hg.), *Utopieforschung. Interdisziplinäre Studien zur neuzeitlichen Utopie*, Bd. 2, Stuttgart, S. 101-150.

1982c *Über die Einsamkeit der Sterbenden in unseren Tagen*. Frankfurt/M. (erweiterte Neufassung des gleichnamigen Essays).

1982d »Über die Zeit«, in: *Merkur* XXXVI, H. 9, S. 841-56 (übersetzt von Holger Fliessbach und Michael Schröter: Auswahl aus einem unveröffentlichten Manuskript: »An Essay on Time«, 1. Teil; überarbeitet durch den Autor).

1982e »Über die Zeit« (II), in: *Merkur* XXXVI, H. 10, S. 998-1016 (übersetzt von Holger Fliessbach und Michael Schröter: Auswahl aus »Essay on Time«, 2. Teil; überarbeitet durch den Autor).

1983a *Die höfische Gesellschaft. Untersuchungen zur Soziologie des Königstums und der höfischen Aristokratie*. Mit einer Einleitung: Soziologie und Geschichtswissenschaft, Frankfurt/M. (Neuausgabe).

1983b *Engagement und Distanzierung. Arbeiten zur Wissenssoziologie I*. Herausgegeben und übersetzt von Michael Schröter, Frankfurt/M.

1983c (mit Eric Dunning), *Sport im Zivilisationsprozeß*. Herausgegeben von Willy Hopf, Münster.

1983d »Über den Rückzug der Soziologen auf die Gegenwart«, in: *Kölner Zeitschrift für Soziologie und Sozialpsychologie* XXXV, H. 1, S. 29-40.

B. Veröffentlichungen in englischer Sprache

1978 *What is Sociology?* Übersetzt von Stephen Mennell und Grace Morrissey, mit einem Vorwort von Reinhard Bendix. London.

1982a (mit Richard D. Whitley), »Introduction«, in: Norbert Elias, Herminio Martins and Richard D. Whitley (Hg.), *Scientific Establishments and Hierarchies. Sociology of the Sciences*, Bd. 6, Yearbook 1982, Dordrecht, S. VII-XI.

1982b »Scientific Establishments«, in: Norbert Elias, Herminio Martins and Richard D. Whitley (Hg.), *Scientific Establishments and Hierarchies. Sociology of the Sciences*, Bd. 6, Yearbook 1982, Dordrecht, S. 3-69.

1982c *The Civilizing Process. Vol. 2: Power and Civility* (= Über den Prozeß der Zivilisation. Zweiter Band), übersetzt von Edmund Jephcott. Mit einigen Anmerkungen und Änderungen durch den Autor. Oxford/New York.

1982d »What Is the Role of Scientific and Literary Utopias for the Future?«, in: NIAS (= Netherland Institute for Advanced Study in the Humanities and Social Sciences), *Limits to the Future. Prescriptions and Predictions in the Humanities and Social Sciences. Essays on the Occasion of the Second NIAS-Lustrum 1981*, Wassenaar NIAS, S. 60-80.

1983a »Civilization and Violence: On the State Monopoly of Physical Violence and its Infringements« (= Zivilisation und Gewalt), übersetzt von David J. Parent, in: *Telos* 54, S. 134, 154, St. Louis.

1983b »Knowledge and Power. An Interview«, in: Nico Stehr und Volker Meja (Hg.), *The Sociology of Knowledge*, New Brunswick, N. J.

1983c *The Court Society* (= Die höfische Gesellschaft), übersetzt von Edmund Jephcott, Oxford/New York.

C. Veröffentlichungen in holländischer Sprache

1980 »Over de dood en de eenzaamheid van de stervenden in onze tijd« (= Über die Einsamkeit des Sterbenden in unseren Tagen), übersetzt von G. van Benthem van den Bergh, in: *De Gids* CXLIII, S. 451-80.

1982a *Het civilisatieproces. Sociogenetische en psychogenetische onderzoekingen* (= Über den Prozeß der Zivilisation). 2 Bände, übersetzt von Willem Kranendonk u. a. (Band 1) und Han Israels (Band 2), Utrecht.

1982b *Problemen van betrokkenheid en distantie* (= *Engagement und Distanzierung*), übersetzt von G. van Benthem van den Bergh und B. Jonker, Amsterdam.

1983a »Hoe kunnen wetenschappelijke en literaire utopieën de toekomst beinvloeden?« (= What Is the Role of Scientific and Literary Utopias for the Future?), übersetzt von G. van Benthem van den Bergh, in: *De Gids* CXLVII, Nr. 1, S. 3-17.

1983b »Kitschstijl en kitschtijdperk« (= Kitschstil und Kitschzeitalter), übersetzt von Gerda Meijerink, in: Gerda Meijerink (Hg.), *Die Sammlung*, Amsterdam.

D. Veröffentlichungen in dänischer Sprache

1980 »Et blik på en ridders liv«, übersetzt von Nils Gunder Hansen, in: *Kultur & Klasse* 38, S. 79-95.

1981 »Sportens oprindelse som et sociologisk problem«, übersetzt von Peter Mayatt und Bente Lanst, in: *Den jyske Historiker* 19/20, S. 62-88.

E. Veröffentlichungen in italienischer Sprache

1980 *La società di corte* (= Die höfische Gesellschaft), übersetzt von Guiseppina Panzieri, Bologna.

1982a *La civiltà delle buone maniere* (= Über den Prozeß der Zivilisation. Erster Band), übersetzt von Guiseppina Panzieri, Bologna.

1982b »Il processo di civilizzazione dei genitori« (= Die Zivilisierung der Eltern), übersetzt von Cristina Donizetti, in: Linde Burkhardt (Hg.), *Abitare con i bambini*, Milano.

F. Veröffentlichungen in französischer Sprache

1977 *La Civilisation des Moeurs*. Übersetzt von Pierre Kamnitzer. Neuauflage mit einem Anhang, »Critiques et commentaires«, Paris.

1981 *Qu'est-ce que la Sociologie?* (= Was ist Soziologie?), übersetzt von Yasmin Hoffman, Paris.

G. Veröffentlichung in portugiesischer Sprache

1980 *Introdição à Sociologia* (= What is Sociology?), übersetzt aus dem Englischen von Maria Luísa Ribeira Ferreira, Lisboa.

H. Veröffentlichung in polnischer Sprache

1980 *Premiany obyczyjów w cywilizacji Zachodu* (= Über den Prozeß der Zivilisation, 1. Band, S. 76-122 und 2. Band, S. 312-434), übersetzt von Tadeusz Zabudowski, Warszawa.

2. *Schriften mit Hinweisen auf Arbeiten von Norbert Elias*

A. Rezensionen

Die Zahlen beziehen sich auf Elias' Arbeiten in den folgenden Ausgaben:

1. *Über den Prozeß der Zivilisation*, 1. Band, Basel 1939.
14. (mit Wolf Lepenies) *Zwei Reden anläßlich der Verleihung des Theodor W. Adorno-Preises*, Frankfurt/M. 1977.
15. *What is Sociology?*, in der Übersetzung von Stephen Mennell und Grace Morrissey, London 1978.
16. *The Civilizing Process. The History of Manners*, in der Übersetzung von Edmund Jephcott, Oxford/New York 1978.
17. *The Civilizing Process. Power and Civility*, in der Übersetzung von Edmund Jephcott, Oxford/New York 1982.

Aufgenommen sind auch Rezensionen von:

18. Peter Gleichmann, Johan Goudsblom und Hermann Korte (Hg.), *Human Figurations. Essay for / Aufsätze für Norbert Elias*, Amsterdam 1978.
19. Peter Gleichmann, Johan Goudsblom und Hermann Korte (Hg.), *Materialien zu Norbert Elias' Zivilisationstheorie*, Frankfurt/M. 1979.

Adams, Robert M.
1978 *Times Literary Supplement*, 15. September 16

Aron, Raymond
1941 *Les Annales Sociologiques*, S. 54-56 1

Barraclough, Geoffrey
1982 *The New York Review of Books*, 21. Oktober, S. 36-38.
(Siehe auch *N. Y. B.*, 16. Juni 1983, S. 51 f.) 17

Buck-Morss, Susan
1978 *Telos* 37, S. 181-98 16

Bullough, Vern I.
1979 *The American Historical Review* LXXIV, S. 444 16

Burns, Tom
1979 *British Journal of Sociology* XXX, S. 373-75 16

Copley, A. R. H.
1980 *History*, S. 66-67 16

Coser, Lewis A.
1978 *Contemporary Sociology* VII, S. 563-70
1979 *American Journal of Sociology* LXXXVI, S. 192-94 15, 18

Gould, Julius
1978 *Encounter* LI, S. 73-75 — 15

Green, Martin
1978 *The Washington Post*, 16. April — 16

Harte, N. B.
1979 *Economic History Review*, S. 601 f. — 16

Hulbert, Ann
1982 *The New Republic*, 6. Dezember, S. 24-27 — 16, 17

Krüger, Hans Joachim
1980 *Soziologische Revue* III, S. 29-31 — 19

Lea, John
1978 *Tribune*, 22. September — 15

Lenhardt, Christian
1979 *Canadian Journal of Political and Social Theory* III, S. 119-29 — 16

Lipp, Wolfgang
1979 *Soziologische Revue* II, S. 73-75 — 18

Lüdke, W. Martin
1978 *Die Zeit*, 14. April — 14

MacRae, Donald G.
1978 *New Statesman*, 30. Juni — 15, 16

Mennell, Stephen
1978 *Times Higher Education Supplement*, 27. Juli — 16

Mosse, George
1978 *New German Critique* XV, S. 178-83 — 16

P.A.S.
1939 *Neue Zürcher Zeitung*, Samstagausgabe, 12. November — 1

Scheffel, Helmut
1979 *Frankfurter Allgemeine Zeitung*, 10. April — 18

Seigel, Jerrold
1979 *Journal of Modern History* LI, S. 123-26 — 16

Sennett, Richard
1978 *The New York Times*, 12. März — 16

Sorkin, Michael
1978 *Seven Days New York*, 30. Juli — 16

Thomas, Keith
1978 *New York Review of Books*, 9. März 16, 18

Wallace, Walter L.
1979 *Contemporary Sociology*, VIII, S. 767 15

Wilson, Bryan
1977 *New Society*, 7. Juli, S. 15-16 18

B. Andere Schriften mit Hinweisen auf die Arbeiten von Norbert Elias

(Nicht aufgenommen sind unveröffentlichte Konferenzbeiträge, Diskussionspapiere, Diplomarbeiten etc. Die Ergänzung beschränkt sich auf die Zeit bis Ende 1977.)

Bailey, R. B., III
1958 *Sociology Faces Pessimism*, 's Gravenhage.

Bax, Mart
1976 *Harpstrings and Confessions. Machine-style politics in the Irish Republic*, Assen/Amsterdam.

Beard, Charles A. und Mary R. Beard
1942 *The Rise of American Civilization*. Bd. 4: *The American Spirit*, New York.

Bergmann, Jürgen
1973 *Das Berliner Handwerk in den Frühphasen der Industrialisierung*, Berlin.

Braak, Menno ter
1935 »Het Kitschtijdvak«, in: *Het Vaderland*, 8. 1. 1935. Nachgedruckt in: Menno ter Braak, *De artikelen over emigrantenliteratuur 1933-1940*, 's Gravenhage.

Brinkgreve, Christien, und Michael Korzec
1976 »Kan het civilisatieproces van richting veranderen?«, in: *Amsterdams Sociologisch Tijdschrift* III, S. 361-64.

Cuddihy, John Murray
1974 *The Ordeal of Civility. Freud, Marx, Lévi-Strauss, and the Jewish Struggle with Modernity*, New York.

Doorn, J. A. A. van
1957 »Sociologische begrippen en problemen rond het verschijnsel macht. Een critische inventarisatie«, in: *Sociologisch Jaarboek* XI, S. 73-135.

Duijker, H. C. J., und N. H. Frijda
1960 *National Character and National Stereotypes*, Amsterdam.

Eckhart, Hans Willem
1976 *Herrschaftliche Jagd, bäuerliche Not und bürgerliche Kritik*, Göttingen.

Eckert, Roland
1970 *Kultur, Zivilisation und Gesellschaft*, Tübingen.

Ferber, Christian von
1964 »Zum Begriff der gesellschaftlichen Konzentration. Kritische Bemerkungen zur soziologischen Begriffsbildung«, in: *Argumentationen. Festschrift für Josef König*, hg. von Harald Delius und Günther Patzig, Göttingen, S. 75-93.

Flandrin, Jean-Louis
1976 *Familles, parenté, maison, sexualité dans l'ancienne société*, Paris.

Flitner, Wilhelm
1961 *Europäische Gesittung. Ursprung und Aufbau abendländischer Lebensformen*, Zürich/Stuttgart.
1967 *Die Geschichte der abendländischen Lebensformen*. München.

Fortmann, H. M. M.
1961 »Het vraagstuk der psychische evolutie. Een samenvatting«, in: *Tijdschrift van de Psychologische Kring aan de Nijmeegse Universiteit* IX, 134-36.

Freyer, Hans
1955 *Theorie des gegenwärtigen Zeitalters*, Stuttgart 1955.

Goffmann, Erving
1961 *Asylums. Essays on the social situation of mental patients and other inmates*, Garden City (dt.: *Asyle. Über die soziale Situation Psychiatrischer Patienten und anderer Insassen*, Frankfurt/M. 1974).

Gombrich, E. H.
1963 *Meditations on a Hobby Horse*, London.

Grewel, F.
1946 »De sociogenese van het über-Ich. Beschouwingen naar aanleiding van Norbert Elias' ›Der Prozeß der Zivilisation‹«, in: *Mens en Maatschappij* XXI, 87-101.

Grohs, Gerhard
1967 *Stufen afrikanischer Emanzipation. Studien zum Selbstverständnis westafrikanischer Eliten*, Stuttgart.

Hoofdakker, R. H. van den
1970 *Het bolwerk van de beterweters. Over de medische ethiek en de status quo*, Amsterdam.

Jaccard, Roland
1975 *L'exile intérieur. Schizoide et civilisation*, Paris.

Kamper, Dietmar und Volker Rittner (Hg.)
1976 *Zur Geschichte des Körpers*, München.

Kiss, Gabor
1973 *Einführung in die soziologischen Theorien*, Opladen.

Klein, M. O. L.
1963 *Statusonderscheidingen. Wijzen waarop sociale niveauverschillen worden vastgesteld*, Leiden.

Krockow, Christian von
1972 *Sport und Industriegesellschaft.* München.
1974 *Sport. Eine Soziologie und Philosophie des Leistungsprinzips*, Hamburg.

Krüdener, Jürgen
1973 *Die Rolle des Hofes im Absolutismus*, Stuttgart.

Lemaire, Ton
1976 *Over de waarde van kulturen. Een inleiding tot de kultuurfilosofie*, Baarn.

Lepenies, Wolf
1976 *Das Ende der Naturgeschichte. Wandel kultureller Selbstverständlichkeiten in den Wissenschaften des 18. und 19. Jahrhunderts*, München.

Luhmann, Niklas
1971 *Politische Planung*, Opladen.

Machwirth, Eckert
1970 *Höflichkeit. Geschichte, Inhalt, Bedeutung.* Inaugural-Dissertation, Trier.

Mastenbroek, Willem
1973 »Onderzoek bij organisatieontwikkeling«, in: *Tijdschrift voor Agologie* I, S. 4-25. Nachgedruckt in: M. Rijkeboer und H. Verhallen (Hg.), *Valkuilen in de organisatieontwikkeling*, Groningen, S. 53-74.

Nauta, L. W., u. a.
1973 *De veranderbaarheid van de mens*, Kampen.

Nipperdey, Thomas
1976 *Gesellschaft, Kultur, Theorie*, Göttingen.

Plodeck, Karin
1972 *Hofstruktur und Hofzeremoniell in Brandenburg-Amsbach vom 16. bis zum 18. Jahrhundert. Zur Rolle des Herrschaftskultus im absoluten Gesellschafts- und Herrschaftssystem*, Amsbach.

Pohlen, M. und M. Bantz
1973 »Neue Forschungsaspekte sozial-psychiatrischer Epidemiologie als Konsequenz psychotherapeutischer Prozeßforschung«, in: *Zeitschrift für Psychiatrie und medizinische Psychologie* XXIII, S. 1-15 und 41-50.

Radkau, Joachim
1972 »Geschichtswissenschaft heute – Ende der Selbstmystifikation?«, in: *Neue Politische Literatur* XVII, S. 1-14.

Rittner, Volker
1974 »Zur Konstitutionsproblematik der Sportwissenschaften«, in: *Sportwissenschaft* IV, S. 357-71.
1976a »Handlung, Lebenswelt und Subjektivierung«, in: Dietmar Kamper (Hg.), *Zur Geschichte des Körpers*, S. 13-66.
1976b »Affekte, Selbstkontrolle und Langsicht«, in: Dietmar Kamper (Hg.), *Zur Geschichte des Körpers*, S. 204-07.

Rodenko, Paul
1955 »Medea's mes of De draad van Ariadne. Genealogische beschouwingen over literatuur en psychologie«, nachgedruckt in: *Op het twijgje van de indigestie. Essays*, Amsterdam.

Roy Ladourie, Emmanuel Le
1975 *Montaillou. Village Occitan de 1294 à 1324*. Paris (dt.: *Montaillou. Ein Dorf vor dem Inquisitor 1294-1324*, Berlin 1980).

Ryffel, Hans
1974 *Rechtssoziologie. Eine systematische Orientierung*, Neuwied.

Schlaffer, Heinz
1973 *Der Bürger als Held. Sozialgeschichtliche Auflösungen literarischer Widersprüche*, Frankfurt.

Schöffer, I.
1964 »Nieuwe richtingen in het historisch onderzoek«, in: *Tijdschrift voor Geschiedenis* LXXII, S. 1-24.

Shils, Edward A.
1961 »Centre and Periphery«, in: *The Logic of Personal Knowledge.*

Essays presented to Michael Polanyi, London, S. 117-30. Nachgedruckt in: ders., *Center and Periphery. Essays in Macrosociology*, Chicago 1975.

Teitler, Ger
1972 *Toepassing van geweld. Sociologische essays over geweld, verzet en militaire organisatie*, Meppel.
1974a *De wording van het professionele officierscorps. Een sociologisch-historische analyse*, Rotterdam.
1974b »Enige sociologische aantekeningen over geweld als sociaalpolitiek verschijnsel«, in: *Kernvraag* Nr. 49, S. 27-38.

Temkins, Owsei
1977 *The Double Face of Janus, and Other Essays in the History of Medicine*, Baltimore/London.

Thoden van Velzen, H. U. E.
1966 *Politieke beheersing in de Djuka maatschappij. Een studie van een onvolledig machtsoverwicht*, Dissertation Amsterdam.

Thurn, Hans Peter
1976 *Soziologie der Kultur*, Stuttgart.

Toynbee, Arnold
1954 *A Study of History*, 9. Band, Oxford.

Waelder, Robert
1971 »Psychoanalysis and History. Applications of Psychoanalysis to Historiography«, in: Benjamin B. Wolman (Hg.), *The Psychoanalytical Interpretation of History*, New York.

Alphabetisches Verzeichnis der suhrkamp taschenbücher wissenschaft